Mathilde Stolz

Uni-Taschenbücher 600

UTB

Eine Arbeitsgemeinschaft der Verlage

Birkhäuser Verlag Basel und Stuttgart
Wilhelm Fink Verlag München
Gustav Fischer Verlag Stuttgart
Francke Verlag München
Paul Haupt Verlag Bern und Stuttgart
Dr. Alfred Hüthig Verlag Heidelberg
Leske Verlag + Budrich GmbH Opladen
J. C. B. Mohr (Paul Siebeck) Tübingen
C. F. Müller Juristischer Verlag – R. v. Decker's Verlag Heidelberg
Quelle & Meyer Heidelberg
Ernst Reinhardt Verlag München und Basel
K. G. Saur München · New York · London · Paris
F. K. Schattauer Verlag Stuttgart · New York
Ferdinand Schöningh Verlag Paderborn
Dr. Dietrich Steinkopff Verlag Darmstadt
Eugen Ulmer Verlag Stuttgart
Vandenhoeck & Ruprecht in Göttingen und Zürich

Manfred Bornewasser
Friedrich Wilhelm Hesse
Rosemarie Mielke
Hans Dieter Mummendey

Einführung in die Sozialpsychologie

Quelle & Meyer Heidelberg

CIP – Kurztitelaufnahme der Deutschen Bibliothek

Einführung in die Sozialpsychologie / Manfred Bornewasser ... – 2., verb. Aufl. – Heidelberg: Quelle und Meyer, 1979.
(Uni-Tachenbücher; 600)
NE: Bornewasser, Manfred [Mitarb.]

2., verbesserte Auflage

Printed in Germany.
Satz und Druck: Georg Appl, Wemding.
Einbandgestaltung: Alfred Krugmann, Stuttgart.

ISBN 3-494-02066-3

Inhalt

Vorwort

Die hier vorgelegte Einführung in die Sozialpsychologie wendet sich vor allem an psychologisch und sozialwissenschaftlich interessierte Schüler und Studierende der Psychologie und benachbarter Fachrichtungen, z. B. Soziologie und Erziehungswissenschaften.

In ihren einzelnen Kapiteln – die keineswegs in der vorgegebenen Reihenfolge gelesen werden müssen – versucht sie grundlegende Informationen zu geben, ohne daß auf spezielle Teilgebiete der Sozialpsychologie allzu detailliert eingegangen wird. Das Manuskript wurde Anfang 1976 abgeschlossen.

Hilfreich waren für uns Erfahrungen, die wir mit Teilen des vorliegenden Textes in Lehrveranstaltungen für Psychologen, Soziologen und Pädagogen sammeln konnten. Danach erscheint es uns erforderlich, Studierenden dieser Fächer ein handliches Text- und Arbeitsbuch als Grundlage für Kleingruppenarbeit, zur Vorbereitung auf Lehrveranstaltungen und Prüfungen zur Verfügung zu stellen. Zwei Problemen sind wir in Lehrveranstaltungen zur Sozialpsychologie immer wieder begegnet, und die gleichen Probleme stellten sich uns bei der Abfassung der vorliegenden Einführung:

- Wie läßt sich in eine empirische Wissenschaft einführen, indem solide informiert wird, ohne daß kritische Distanz zum Gegenstand aufgegeben werden muß?
- Wie läßt sich ein Überblick über eine empirische Wissenschaft vermitteln, ohne daß auf Anschaulichkeit und die Darstellung anhand konkreter Beispiele aus Forschung und Praxis verzichtet werden muß?

Das eine zu tun, ohne das andere lassen zu müssen: Wenn uns dies trotz Bemühen nicht immer gelungen sein sollte, so bitten wir den Leser, sich unter Hinzuziehung folgender Hilfen umfassender zu informieren:

- Er möge sein sozialpsychologisches Sachwissen erweitern, indem er den in bestimmten Abständen gegebenen *Literaturempfehlungen* folgt; wir haben ausschließlich deutschsprachige und gut verständliche Texte zusammengestellt.
- Er möge eine *kritische* Reflexion von Sozialpsychologie als Wissenschaft anhand der im zweiten Kapitel aufgeworfenen Fragen und zitierten Quellen beginnen oder vertiefen.
- Er möge die vielfältigen Hinweise auf konkrete *Lesemöglichkeiten* in Lehrbüchern, Handbüchern, Fachzeitschriften etc. beachten, die wir in Kapitel 6 dieser Einführung gegeben haben.

Bielefeld, im Frühjahr 1976

Vorwort zur 2. Auflage

Die zweite Auflage bringt neben geringfügigen Korrekturen am Text und einer Modernisierung des sechsten Kapitels ein differenzierteres Inhaltsverzeichnis, aus dem der Leser schneller zu bestimmten Gegenständen sozialpsychologischer Forschung durchfinden kann.

Die Verfasser bilden mittlerweile nicht mehr eine Bielefelder Autorengruppe: H. D. Mummendey und R. Mielke arbeiten an der Universität und der Pädagogischen Hochschule in Bielefeld, F. W. Hesse am Psychologischen Institut der Technischen Hochschule Aachen, M. Bornewasser am Psychologischen Institut der Universität Münster.

Aachen/Bielefeld/Münster, im Sommer 1978

M. Bornewasser/F. W. Hesse/R. Mielke/H. D. Mummendey

Kapitel 1: Was ist und was tut Sozialpsychologie?

1.1 Psychologie – die Wissenschaft vom Verhalten

Psychologie könnte man am kürzesten als Wissenschaft vom *Verhalten* definieren, d. h. als eine Wissenschaft, die das Verhalten von Lebewesen *beschreibt*, durch die Erforschung der Bedingungen und Konsequenzen des Verhaltens das Verhalten *erklärt* und insofern *Vorhersagen* von Verhaltensweisen und Verhaltensänderungen unter bestimmten Bedingungen erlaubt. (Zum Verhältnis von Beschreibung, Erklärung etc. vgl. *Kapitel 2.)*

Allerdings verbirgt sich hinter einer solchen Definition, die lediglich vom „Verhalten" spricht, einiges mehr. Zwar ist man sich heute in der wissenschaftlichen Psychologie einig darüber, daß die Definition vergangener Zeiten, wonach Psychologie die „Wissenschaft von der Seele" sei, wegen des metaphysischen Charakters von „Seele" hinfällig ist. Dennoch bedeutet die Feststellung „Psychologie = Verhaltenswissenschaft" keineswegs für alle Psychologen eine vollständige Reduktion von Psychologie auf das äußerlich Sichtbare und unmittelbar Erfaßbare, das Verhalten, wie dies in den Anfängen des Behaviorismus der Fall war (vgl. hierzu *Kapitel 2).* Auch *bewußte* Prozesse, häufig kurz als „*Kognitionen*" bezeichnet (z. B. Wahrnehmen, Vorstellen, Erinnern, Denken), können Gegenstand der Verhaltenswissenschaft Psychologie sein. „Wissenschaft vom Verhalten" bedeutet dann lediglich, daß *alle* Gegenstände der wissenschaftlichen Psychologie irgendwie über das „offene Verhalten" zugänglich sind. So lassen sich Bewußtseinsprozesse beispielsweise fast ausschließlich über *Erlebnisschilderungen*, also sprachliches, *verbales Verhalten* erschließen. Vielfach ist daher als umfassendere Definition zu hören, Psychologie sei die *Wissenschaft vom Erleben und Verhalten.*

Ein Beispiel aus der Sozialpsychologie mag die bislang verwendeten Begriffe näher verdeutlichen. Unter Anleitung des bekannten Sozialpsychologen Kurt LEWIN erforschten LIPPITT & WHITE (1947) Ende der 30er Jahre den Einfluß unterschiedlicher „Führungsstile" auf das Verhalten. Mehrere Freizeitgruppen elfjähriger Jungen einer der Universität angeschlossenen Laborschule erhielten nach einem bestimmten System erwachsene Gruppenleiter zugeordnet, die entweder „autokratische", „demokratische" oder „laissez-faire"-Verhaltensmuster zeigten und damit bestimmte Gruppenklimata schufen; man könnte die drei Verhaltensmuster auch als „autoritär", „sozial-integrativ" und „antiautoritär" bezeichnen. (Zu diesem Experiment, seinen Folgeuntersuchungen und pädagogischen Implikationen vgl. TAUSCH & TAUSCH 1973).

Das *Verhalten,* das die Sozialpsychologen (mit Hilfe versteckter Filmaufnahmen und anschließender Einstufung durch Beurteiler) erforschten, betraf Aspekte der Gruppenleistung, der Arbeitszufriedenheit, der sozialen Beziehungen der Gruppenmitglieder untereinander (z. B. kooperativ Vorschläge machen, aggressiv reagieren) und der Beziehungen zwischen Gruppenmitgliedern und Führer (z. B. führerabhängiges Handeln). Aufgrund der empirischen Befunde dieses „Feldexperiments" (zur Methodik vgl. *Kapitel 5*) glaubten die Autoren eine regelhafte Beziehung zwischen „Führungsstil" einerseits und „Gruppenatmosphäre" und sozialem Verhalten der Gruppenmitglieder andererseits feststellen zu können. Z. B. wurde in „autokratisch" geführten Gruppen kurzfristig wirksamer gearbeitet, doch war das „soziale Klima" hier schlechter, es gab Widerstände gegen den Gruppenleiter, und bei dessen Abwesenheit zerfiel die Gruppenstruktur, so daß auch die Leistung absank. Aus den anschaulichen *Beschreibungen* solchen Verhaltens und seiner *Erklärung* durch ein „autokratisches" Verhaltensmuster werden *Vorhersagen* auf das konkrete Verhalten von Menschen möglich, die einseitig autoritär geführt werden. Darüber hinaus können solche und ähnliche Ergebnisse von Experimenten und empirischen Untersuchungen zum Thema „Führungsstil und Gruppenverhalten" Anstoß oder Grundlage von gezielten Programmen zur *Verhaltensänderung* im pädagogischen, klinischen oder arbeitspsychologischen Anwendungsbereich der Sozialpsychologie werden.

Die somit möglichen Erklärungen, Vorhersagen und Modifikationen sozialen menschlichen Verhaltens – setzen wir einmal voraus, alles dies sei aufgrund solcher Experimente gegeben – können sich in vorliegendem Beispiel sicherlich auf die Beobachtung und Erfassung allein des äußerlich erkennbaren, *offenen Verhaltens* der untersuchten Jugendlichen beschränken (z. B. mag die „Anzahl der angefertigten Werkstücke" ein Maß für „Arbeitsleistung", die „durchschnittliche Häufigkeit verbaler Interaktion mit anderen Gruppenmitgliedern" ein Maß für „Zusammenhalt der Gruppe" darstellen). Man könnte sich jedoch vorstellen, daß ein Versuch, Aspekte nicht nur des offenen Verhaltens, sondern des direkt nicht zugänglichen *Erlebens* der Gruppenmitglieder zu erfassen, zu anderen Resultaten führt. Gelänge es, an das, was die handelnden Personen erleben, während sie handeln, „heranzukommen", so führte dies sicher zu besseren Erklärungen und Vorhersagen der Reaktionen der Gruppenmitglieder auf verschiedene Führungsstile. Gerade solche Verhaltensweisen wie „kooperatives", „aggressives", „führer-abhängiges" Verhalten können sich – wie jeder Leser aus Erfahrung wissen wird – „innen" anders darstellen als „außen": Was sich beispielsweise im offenen Verhalten „kooperativ" äußert, könnte das Ergebnis erzwungener Anpassung sein, mag diese nun auf einem Einfluß des Gruppenleiters oder einem Durchschauen der Absicht des Experimentators beruhen; ob „kooperatives *Verhalten*" also „echt" oder „gespielt“ ist, läßt sich allenfalls mit Methoden, die auf das *Erleben* der Versuchsperson ausgerichtet sind, erforschen. Es scheint jedoch auf der Hand zu liegen, daß es methodisch einfacher und theoretisch voraussetzungsloser ist, sich bei der Beschreibung, Erklärung und Vorhersage konkreten Verhaltens auf das offene Verhalten zu beschränken.

Das verhaltensorientierte Konzept von Psychologie ist nur schwer zu verstehen ohne das am psychologischen *Experiment* orientierte Denken (vgl. hierzu *Kapitel 2* und *Kapitel 5*). Grob betrachtet bedeutet „experimentelles Denken“, das zu untersuchende Verhalten als abhängig von bestimmten Bedingungen aufzufassen, die der untersuchende Wissenschaftler kontrollieren bzw. systematisch verändern kann. Erforscht wird dann, ob und in welchem Ausmaß „abhängige Variablen“ (meist Verhaltensvariablen wie z. B. Arbeitsleistung, Arbeitszufriedenheit, Interaktionsverhalten in der Gruppe) von unterschiedlichen Ausprägungsgraden „unabhängiger Variablen“ (z. B. verschiedenen Führungsstilen) beeinflußt werden. Das menschliche Verhalten erscheint insofern als Resultat ganz bestimmter, im Experiment kontrollierbarer Bedingungen.

Ein solches Einweg-Modell, welches das Verhalten einseitig als Ergebnis bestimmter von außen gesetzter Bedingungen ansieht, vernachlässigt unter Umständen, daß das sich verhaltende Individuum gewöhnlich auf die Bedingungen, die auf sein Verhalten einwirken, *aktiv zurückwirken* kann. Gerade soziale Interaktionen (man denke nur an eine ganz gewöhnliche Unterhaltung zwischen zwei Gesprächspartnern) weisen sehr stark einen solchen *Wechselwirkungs-Charakter* auf. Meist dürfte es nicht möglich sein, in einem einzigen Experiment oder auch einer Serie sozialpsychologischer Experimente dieser lebendigen Wechselwirkung vollständig gerecht zu werden. Wenn sich der Sozialpsychologe – wie dies weithin üblich ist – einseitig am Ideal naturwissenschaftlicher Vorgehensweise orientiert, wird er immer nur ganz bestimmte, verkürzte Ausschnitte aus der Verhaltenswirklichkeit isolieren und experimentell untersuchen können (vgl. zu diesen Problemen näher *Kapitel 2*). Eine dieser Verkürzungen besteht gewöhnlich darin, den menschlichen Organismus als weithin passives Objekt bestimmten äußeren Bedingungen auszusetzen. Dies geschieht zugegebenermaßen „vorübergehend“, nämlich mit der für Experimente charakteristischen Absicht, nicht alle möglichen, sondern nur bestimmte abhängige und unabhängige Variablen zu untersuchen. Dennoch zeigt die Praxis der experimentellen Sozialpsychologie, daß es bei diesem vorübergehenden Zustand meist endgültig bleibt – auf eine Überprüfung experimenteller Befunde in Situationen außerhalb des sozialpsychologischen Labors wird meist verzichtet.

Im folgenden Abschnitt wird zu zeigen sein, daß der Gesichtspunkt der sozialen *Wechselwirkung* von entscheidender Bedeutung nicht nur für die wissenschaftliche Erklärung sozialen Interaktions-Verhaltens im sozialpsychologischen Experiment zu sein scheint. Jedes menschliche Verhalten kann vielmehr langfristig als in Wechselwirkung mit *gesellschaftlichen Bedingungen* stehend angesehen werden, und diesen Umstand dürfte niemand so wenig vernachlässigen wie der Sozialpsychologe.

1.2 Sozialpsychologie – Erforschung sozialen Verhaltens und sozialer Bedingungen des Verhaltens

Sozialpsychologie ist diejenige psychologische Teildisziplin, die sich – grob formuliert – mit dem *sozialen Verhalten* beschäftigt. „Soziales Verhalten" ist dabei die Bezeichnung für Verhaltensbeziehungen zwischen zwei und mehr Individuen, d. h. *soziale Interaktionen.*

Soziale Interaktionen wiederum können als durch *Wechselwirkungsprozesse zwischen Individuum und Gesellschaft* mitbedingt aufgefaßt werden, denn sie finden zweifellos nicht im luftleeren Raum statt – jedes Detail des Verhaltens der an einer Interaktion beteiligten Individuen dürfte gesellschaftlichen und kulturellen Einflüssen unterliegen, und individuelles Verhalten trägt seinerseits zu dem bei, was man als Gesellschaft bezeichnet. („Gesellschaft" ist dabei ein *abstrakter* Begriff für die Verhältnisse aller Individuen und Gruppen untereinander.)

So ist beispielsweise das zwischenmenschliche Verhalten, die soziale Interaktion zwischen einem Mann und einer Frau nicht nur durch die persönlichen Eigenschaften dieser beiden Individuen bestimmt – z. B. wenn er „sportlich", „durchsetzungsfähig" und „witzig" ist, sie dagegen „umsichtig", „hilfsbereit" und „klug", und die Interaktion zwischen beiden dadurch gekennzeichnet ist, daß von ihm ausgehende Initiativen von ihr aufgenommen und modifiziert werden. Vielmehr ist diese soziale Interaktion durch eine Vielzahl historisch determinierter gesellschaftsspezifischer Faktoren beeinflußt, die sich theoretisch herausarbeiten und oft – insbesondere im Vergleich von Gesellschaftssystemen und Kulturen – konkret aufweisen lassen. Genannt seien in diesem Falle nur Geschlechter-Rollenerwartungen, die je nach Stellung der Frau und des Mannes im Produktionsbereich, in der Familie etc. variieren können.

Wenn Sozialpsychologie also soziale Interaktionen erforscht, so hat sie immer auch die Ergebnisse von Wechselwirkungsprozessen zwischen Individuum und Gesellschaft miteinzubeziehen – der gleichen Art von Prozessen, die auch von der *Soziologie* erforscht und von allen Sozialwissenschaften berücksichtigt werden müssen. Im Unterschied etwa zur Soziologie – mit deren Forschungs- und Interessengebieten sie sich teilweise stark überschneidet (man denke nur an Themen wie Sozialisation, Gruppenforschung oder Umweltforschung) – setzt Sozialpsychologie dabei jedoch stärker auf der Seite des *Individuums* an.

Gesellschaftliche Bedingungen (z. B. die Art und Weise, wie produziert und konsumiert wird, welche Normen und Werte vorherrschen etc.) werden zweifellos an das Individuum nicht abstrakt herangetragen – es steht nicht ein konkreter Mensch einer abstrakten Instanz „Gesellschaft" gegenüber und tritt mit ihr in eine Wechselbeziehung. Vielmehr wirken gesellschaftliche Faktoren *vermittelt* über gesellschaftliche Untersysteme, also konkrete Instanzen. Es sind dies *Gruppen* von Individuen, deren Mitglied das Individuum ist und/oder an denen es seine Kognitionen und Verhaltensweisen ausrichtet bzw. auf die es selbst wiederum einwirkt. Gesellschaftliche Bedingungen wirken über *Gruppen* auf den Einzelnen, und sie werden durch das Individuum über diese Art von Instanzen beantwortet. In einer Gesellschaft allgemein vorherrschende Verhaltensnormen wie „Leistung durch Konkurrenz" oder „Kooperation statt Einzelleistung" wirken z. B. auf das Individuum in Schule, Betrieb, Freizeitgruppen etc. ein, also dort, wo es Mitglied größenmäßig umschreibbarer Ansammlungen von Individuen ist (oder sich ihnen zugehörig fühlt). Gruppen sind Mengen von Individuen, die miteinander interagieren und bestimmte soziale Normen – seien diese nun geschrieben oder ungeschrieben – beachten. Von daher verwundert es nicht, wenn viele Sozialpsychologen in der Erforschung von *Gruppenprozessen* eine der Hauptaufgaben ihrer Wissenschaft sehen. Der Einfluß der Gruppe auf Individuen und derjenige von Individuen auf Gruppen sowie Beziehungen zwischen Gruppen kommt darüber hinaus in so gut wie jedem Teilbereich der Sozialpsychologie zum Tragen (vgl. hierzu *Kapitel 4*).

Gegenstand sozialpsychologischer Betrachtung ist also in erster Linie das Verhalten und Erleben von Individuen, sofern es sich in diesem als Wechselwirkung bezeichneten Determinationsprozeß *„Gesellschaft – Gruppe – Individuum"* empirisch, d. h. mit erfahrungswissenschaftlichen Methoden erforschen läßt. Diese Kennzeichnung bietet zugleich einen Ansatz, Sozialpsychologie von benachbarten Disziplinen, die sich teilweise den gleichen Fragen mit anderen Methoden oder aber ähnlichen Fragen mit teilweise gleichen Methoden widmen, abzugrenzen.

Psychoanalytische Schulen und Richtungen, oft mit dem Etikett „Sozialpsychologie" versehen, bemühen sich, ausgehend von „triebdynamischen" Auffassungen vom Menschen, Wechselwirkungen zwischen Individuum und Gesellschaft verständlich zu machen – in der Regel jedoch lehnen sie *empirische*, also erfahrungswissenschaftliche Methoden zur Bestätigung und Überprüfung der eigenen Postulate zugunsten intuitionsgeleiteter Beschreibung und Deutung ab. Diese Ablehnung ist meist folgerichtig, denn in der Regel sind psychoanalytische oder tiefenpsychologische Aussagen über soziales Verhalten und seine Bedingungen so formuliert, daß sie empirisch nicht prüfbar sind (vgl. hierzu *Kapitel 3*).

Soziologische Theorien und Forschungsrichtungen setzen im Unterschied zur Sozialpsychologie in erster Linie an der Gesamtgesellschaft und an einzelnen Systemen der Gesellschaft an, wenngleich „verhaltenstheoretische“ Ansätze innerhalb der Soziologie „psychologistischer“ als manche Psychologie erscheinen. „Immer wieder finden wir zur Charakterisierung des Gegenstandes der Soziologie, sie habe es in erster Linie mit sozialen Systemen, die (Sozial-)Psychologie dagegen mit der Persönlichkeit zu tun“ (GRAUMANN 1969a, S. 51). In methodischer Hinsicht können sich Soziologie und Sozialpsychologie weithin überschneiden (vgl. dazu *Kapitel 5*); lediglich das psychologische Experiment, die vorherrschende Methode in der Sozialpsychologie, erscheint nicht nur für makrosoziologische Fragestellungen (solche, die die Gesamtgesellschaft betreffen), sondern bereits für mikrosoziologische Forschung (z. B. Organisationen und Institutionen betreffend) überwiegend ungeeignet. An dieser Stelle sei darauf hingewiesen, daß es im Rahmen einer einführenden Darstellung angemessen erscheint, Sozialpsychologie gegen Nachbardisziplinen *abzugrenzen*, daß allerdings der fortgeschrittene (Sozial-)Psychologe vor allem auf die Vorteile *interdisziplinären* Denkens und Handelns hingewiesen (und angewiesen) ist.

Kehren wir zu unserem eingangs angeführten Beispiel der Erforschung des Einflusses verschiedener „Führungsstile“ zurück, so läßt sich nun leicht ausmachen, was an dem hier geschilderten Experiment „sozialpsychologisch“ ist. Die untersuchte „abhängige Variable“, nämlich das Verhalten der von verschiedenen Leitern geführten Jugendlichen, stellt „soziales Verhalten“ dar, denn das interessierende Verhalten betrifft die Interaktionen des Individuums mit anderen Gruppenmitgliedern (z. B. Kooperation) sowie mit dem Gruppenleiter (z. B. Gehorsam oder Aufsässigkeit).

Zugleich ist die vom Experimentator manipulierte bzw. kontrollierte „unabhängige Variable“, nämlich die verschiedenen von den Gruppenleitern gezeigten Verhaltensmuster, eine „soziale“ Verhaltensvariable – in diesem Experiment wurde also der Einfluß sozialen Verhaltens einer bestimmten Art auf soziales Verhalten einer anderen Art untersucht. Dies ist in der Sozialpsychologie nicht immer der Fall. Sozialpsychologie erforscht auch Einwirkungen nicht direkt sozialer Art auf soziales Verhalten, z. B. den Einfluß von Drogen auf Kommunikationsverhalten, von Katastrophen auf Gruppenzusammenhalt usw. Es dürfte allerdings schwerfallen, vollständig nicht-soziale Bedingungen aufzufinden. Die meisten physikalischen, chemischen etc. Reize, die auf das Individuum treffen, besitzen oder erhalten von diesem Bedeutungen zugeschrieben, die durch soziale Interaktionen beeinflußt sind. Als Beispiel sei die biologische Bedingung „Geschlecht“ genannt: Das Geschlecht von Mitmenschen ist zwar primär eine biologische Variable, doch wird jeder dem Angehörigen eines bestimmten Geschlechts aufgrund vielfältiger sozialer Erfahrungen (einschließlich der sie wiederum bedingenden historisch-gesellschaftlichen Prozesse, denen zufolge die Geschlechter in verschiedenen Gesellschaften sehr unterschiedlich definiert sein können) eine ganz bestimmte soziale Bedeutung beimessen; er reagiert dann nicht auf etwas Biologisches, sondern immer auch auf etwas Sozialpsychologisches.

Sozialpsychologie und sozialwissenschaftliche Nachbardisziplinen werden also das Experiment zur Auswirkung von Führungsstilen voraussichtlich in jeweils andersartiger *Perspektive* interpretieren. In der sozialpsychologischen Interpretation Kurt LEWINS – im Sinne der Gestalt- bzw. Feldtheorie; vgl. hierzu *Kapitel 3* – handelt es sich z. B. bei unterschiedlich geführten Gruppen von Jugendlichen um unterschiedliche „Ganzheiten" mit jeweils unterschiedlichen „Atmosphären", aus denen gesetzmäßig unterschiedliche Eigenschaften ihrer Teile, d. h. der einzelnen sozialen Verhaltensweisen hervorgehen. Ein Soziologe würde das Problem autoritärer Führung in Gruppen nicht ohne Rückbezug auf eine Analyse von in einer Gesellschaft wirksamen Macht- und Herrschaftsstrukturen, ein Psychoanalytiker wohl kaum ohne Reflexionen über mögliche typische Reaktionen auf Autorität und Autoritätskonflikte, wie sie zwischen Söhnen und Vätern zwangsläufig vorkommen sollen, angehen usw.

Der Leser, der im einführenden Kapitel einer „Einführung" wie der vorliegenden eine handfeste *Definition* von Sozialpsychologie erwartet, kann diese zwar bekommen (z. B. „Wissenschaft, die soziales Verhalten bzw. soziale Interaktionen beschreibt, erklärt, vorhersagt etc."), doch muß er gewarnt werden: Jede Kürzest-Definition von Sozialpsychologie bedeutet zugleich eine Verengung der Perspektive, die meist auf theoretische und/oder methodische Vorannahmen bzw. Voreingenommenheiten zurückgeht. So verweist die Definition von SHAW & COSTANZO (1970, S. 31),

„Sozialpsychologie ist die wissenschaftliche Untersuchung individuellen Verhaltens als Funktion sozialer Reize",

eine durchaus akzeptable Minimaldefinition, einerseits auf *lerntheoretische* Perspektiven (nämlich auf das Bemühen, soziales Verhalten als Funktion von Reizen, die im Organismus, in der Umgebung des Individuums und als Konsequenz seines Verhaltens gegeben sind, aufzufassen – vgl. hierzu *Kapitel 3*), andererseits auf diesen teilweise verwandte *interaktionstheoretische* Auffassungen (vgl. *Kapitel 3*). Keineswegs weniger eingeschränkt auf Beziehungen zwischen einzelnen Individuen, dennoch mit stärkerer Betonung *kognitiver* Funktionen (gegenüber einer Reduzierung auf das Beobachtbare, das offene Verhalten) ist die Bestimmung der Tätigkeit der Sozialpsychologen durch G. W. ALLPORT (1969, S. 3):

„Bis auf wenige Ausnahmen betrachten Sozialpsychologen ihr Fach als einen Versuch, das Denken, Fühlen und Verhalten von Individuen in ihrer Beeinflussung durch das tatsächliche, vorgestellte oder stillschweigend miteinbezogene Verhalten anderer Personen zu verstehen und zu erklären."

Kognitiven Ansätzen (vgl. dazu die *Kapitel 2 und 3*) ist gemeinsam, daß sie solchen schwerer erfaßbaren psychischen Prozessen wie Vorstellungen, Denkvorgängen, Einstellungen, Erwartungen etc. einen größeren Platz einräumen. So ist z. B. jedem Sozialpsychologen bekannt, welch wichtige Rolle jenes „stillschweigend miteinbezogene Verhalten anderer Personen" (unsere Übersetzung für „implied presence of others") für die Beschreibung, Erklärung und Vorhersage konkreten sozialen Verhaltens spielt. Die „implizite", z. B. nur „vorgestellte" Gegenwart anderer Personen ist aber zweifellos nicht direkt beobachtbar und meßbar und scheidet daher für sozialpsychologische Ansätze, die kognitive Konstrukte vermeiden möchten, als Erkenntnisquelle aus. In den folgenden Kapiteln wird noch deutlicher werden, in welchem Maße die gegenwärtige Sozialpsychologie durch Gegensätze zwischen kognitiven, bewußtseinsorientierten Ansätzen einerseits, und verhaltensorientierten, behavioristischen Ansätzen andererseits geprägt ist.

Eine Reihe von Autoren definiert Sozialpsychologie stärker als in den bisher genannten Definitionen in Hinblick auf den *„sozialen Kontext"*, die soziale und „kulturelle Umgebung", die Beziehung des Individuums zu Gruppen und zur Kultur, ohne daß die Art dieser Beziehung näher ausgeführt wird (vgl. SECORD & BACKMAN 1974, LAMBERT & LAMBERT 1964, McDAVID & HARARI 1968). Hier erscheint es als selbstverständlich, daß als soziale Umgebung andere Individuen, Mitgliedschafts- und Bezugsgruppen eines Menschen, Kultur und Gesellschaft global als Bedingungsfaktoren, die das Verhalten des Einzelnen beeinflussen, aufzufassen sind. Hinter solchen mehr globalen Verweisen auf Bedingungen sozialen Verhaltens (oder: sozialen Bedingungen des Verhaltens) können sich durchaus Auffassungen und Forschungsperspektiven verbergen, die den „sozialen Kontext" wieder auf einige wenige erfaßbare „soziale Reize" reduzieren oder konzentrieren.

Die Frage, was dabei eigentlich „sozial" ist, ließe sich vielleicht so beantworten: Sozial *im engeren Sinne* sind Umgebungsbedingungen dann, wenn sie aus Personen oder Gruppen, auch Institutionen etc. bestehen. Im weiteren Sinne sozial ist dagegen eigentlich die gesamte Umwelt des Individuums, da sich kaum ein Gegenstand in der Umgebung einer Person denken läßt, der nicht bereits eine mit anderen Menschen verknüpfte Bedeutung besitzt. Deutlich wird die Schwierigkeit, überhaupt nicht-soziale Reize oder Bedingungen zu finden, z. B. in der Einstellungsforschung (vgl. *Kapitel 4*): Es ist kaum möglich, zwischen Einstellungen gegenüber „sozialen" Objekten (z. B. gegenüber Ausländern, Unternehmern etc.) und Einstellungen gegenüber „nicht-sozialen" Objekten (z. B. gegenüber abstrakter Malerei, Feiertagen, Abiturprüfungen etc.) zu unterscheiden, da letztere längst mit der Tätigkeit bestimmter Personen, also sozialen Objekten im engeren Sinne, verbunden sind.

1.3 Sozialpsychologie und ihre gegenwärtigen Forschungsgegenstände

Das sich derzeit bietende Bild empirischer Sozialpsychologie ist gekennzeichnet durch die Bearbeitung einer für den Laien fast unübersehbaren Fülle von Einzelthemen. Zuordnungen sozialpsychologischer Forschungstätigkeiten zu theoretischen Hauptströmungen sind oft mühsam (vgl. *Kapitel 3*) und führen manchen Autor sozialpsychologischer Lehrbücher schlicht dazu, Sozialpsychologie gleichsam *operational* zu definieren. Damit überträgt er dann einen pragmatischen Notbehelf, nämlich einen Gegenstand einfach durch bestimmte Operationen zu definieren, auf die Bestimmung oder sogar das Selbstverständnis einer ganzen wissenschaftlichen Disziplin. Der Vorteile (Einfachheit und Ökonomie) wegen, die ein solches Vorgehen hat, soll hier zusätzlich in gleicher Weise verfahren werden: Es ist anzugeben, welche Themen von Sozialpsychologen aller Länder hauptsächlich bearbeitet werden.

Stichwortartig sollen Forschungsgegenstände genannt werden, wie sie sich aufgrund flüchtiger Durchsichten des Inhalts sozialpsychologischer Lehrbücher und Lesebücher (vgl. hierzu *Kapitel 6*) ungefähr ergeben. Eine nähere Diskussion von Forschungsgegenständen wird in *Kapitel 4* geführt. Die im folgenden vorgenommene Bündelung einzelner Themen entspricht weitgehend den Gruppierungen, wie sie in den meisten Lehrbüchern der Sozialpsychologie (vgl. *Kapitel 6*) vorgenommen werden.

a) *Kognitive Prozesse in der Sozialpsychologie*, insbesondere Prozesse der sozialen Wahrnehmung (Social Perception) und der Personwahrnehmung (Person Perception) bzw. -beurteilung.

b) *Soziale Einstellungen* (attitudes); Probleme der Erfassung bzw. Messung, Entstehung und Veränderung von Einstellungen; Zusammenhänge zwischen Einstellungen und Verhalten; Sozialpsychologie der Vorurteile und Stereotype, z. B. in bezug auf Minderheiten.

c) *Gruppenprozesse;* soziale Interaktion in/zwischen Gruppen, Institutionen, Organisationen; Entwicklung und Wirkweise sozialer Normen, Rollen, Macht, Konformität etc., Führungsverhalten in Gruppen usw.

d) *Sozialisationsprozesse*; Entstehung und Veränderung sozialen Verhaltens/sozialer Einstellungen im Verlaufe der Entwicklung; Sozialisation in Familie, Schule, Beruf, geschlechtsspezifische Sozialisation; Klassen/Schichten als Sozialisationsfaktoren; ökologische bzw. Umweltpsychologie usw.

e) *Kommunikation*; Kommunikation und Interaktion; Kommunikationstheorien, Massenkommunikationsprozeß; sozialpsychologische Aspekte der Sprache, psychologische Aspekte der Soziolinguistik; soziale Aspekte von Informationsverarbeitungsprozessen usw.

f) *Verschiedene* weitere Gebiete lassen sich nicht so gut den genannten Kategorien zuordnen, z. B. Konflikt- und Entscheidungsforschung, Psychologie politischen Verhaltens, aggressives/altruistisches Verhalten usw.

Die aufgeführte Klassifikation sozialpsychologischer Forschungsgegenstände ist weder umfassend genug noch eindeutig und widerspruchsfrei. Betrachten wir z. B. das erwähnte klassische Experiment von LIPPITT & WHITE: Zwar wird es nicht schwerfallen, die Versuche zur Auswirkung von Führungsstilen auf das Verhalten in Gruppen in der Kategorie c (Gruppenprozesse) anzusiedeln, doch spielen in ihnen auch Gesichtspunkte oder sogar Variablen sozialer Einstellungen (b), interpersoneller Kommunikation (e) und sozial bedeutsamer Prozesse wie aggressives Verhalten oder kooperatives Zusammenarbeiten (f) eine große Rolle. Überhaupt scheint die Bedeutung dieses Experiments für die Sozialisation in Gruppen verschiedener Art und für Fragen der Politischen Psychologie auf der Hand zu liegen. An diesem Beispiel läßt sich demnach recht deutlich zeigen, daß es sich bei den hier aufgeführten Kategorien a bis f wiederum eher um eine Klassifikation bestimmter *Perspektiven* handelt, unter denen soziales Verhalten betrachtet werden kann, als um eine schlüssige Untergliederung der Sozialpsychologie.

Spätestens bei der Betrachtung solcher Verhaltensweisen wie jener *„antisozialer"*, aggressiver Art muß die Frage nach Möglichkeit oder Unmöglichkeit einer Abgrenzung *„sozialer"* Psychologie von *allgemeiner* Psychologie und weiteren psychologischen Teildisziplinen gestellt werden. *Aggressives* Verhalten beispielsweise könnte nämlich sowohl in *allgemeinpsychologischer, entwicklungspsychologischer, persönlichkeitspsychologischer* etc. wie auch in sozialpsychologischer Perspektive betrachtet und erforscht werden. Weitere Gesichtspunkte wie etwa der *pädagogisch-psychologische* bieten sich an.

Grundsätzlich erscheint eine *Arbeitsteilung*, wie sie auf dem Gebiete der Erforschung menschlichen Verhaltens beispielsweise von den Disziplinen „Allgemeine Psychologie", „Differentielle Psychologie", „Entwicklungspsychologie", „Sozialpsychologie", „Pädagogische Psychologie" etc. vorgenommen wird, sinnvoll – unsinnig wird sie erst dann, wenn man versucht, ein bestimmtes Forschungsgebiet einer psychologischen Teildisziplin eindeutig zuzuordnen, obgleich es – wie oben gezeigt wurde – in sämtliche Teilgebiete hineinreicht.

Allgemeine Psychologie erforscht menschliches Verhalten in seinen grundlegenden Funktionen (z. B. kognitiven, emotionalen, motivationalen), indem sie „vorübergehend" das ständige Vorhandensein und Einwirken sozialer Interaktionen und sozialer Umfeldbedingungen „vernachlässigt" bzw. überhaupt nicht beachtet. Aussagen, die die Wechselwirkung zwischen Gesellschaft, Gruppe und Individuum betreffen, bleiben ungehört. Sozialpsychologie würde sich dagegen gerade für solche Einflüsse interessieren. Sozialpsychologie würde sich sogar für soziale Einflüsse und Wechselbeziehungen interessieren, die in allgemeinpsychologischen Experimenten und Untersuchungen selbst auftreten. Daß es eine „Sozialpsychologie des Experiments“ gibt, welche das psychologische Experiment als soziale Situation auffaßt und wechselseitige Kognitionen (z. B. Erwartungen) und Verhaltenseinflüsse zwischen Versuchspersonen und Versuchsleiter in seine Analyse miteinbezieht, beschäftigt experimentell arbeitende Psychologen und mehr oder weniger berufene Kritiker (*vgl. hierzu Kapitel 5*). Die dadurch jeweils zutage geförderten Mängel psychologischer Forschung können als Argumente zur allmählichen Ablösung einer naiv betriebenen Allgemeinen Psychologie sowie zur verstärkten Berücksichtigung sozialpsychologischer Erkenntnisse in der empirisch-psychologischen Forschung beitragen.

Wenn weiterhin die *Differentielle Psychologie* und *Persönlichkeitsforschung* die mehr oder weniger konstanten Unterschiede im Verhalten verschiedener Individuen erforscht, so läßt Sozialpsychologie in der Regel „vorübergehend“ differentielle, persönlichkeitspsychologische Probleme außer acht. Sie geht insoweit zunächst von der zweifellos unrichtigen Annahme aus, als seien die erforschten sozialen Verhaltensgesetze für *alle* Individuen oder Gruppen gleichermaßen gültig. Sozialpsychologie ist also zunächst wiederum „Allgemeine Sozialpsychologie“. Erst in einem zweiten Schritt der Untersuchung könnten persönlichkeitspsychologische Gesichtspunkte eine Rolle spielen. Läßt sich beispielsweise mit Sicherheit sagen, autoritäres Führungsverhalten führe kurzfristig zu besserer individueller und Gruppenleistung, so ließe sich zusätzlich fragen, ob dies bei sehr selbstsicheren und sehr unsicheren Gruppenmitgliedern in gleichem Maße der Fall sei, oder ob dies sowohl auf rollenmäßig völlig unstrukturierte Gruppen als auch auf gut strukturierte Gruppen zutrifft.

Entsprechend läßt sich sozialpsychologisches Vorgehen von *entwicklungspsychologischem* abgrenzen usw. usw. „Allgemeine Sozialpsychologie“ muß jedoch in ähnlicher Weise künstliche Ergebnisse zustande bringen wie Allgemeine Psychologie. In der gegenwärtigen Situation der Psychologie in der BRD läßt sich vielleicht sagen, daß eher Allgemeine Psychologie gesellschaftliche und sozialpsychologische Gesichtspunkte außer acht läßt, als daß Sozialpsychologen den Fehler einer zu „allgemeinen“ Psychologie begehen. Sofern sich sozialpsychologische Grundlagenforschung, wie es ihrer Aufgabe entsprechen müßte, nicht allzuweit von der sozialen Realität entfernt (und bei aller Lebensferne sozialpsychologischer Experimente erscheinen diese doch im Mittel erheblich lebensnäher als der Durchschnitt psychologischer Experimente), wird sie der offenkundigen Gefahr, artifizielle Ergebnisse zu liefern, vielleicht eher begegnen können als andere psychologische Teildisziplinen.

Gelegentlich neigen sozialpsychologische Autoren zu Kompetenzüberschreitungen, die von Nachbarwissenschaften zu Recht mit dem Vorwurf des *Psychologismus* belegt werden. So hat es psychologische Beiträge zum Klassen-Schichten-Problem in der BRD gegeben, in denen zunächst die Existenz sozialer Klassen zur Gegebenheit unterschiedlicher Ausprägungsgrade von „sozialem Status" führte (einem Index, der Einkommen, Wohnsituation und Bildungsgrad berücksichtigt). Aus der Feststellung einer kontinuierlichen Häufigkeitsverteilung dieses sozialen Status (ohne „qualitativen Sprung") bei einer größeren Stichprobe von Personen wurde sodann auf das Nichtvorhandensein von „Sprüngen" in der Sozialstruktur der BRD geschlossen und damit das Nichtmehrvorhandensein von „Arbeiterklasse", „Mittelschicht" u. ä. konstatiert.

Psychologistische Grenzüberschreitungen liegen auch vor, wenn Ergebnisse sozialpsychologischer Experimente vorschnell verallgemeinert werden (vgl. hierzu *Kapitel 5*). Gelegentlich wird z. B. das Verhalten zweier Spieler in einem sozialpsychologischen Konflikt-Spiel als charakteristisch für das Verhalten zweier feindlicher Nationen angesehen, und es werden Konfliktlösungsstrategien aus dem (individuellen) Spielverhalten für das (internationale) Verhalten von Regierungen hergeleitet.

Sozialpsychologie, wenn sie nicht individualistisch und psychologistisch gefaßt werden soll, kommt letztlich ohne *interdisziplinäre* Zusammenarbeit nicht vorwärts. Nachbardisziplinen wie Soziologie, Politologie, aber auch Mathematik und Kybernetik bieten sich je nach Aufgabenstellung ebenso an wie Meta-Disziplinen, z. B. Wissenschaftsphilosophie oder Wissenschaftssoziologie. In welcher Weise sozialpsychologische Arbeit durch solche interdisziplinäre Orientierung modifiziert werden muß oder kann, ist jeweils neu zu bestimmen und läßt sich unseres Erachtens vor allem von *praktischen Erfordernissen* außerhalb des reinen Wissenschaftsbetriebes her bestimmen.

1.4 Mögliche Beiträge der Sozialpsychologie zur Berufspraxis von Psychologen, Soziologen, Pädagogen

Die Orientierung einer Einzelwissenschaft an Erfordernissen der *Praxis*, die Ausrichtung eines Studienganges an vordringlichen Gesichtspunkten späterer Berufspraxis – dies sind Gesichtspunkte, die traditionellen akademischen Normen und Werten zu widersprechen scheinen. In Zeiten eines verschärften Numerus Clausus und zunehmender Auseinandersetzungen über das Verhältnis von Wissenschaft und Gesellschaft mutet eine Auffassung, die Wissenschaft und Studium gerade „frei", losgelöst von konkreten Problemlösungs-Aufträgen begreifen will – und sei dies auch nur aus Furcht vor Mißbrauch durch den jeweiligen politischen Gegner – überholt und antiquiert an. Dennoch erscheint es schwierig, bereits an den Hochschulen eindeutig praxisbezogene Studiengänge und Lehrpläne (Curricula) zu verwirklichen.

Einige dieser Schwierigkeiten lassen sich am Beispiel der Sozialpsychologie recht gut verdeutlichen. Steht ein Psychologe, Soziologe oder Pädagoge vor einem ganz konkreten Problem – z. B. der Entschärfung eines persönlichen, sozialen oder erzieherischen Konflikts – so wird er nach Sozialpsychologie wie nach einem Medikament, das gemäß bestimmten Rezeptvorschriften anzuwenden ist, greifen. Er wird womöglich in einem sozialpsychologischen Lehrbuch unter „Konflikt" nachschlagen, wird – wenn er Glück hat – ein seinem Problem analog erscheinendes empirisches Ergebnis finden und daraus handlungsrelevante Schlüsse ziehen. Obgleich der Nutzen einer solchen Vorgehensweise vielleicht nur wenig größer ist, als wenn der Betreffende sich dem Zufall anvertraut hätte – diese Art der Betrachtung von Sozialpsychologie als „Service-Wissenschaft", diese Art von „Steinbruch"-Denken (in dem Sinne, daß sich jeder den passenden Brokken aus der Sozialpsychologie herausholt) ist ebenso untauglich wie unausrottbar.

Zum Beleg dieser Behauptung sollen wenigstens zwei unterschiedliche Argumente genannt werden. Das erste Argument muß auf die Art und Weise der Gewinnung sozialpsychologischer Ergebnisse hinweisen: Spätestens nach der Lektüre sämtlicher Kapitel dieser Einführung wird der Leser begreifen, daß gerade Sozialpsychologie bislang viel zu sehr praxisferne Grundlagenwissenschaft gewesen ist, als daß sich ihre – meist in experimentellen Situationen gewonnenen – Befunde unverändert auf die außerexperimentelle Realität übertragen lassen. An der allmählichen Überwindung dieses Zustands (ohne Abschaffung des Experiments, sondern in Richtung auf angemessene Interpretation und Ergänzung experimenteller Befunde) wird noch lange gearbeitet werden müssen. Daß z. B. eine plumpe Anwendung des Satzes „Autoritär geführte Schüler leisten mehr" auf die Hauptschule ebenso unsinnig wäre wie „Sozial-integrativ geführte Schüler sind zufriedener, zufriedene Schüler leisten mehr, also leisten sozial-integrativ geführte Schüler auf die Dauer mehr" (letzteres hat derzeit eine größere Wahrscheinlichkeit, Lehrerstudenten vermittelt zu werden), läßt sich bereits aus der Überlegung ableiten, daß Hauptschulunterricht je nach Art des Faches, Lernziel, Umfang und Art des Lernstoffes etc. sehr stark variieren kann. Welche sozialpsychologische Maxime für einen Lehrer und für eine konkrete Situation die richtige wäre, kann niemals aufgrund sozialpsychologischer Forschungsergebnisse allein bestimmt werden. Hierzu bedürfte es einer komplexeren Betrachtung der jeweils anstehenden Frage, an der zumindest Fachleute des betreffenden Praxisfeldes beteiligt sein sollten.

Das zweite Argument gegen die Auffassung von Sozialpsychologie als Service-Disziplin und „Steinbruch" muß auf den Zustand hinweisen, in dem sich die Diskussion über die jeweilige Berufspraxis in den in Frage kommenden Nachbarfächern ebenso wie in der gegenwärtigen Psychologie selbst befindet. Von einem psychologischen Test, der menschliches Verhalten zuverlässig messen soll, um es dann vorhersagen zu können, verlangt man, daß er an einem seinerseits zuverlässig erfaßten Außenkriterium „validiert" wurde, so daß er dasjenige, was er vorhersagen soll, auch wirklich vorhersagt. Leider muß dieser Test solange fragwürdig bleiben, wie sich kein unangreifbares Außenkriterium finden läßt. Ähnlich stellt sich die Situation von Sozialpsychologie dar, sofern jemand ihre Ergebnisse für soziologische, pädagogische, psychologische etc. Zwecke verwerten möchte: Solange z. B. innerhalb der Soziologie die Diskussion um das eigene Berufsbild, solange der Prozeß der „Professionalisierung" nicht annäherungsweise abgeschlossen oder eindeutig kommunizierbar erscheint, ist Sozialpsychologie als Service-Wissenschaft untauglich. Solange z. B. unklar ist, ob Schüler eher „kreativ" oder eher „reproduktiv" lernen sollen, ob politische Kritikfähigkeit erwünscht oder störend ist etc., dient „Steinbruch-Verhalten" eher der Legitimation eigener Vorurteile als der Optimierung des Unterrichts. Solange schließlich unklar ist, ob klinisch arbeitende Psychologen eher sozialwissenschaftlich ausgebildete Therapeuten oder eher am Ideal des „Halbgotts in Weiß" ausgerichtete Kliniker zu sein haben, ist die Umsetzung von Sozialpsychologie in „Klinische Sozialpsychologie" fragwürdig.

Als Beispiele für ihrer Intention nach lobenswerte Versuche, Sozialpsychologie in bestimmten Praxisfeldern einzusetzen, seien zwei Programme genannt, die sich auf den *schulischen* und den *klinischen* Bereich beziehen. (Eine weitere, ausführliche Diskussion von Anwendungsbereichen der Sozialpsychologie – Schule, Organisation, klinischer Bereich – findet sich bei PIONTKOWSKI im Anhang zu BERKOWITZ 1976.)

GUSKIN & GUSKIN (1973) veröffentlichten ein Buch mit dem Titel „Sozialpsychologie in Schule und Unterricht", das nach dem Anspruch des Übersetzers „in erster Linie als Grundlage für Seminare und Übungen im Rahmen der Lehrerausbildung, darüber hinaus zum Selbststudium für bereits praktisch tätige Lehrer, Erzieher und Berufsausbilder gedacht" ist (S. 7). Behandelt werden die folgenden Themen:

- Rollenperspektive (Rolle des Lehrers, des Schülers, des Schulverwaltungsbeamten)
- Wie Lehrer und Schüler einander sehen (Genauigkeit und interindividuelle Unterschiede der Personwahrnehmung, Eindrucksbildung, Stereotype, Persönlichkeitstheorie und „gesunder Menschenverstand")
- Der interpersonelle Charakter von Lernprozessen („Mechanische" Lehrer, „Entdeckungs"-Methoden, Verbale Darstellung, Verstärkung, Nachahmung)
- Beeinflussung im Schulunterricht (Erzeugen von Angst, Persönliches Engagement, Immunisierung gegen Einstellungsänderung,Rolle der einflußnehmenden Person, Situative Faktoren, Kommunikationsstil)

- Führung in der Schulklasse (Macht des Lehrers und des Schülers, Machtquellen, Informelle Führung, Führungsstil des Lehrers)
- Konformes und abweichendes Verhalten in Schulklassen (Abweichendes Verhalten in der Schule, Unfreiwilliges Abweichen, sozial induzierte Abweichungen)
- Die Funktion der Schule im Sozialisationsprozeß (Das Verhältnis von familiärer und schulischer Sozialisation, „Umsozialisierung von Kindern aus Einwandererfamilien, Sozialisation von Studenten im Rahmen der Hochschule)
- Die Schule verändern (Die Schule als Organisation, Probleme des Wandels, Konflikte in Sekundarschulen).

Bei dem zweiten Beispiel, das den klinisch-psychologischen Bereich betrifft, kann (noch) nicht auf eine Veröffentlichung zurückgegriffen werden, die den Anspruch erhebt, praktisch tätigen Psychologen oder Kollegen aus Nachbardisziplinen etwas „an die Hand zu geben". Zu jung sind dazu vereinzelte Ansätze, Sozialpsychologie im klinisch psychologischen Rahmen (zu den Tätigkeiten des klinischen Psychologen zählen vor allem Diagnostik, Beratung und Therapie bzw. Verhaltensmodifikation) zur Geltung zu bringen. Im folgenden soll daher der Vorschlag einer Düsseldorfer Initiativgruppe zitiert werden – publiziert in den „Mitteilungen der Gesellschaft zur Förderung der Verhaltenstherapie" 7/1975, S. 73f. – ein Prüfungsfach „Klinische Sozialpsychologie" in der Psychologenausbildung an einer Hochschule zu verankern. Dieser bislang vergeblich vorgebrachte Entwurf nennt folgende Themen:

- Klinisch-psychologische Versorgung (Das Problem der Selektion für Beratung und Behandlung)
- Soziale Schicht und klinisch-psychologische Aspekte (z. B. Verhaltensstörungen, Diagnose, Behandlung)
- Mikroanalyse der klinisch-psychologischen Situation (Bedingungen unterschiedlicher Sozialisation von Therapeut und Klient für die therapeutische Dyade bzw. Gruppe, Aspekte der Vorurteilsforschung, Aspekte der Kleingruppenforschung und Gruppendynamik, Verbales Konditionieren in Diagnose, Beratung und Behandlung, Psychotherapie als Lernsituation, Bedingungen und Konsequenzen der Erwartung auf Therapieerfolg, Perzeptive und kognitive Aspekte der klinischen Urteilsbildung, Aspekte der Rollentheorie)
- Makroanalyse der klinisch-psychologischen Situation (Wem nützt der klinische Psychologe, welchen Interessen dient er? Ethische Probleme der Verhaltenskontrolle, Bedingungen praktischer Arbeit in konkreten klinisch-psychologischen Institutionen und Situationen, Psychotherapie als gesellschaftliche Institution)
- Prävention
- Rehabilitation
- Reform der klinisch-psychologischen Praxis (z. B. Berufsbild des Klinischen Psychologen, Ausbildung und Qualifikation, Berufswahlprobleme).

In ähnlicher Weise ließe sich ein zweifellos bedeutsam und aussichtsreich erscheinendes Angebot, Sozialpsychologie auf weitere Praxisfelder anzuwenden, formulieren – die Kriterien der Auswahl sozialpsychologischer

Methoden und Gegenstandsbereiche sollten allerdings schlüssig begründet werden. Gewiß kann Sozialpsychologie auch dann, wenn sie relativ unkritisch und isoliert auf ein bestimmtes Praxisfeld „angewendet" wird, gelegentlich noch von Nutzen sein. So erkennen es gerade Nachbarwissenschaftler gelegentlich dankbar an, wenn psychologische Methoden und Techniken, wenn überhaupt methodisches „Know-how" von sozialpsychologischer Seite in einem konkreten Fall zur Verfügung gestellt wird. Soziologen, die beispielsweise an Projekten der Raumplanung oder Sozialarbeit arbeiten, werden bestimmte Problemstellungen sozialpsychologischer Art (z. B. Wohndichte oder soziale Einstellungen von Bewohnern betreffend) abzweigen können, für deren Bearbeitung ein sozialpsychologisch ausgebildeter Psychologe erforderlich wird. Medienwissenschaftler und Pädagogen werden sich anstelle einer unreflektierten Übernahme von Thesen über Medienwirkung gelegentlich über die psychologischen Theorien des Beobachtungslernens sowie über Probleme verbalen/offenen Verhaltens und effektiver Versuchsplanung zur Feststellung echter Wirkungen informieren wollen – sozialpsychologisch ausgebildete Psychologen werden hier gewöhnlich wichtige Beiträge liefern können.

Dennoch sollte Optimismus bezüglich einer Umsetzung sozialpsychologischen Theorien- und Methodenwissens in sozialwissenschaftliche Praxis (der Begriff „sozialwissenschaftlich" sei einmal als zusammenfassender Begriff für mögliche sozialpsychologische Anwendungsgebiete erlaubt) gedämpft werden. Es erscheint nach 70 Jahren Sozialpsychologie und in einer Zeit, in der wissenschaftliche Einzeldisziplinen immer noch relativ isoliert nebeneinander her existieren, verfrüht, Bücher mit dem Titel „Sozialpsychologie in der Schule" oder „Sozialpsychologie in der Klinik" zu verfassen. Stattdessen sollte kooperativer interdisziplinärer Forschungsarbeit das Wort geredet werden: ein Problem nicht einzelwissenschaftlich erforschen und dann nach Anwendungsmöglichkeiten suchen, sondern ein Problem unter den Gesichtspunkten der praktischen Veränderung und Verbesserung aus unterschiedlichen Perspektiven – darunter der sozialpsychologischen – in Angriff nehmen. Jede beteiligte Gruppe von Wissenschaftlern und Praktikern hätte davon – ohne die eigene Position und Perspektive aufzugeben oder zu verleugnen – großen Nutzen, ganz zu schweigen von der großen Mehrheit der wissenschaftlich nicht ausgebildeten und wissenschaftliche Leistungen erwartenden Bevölkerung, um deren Belange es geht.

Literaturempfehlungen

Zu 1.1 THOMAE, H. & FEGER, H. 1969.
Hauptströmungen der neueren Psychologie. Frankfurt am Main: Akadem. Verlagsgesellschaft.
KRECH, D. & CRUTCHFIELD, R. S. 1974.
Grundlagen der Psychologie. Weinheim: Beltz.

Zu 1.2 GRAUMANN, C. F. 1969.
Sozialpsychologie: Ort, Gegenstand und Aufgabe. In: GRAUMANN, C. F. (Hrsg.) Handbuch der Psychologie. Band 7: Sozialpsychologie. 1. Halbband: Theorien und Methoden, Göttingen: Verlag für Psychologie. 3–80.

Zu 1.3 GRAUMANN, C. F. (Hrsg.) 1972.
Handbuch der Psychologie, Band 7: Sozialpsychologie. 2. Halbband: Forschungsbereiche. Göttingen: Verlag für Psychologie.
HERKNER, W. 1975 Einführung in die Sozialpsychologie. Bern/Stuttgart/Wien: Huber.
IRLE, M. 1975. Lehrbuch der Sozialpsychologie. Göttingen: Verlag für Psychologie.

Zu 1.4 PIONTKOWSKI, U. 1976.
Nachwort: Anwendungsbereiche der Sozialpsychologie. In: BERKOWITZ, L.: Grundriß der Sozialpsychologie. München: Juventa.

Kapitel 2: Sozialpsychologie als Wissenschaft: Ursprünge, Entwicklungen, Orientierungen

2.1 Die gegenwärtige Situation der Sozialpsychologie

Seit einigen Jahren steht die Wissenschaft im Brennpunkt zahlreicher politischer Diskussionen. Die eingefahrenen und selbstverständlich gewordenen Grundsätze wissenschaftlicher Praxis wurden zunächst von kritischen Mitgliedern der Universitäten, dann aber auch von den Bildungspolitikern mehr und mehr problematisiert und in Frage gestellt. Diese politischen Aktivitäten gingen auf die Erkenntnisse eines wissenschaftlichen und bildungsmäßigen Rückstandes gegenüber vergleichbaren Ländern zurück und waren von der Befürchtung geleitet, daß die auf wissenschaftliche Qualifikationen angewiesene Industrie und öffentliche Verwaltung langfristig nicht mehr konkurrenzfähig bliebe bzw. ihren Aufgaben nicht mehr nachzukommen in der Lage sei.

Diese Diskussionen haben auch die Psychologie als eine für weite Bereiche der Erziehung und der Produktion relevante Wissenschaft nicht unberührt gelassen. Dabei ging es in erster Linie um die Frage, wie Psychologie-Studenten ausgebildet werden müssen, damit sie in ihrer Berufspraxis in der Lage sind, anliegende Probleme auf wichtige psychologische Dimensionen hin zu analysieren und entsprechende Schritte zur Lösung einzuleiten. Die Beantwortung dieser Frage wurde in dem Maße dringlicher, wie man erkannte, daß die während der Universitätsausbildung erworbenen Fähigkeiten in der Regel in der Berufspraxis keine Anwendung finden konnten. Damit war auch der Nutzen wissenschaftlicher Ausbildung in Frage gestellt, und die Wissenschaftler selbst waren dazu gezwungen, in verstärktem Maße Gegenstände und Methoden der Psychologie zu reflektieren.

Im Bereich der Psychologie löste in diesem Zusammenhang HOLZKAMP (1972) mit seinem Buch „Kritische Psychologie“ eine erbitterte Diskussion aus, die sich um den Relevanzbegriff wissenschaftlicher Forschung drehte. Seit dieser Zeit muß sich jeder Wissenschaftler die Frage gefallen lassen, welche Bedeutung seine Arbeit für die Praxis hat. Die von HOLZKAMP initiierte Diskussion bezog sich nun jedoch nicht allein auf das Problem unmittelbar praktischer Verwertbarkeit einzelner Forschungsergebnisse, sondern darüberhinaus auch auf die Rolle der Wissenschaft – in diesem Fall der Psychologie – in der gesellschaftlichen Entwicklung, auf ihre Beiträge zu dieser Entwicklung und auf die Frage, in welcher Weise sich psychologische Theorien durchsetzen. Mit dieser Problematisierung der Entstehungsbedingungen von Theorien und Forschungsfragestellungen stößt HOLZKAMP in ein Gebiet vor, das bislang von wissenschaftstheoretischen Überlegungen weitgehend unberührt blieb (erst in der Reaktion auf Holzkamp entstand eine detaillierte Auseinandersetzung mit diesen Problemen, die sich – konkret bezogen auf die Psychologie – in der Arbeit von Herrmann 1977 manifestierte), man ging – und geht überwiegend – davon aus, daß die Entstehung psychologischer Fragestellungen und Theorien dem Zufall, den innerpsychischen Prozessen der einzelnen Wissenschaftler oder den konkreten organisatorischen Arbeitsbedingungen im Wissenschaftsbetrieb entspringen.

Speziell bezogen auf die methodische Vorgehensweise von Psychologen übte Holzkamp dahingehend Kritik, daß die Orientierung an den Naturwissenschaften – hier ist insbesondere an die Verwendung der experimentellen Methode gedacht – dem Gegenstandsbereich der Psychologie nicht gerecht werde. Menschliches Verhalten und Erleben speise sich aus historischen Erfahrungen im Umgang mit der Umwelt, die in diesem Austauschprozeß Bedeutung gewinne und in ihrer sozialen Bedeutungshaftigkeit die subjektiven und extraindividuellen (d. h. an soziale Rollen gebundenen) Erwartungen, Anschauungen und Interessen festlege und das daraus resultierende Verhalten reguliere. Die naturwissenschaftliche Orientierung verbiete solche Überlegungen weitgehend – hierauf wird noch eingegangen – die Forderung nach einer Abkehr liegt somit nahe.

So sehr diese Kritik im Grundsatz auch richtig sein mag – sie wurde im übrigen auch schon von zahlreichen anderen anerkannten Psychologen vorgetragen – die Ausrichtung an den *Grundsätzen der Naturwissenschaften* hat für die Entwicklung der Psychologie zunächst große Fortschritte bewirkt. Diese liegen vor allem in der Perspektive der Forscher auf *beobachtbare* Tatbestände, in dem Bestreben, diese beobachtbaren Tatbestände auf bestimmte *Bedingungen* zurückzuführen und in der verstärkten Hinwendung auf ein methodisches Instrumentarium zur adäquaten Erfassung der Gegenstände wissenschaftlicher Forschung. Dabei läßt sich jedoch nicht verkennen, daß sich die Psychologie zunehmend von den Bedürfnissen der Praxis entfernt hat und von fortschreitender „Desintegration und Banalisierung" (Holzkamp, 1972, S. 10) gekennzeichnet ist. „*Desintegration*" bedeutet in diesem Zusammenhang, daß zwar viele Einzelaspekte etwa hinsichtlich des Gruppenverhaltens erforscht werden, daß es jedoch nicht gelingt, die oftmals nebeneinanderstehenden und dabei manchmal sogar widersprüchlichen Ergebnisse zu einer allgemeinen Theorie des Gruppenverhaltens zu integrieren. „*Banalisierung*" bezieht sich auf den Aspekt, daß vielfach Ergebnisse produziert werden, die im Grunde keinen Erkenntniszuwachs erbringen.

Mit diesen Ausführungen gab Holzkamp einem allgemeinen Unbehagen an der Psychologie Ausdruck, das seinen Kern in dem Vorwurf fand, daß die Komplexität menschlichen Verhaltens und Erlebens in seinen sozialen, kulturellen und historischen Verwobenheiten nicht annähernd adäquat erfaßt würde, Erklärungen und Vorhersagen von daher immer fehlerbehaftet seien und nur für begrenzte Situationen Geltung beanspruchen könnten; damit könne es auch keine von diesen sozialen Gegebenheiten unabhängigen Allaussagen geben, wonach alle Naturwissenschaften streben.

Diese Kritik an der allgemeinen Psychologie ist alt, eine Verbesserung erwartete man von der Sozialpsychologie, weil hier schon im Titel selbst der Anspruch formuliert wird, die sozialen Aspekte des menschlichen Verhaltens als Bedingungsfaktoren in den Mittelpunkt des Forschungsinteresses zu rücken. „Sozial" bedeutete dabei mehr als nur z. B. die Erweiterung des Forschungsgegenstandes vom Individuum auf Zweier- oder größere Gruppen oder die zusätzliche Berücksichtigung des sozioökonomischen Status der Versuchspersonen. Die Sozialpsychologie konzentrierte sich anfänglich geradezu diametral entgegengesetzt zur naturwissenschaftlich gefärbten allgemeinen Psychologie auf diejenigen Bereiche, die von dieser verpönt wurden, nämlich auf Kognitionen und deren Beziehungen zum offenen, beobachtbaren Verhalten. Die Umwelt wurde als „psychologische Umwelt" oder „Lebensraum" (LEWIN 1963) konzipiert, sie gewann für das Individuum Bedeutung, sie löste, je nach subjektiver Wahrnehmung und Interpretation dieser Bedeutung und auf dem Hintergrund der eigenen Zielvorstellungen spezifische Verhaltensweisen aus.

Das entscheidende Problem dieser „Sozialpsychologie" lag in der Entwicklung eines angemessenen Methodenkanons. Obwohl bedeutende Sozialpsychologen theoretisch dieses Programm vertraten und vertreten, legte man sich in der Forschung doch weitgehend auf die experimentelle Methodik fest (dies hatte auch historische Gründe, denn die Idee der Sozialpsychologie oder ihrer Vorgängerin, der Völkerpsychologie, entstand in unmittelbarer Nachbarschaft zur Entwicklung der experimentellen Methodik). Diese Festlegung führte alsbald zu einem ähnlichen Unbehagen an der Sozialpsychologie, wie es oben bereits für die allgemeine Psychologie skizziert wurde. MERTENS und FUCHS (1978) sprechen in diesem Zusammenhang von einer Krise der Sozialpsychologie, der Krisenzustand wird auch in der Frage MOSCOVICIS (1972), was an der Sozialpsychologie eigentlich sozial sei, deutlich.

Einen Weg aus der Krise der Sozialpsychologie glauben einige Forscher gefunden zu haben, die sich hinter einem mit dem Etikett „ökologisch" gekennzeichneten Ansatz versammeln (vgl. z. B. ITTELSON, PROSHANSKY, RIVLIN & WINKEL 1977; GRAUMANN 1978). Dieser Ansatz versucht erneut – in starker Anlehnung an die feldtheoretischen Überlegungen LEWINS (vgl. *Kap. 3*) – die sich aus der naturwissenschaftlichen Orientierung der Sozialpsychologie heraus ergebenden methodologischen Probleme zu überwinden und betont mit seinem Programm insbesondere die Bedeutungshaftigkeit der Umwelt, die subjektive Wahrnehmung dieser Umwelt und die Verwobenheit der materiellen Umwelt in soziale und historische Sinnzusammenhänge. Aber auch hier stellt sich erneut das alles entscheidende Methodenproblem, und es sieht erneut so aus, als könne die Klippe der naturwissenschaftlichen Methodologie nicht überwunden werden.

Angesichts dieser Entwicklungen ist es schwierig zu bestimmen, was man unter Sozialpsychologie zu verstehen hat. Die theoretische Unsicherheit findet ihren Ausdruck in der Regel in einer mehr oder weniger begründeten Verweigerung einer Definition. IRLE (1975) bestimmt die Sozialpsychologie operational mit Hilfe der Theorien, die derzeit in der sozialpsychologischen Forschungspraxis bearbeitet und zur Forschungsdomänen zusammengefaßt werden. Auch die in *Kapitel 1* der vorliegenden Einführung gelieferten Definitionen erhellen den Gegenstand von Sozialpsychologie nur geringfügig, sie geben eher eine Forschungsrichtung an und lassen erkennen, an welcher Stelle auf dem breiten Spektrum der Forschung sich der Autor einordnet. Dabei gilt die Sozialpsychologie noch als Wissenschaft, selbst dies wird jedoch von anderen Autoren ebenfalls bestritten (MOSCOVICI, 1972), da ihr kein einheitliches Forschungsfeld zugeschrieben werden kann, ein systematischer Bezugsrahmen von Forschungskriterien, ein in sich geschlossenes Gebäude von gesicherten Aussagen und eine allen Forschern gemeinsame Perspektive fehlen. Diese Einschätzung der Sozialpsychologie ist gemessen an der Naturwissenschaften mit ihrer langen Geschichte sicherlich vertretbar, man sollte jedoch nicht übersehen, daß die Anfänge der Sozialpsychologie erst aus jüngerer Zeit datieren und sie von daher zahlreiche Kinderkrankheiten aufweist, die typisch sind für eine Situation, in der es noch keine klaren Strukturen und Orientierungen gibt. Hierzu zählen etwa das vorschnelle Aufgreifen bestimmter methodologischer Ansätze ohne Reflexion auf den Umstand, daß diese dem Forschungsgegenstand nicht in allen Punkten angemessen sein könnten, das manchmal dogmatisch erscheinende Festhalten an Grundüberzeugungen, deren Fehlerhaftigkeit zwar stellenweise zugegeben wird, für die aber keine Alternativen erkennbar sind, hierzu zählen auch das willkürliche und zufällige Einbrechen in neue Bereiche, das probierende Aufgreifen neuer Fragestellungen und Methoden und das ebenso rasche Fallenlassen derselben. Wie das Einleitungskapitel von IRLE zeigt, besteht die Unstrukturiertheit fort, weder der Gegenstand der Sozialpsychologie noch ihre Werkzeuge lassen sich klar definieren, und sein Plädoyer für die experimentellen Methoden erscheint wie das Festhalten an einem sicher beherrschten Strohhalm, der zwar nicht unbedingt der angemessene sein muß, der aber der weit und breit einzig sichtbare ist. Alternative Methodologien befinden sich in der Entwicklung, sie sind zumeist jedoch noch über eine theoretisch begründete Kritik an den vorliegenden Methoden nicht hinausgekommen (vgl. BERGER, 1974; CICOUREL, 1974). Von daher ist ein Festhalten an den bestehenden Methoden durchaus gerechtfertigt, sofern eine kritische Distanz zu den mittels dieser Methoden gewonnenen Ergebnissen gehalten wird.

Die „Krise der Sozialpsychologie" äußert sich sehr vielfältig und betrifft etwa folgende Fragen (man erkennt deutlich, daß es sich nicht nur um aktuelle Probleme handelt, insofern ist der Begriff „Krise" sehr weit zu fassen):

- Ist die Sozialpsychologie eine psychologische oder eine soziologische oder eine eigenständige Wissenschaft? Die meisten Sozialpsychologen verstehen sich als Psychologen, die auf einem undefinierten Psychologie-Soziologie-Übergangsfeld arbeiten.
- Ist die naturwissenschaftliche Orientierung der Sozialpsychologie dem Gegenstand der Forschung, dem Menschen in Interaktion mit anderen Menschen oder Gruppen überhaupt angemessen? Werden dadurch nicht wichtige Aspekte wie Kognitionen, Bedeutungsstrukturen oder Rollenerwartungen vernachlässigt? Reagiert der Mensch in einer sozialen Situation denn nur wie ein physiologischer Organismus, oder handelt er nicht autonom entsprechend bestimmten Zielvorstellungen und gesellschaftlichen Strukturen, wie sie sich z. B. in bestehenden Ideologien (Leistungs- und Aufstiegsdenken) und betrieblichen Anforderungen ausdrücken?
- Sind die Methoden hinreichend geeignet, den sozialpsychologischen Gegenstand angemessen zu erfassen? Zwingen die Methoden nicht bestimmte Sichtweisen auf, die dem Gegenstand nicht gerecht werden?
- Inwieweit sind die von Sozialpsychologen aufgegriffenen Probleme eigentlich auch Probleme der Praxis? Wie lassen sich die gefundenen Ergebnisse verwerten? Ist es notwendig, daß wissenschaftliche Ergebnisse unmittelbar auf Praxis übertragen werden können? Soll der Sozialpsychologe Handlungsanleitungen etwa für Lehrer in der Schule oder Sozialarbeiter in der Obdachlosensiedlung liefern?
- Läßt sich Wissenschaft objektiv betreiben? Muß der Wissenschaftler nicht auch bestehende Mängel kritisieren und darauf drängen, bestimmte Veränderungen vorzunehmen? Muß der Wissenschaftler nicht selbst darauf achten, daß seine Ergebnisse angemessen umgesetzt werden?

Diese Fragen haben in so unterschiedlichen Gesellschaften wie denen der USA, der BRD und der DDR natürlich verschiedenes Gewicht. Dies hängt zum einen von der Stellung der Wissenschaft innerhalb dieser verschiedenen Gesellschaftssysteme und vom dementsprechenden Wissenschaftsbegriff und zum anderen von gesellschaftlichen Veränderungsprozessen ab, wie sie für die genannten Gesellschaften charakteristisch sind. So hat beispielsweise in der BRD und in Frankreich die Studentenbewegung eine Vielzahl von Impulsen ausgelößt, die sich vor allem der Frage des Verhältnisses von Wissenschaft und interessengelenkter Verwertung der Ergebnisse zuschreiben lassen. In den USA hingegen hat sich dieses Problem von

Anfang an anders gestellt. Wissenschaft wird dort vorwiegend in einer pragmatistischen Absicht betrieben, ist also auf Verwertung angelegt, während sie in der BRD stärker als Hort der Objektivität und Rationalität gilt. In der DDR hingegen scheint die Existenzberechtigung der Sozialpsychologie vor allem am Verwertungsaspekt gemessen zu werden (vgl. VORWERG, 1974), Sozialpsychologie ist stark technologisch orientiert und gewinnt ihre Probleme aus den Bedürfnissen der gesellschaftlichen Praxis (z. B. Untersuchungen über kollektive Arbeitsprozesse, über Einstellungsänderungen im Sinne einer sozialistischen Persönlichkeit).

2.2. Einige Merkmale der gegenwärtigen Sozialpsychologie

Wenn man versuchen wollte, Sozialpsychologie einmal zu beschreiben, so könnte dies folgendermaßen aussehen:

Sozialpsychologie ist eine *empirische Wissenschaft*, die sich mit *verschiedensten Gegenständen* wie Gruppen, Einstellungen und Kommunikation befaßt, wobei es nicht gelingt, diese Gegenstände zu einer *einheitlichen Theorie* zusammenzufassen und das Problem der *Verwertung* sozialpsychologischer Forschungsergebnisse zu klären.

Diese Kurzbeschreibung von Sozialpsychologie hebt vor allem vier Aspekte hervor, auf die im folgenden näher eingegangen werden soll:

- Sozialpsychologie wird vorwiegend deskriptiv definiert
- Sozialpsychologie mangelt es an Theorie
- Sozialpsychologie geht empirisch vor
- Sozialpsychologie hat sich bisher wenig Gedanken über den Verwertungsaspekt gemacht.

2.2.1 *Deskriptive Definitionen* beherrschen die meisten Einleitungskapitel in sozialpsychologischen Lehrbüchern, d. h. es werden lediglich die Gegenstände benannt und beschrieben, auf die sich die Forschung bezieht. Eine Auflistung der wichtigsten Gegenstände findet sich in *Kapitel 1.* Dabei kann man zwischen stärker „psychologisch“ und mehr „soziologisch“ orientierten Ansätzen unterscheiden, wobei im ersten Fall das Schwergewicht mehr auf dem Individuum, im letzten auf der Gruppe liegt. Im Sinne des psychologischen Ansatzes, der eindeutig überwiegt, kann Sozialpsychologie als „Wissenschaft vom Verhalten des einzelnen in der Gesellschaft“ (KRECH, CRUTCHFIELD & BALLACHEY, 1962, S. 4) oder als „Wissenschaft vom Verhalten von Individuen in sozialen Kontexten“ (SECORD & BACKMAN, 1974, S. 1) definiert werden, die sich mit den Einstellungen, Motiven und Wertvorstellungen, dem sozialen Lernen und der Wahrnehmung von Individuen in Gruppen befaßt. Das Hauptgewicht der Forschung liegt eindeutig auf dem Individuum, wobei dieses jedoch nicht aus seiner sozialen Umwelt herausgelöst wird. Die sozialpsychologische Komponente sehen SECORD & BACKMAN in der aktuellen Interaktion, die auch die *kleinste Analyseeinheit* darstellt.

Die Definition von SECORD & BACKMAN macht deutlich, daß Verhalten, genauer gesagt *Interaktionsverhalten* von Menschen im Mittelpunkt sozialpsychologischer Forschung steht. Dieses Verhalten wird jedoch weiter spezifiziert. Verhalten wird nicht nur als Funktion von Reizen aufgefaßt, der Mensch reagiert nicht nur und wird somit selbst wieder zum Reiz für den Interaktionspartner, sondern in die Interaktion gehen bestimmte Vorüberlegungen, Zielvorstellungen und Erwartungen ein (vgl. *Kap. 1*). Interaktionsverhalten wird hier auf dem Hintergrund *rollentheoretischer* Überlegungen gesehen, Verhalten steht in enger Wechselbeziehung zu kognitiven Elementen. Konfliktfreie Interaktion tritt diesem Modell entsprechend immer dann auf, wenn beide Interaktionspartner eine gleiche Situationsdefinition und gleiche Erwartungen hinsichtlich ihrer gegenseitigen Beziehungen haben.

Auch die Definition von KRECH, CRUTCHFIELD & BALLACHEY hebt die Interaktion von Menschen hervor, wobei sie sich auf sog. *„interpersonale Verhaltensereignisse"* konzentrieren. Im Gegensatz zu SECORD & BACKMAN wird von diesen Autoren der in der Definition verwandte Begriff der „Gesellschaft" nicht näher spezifiziert. Es wird lediglich hervorgehoben, daß jegliches Verhalten durch Integration und Zielgerichtetheit bestimmt ist, so daß Gesellschaft implizit als die Summe aller Interaktionspartner verstanden wird. Ausgangspunkt menschlichen Verhaltens ist ein bestimmtes Bedürfnis und der Wunsch, dieses Bedürfnis zu befriedigen. Da der Mensch immer im Spannungsfeld mit anderen Menschen lebt, kann sein Verhalten als sozial und instrumentell, geleitet von Motivationen, Kognitionen und Wahrnehmungsprozessen verstanden werden, wobei diese in Abhängigkeit von der jeweiligen Gruppe unterschiedlich integriert werden. Dieser Ansatz wird als *kognitiv* bezeichnet (vgl. *Kap. 3*).

Vom *verhaltenstheoretischen* Standpunkt aus gesehen wird Verhalten immer dann als *sozial* definiert, „wenn sich zwei oder mehrere Organismen entweder direkt oder indirekt zu einer Reaktion herausfordern und ihr Verhalten gegenseitig verstärken" (MCGINNIES, 1972, S. 1). Auch die von SHAW & COSTANZO in *Kapitel 1* wiedergegebene Definition geht in diese Richtung. Soziales Verhalten weist keine Unterschiede gegenüber anderem Verhalten auf, es muß jeweils in Abhängigkeit oder als Funktion der *genetischen Ausrüstung* des Organismus, der *Lerngeschichte* und der unmittelbaren *Situationsbedingungen* gesehen werden. Kognitive oder motivationale Aspekte oder gar gesellschaftliche Bedeutungsstrukturen spielen keine Rolle, bedeutsam sind allein das offene Verhalten und die auf das Verhalten erfolgenden Konsequenzen (vgl. *Kap. 3*).

Theoretische Definitionen sind auf einem höheren Abstraktionsniveau angesiedelt. „Sie kennzeichnen den Fundus grundlegender Begriffe und Prinzipien, die eine gesicherte empirische Basis haben und die dazu verwendet werden, die Vielfalt der beobachteten Phänomene zu ordnen und zu erklären" (PROSHANSKY & SEIDENBERG, 1969, S. 3). Ein Beispiel für eine solche Definition ist der Ansatz von HIEBSCH & VORWERG (1971, S. 30ff.). Diesem Ansatz liegen die allgemein verbindlichen Prinzipien der Außendetermination und der sozialen Wechselwirkung zugrunde, die sich im gesellschaftlichen Kooperationsprozeß durchsetzen. „Die Kooperation als ein gesellschaftlicher Prozeß geschieht . . . in Form ökonomischer (also wertmäßig faßbarer) Vorgänge vermittels der sozialen Wechselwirkung der Menschen" (S. 33). Auch dieser Ansatz sieht Sozialpsychologie als psychologische Disziplin. „Ihre Grundbegriffe werden aus der Wechselwirkung von individuellem und gesellschaftlichem Verhalten abgeleitet" (VORWERG, 1974, S. 23).

2.2.2 Der Mangel an theoretischen Definitionen in der Sozialpsychologie wird von PROSHANSKY & SEIDENBERG (1969) auf die gesteigerten Ansprüche an solche Definitionen zurückgeführt. Für Theorien wird eine systematische Begriffsbildung und deren Validierung durch geeignete empirische Testverfahren gefordert. An die Stelle umfassender sozialpsychologischer Theorien ist die Ansammlung einer unüberschaubaren Menge von Einzelfakten getreten, die nur teilweise in Verbindung zueinander stehen. Diese Tatsache hat zu vehementer Kritik an der Sozialpsychologie geführt, wobei die Stoßrichtung dieser Kritik vor allem auf die *mangelnde Praxisrelevanz bzw. Verwertbarkeit* zielt. Das Theoriedefizit führt MOSCOVICI (1972) vor allem auf die gegenwärtig vorherrschende *„wissenschaftliche Ideologie"* zurück. Dies betrifft konkret die vorherrschende Rolle der sog. *positivistischen Erkenntnistheorie* (hiermit ist die Übernahme des naturwissenschaftlichen Erkenntnisideals gemeint, auf das wir noch näher eingehen werden; im Bereich der Wissenschaft dient der Begriff „Positivist" häufig zur undifferenzierten Etikettierung all jener Richtungen, die in verstärktem Maße auf der Grundlage exakter, eben naturwissenschaftlicher Methoden und Begriffe arbeiten). Sie führte letztlich zu einer Unterordnung theoretischer Fragestellungen unter die methodische Machbarkeit, zur Vernachlässigung wissenschaftstheoretischer Fragen (wie sie teilweise bereits skizziert wurden) und zu Furcht vor Spekulationen, die den mühsam errungenen Ruf der Naturwissenschaftlichkeit gefährden könnten.

Diese Vorwürfe an die Adresse der Sozialpsychologie wiegen schwer, und manch einer wird aufgrund der verwendeten Begriffe emotional reagieren, den Autor einer verpönten politischen Richtung zuordnen und sich legitimiert sehen, diese Auffassung zu übergehen. Stattdessen sollte man versuchen zu verstehen, welche in der Tat kritikwürdigen Punkte hier angesprochen werden und sich überlegen, wie mögliche Alternativen aussehen könnten. MOSCOVICI (1972) selbst gibt wenig Anhaltspunkte für eine denkbare Alternative, die die Errungenschaften auch einer naturwissenschaftlich orientierten Sozialpsychologie aufnimmt und verarbeitet. Anregende Vorschläge macht im gleichen Buch TAJFEL (1972), der die Einflüsse der sozialen Beziehungen im Laborexperiment betont und eine stärkere Berücksichtigung der Situationsdefinition der Versuchsperson fordert. In ähnliche Richtung weisen auch die Vorstellungen zahlreicher Ökopsychologen, die insbesondere die Notwendigkeit herausstellen, das klassische Laborexperiment durch eine Vielzahl anderer Methoden wie Feldexperimente, Beobachtungen, Simulationen, kartografische Analysen etc. (vgl. WILLEMS 1973) zu ergänzen, um die Sichtweisen der Betroffenen exakter herauszuarbeiten und damit auch bessere Verhaltensvorhersagen machen zu können. Die Psychologie gewinnt auf diese Weise zusätzliche Erklärungsdimensionen, wobei die durch die naturwissenschaftliche Methodik gewonnene Exaktheit teilweise „weicheren" Erklärungen und hypothesenträchtigen Spekulationen weichen muß. Genau dieses fordert auch MOSCOVICI. Sein Plädoyer für mehr Spekulationen sollte man deshalb nicht als ein „Zurück zur Wesensschau" auffassen, vielmehr als Ausdruck des Bedürfnisses nach einer besseren Theorie, die die zahlreichen vorliegenden Einzelbefunde zu integrieren in der Lage ist und nicht immer nur für einen winzigen Anwendungsbereich Geltung besitzt.

Umfassende Theorien in diesem Sinne gibt es heute nicht mehr, als einer der letzten Theoretiker galt LEWIN. Eine Übertragung der LEWINschen Theorie auf den Bereich der Einstellungsforschung wurde von FESTINGER (1957, vgl. *Kap. 3*) vorgenommen. Am Beispiel der Entwicklung dieser Theorie über die letzten 20 Jahre hinweg kann die Überlegung MOSCOVICIS dargestellt werden.

Die ursprüngliche Fassung seiner Theorie hat eine Vielzahl von Mißverständnissen hervorgerufen, die sich vor allem auf die Bedeutung einzelner Begriffe und deren Angemessenheit bezog. Solche Fragen an die Theorie FESTINGERS waren vor allen Dingen forschungstechnischer Art. FESTINGER selbst ging es jedoch gar nicht um genaue empirische Analysen, er wollte lediglich eine Theorie formulieren, aus der man sodann mit einiger Phantasie empirische Hypothesen ableiten kann. „Wenn man verlangt, daß die theoretische Definition der Dissonanz an jedem einzelnen Punkt eine empirische Interpretation mitliefert, so würde wahrscheinlich ihre heuristische Nützlichkeit zerstört" (ZAJONC, 1968, S. 360).

Die empirischen Arbeiten zur kognitiven Dissonanztheorie, die sich im wesentlichen auf winzige Einzelaspekte bezogen (vgl. etwa als Beispiel NUTTIN, 1975) haben kaum etwas dazu beigetragen, die Theorie fortzuentwickeln. Die in der Kritik immer wiederkehrenden Punkte richteten sich fast ausschließlich auf methodologische Probleme (vgl. SCHMIDT, BRUNNER & SCHMIDT-MUMMENDEY, 1975):

1. Dissonanz ist ein innerorganismischer Zustand, der experimentell nur unzureichend kontrolliert werden kann.
2. Die die Theorie stützenden Arbeiten weisen zahlreiche methodische Mängel auf, diese beziehen sich sowohl auf die Auswahl der Versuchspersonen als auch auf die verwendeten Design- und Auswertungstechniken.
3. Die Tragfähigkeit der verwendeten Begriffe und Konzepte wird angezweifelt.

Betrachtet man diese Vorwürfe, so lassen sie sich ohne Schwierigkeiten der vorherrschenden Wissenschaftsideologie zuordnen, die theoretischen Spekulationen werden durch forschungstechnische und methodische Einwände beiseite gedrückt, ohne daß – vielleicht mit Ausnahme des BEMschen Ansatzes (1967) – eine neue Theorie zur Verfügung stünde. Die Neufassung der Theorie der kognitiven Dissonanz durch IRLE (1975) geht im wesentlichen auf die in der Kritik skizzierten Schwachstellen ein und versucht eine den Postulaten der herrschenden Ideologie angemessene Neuformulierung (vgl. *Kap. 3*).

2.2.3 Durchgängig findet man heute die Behauptung, die Sozialpsychologie sei eine *empirische* Wissenschaft. „Die empirische Wissenschaft ist eine Institution zur Gewinnung von wahren Erkenntnissen über die Natur. Basis für diesen Erkenntnisgewinn sind Beobachtung und Experiment. Der Prozeß des wissenschaftlichen Forschens beginnt mit dem Sammeln von Daten aus Beobachtung und Experiment" (HOLZKAMP, 1972, S. 80). Auf der Grundlage dieser Daten gelangt man dann induktiv zu Gesetzesaussagen, d. h. zu Aussagen, die eine konstante Beziehung zwischen zwei Ereignissen beschreiben (sog. Wenn-dann-Aussagen: Wenn jemand eine konservative Einstellung hat, dann wird er keiner kommunistischen Partei beitreten.). Grundlage solcher Aussagen ist die *Erfahrung*, Ziel der Forschung ist der Gewinn von objektiven Kenntnissen über die Natur und die Gesellschaft.

Diese skizzierte Position bezeichnet man als *„naiven Empirismus"*. Obwohl sie wissenschaftstheoretisch als überholt gilt und von jedermann wahrscheinlich verbal verworfen wird, lassen sich dennoch viele Forscher in ihrem tatsächlichen Handeln von ihr leiten.

Der *„logische Empirismus"* bewirkte eine Abkehr vom Konzept der Induktion und die Einsicht, daß Erfahrungen nicht unabhängig von Vorüberlegungen zustandekommen. Diese Vorüberlegungen richten das Augenmerk auf einen Ausschnitt der zu beobachtenden Situation, die Wahrnehmung wird also entsprechend einem *Selektionsfilter* gelenkt. Will man etwa wie in *Kap. 1* dargestellt, die Auswirkungen eines Gruppenklimas auf das soziale Verhalten beobachten, so hat man bereits vor der Beobachtung eine Vorstellung davon, wie diese Auswirkungen aussehen könnten. Entsprechend diesen Vorüberlegungen konzentriert man sich auf diese antizipierten Effekte und vernachlässigt andere, die entsprechend den theoretischen Überlegungen von Anfang an als unbedeutend erklärt wurden oder aber deren Auftreten überhaupt nicht für möglich gehalten wurde. Die Beobachtung oder das Experiment liefern also, bedingt durch diese Selektionsmechanismen, nur eingeschränkt gültige Daten über die Auswirkungen des Gruppenklimas. Sehr anschauliche Beispiele zu diesem Problemkomplex liefert die Interviewforschung (vgl. CICOUREL, 1974). Wichtig in diesem Zusammenhang sind auch Untersuchungen von ROSENTHAL (ROSENTHAL & ROSNOW, 1969), der zeigen konnte, wie *Erwartungen des Forschers* Ergebnisse beeinträchtigen und verfälschen können. Dieses Problem spielt natürlich gerade in der angewandten psychologischen Forschung eine entscheidende Rolle, wenn es etwa darum geht, eine Entscheidung zwischen zwei Unterrichtsformen oder zwei Schultypen zu treffen. Der Forscher kann die Ergebnisse zum einen durch die Auswahl solcher Kriterien beeinflussen, die im Sinne seiner Präferenzen für den einen oder anderen Schultyp positive Daten erwarten lassen, zum anderen können seine Daten im Sinne seiner Präferenzen – ohne daß dies mit Absicht geschähe – verfälscht werden. Diese Ergebnisse zeigen auch, daß Wissenschaft nicht im luftleeren Raum fernab von politischen Entscheidungen existiert. Der Forschungsprozeß selbst muß als sozialer Prozeß aufgefaßt werden, in dem die Teilnehmer auch als Wissenschaftler durchaus – bewußt oder nichtbewußt – wertendes Verhalten an den Tag legen (vgl. TAJFEL, 1972).

Es kann an dieser Stelle nicht auf die vielfältigen wissenschaftstheoretischen Positionen eingegangen werden, die sich um den Stellenwert empirischer Forschung im Laufe der Jahre herausgebildet haben (vgl. hierzu etwa HOLZKAMP, 1972). Diese theoretischen Positionen lassen sich jedoch in unterschiedlichem Maße auch auf die Forschungspraxis anwenden. Wissenschaftliche Forschung auf dem Gebiet der Sozialpsychologie erfolgt auch heute noch meist *induktiv*, obwohl die Fehlerhaftigkeit dieses Vorgehens mehrfach hervorgehoben wurde (vgl. GADENNE 1978). Das von den kritischen Rationalisten vorgeschlagene *deduktive* Verfahren mit der Absicht, aufgestellte Hypothesen zu falsifizieren, wird in der Regel nicht praktiziert, vielmehr sucht fast jeder Forscher solche Daten, die seine Hypothese stützen und sie nicht falsifizieren (vgl. zum Programm der kritischen Rationalisten POPPER, 1971). Hierauf wird später noch eingegangen werden.

2.2.4 Die Frage nach der *Verwertbarkeit* wissenschaftlicher Forschungsergebnisse, nach der Bedeutsamkeit solcher Ergebnisse für die Wissenschaft und die gesellschaftliche Praxis rückt zunehmend ins Bewußtsein. Dabei kommt der sog. äußeren Relevanz erhöhte Aufmerksamkeit zu. Diese äußere Relevanz steht zunächst im Gegensatz zur inneren Relevanz, die sich darauf bezieht, ob die erhaltenen Ergebnisse überhaupt in Beziehung zu den in den Hypothesen formulierten Annahmen stehen. So wäre es ja denkbar, daß ein Forscher Auswirkungen eines Gruppenklimas feststellt, die in Wirklichkeit gar nicht auf das Gruppenklima sondern vielmehr auf die Tatsache zuzückzuführen sind, daß die Gruppe beobachtet wurde (man spricht in diesem Fall von einem *Hawthorne*-Effekt; vgl. *Kap. 5*). Die äußere Relevanz von Forschungsergebnissen bezieht sich auf zwei Aspekte:

- Kann man die im Experiment erhaltenen Ergebnisse etwa hinsichtlich der Auswirkungen des Gruppenklimas auf das soziale Verhalten auch auf die Alltagspraxis in der Schule übertragen, d. h. sind die Ergebnisse verallgemeinerbar oder generalisierbar (vgl. zu diesem Aspekt *Kap. 5*). HOLZKAMP bezeichnet diesen Aspekt als *technische Relevanz.*
- Können die im Experiment erzielten Ergebnisse dazu beitragen, daß sich Menschen über ihre gesellschaftlichen und sozialen Abhängigkeiten ein Bild machen, helfen die Ergebnisse, daß sich Menschen aus diesen Abhängigkeiten lösen? HOLZKAMP bezeichnet diesen Aspekt als *emanzipatorische Relevanz.*

Das Problem der technischen Relevanz tritt auf, weil die experimentelle Situation in ihrer Struktur erheblich von der der Realität abweicht. Wenn man beispielsweise in einem Experiment festzustellen versucht, wie bestimmte Gruppenklimata das Sozialverhalten von Kindern beeinflussen, so kann man diese Ergebnisse nur dann etwa auf die Schulpraxis übertragen und auf ähnliche Effekte hoffen, wenn die Experimentalsituation ähnliche Merkmale aufweist wie die Ernstsituation in der Schule. Der Experimentator muß sich also überlegen, ob er in seiner Untersuchung das Abhängigkeitsverhältnis des Schülers vom Lehrer angemessen erfaßt hat, ob er die Leistungssituation in der Schule simulieren kann etc. In der Forschungspraxis hat man diese Probleme erkannt, und es zeichnet sich eine Tendenz ab, Forschung im sozialen Feld (sog. *Feldexperimente,* vgl. *Kap. 5*) zu betreiben, um daraus dann Laboruntersuchungen zur Analyse bestimmter Bedingungsfaktoren abzuleiten (vgl. SWINGLE, 1973; BICKMAN & HENCHY, 1972; in ökologischer Perspektive KRUSE 1978). Stellt dieses Problem der technischen Relevanz durchaus eines im Sinne der herrschenden Wissenschaftsauffassung dar, so liegt in der Forderung nach emanzipatorischer Relevanz eine Herausforderung an das Selbstverständnis von Wissenschaft. Es kann nicht mehr allein nur noch um eine objektive Beschreibung und Erklärung der bestehenden Situation gehen, vielmehr muß diese kritisiert und überwunden werden.

Dieses Postulat wurde von zahlreichen engagierten Wissenschaftlern dahingehend verstanden, daß es darauf ankomme, möglichst tagespolitisch aktuelle oder aber langfristig offensichtlich auf der Hand liegende, für die

„Mehrheit der Bevölkerung" interessante und wichtige Fragestellungen zu bearbeiten (eine Untersuchung über die Einstellung von Jugendlichen zur Arbeitslosigkeit ist in jedem Fall emanzipatorisch relevanter als eine Untersuchung zum Imitationslernen von Ratten). Diese Arbeiten sollen auch nicht mehr allein, sondern in Zusammenarbeit mit Betroffenen angegangen werden, um diesen auch durch praktisches Handeln Hilfestellung bei der Bewältigung ihrer Probleme zu geben. (Diese Überlegungen gingen spezifiziert in die Konzipierung der sog. *Aktionsforschung* ein, vgl. HAAG u. a. 1972). HOLZKAMP selbst wies auf das diesen Strategien zugrundeliegende Mißverständnis hin. Die kritische Relevanz von Forschung ist nicht per se durch eine vermeintlich „parteinehmende Themenwahl" gegeben, sie bestimmt sich allein „nach der besonderen Weise und dem besonderen Grad des wissenschaftlichen Erkenntnisgewinns, der in ihr erreicht werden konnte. ... kritische gesellschaftliche Relevanz liegt dann vor, wenn die gewonnene Erkenntnis eine Erkenntnis im Interesse der progressiven und gegen das Interesse der regredierenden Kräfte in dieser Gesellschaft ist" (S. 286). Entscheidend dabei ist, daß die gesellschaftlichen Widersprüche, sofern sie Auswirkungen auf den Untersuchungsgegenstand haben, auch in der wissenschaftlichen Erkenntnis erfaßt werden. Diese Forderung versucht HOLZKAMP (1973) durch die von ihm propagierte historische Methode unter Beibehaltung der Errungenschaften der modernen Psychologie zu verwirklichen. Sie ist in Teilaspekten identisch mit der Forderung MOSCOVICIS nach einer Einbeziehung bisher ausgeblendeter Sachverhalte und neuer Perspektiven, die „gefährliche Wahrheiten" hervorbringen.

2.3 Wissenschaftliche Sozialpsychologie als gesellschaftliches Handlungsfeld

Mit dem Begriff „Wissenschaft" verbindet der Durchschnittsbürger etwas Hehres, Wissenschaft stellt eine Autorität an sich dar, Wissenschaft schreibt man Kompetenz für alles zu, von Wissenschaft erhofft man sich Hilfe und Unterstützung bei der Lösung von Problemen, Wissenschaftler werden gern zu Rate gezogen, wenn man gegen einen Kontrahenten eine Meinung durchsetzen will, Politiker lassen sich ihre Entscheidungen von „Weisen" untermauern, und selbst im Bundesverfassungsgericht versucht man, parteipolitische Auseinandersetzungen, die dort eigentlich nicht vorkommen dürften, durch wertfreie Wissenschaftler neutralisieren zu können.

Diese Sichtweise der Wissenschaft ist nicht zufällig, sondern hat sich im Laufe der Geschichte unserer Gesellschaft als vorherrschende Meinung durchgesetzt. Mit zunehmender Arbeitsteilung trennte sich auch institutionell Wissenschaft von der gesellschaftlichen Produktion und verselbständigte sich. Diese Verselbständigung oder Autonomie bildete die Voraussetzung für die *Mystifizierung* von Wissenschaft einerseits und die durch zahlreiche Privilegien erkaufte *Kreativität* andererseits. Diese Kreativität dient in erster Linie der *Produktivitätssteigerung.* In diesem Sinne orientiert sich auch die Sozialpsychologie an den Erfordernissen des gesellschaftlichen Lebens, d. h. sie wird sehr intensiv für die Steigerung der industriellen Produktion genützt (man denke etwa an Untersuchungen zum Problemlöseverhalten in Gruppen), sie dient der *Legitimation* politischer Entscheidungen (man denke an die zahlreichen Gutachten zum Problem der Gewalt in Massenmedien) und bildet einen wichtigen Bestandteil zahlreicher *Ausbildungsgänge* (so müssen sich beispielsweise Erzieherinnen ziemlich intensiv mit der Entwicklung des Sozialverhaltens im Kleinkindalter beschäftigen).

Betrachtet man Wissenschaft in diesem gesamtgesellschaftlichen Zusammenhang, so wird deutlich, daß Wissenschaft als Teil dieser Gesellschaft nicht losgelöst von den Entwicklungen derselben gesehen werden kann. Die jeweiligen Ansprüche setzen sich auch in der Wissenschaft durch; so bewirkten die veränderten gesellschaftlichen Produktionsbedingungen Ende der 60er Jahre eine stärkere Besinnung auf Probleme der Vermittlung von Wissenschaft und Praxis, so bewirkte das im Zuge der Verschärfung der Produktionsbedingungen von der Bundesregierung geförderte Forschungsprogramm zur *„Humanisierung der Arbeitswelt"* eine zunehmende Orientierung auf Fragestellungen, die mit diesem Problemkomplex im Zusammenhang stehen.

Untersuchungen von Staeuble (1972) zur Einstellung und die von Plon (1970) zum Konfliktverhalten machen die Orientierung der Sozialpsychologie an gesellschaftlichen Interessen deutlich. Auch am Beispiel der *Gruppenforschung* läßt sich sehr anschaulich demonstrieren, wie bestimmte Problemkomplexe in der wissenschaftlichen Forschung jahrelang vernachlässigt werden, um sodann bei gesellschaftlichem Bedarf wieder in den Blickpunkt des Interesses zu rücken. (Man denke an die Inflation „gruppendynamischer" Trainings für Manager seit Anfang der 70er Jahre.) Im Bereich der industriellen Produktion steht das Problem der Produktivität immer im Vordergrund, und man überlegte, wie die Produktivität der einzelnen Arbeitskraft gesteigert werden kann. Schon Marx (1972) wies auf die Steigerung der Produktivkraft durch Kooperation hin. Dieses Ergebnis konnte in der Regel von Sozialpsychologen bestätigt werden. Es stellte sich jedoch die Frage, ob eine zusätzliche Steigerung dadurch zu erreichen ist, daß der einzelne Arbeiter zufriedener bei seiner Arbeit ist. Collins & Raven (1969) verneinen diese Frage, es konnte keine positive Korrelation zwischen Arbeitsproduktivität und Leistungsfähigkeit sowie individueller Arbeitszufriedenheit festgestellt werden. In der Folge verschwand das Thema *„Arbeitszufriedenheit"* aus den wissenschaftlichen

Zeitschriften. Erst im Zusammenhang mit neuen Produktionstechniken tritt die Arbeitszufriedenheit wieder in Erscheinung (vgl. GROSKURTH & VOLPERT, 1975). Arbeitszufriedenheit wird in diesem Zusammenhang mit Begriffen wie „Durchblick“, „Kompetenz“ oder „sozialer Bezug“ umschrieben, mit Hilfe von „Sozialklimbim“ sollen die Beschäftigten motiviert werden, noch mehr Leistung zu erbringen, nachdem man etwa in Schweden feststellen konnte, daß die zunehmende Technisierung der Produktion zu Produktivitätseinbußen geführt hat.

Die Orientierung der Wissenschaft an dringenden gesellschaftlichen Problemen ist an sich begrüßenswert und kann dazu beitragen, die Diskrepanz von Wissenschaft und Praxis zu überwinden. Wenn sich Wissenschaftler sozialen Problemen widmen, stellt sich jedoch sofort die Frage nach der Rolle des Wissenschaftlers. Hat er lediglich eine Beschreibung und Analyse des bestehenden Problems zu geben oder kann er auch wissenschaftlich begründete Lösungsvorschläge machen? Beeinträchtigt die angestrebte Lösung des Problems nicht die Analyse selbst? Kann eine angestrebte politische Lösung eines Problems überhaupt als wissenschaftlich bezeichnet werden? Spielen bei solchen Prozessen nicht auch emotionale Vorlieben, politische Vorurteile und moralische Wertvorstellungen eine wichtige Rolle?

Ein alljährlich wiederkehrendes Beispiel für die Probleme stellt das Gutachten der sog. fünf Weisen für die Wirtschaftspolitik der Bundesregierung dar. Diese Wissenschaftler versuchen zwar, ein möglichst objektives Bild der Wirtschaftslage zu geben, die vorgeschlagenen Lösungsstrategien kann man jedoch nicht als objektiv richtig bezeichnen, da die jeweils tangierten Interessen der Partner der Konzertierten Aktion nicht hinreichend berücksichtigt sind. So lassen sich die in einer bestimmten Situation angemessenen Lohnforderungen der Gewerkschaften nicht wissenschaftlich im Sinne der fünf Weisen bestimmen, sondern die Angemessenheit muß an den finanziellen Einbußen der Beschäftigten in den letzten Jahren, an den Stimmungen an der Basis und nicht zuletzt auch an den aus gewerkschaftlicher Sicht prognostizierten Gewinnen der Unternehmer ausgerichtet sein.

Man erkennt an diesem und den oben beschriebenen Beispielen deutlich, daß die der Wissenschaft oftmals zugeschriebenen Attribute der *Objektivität*, der *Rationalität* und der *Kritik* nicht in reiner Form gelten, sie stellen vielmehr Orientierungspunkte dar. Um diese Begriffe gab es in den Sozialwissenschaften immer wieder heftige Auseinandersetzungen, die in zwei berühmten Kontroversen ihren Höhepunkt fanden: im sog. *Werturteilsstreit* und im *Positivismusstreit* (vgl. GROEBEN & WESTMEYER, 1975). Beim *Werturteilsstreit* ging es vor allem um die Frage, ob der Wissenschaftler berechtigt sei, Werturteile in die Forschung miteinzubeziehen. Kann beispielsweise ein Sozialpsychologe wissenschaftliche Aussagen darüber machen, ob Filme für Kleinkinder aggressive Inhalte haben sollen oder nicht? Ist es nicht lediglich eine moralische Bewertung, wenn der Wissenschaftler dafür eintritt, daß der Leistungsdruck in den Schulen abgeschafft wird? Entsprechend dem bestehenden Wissenschaftsverständnis werden solche wertenden Aussagen als unwissenschaftlich disqualifiziert. Wissenschaftliche Sozialpsychologie hat sich diesem Selbstverständnis entsprechend allein damit zu beschäftigen, wie formulierte Aussagen *begründet* werden können. Die *Entstehung* solcher Aussagen (Warum tritt jemand für die Beseitigung aggressiver Inhalte in Kindersendungen ein?) ist nicht unmittelbar Gegenstand der Forschung. Ein Sozialpsychologe könnte jedoch untersuchen, aufgrund welcher Bezugsgruppenzugehörigkeit (vgl. *Kap. 4*) ein Wissenschaftler eine solche Aussage trifft (treten etwa gewerkschaftlich organisierte Wissenschaftler häufiger für aggressionsfreie Kindersendungen ein als nicht organisierte?)

Hinter dieser Ablehnung steht ein Bild des Wissenschaftlers, der gänzlich frei von äußeren Einflüssen und Interessen an von ihm selbst geschöpften Problemen arbeitet. Er wird somit auch unabhängig von den vorherrschenden Ideologien und in die Lage versetzt, die untersuchte Realität objektiv abzubilden.

Beim *Positivismusstreit* ging es um das Problem, ob der Wissenschaftler nur ein objektives Bild der Realität zu liefern habe, oder aber ob er diese Realität auch aufgrund seiner wissenschaftlichen Kompetenz kritisieren dürfe und über das Mittel der Kritik weiterentwickeln müsse. Die sog. *kritischen Rationalisten* (vgl. POPPER, 1971) vertreten die Auffassung, daß sich Wissenschaft nur über eine Überprüfung von Aussagen mittels objektiver Methoden verwirklichen lasse (wissenschaftliche Aussagen müssen so formuliert sein, daß sie jederzeit mittels angebbarer Methoden bestätigt oder verworfen werden können; alle anderen Aussagen sind unwissenschaftlich). Aussagen darüber, ob man in Weiterbildungsveranstaltungen das Lernziel A oder B anstreben soll, ob die Gewerkschaften in die Tarifverträge Abmachungen über Qualifizierungsprozesse aufnehmen sollen oder nicht, sind in diesem Sinne unwissenschaftlich, da sie nicht mittels empirischer Methoden überprüft werden können. Die *Dialektiker* hingegen betonen, daß diese Überprüfungsmethoden wiederum abhängig von der herrschenden Gesellschaftstheorie sind. Die von den kritischen Rationalisten geforderten Verhaltensnormen sind selbst wiederum nur ein Abbild der der Wissenschaft innerhalb einer Gesellschaft zugeschriebenen Rolle; diese ist jedoch nicht unabänderlich. Wenn sich beispielsweise eine marxistisch orientierte Gesellschaftstheorie durchsetzt, so können die heute gültigen Methoden außer Kraft gesetzt werden, und damit würde sich auch der Wissensbestand ändern, den man als wissenschaftlich gesichert bezeichnen kann.

Beide Kontroversen sind bis heute nicht ausgestanden, in der Praxis hat sich aber eindeutig ein Verhaltensmuster durchgesetzt, das eher den Forderungen des kritischen Rationalismus entspricht. Die dialektische Orientierung kritisierte zwar an einigen Stellen zu Recht das Konzept der „Positivisten", bot jedoch keine erkennbare Alternative an. Neuere Ansätze zu einer stärkeren Einbeziehung auch von wertenden Aussagen kommen aus den Naturwissenschaften und werden auf die Sozialwissenschaften übertragen (vgl. MITTELSTRASS, 1975).

2.4 Die Orientierung der Sozialpsychologie an den Naturwissenschaften

Es wurde bereits mehrfach darauf hingewiesen, daß die heute betriebene Sozialpsychologie vorwiegend *empirisch* arbeitet und an den *Normen der Naturwissenschaften* orientiert ist. Beide Tatsachen haben eine lange Geschichte und gehen auf philosophische Strömungen zurück, denen zufolge es nicht möglich sei, die Beschaffenheit der Welt und die in ihr regierenden Gesetzmäßigkeiten nur durch reines Nachdenken zu ergründen, vielmehr spiele die menschliche Erfahrung bei der Entdeckung der Welt eine entscheidende Rolle. Ferner wurde angenommen, daß die aufgedeckten Gesetzmäßigkeiten für alle Gegenstandsbereiche Gültigkeit hätten, daß sie also sowohl auf physikalische oder chemische als auch auf biologische und psychologische Vorgänge übertragen werden könnten.

Gerade dieser letztgenannte Punkt wurde jedoch erheblich kritisiert, und auch heute hört man noch oft Aussagen, wonach der Mensch eben nicht wie ein Uhrwerk oder eine Maschine mechanisch funktioniere, sondern allein auf von außen kommende Signale hin reagierend sein Verhalten sinnvoll, entsprechend seiner Situationsinterpretation aktiv gestalte. Menschliches Verhalten kann man diesen Auffassungen zufolge nicht *mechanistisch* erklären und auf bestimmte Ursachen zurückführen, vielmehr wird das Verhalten von den *Zielvorstellungen* des Menschen geleitet. Eine Erklärung im erstgenannten Sinn würde man als eine *kausale*, eine im letztgenannten Sinne als eine *teleologische* bezeichnen.

Die Orientierung der Sozialwissenschaftler am Ideal der Naturwissenschaft, die nur nach kausalen Erklärungen sucht, geht bis auf COMTE, den Begründer der Soziologie zurück (vgl. ALLPORT, 1969). Man bezeichnet diese Ausrichtung auch als *Positivismus.* Als wesentliche Grundannahmen des Positivismus gelten (vgl. von WRIGHT, 1974):

- Obwohl es in dieser Welt unterschiedlichste Gegenstände gibt, die wissenschaftlich erforscht werden, gibt es nur eine einzige Methode, nach der diese Forschungen ablaufen. Die Erforschung des sozialen Verhaltens von Kindergartenkindern erfolgt nach den gleichen Methoden wie die einer chemischen Reaktion. Dahinter steckt die Idee von der Einheit der wissenschaftlichen Methode, die man auch als *methodologischen Monismus* bezeichnet.

- Die Naturwissenschaften arbeiten mit exakten Methoden, d. h. sie arbeiten streng mathematisch, haben genau definierte Begriffe und untersuchen die Wirkungen bestimmter Bedingungen, die sie genau kontrollieren und variieren können. Die Sozialwissenschaften müssen sich an diesem *Exaktheitsdenken* orientieren, sie müssen auch versuchen, ihre Gegenstände zu messen, ihre Begriffe genau zu definieren und experimentell zu arbeiten.
- Die Naturwissenschaften suchen ganz bestimmte *Erklärungen*, die man als kausal bezeichnen kann. Dabei geht es vor allen Dingen darum, individuelle Sachverhalte wie etwa die chemische Reaktion in einem Versuch oder die Angstreaktion einer Person in einer Prüfungssituation unter allgemeine Gesetze unterzuordnen.

Die Gegenposition zum Positivismus wird allgemein als *Hermeneutik* bezeichnet. Hermeneutiker wehren sich vor allem gegen den Monismus und betonen, daß die Vorgehensweise der Naturwissenschaften nicht auf die Human- und Sozialwissenschaften übetragen werden könne. Die Gesetzmäßigkeit der materiellen Welt, wie sie von der Physik oder der Chemie untersucht wird, sei nicht auf den Menschen übertragbar. Wissenschaften, die auf der Suche nach allgemeingültigen Gesetzen sind, werden auch als *nomothetische* bezeichnet. Der Hermeneutik geht es auch nicht so sehr um mathematische Exaktheit, vielmehr kommt es ihr darauf an, das Verhalten einer Person in einer bestimmten Situation zu *verstehen*, sich in diese Person einzufühlen. Die Erklärung sozialen Verhaltens ist in diesem Zusammenhang eher an den Zielen und Absichten des Handelnden orientiert, es überwiegt also der teleologische Erklärungsbegriff.

Die mit der Orientierung an den Naturwissenschaften einhergehende Tendenz, allgemeingültige Aussagen über menschliches Verhalten und Erleben zu formulieren, wurde auch häufig von Wissenschaftlern kritisiert, die die Sozialpsychologie in enger Beziehung zur Geschichtswissenschaft sehen. Die Sozialpsychologie könne keine Aussagen machen, deren Gültigkeit über einzelne Situationen hinausginge, da sich diese niemals wiederholen können, vielmehr habe sie sich darauf zu beschränken, den konkreten Einzelfall etwa einer psychologischen Therapie oder einer sozialen Situation, in der aggressives Verhalten auftritt, zu beschreiben und zu analysieren. Einen solchen Ansatz bezeichnet man als *Idiographie*; Sozialpsychologie wäre in diesem Fall eine Art *historische Wissenschaft* (vgl. GERGEN, 1973).

2.4.1 Das Experiment in der Sozialpsychologie

In *Kapitel 1* wurde die Psychologie als die Wissenschaft vom Verhalten definiert, „d. h. als eine Wissenschaft, die das Verhalten von Lebewesen *beschreibt*, durch die Erforschung der Bedingungen und Konsequenzen des Verhaltens das Verhalten *erklärt* und insofern *Vorhersagen* von Verhaltensweisen und – in gewissem Umfang – *Veränderungen* bestimmter Verhaltensweisen erlaubt."

Diese Definition weist die Sozialpsychologie als eine empirische Wissenschaft aus, die die Ereignisse ihres Gegenstandsbereiches, nämlich soziales Verhalten jeglicher Form, erforscht, beschreibt und erklärt und auf der Grundlage von festgestellten und überprüften Beziehungen zwischen Ereignissen Vorhersagen bezüglich zukünftiger Verhaltensweisen macht. Die Aussagen einer empirischen Wissenschaft müssen jeweils *an der Erfahrung überprüft* werden. Dazu stehen der Sozialpsychologie verschiedene Methoden zur Verfügung (vgl. *Kap. 5*): das Experiment, die systematische Beobachtung, Interviews, Befragungen und statistische Erhebungen. In der modernen Sozialpsychologie hat sich die *experimentelle Forschungsmethode* eindeutig durchgesetzt, wie dies auch die einschlägigen sozialpsychologischen Zeitschriften (vgl. *Kap. 6*) ausweisen (vgl. MERTENS, 1975).

„*Experiment*" verbindet man in der Regel automatisch mit Versuchen in der Biologie, Physik oder Chemie. Hier geht es darum, aus der Theorie abgeleitete Bedingungen herzustellen und zu beobachten, wie eine Reaktion unter diesen Bedingungen abläuft. Der Experimentator kann diese Bedingungen beliebig variieren und den Versuch jederzeit wiederholen. Er gewinnt mit zunehmender Kenntnis der den Ablauf bestimmenden Gesetzmäßigkeiten Kontrolle über den Versuch, kann die Ergebnisse erklären und neue vorhersagen.

Gegenstände der Sozialpsychologie sind natürlich nicht so leicht zu handhaben wie etwa eine chemische Reaktion in einem Reagenzglas. Diese Tatsache ließ auch viele Wissenschaftler daran zweifeln, ob man für menschliches Verhalten die gleichen Gesetzmäßigkeiten annehmen könne wie etwa für bestimmte chemische Reaktionen. Die verhaltensorientierte Sozialpsychologie ist jedoch in der Tendenz bemüht, soziales Verhalten bis in seine letzten Feinheiten aufzudecken, zu erklären und zukünftiges Verhalten vorherzusagen. Dazu dient ihr das Experiment als eine wichtige Methode, die das soziale Verhalten *bedingenden Faktoren* herauszuarbeiten und deren Wirkweise systematisch zu erforschen.

An einem Beispiel soll im Folgenden aufgezeigt werden, wie ein experimentell arbeitender Sozialpsychologe vorgeht. Dabei sollen einige wichtige Begriffe dargestellt werden.

In Diskussionen kann man immer wieder feststellen, daß Personen dazu neigen, eine in sich geschlossene, nicht widersprüchliche Meinung zu vertreten und auch ein diesen Meinungen adäquates Verhalten an den Tag legen. So wird man immer wieder hören können, daß jeder von sich glaubt, an seinem Arbeitsplatz eine anspruchsvolle Tätigkeit auszuüben und von daher persönlich auch kaum bei betrieblichen Rationalisierungsmaßnahmen vom Verlust seines Arbeitsplatzes bedroht zu sein. Auch sein Verhalten wird man entsprechend dieser Einschätzung regeln, d. h. man wird gewissenhaft seine Arbeit erfüllen, nimmt kaum an gewerkschaftlichen Aktivitäten im Betrieb und überbetrieblich teil und erkundigt sich auch nicht nach möglichen alternativen Arbeitsplätzen oder Umschulungsmaßnahmen.

Für den Sozialpsychologen ergibt sich nun die Frage, *warum* sich Menschen so verhalten. Die Beschreibung des Falles läßt bereits erkennen, daß der Forscher schon Vorstellungen oder *Hypothesen* über das Verhalten von Personen entwickelt hat (man vergleiche in diesem Zusammenhang die Ausführungen zum *logischen Empirismus* weiter oben). Seine Aufgabe besteht nun darin, eine noch exaktere Beschreibung der Situation zu liefern und die bedingenden Faktoren herauszuarbeiten.

Zur Erklärung des im Beispiel aufgezeigten Phänomens könnte der Forscher eine Reihe von unterschiedlichen Hypothesen aufstellen. Er könnte die festgestellte Tendenz zur Geschlossenheit und Stimmigkeit der Vorstellungen eines Menschen auf verschiedenste Weisen erklären:

- in der Arbeitssituation erhält die Person nur ganz bestimmte Informationen;
- die Person hat in der Schule gelernt, daß jeder an seinem Arbeitsplatz unersetzbar ist und hält diese Meinung starr bei;
- die Person hat evtl. von der Unternehmensleitung eine feste Zusage auf Erhalt des Arbeitsplatzes bekommen;
- die Person glaubt vielleicht an die Unabwendbarkeit des persönlichen Schicksals;
- die Person muß sich eine geschlossene und stimmige Vorstellung vom Arbeitsplatz entwickeln, weil sie ansonsten ständig in Furcht und Unruhe lebt.

Hat sich der Forscher aufgrund von Vorkenntnissen für die letztgenannte Hypothese entschieden, so wird er in einem zweiten Schritt festzustellen versuchen, ob sich das gleiche Phänomen auch bei anderen Personen, an anderen Orten und zu anderen Zeitpunkten wiederholt. Der Forscher kann also seine Hypothese zunächst einmal abstützen, ohne daß damit bereits gesagt wäre, daß sie das Phänomen angemessen erklärt.

Hat der Forscher mehrmals seine Hypothese bestätigt gefunden, kann er also immer wieder diese „*Tendenz zur Geschlossenheit*“ feststellen, so muß er mit Hilfe seiner Phantasie eine Theorie suchen, die die gefundenen Phänomene erklären kann. Dieser Schritt kann nicht nach bestimmten Regeln vorgenommen werden, der Wissenschaftler muß nur darauf achten, daß seine Phantasie nicht mit ihm durchgeht und er eine Theorie entwirft, die in sich widersprüchlich ist und keiner kritischen empirischen Überprüfung unterzogen werden kann.

Grundsätzlich ist der empirisch orientierte Forscher bemüht, nur solche Theorien zu formulieren, die *prinzipiell* eine empirische Überprüfung zulassen. Es ist jedoch nicht erforderlich, daß diese Überprüfung unmittelbar stattfindet (weil etwa die technologischen Mittel noch nicht gegeben sind). Gibt es für eine Theorie keine Überprüfungsmöglichkeiten, so kann man sie nicht als wissenschaftlich bezeichnen. Eine solche Theorie besitzt keine *empirische Tragweite*.

Wissenschaftliche Erkenntnis kommt also nicht rein *induktiv* zustande (man schließt nicht allein von vorgefundenen Daten auf wissenschaftliche Theorien), sondern eher nach der *hypothetischen Methode*, indem man, wie im Alltagsleben auch, Hypothesen als versuchsweise Antworten auf eine Problemsituation hin erfindet und sie anschließend auf ihre Tragfähigkeit überprüft (man denke etwa an eine Situation in der Schule, wo ein Schüler aggressiv reagiert; der Lehrer hat Vermutungen über die möglichen Ursachen des aggressiven Verhaltens und überlegt sich verschiedene Vorgehensweisen, um dieses Verhalten abzustellen; er probiert einzelne Verfahren aus und behält dasjenige bei, das sich bewährt hat und Erfolg brachte). Dieses Verfahren bezeichnet man als *deduktiv im weiteren Sinne* (vgl. HEMPEL, 1974), es stellt sozusagen eine Mixtur aus induktiven und deduktiven Schlüssen dar.

Der experimentell arbeitende Sozialpsychologe könnte nun versuchen, aus seiner Theorie neue Hypothesen abzuleiten und sie einer empirischen Überprüfung zu unterziehen (einen Katalog kreativer Methoden hierzu liefert McGUIRE, 1973). Er wird auf diese Weise seine Theorie ständig verbessern und erweitern und feststellen können, welches die entscheidenden Bedingungen für das Zustandekommen der Tendenz zur Geschlossenheit sind. Waren die ersten Schritte des Forschers noch wesentlich geprägt durch die alltagsnahe Beschreibung und Aufdeckung der Phänomene, so verlagert sich nunmehr sein Interesse stärker auf die *Bedingungsanalyse*.

Bedingungsanalyse wird vorwiegend von den nomothetischen Wissenschaften betrieben, deren Ziel die Aufstellung von *allgemeingültigen Gesetzesaussagen* ist. Solche Aussagen lassen sich nicht aus der Beobachtung von Alltagssituationen gewinnen, sondern setzen eine Feinanalyse der in einer solchen Situation wirkenden Faktoren und deren Zusammenhänge voraus. Der Forscher muß einzelne Bedingungen aus dem Gesamtzusammenhang herauslösen, von denen er annimmt, daß sie in enger Beziehung zu den festgestellten Effekten stehen. Solche bedingenden Faktoren nennt man in der Psychologie *unabhängige Variablen* oder *Prädiktoren*, die Effekte werden *abhängige Variablen* oder *Kriterien* genannt. Gesetzesaussagen sind nun Feststellungen über Beziehungen zwischen unabhängigen und abhängigen Variablen, zwischen bedingenden Faktoren und erzielten Effekten.

Betrachtet man noch einmal das oben genannte Beispiel, so wird man feststellen, daß die beschriebene Situation außerordentlich komplex ist, daß die Person in vielfältigen Abhängigkeiten steht und daß die geäußerte Meinung sowohl von Erziehungs-, Ausbildungs- und sonstigen sozialen

Einflüssen geprägt sein kann. Dem experimentell arbeitenden Psychologen geht es nun jedoch allein darum, die relevanten Prädiktoren aus dem Gesamtzusammenhang herauszuoperieren und festzustellen, welche Wirkung diese auf das Verhalten ausüben. Die verbleibenden, unkontrollierten Einflüsse werden bei seinen Untersuchungen konstant gehalten, d. h. vernachlässigt (vgl. hierzu *Kap. 5*); sofern diese vernachlässigten Faktoren die Effekte beeinträchtigen, spielen sie die Rolle von *Störvariablen*, deren Einfluß zusätzlich kontrolliert werden muß.

Nomothetische Wissenschaft erforscht also nicht das Verhalten des Menschen unter den mannigfaltigen Bedingungen des Alltagslebens, sondern reduziert die Alltagssituation auf eine *künstliche Laborsituation*, der sozusagen alle Menschen in gleicher Weise ausgesetzt werden können, da die unterschiedlichen Sozialisations- und Schichteinflüsse als irrelevante Variablen vernachlässigt werden können. HOLZKAMP (1972) deckte diese Zusammenhänge erstmals auf und untersuchte die *Künstlichkeit* der laborexperimentellen Situation (vgl. *Kap. 5*) sowie das für die experimentelle Sozialpsychologie gültige *Menschenbild.*

Das Menschenbild der experimentellen und verhaltensorientierten Sozialpsychologie läßt sich durch folgende Punkte charakterisieren:

- Der Mensch reagiert grundsätzlich nur als passives Wesen auf äußere und innere Reize, wobei versucht wird, die inneren Reizquellen möglichst weitgehend auszuschalten. Festgestellte Bedingungen rufen beim Menschen immer die gleichen Wirkungen oder Reaktionen hervor. Der Mensch wird als *reagierender Organismus* aufgefaßt.
- Der Mensch in der Laborsituation wird per Verabredung dazu gezwungen, seine Verhaltensmöglichkeiten einzuschränken. Gültige Ergebnisse kommen nur dann zustande, wenn sich die Versuchsperson strikt an ihre *Instruktionen* hält und die geforderten Reaktionen ausübt. Die experimentelle Sozialpsychologie geht von einer Art *Norm-Versuchsperson* aus, die sich 100%ig an die Verabredungen hält.
- Dieses Konzept der Norm-Versuchsperson führt dazu, daß sich Menschen innerhalb des Labors nicht so verhalten wie in ihrer gesellschaftlichen Alltagssituation. In solchen Alltagssituationen verhalten sich Menschen entsprechend ihrer jeweiligen gesellschaftlichen Stellung und dem dazu korrelierenden Erfahrungsschatz. Im Experiment hingegen werden sie auf einen *Durchschnittsorganismus* reduziert, der losgelöst von seinen Erfahrungen als abstrakte Modellperson den Anforderungen des Versuchsleiters gerecht wird.

Die von HOLZKAMP geäußerte Kritik am Experiment und Menschenbild des experimentellen Psychologen richtete sich auch gegen die Grundauffassung der Psychologie als einer nomothetischen Wissenschaft, die allgemeingültige Gesetze aufzustellen sucht. HOLZKAMP hebt im Gegensatz zu dieser Auffassung die Abhängigkeit der festgestellten Gesetze von den jeweiligen historischen Bedingungen der Gesellschaft hervor und spricht ihnen nur Gültigkeit im Rahmen dieser Bedingungen zu. Wird dies übersehen, so führen die aufgedeckten Gesetzmäßigkeiten gleichzeitig zu einer Stabilisierung des jeweiligen Herrschaftssystems und werden zur Ideologie. Diese Auffassungen haben sich bisher nicht durchsetzen können, eine Kritik derselben stammt von HERRMANN (1971).

Die Gültigkeit laborexperimenteller Befunde wird auch von MERTENS (1975) angezweifelt, der in seinen Ausführungen die Bedeutung der Interaktionsbeziehungen des Versuchsleiters zur Versuchsperson hervorhebt. Das experimentelle Geschehen wird als eine soziale Situation definiert, in der auch die Versuchsperson als eine *aktive* Person gesehen wird, die nicht nur willfährig auf die vom Versuchsleiter eingeführten Bedingungen hin reagiert, sondern aufgrund ihrer jeweiligen *Situationsdefinition* entsprechend der wahrgenommenen Bedeutung der Situation und Interaktion ihr soziales Handeln steuert.

Die Künstlichkeit des Laborexperiments und die daraus resultierenden Mängel werden auch von vielen experimentell arbeitenden Sozialpsychologen erkannt. Hinweise darauf liefern zahlreiche Untersuchungen zur *Sozialpsychologie des Experiments* sowie eine stärkere Hinwendung zu *nonreaktiven Meßverfahren* und *Feldexperimenten* (vgl. *Kap. 5*). Ihre Strategie läuft darauf hinaus, die Grundannahmen der nomothetischen Wissenschaftsauffassung beizubehalten und die eingestandenen Störbedingungen in der experimentellen Interaktion besser in den Griff zu bekommen. Das könnte bedeuten, daß z. B. unterschiedliche Typen der Situationsdefinition herausgearbeitet werden und als weitere unabhängige Variable Eingang in die experimentelle Praxis finden.

2.4.2 Die wissenschaftliche Erklärung in der Sozialpsychologie

Es wurde oben bereits ausgeführt, daß die Psychologie bestrebt ist, Verhalten zu *erklären* und *vorherzusagen* sowie Verhaltensänderungen einzuleiten. Verhaltensänderung bedeutet dabei so etwas wie eine Umgestaltung der Umwelt einer Person, so daß sich entsprechend dieser Veränderung auch das Verhalten verändern muß. Ein anderer Ausdruck für Verhaltensänderung in diesem Sinne wäre *Verhaltenskontrolle.*

Der Begriff „*Erklärung*" kommt im Alltagsleben oft vor. So erklärt beispielsweise ein Lehrer den Schülern die Bedeutung eines Wortes, ein Angeklagter versucht zu erklären, warum er bei Rot über die Ampel fuhr, und ein Meister erklärt dem Auszubildenden, wie eine Maschine funktioniert. Ziel dieser Erklärungsprozesse ist es, ein gewisses Verständnis zu wecken. Einfache Erklärungsansätze finden wir bei allen Menschen, sie dienen dazu, die Orientierung in der komplexen Umwelt zu erleichtern. So wird die Neigung eines Menschen zum Alkohol auf dessen Eheschwierigkeiten zurückgeführt, die geringe Leistungsfähigkeit des Schülers auf dessen Faulheit, die Ungerechtigkeit am Arbeitsplatz auf die moralische Unzulänglichkeit oder den gemeinen Charakter des Chefs und das Eintreten von Naturkatastrophen auf verborgene Mächte und Geister.

Eine *wissenschaftliche Erklärung* hat mit diesen Alltagserklärungen wenig gemein. Die Struktur einer solchen Erklärung läßt sich am besten anhand eines Beispiels aus den Naturwissenschaften erläutern (aus von Wright, 1974, S. 25). *Warum* platzte über Nacht der Kühler eines Autos? Diese Ausgangsfrage wird nun zunächst mit einer genauen Beschreibung der Ausgangsbedingungen beantwortet. Der Tank war bis an den Rand mit Wasser voll; der Deckel war fest zugeschraubt; dem Wasser war kein Frostschutz-Mittel zugesetzt; der Wagen stand frei im Hof; die Temperatur sank in der Nacht auf −6 Grad. Diese Ausgangsbedingungen bezeichnet man als *Antezedens-Daten* (d. h. Daten, die Bedingungen beschreiben, die den zu erklärenden Erscheinungen vorausgehen). Sie allein können jedoch das Platzen noch nicht erklären. Nur in *Verbindung mit den Gesetzen* der Physik – hier besonders mit dem Gesetz, wonach sich das Volumen gefrorenen Wassers ausdehnt – erklären diese Antezedens-Daten, warum der Kühler geplatzt ist. Bei Kenntnis der Antezedens-Daten und der entscheidenden physikalischen Gesetze hätte man das nächtliche Ereignis *vorhersagen* können.

An diesem Beispiel kann man zweierlei erkennen: *Erklärung* und *Vorhersage* stehen in einem spezifischen Zusammenhang. Die Erklärung bezieht sich jeweils auf ein bereits vorliegendes Ereignis, während sich die Vorhersage auf ein zu erwartendes bezieht. Hat ein Schüler in der Schule versagt, so wird man nach einer Erklärung suchen, etwa ob er einen ausreichend hohen Intelligenzquotienten aufweist. Kennt man den Intelligenzquotienten, so kann man auf dieser Grundlage vorhersagen, ob ein Schüler das Abitur schaffen kann. Gerade dieses Beispiel aus der Schulpsychologie macht auf einen zweiten Punkt aufmerksam. Wir wissen von vielen Schülern, daß sie trotz eines geringen Intelligenzquotienten den Abschluß der Schulausbildung geschafft haben. Das zugrundeliegende Gesetz für die Vorhersage – erst mit einem IQ von X kann man das Abitur schaffen – ist nicht so strikt und deterministisch wie etwa das oben genannte physikalische Gesetz. Man bezeichnet solche strikten Gesetze auch als *nomologische*. Kommen in einer Erklärung nur nomologische Gesetze vor, so läßt sich das zu erklärende Ereignis aus den Antezedensbedingungen und den Gesetzen deduzieren. Eine solche Erklärung bezeichnet man als *deduktiv-nomologische* Erklärung. In der Psychologie muß man dagegen oftmals mit *Wahrscheinlichkeitshypothesen* arbeiten, d. h. aufgrund der Kenntnis des IQ können wir mit einiger Wahrscheinlichkeit erwarten, daß er den Schulabschluß schafft, mit Sicherheit können wir dies jedoch nicht sagen. Erklärungen dieses Typs heißen *induktiv-statistische* Erklärungen.

Im folgenden sollen beide Erklärungstypen noch einmal systematisch dargestellt und mittels eines Beispiels erläutert werden (vgl. WESTMEYER, 1973; GROEBEN & WESTMEYER, 1975). Die *deduktiv-nomologische* Erklärung hat folgende logische Struktur:

$G_1, G_2, \ldots$ deterministische Gesetze
$A_1, A_2, \ldots$ Antezedensbedingungen

E zu erklärendes Ereignis

Der Strich deutet an, daß E logisch aus $G_1, G_2 \ldots$ und $A_1, A_2 \ldots$ folgt.

Deterministische Gesetze kommen in der Psychologie seltener vor als in den übrigen Naturwissenschaften. Die Verhaltenstheorie (vgl. *Kap. 3*) ist nach Einschätzung WESTMEYERS (1973) in wesentlichen Zügen deterministischer Art. Aus ihr soll deshalb auch ein Beispiel gebracht werden:

G: Für alle Reaktionen gilt: Wenn auf eine Reaktion einer Person ein positiver Verstärker folgt, dann erhöht sich die Wahrscheinlichkeit ihres Auftretens.
A: Auf eine bestimmte Reaktion erfolgt eine positive Verstärkung

---

E: Die Wahrscheinlichkeit des Auftretens dieser bestimmten Reaktion erhöht sich.

Man könnte nun die „bestimmte Reaktion" durch „aggressive", „kooperative" oder „dominante Reaktion" ersetzen, in allen Fällen könnte die Struktur der Erklärung beibehalten werden.

Der *induktiv-statistischen* Erklärung liegt ein ähnliches Strukturmodell zugrunde

$G_1, G_2 \ldots$ statistisches Gesetz oder Wahrscheinlichkeitshypothese
$A_1, A_2 \ldots$ Antezedensbedingungen

——————— q

E zu erklärendes Ereignis

(q) symbolisiert die induktive Beziehung zwischen dem zu erklärenden Ereignis relativ zu den statistischen Gesetzen und Antezedensbedingungen. Diese Beziehung wird durch einen quantitativen Wert angegeben, z. B. 0, 35 Das bedeutet, daß aus den Gesetzen und den Antezedensbedingungen heraus mit 35%iger Wahrscheinlichkeit auf E geschlossen werden kann.

Das obige Beispiel könnte wie folgt gefaßt werden:

G: Für alle Schüler gilt: Nur ein Intelligenzquotient von $\geqq 115$ garantiert einen Studienabschluß.
A: Schüler A hat einen IQ von 122.

——————— q

Mit 90%iger Wahrscheinlichkeit schafft A den Studienabschluß.

In diesem Erklärungsmodell kann man E nicht aus den Gesetzen und Antezedensbedingungen logisch ableiten, E ist lediglich *relativ wahrscheinlich.* In der Psychologie steht man öfter vor dem Problem, Ereignisse erklären zu müssen, die eine so strenge Erklärung wie in den beiden obigen

Modellen nicht zulassen. So ist es beispielsweise fast immer unmöglich anzugeben, *warum* ein Delinquent seine Tat begangen hat, *warum* ein Arbeiter nach zehnjähriger Betriebszugehörigkeit seinem Vorgesetzten aggressiv gegenüber aufgetreten ist oder *warum* ein Jugendlicher plötzlich epileptische Anfälle bekommt. In solchen Fällen kann man die Frage nach dem *Warum* nicht beantworten, man kann lediglich einige mögliche Erklärungsansätze liefern. Solche Erklärungen werden nach WESTMEYER als „*Erklärungen, wie es möglich war, daß etwas geschah*" bezeichnet.

Es wurde bereits auf die Unterscheidung von Erklärung und Vorhersage hingewiesen, einer Erläuterung bedarf noch der Begriff der Kontrolle. *Kontrolle* liegt immer dann vor, wenn man aufgrund der Kenntnisse der deterministischen oder statistischen Gesetze Antezedenzbedingungen so variieren kann, daß sie zusammen ein bestimmtes Ereignis auslösen bzw. ein nicht erwünschtes Ereignis verhindern. So kann der Sozialpsychologe etwa unter Kenntnis der Gesetze der Verhaltenstheorie Situationen im Kindergarten so einrichten, daß aggressive Verhaltensweisen unwahrscheinlich werden. In diesem Fall kann aggressives Verhalten nicht auftreten, infolgedessen auch nicht verstärkt werden. Stattdessen können kooperative Verhaltsweisen eingeübt und verstärkt werden.

Man erkennt an diesem Beispiel wiederum sehr gut, wie eng die Kontrollproblematik mit wertenden, politischen Aspekten zusammenhängt. Die einseitige Betonung dieses Aspektes, wie sie etwa SKINNER (1972) vornimmt, brachte der nomothetisch orientierten Sozialpsychologie den Vorwurf einer rein auf *technologisches* Wissen ausgerichteten Wissenschaft ein. Auf diesen Aspekt wird noch eingegangen werden.

2.5 Die historische Entwicklung der Sozialpsychologie

Wir haben bisher dargelegt, in welcher Lage sich die Sozialpsychologie heute befindet. Dies betrifft sowohl die von der Sozialpsychologie abgehandelten Inhalte (vgl. *Kap. 1*) als auch die wissenschaftstheoretische Einordnung. Der heutige Zustand der Sozialpsychologie kann natürlich nicht losgelöst von den historischen Entwicklungen dieser Wissenschaft betrachtet werden, diese selbst wiederum nicht unabhängig von den gesellschaftlichen Bewegungen und Anforderungen an die Wissenschaft.

Auf den verbleibenden Seiten dieses Kapitels kann die Entwicklung der Sozialpsychologie natürlich nur skizzenhaft dargestellt werden. Diese Skizze soll im wesentlichen folgende Aspekte umfassen:

- Nach welchem Muster entwickelt sich grundsätzlich eine Wissenschaft?
- Welche historischen Einflüsse haben die Entwicklung der Sozialpsychologie bestimmt?
- Wie wurde das Problem der Determination des sozialen Verhaltens gelöst?

- Wie entwickelte sich die verhaltenstheoretische Sozialpsychologie und welches ist ihr heutiger Stand?
- Wie entwickelten sich die kognitiven Theorien und welchen Stellenwert nehmen sie heute ein?

Zum Schluß soll sodann noch eine kurze Einschätzung der zukünftigen Entwicklung der Sozialpsychologie in der BRD erfolgen.

2.5.1 Die Struktur der wissenschaftlichen Entwicklung

Die Geschichte der Wissenschaft und speziell der Psychologie läßt sich sehr unterschiedlich darstellen, je nachdem von welchen Strukturmerkmalen man sich leiten läßt. Zunächst einmal sind zwei grundsätzliche Positionen auseinanderzuhalten:

- Zahlreiche Forscher gehen davon aus, daß die wissenschaftliche Entwicklung sich jeweils in Abhängigkeit von den gesellschaftlichen, ökonomischen und politischen Bedürfnissen vollzieht.
- Andere betonen die weitgehende Unabhängigkeit der Wissenschaft von gesellschaftlichen Strukturen. Allein die Rationalität und die konstruktive Kritik der Wissenschaftler und die Objektivität ihrer Methoden garantieren die stetige Entwicklung der Wissenschaft.

Im Sinne des ersten Ansatzes liegen bisher bis auf wenige Ausnahmen, die sich zudem nur mit einzelnen Themengebieten der Sozialpsychologie beschäftigen, lediglich Absichtserklärungen vor. HOLZKAMP (1973) skizziert kurz drei Punkte, an denen eine Vermittlung von Gesellschaft und Psychologie aufgezeigt werden kann:

- die historische Entwicklung der *Arbeitsbedingungen der wissenschaftlichen Intelligenz*, speziell der Psychologen und Sozialpsychologen,
- die historische Entwicklung der *Berufsfelder*, in denen Sozialpsychologen tätig sind,
- die historische Entwicklung der *Inhalte* sozialpsychologischer Forschung.

Für eine so junge Wissenschaft wie die Sozialpsychologie ergeben sich bei solchen Analysen natürlich immense Schwierigkeiten, zumal es beispielsweise kein Berufsfeld des Sozialpsychologen gibt und auch die Inhalte niemals allein von der Sozialpsychologie, sondern jeweils in enger Beziehung zu Nachbardisziplinen entwickelt werden.

Im Sinne des zweiten Ansatzes liegen einige historische Abhandlungen über die Geschichte der Psychologie vor, wobei die Sozialpsychologie als eine Teildisziplin der Psychologie speziell von ALLPORT (1969) abgehandelt wird. Grundsätzlich ergeben sich in der Geschichtsschreibung dieser Ausrichtung drei Ansätze:

- *Ausrichtung an großen Sozialpsychologen.* Die Geschichte der Sozialpsychologie wäre demnach eine Abfolge von „Zufälligkeiten individueller Schicksale, Neigungen und Fähigkeiten, von Beliebigkeiten des Fehlens oder Vorhandenseins bestimmter sozialer Beziehungen, der Unkenntnis oder Kenntnis bestimmter Bücher, der Anwesenheit oder Abwesenheit bestimmter Leute an bestimmten Orten zu bestimmten Zeiten" (HOLZKAMP, 1973, S. 37f.). Ein typisches Beispiel solcher *personenzentrierter* Geschichtsschreibung liegt bei DEUTSCH & KRAUSS (1965, 1976) vor. So wird beispielsweise die enge Anlehnung HOMANS' an SKINNER (vgl. *Kap. 3*) auf die gemeinsame Zugehörigkeit beider Wissenschaftler zu einer wissenschaftlichen Gesellschaft zurückgeführt. Man sollte eine solche Geschichtsauffassung jedoch nicht einfach von sich weisen, zumal gerade die engen persönlichen Beziehungen von Wissenschaftlern untereinander oftmals entscheidend für die Arbeitsrichtung und Wissenschaftsauffassung sind. Man denke nur an die Praxis der Berufung von Hochschullehrern. Die vorherrschenden persönlichen Abhängigkeitsverhältnisse, das starke Konkurrenzstreben und der Zwang, möglichst einem etablierten Wissenschaftlerzirkel anzugehören, dessen Mitglieder sich gegenseitig zitieren und lancieren, weisen darauf hin, daß solche persönlichen Orientierungen durchaus bedeutsam sind und auch in einer materialistischen Geschichtsauffassung nicht vernachlässigt werden dürfen.

– *Ausrichtung an wissenschaftsimmanenten Prinzipien.* Dieser Ausrichtung liegt die Annahme zugrunde, daß sich die Wissenschaft *kontinuierlich* fortentwickelt, indem fortlaufend Hypothesen entwickelt, an der Realität überprüft und verworfen oder beibehalten werden. Auf diese Weise kommt man zu immer umfassenderer Erkenntnis. Dieses außerordentlich rationale Modell erweist sich in der Praxis jedoch als unhaltbar, zumal Wissenschaftler nicht danach streben, solche Hypothesen zu formulieren, die die zugrundeliegende Theorie nicht stützen würden. Wird einmal eine Hypothese nicht bestätigt, so führt dies zudem nicht dazu, daß die zugrundeliegende Theorie verworfen wird, vielmehr wird in der Forschungspraxis versucht, das Scheitern angebbaren Störbedingungen zuzuschreiben, wodurch die grundlegende Theorie lediglich eine Einschränkung erfährt. Ein anderes Vorgehen wäre höchst unökonomisch, da mit dem Scheitern einer Theorie ja noch keine alternative Theorie vorhanden ist. Selbst wenn abgeleitete Hypothesen bestätigt werden, bedeutet dies noch nicht, daß sie auch von allen Wissenschaftlern akzeptiert werden. Das Akzeptieren selbst stellt auch ein sozialpsychologisches Phänomen dar. So zitieren sich beispielsweise Kollegen, die eine gemeinsame Auffassung vertreten, häufiger als solche, die entgegengesetzter Auffassung sind.
– *Ausrichtung an wissenschaftlichen Paradigmen.* KUHN (1973) entwickelte ein Modell der Entwicklung wissenschaftlicher Theorien, wonach sich der Fortschritt der Wissenschaft nicht kontinuierlich, sondern

schubweise durch revolutionäre Prozesse durchsetzt. Bisher geltende Erklärungsmodelle werden durch neue abgelöst. Diesen Vorgang bezeichnet man als einen *Paradigmenwechsel*. Dieses Modell wurde vorwiegend für die Naturwissenschaften entwickelt, wo etwa ein solcher Paradigmenwechsel durch die Ablösung des mechanistischen Weltbildes durch die Relativitätstheorie EINSTEINS stattfand. Wissenschaftliches Arbeiten ist gemäß diesem Modell keineswegs darauf angelegt, verschiedene Theorien zu kritisieren, vielmehr geht es darum, das herrschende Paradigma weiter zu untermauern. Ein Paradigmenwechsel wird eingeleitet, wenn sich Ergebnisse häufen, die sich mit Hilfe des herrschenden Paradigmas nicht erklären lassen.

HERRMANN (1977) setzt sich intensiv mit der Frage der historischen Entwicklung der Psychologie auseinander, wobei er den Begriff des „Forschungsprogramms“ in den Mittelpunkt seiner Analysen stellt. Unter einem solchen Programm versteht er einen konsistenten wissenschaftlichen Problemlösungsprozeß mit einer invarianten Forschungsfrage. Als ein klassisches sozialpsychologisches Forschungsprogramm ließe sich in diesem Sinn die Aggressionsforschung darstellen, deren Fragestellung sich im Laufe der Entwicklung kaum verändert hat (z. B. sind Frustrationen Auslöser von aggressivem Verhalten? Bewirkt die Ausübung aggressiven Verhaltens einen Abbau der Bereitschaft, aggressiv zu reagieren?). Die Antworten auf diese Frage fallen unterschiedlich aus, je nach theoretischem Kontext, in dem der jeweilige Forscher arbeitet. Die Entwicklung der Psychologie ließe sich diesen Überlegungen zufolge als eine Abfolge oder Serie von Theorien darstellen, denen allen spezifische invariante Kernannahmen eigen sind, die für das Forschungsprogramm einheitstiftend sind und die historische Kontinuität ausmachen. Die Aggressionsforschung selbst kann nicht als Wissenschaftsparadigma aufgefaßt werden, da ihr keine einheitliche Konzeption des aggressiven Verhaltens zugrundeliegt (man denke an die Unterschiede triebtheoretischer, ethologischer und lerntheoretischer Ansätze), somit auch keine Konzeption lediglich präzisiert und spezifiziert werden konnte, wie dies typisch ist für ein Wissenschaftsparadigma im Sinne von KUHN (1973). (HERRMANN begegnet diesem Begriff im übrigen mit großer Vorsicht, er spricht allenfalls der Gestaltpsychologie paradigmatischen Charakter zu).

Die Modellvorstellung des Forschungsprogramms wird von HERRMANN noch weitergehend spezifiziert, er unterscheidet zum einen verschiedene Typen von Forschungsprogrammen und betont zum anderen, daß Psychologie nicht als eine bloße Summe voneinander getrennter, unverbundener Forschungsprogramme gesehen werden kann, sondern als ein sich historisch entwickelndes Flechtwerk solcher Programme. Innerhalb dieses Flechtwerks werden bestehende Theorien auf neue Anwendungsbereiche übertragen, entwickeln sich neue Fragestellungen aus theoretischen Überlegungen, so daß der historische Entwicklungsprozeß sowohl von gesellschaftlichen Problemdefinitionen als auch von theorieimmanenten Überlegungen geleitet wird.

Aus den Überlegungen HERMANNS wird deutlich, wie komplex „Psychologie" als Gegenstand historischer Analyse ist. Gerade hinsichtlich der Annahmen von Wissenschaftsparadigmen und Paradigmenwechsel ist in der Psychologie größte Vorsicht geboten, zumal die Begriffe selbst umstritten sind und viele Psychologen uneins darüber sind, ob ihre Wissenschaft schon so weit entwickelt ist, daß man von einer grundlegenden Theorie und ihr angemessenen Methodologie, die von allen Forschern akzeptiert wird, ausgehen kann. HOLZKAMP (1977) kommt in Anlehnung an HARRE und SECORD (1972), MOSCOVICI (1972) und SMITH (1961) zu einer ähnlich skeptischen Einschätzung: Statt einer von allen geteilten Makrotheorie liegen mehrere Theorien mit universellem Geltungsanspruch vor, die miteinander in Konkurrenz stehen, ohne daß bislang Kriterien vorliegen würden, nach denen zu entscheiden wäre, welche der Theorien zu akzeptieren und welche zu verwerfen seien (HOLZKAMP selbst erhebt den Anspruch, solch differenzierende Bewertungskriterien entwickelt zu haben).

Was oben als „Krise der Sozialpsychologie" beschrieben wurde und sich ohne weiteres auf die allgemeine Psychologie übertragen läßt, veranlaßt einige Forscher dazu, von einem Paradigmenwechsel zu sprechen. GROEBEN (1975) wirft in einem Diskussionsbeitrag die Frage auf, ob die zahlreichen Diskussionen um methodologische Fragestellungen (Positivismusstreit, die Auseinandersetzungen um HOLZKAMP) sowie die zahlreichen Forschungsbefunde, die die Versuchsperson in Lernexperimenten als aktives, mitdenkendes Wesen auszeichnen, nicht einen weiteren Paradigmenwechsel ankündigen (die sog. „kognitive Wende in der Psychologie"). Bisher ist noch recht unklar, worin genau dieser Wechsel bestehen soll, wobei insbesondere die methodologischen Konsequenzen bisher entweder meist nur als Probleme definiert werden oder gar insofern übergangen werden, als die bewährten Methoden konventioneller Psychologie weiterhin angewendet werden.

2.5.2 Frühe Einflüsse auf die Entwicklung der Sozialpsychologie

Folgt man einer Klassifikation früher Meilensteine in der Sozialpsychologie bei KRECH, CRUTCHFIELD & BALLACHEY (1962), so lassen sich als frühe Einflußfaktoren vor allen Dingen drei benennen:

- Philosophische Dispute um das soziale Verhalten von Menschen in der Gesellschaft
- Die Skizzierung einer Sozialpsychologie durch COMTE
- Die frühen Einflüsse der Psychologie, vor allen Dingen verbunden mit

dem Namen WUNDT.

Die Sozialpsychologie hat ihre ältesten Quellen, wenn man einmal von der Antike absieht, in den Schriften der Gesellschaftstheoretiker des 17. und 18. Jahrhunderts. In diesen wurde vor allen Dingen versucht anzugeben, wie das gesellschaftliche Leben und die Politik organisiert sein müßten, damit der Bestand desselben gewährleistet sei. Von großer Bedeutung in diesem Zusammenhang waren A. SMITH und J. BENTHAM. Ersterer ging davon aus, daß es in der Gesellschaft so etwas wie eine natürliche Ordnung gibt, in der der ökonomische Mensch in die Lage versetzt wird, sein Handeln ohne Behinderungen auszuführen. Diese ökonomische Freiheit, die man heute mit dem Begriff der Konkurrenz umschreiben könnte, garantiere optimale gesellschaftliche Ergebnisse, denn das *Streben nach dem eigenen Vorteil* schaffe für alle die größtmögliche Zufriedenheit. Dieses Streben nach Zufriedenheit, das über ökonomischen Gewinn vermittelt wird, ersetzt für SMITH staatliche Reglementierungen, die natürliche Ordnung war durch die *Ökonomie des laissez-faire* gesichert.

War der Ansatz SMITHS ökonomisch geprägt, so verband sich bei BENTHAM der laissez-faire-Ansatz mit einer psychologischen Komponente, nämlich der Ansicht, daß die Menschen nur nach einem Grundprinzip handelten: Sie suchen die Freude, die Lust, das persönliche Glück und den individuellen Vorteil, dagegen sind sie bestrebt, Schmerz und Unannehmlichkeiten zu vermeiden. Diese Theorie bezeichnet man als *Hedonismus*. Der Hedonismus bildet noch heute die Grundlage der meisten Motivationstheorien, er spielt sowohl bei FREUD als auch in den Lerntheorien eine entscheidende Rolle. An die Stelle des Lustbegriffs tritt beispielsweise in der Verhaltenstheorie der der *Verstärkung*, in der kognitiven Dissonanztheorie der der *Spannungsreduktion* (vgl. *Kap. 3*).

ALLPORT (1968) sieht in COMTE den eigentlichen Begründer der Sozialpsychologie. Seine Klassifikation der Wissenschaften über die historische Entwicklung hinweg führt letztlich zu den Humanwissenschaften, die sich aus der Trias von Biologie, Soziologie und „morale“ (ins Deutsche übersetzt als Geisteswissenschaft) zusammensetzen. „Morale“ stellt letztlich die Verbindung von Biologie und Soziologie dar; diese Verbindung konstituiert auch heute noch den Gegenstandsbereich der *Verhaltenswissenschaften*. Dabei betonte COMTE jedoch, daß der Mensch mehr sei als nur ein biologisches und soziologisches Wesen, ihm komme auch als Individuum eine Eigenständigkeit zu, in der seine kognitiven, affektiven und Verhaltensfunktionen zusammengefaßt seien. In Verlängerung dieser Überlegungen stellte COMTE drei Forderungen bezüglich einer *„morale science“* auf:

- Eine Wissenschaft, die das Individuum ins Zentrum ihres Interesses rückt, ist möglich und notwendig.
- Neben der ideographischen Analyse des Individuums muß diese Wissenschaft generalisierte Aussagen über diejenigen Bereiche zulassen, die

allen Menschen gemeinsam sind.

- Diese Wissenschaft vom Individuum kann entweder biologisch oder soziologisch ausgerichtet sein.

Mit diesen Forderungen bahnte COMTE der Verhaltenswissenschaft einen Weg hin zu den Kriterien naturwissenschaftlicher Forschung, wie sie bereits dargestellt wurden. Von daher wird die Einschätzung ALLPORTS auch verständlich.

Die mit dem Namen WUNDT verbundenen frühen Einflüsse der Psychologie auf die Sozialpsychologie lassen sich in vier Punkten zusammenfassen:

- Die Abkehr von einer spekulativen Wissenschaft hin zu einer empirischen, in deren Mittelpunkt die experimentelle Erforschung von Wahrnehmungs- und Bewußtseinsprozessen stand;
- Die Annahme, daß Bewußtseinsinhalte niemals konstante, feststehende Ereignisse sind, sondern Vorgänge, Bewegungen, vorübergehende Ereignisse, die einander abwechseln; damit ergab sich eine Wendung hin zum Psychischen als *dynamischem Prozeß*;
- Die Abkehr vom *psychologischen Vermögensbegriff* (Verstand, Gefühl, Vorstellungen etc. sind psychische „Vermögen"). Es ließe sich eine Psychologie denken, die ohne solche Begriffe auskäme, denen zufolge allem eine Tendenz, ein Trieb etc. zugrundeliegt;
- Die Verfassung einer *„Völkerpsychologie"*, die als Vorgängerin der Sozialpsychologie aufzufassen ist; Gegenstand dieser Psychologie war der „Volksgeist", mit dem das über die einzelnen Individuen hinausgehende Kulturgut einer Gesellschaft, etwa Religion, Sprache, Mythen, Kunst und Rechtsordnung, gemeint war.

Die Bedeutung dieser verschiedenen Punkte läßt sich heute nur schwer abschätzen. Während die Völkerpsychologie weitgehend an Bedeutung verloren hat – in ihrer Tradition stehen die bekannten Arbeiten von BENEDICT (1956), die verschiedene Indianerstämme untersuchte, und von KARDINER (1939), der sich mit Südsee-Insulanern beschäftigte, noch größere Popularität erlangten die Arbeiten von M. MEAD (1970) – haben sich sowohl die experimentelle Methode, deren Grundbegriffe der Willkürlichkeit, der Wiederholbarkeit und der Variierbarkeit von WUNDT stammen, als auch die Sichtweise des Psychischen als dynamischem Prozeß weitgehend durchgesetzt. Diese beiden Punkte haben sehr wesentlich dazu beigetragen, daß sich die Psychologie in zunehmendem Maße an den Naturwissenschaften orientierte.

2.5.3 Das Problem der Determination des sozialen Verhaltens.

Solange es Ansammlungen von Individuen gibt, sei es eine isolierte Kleinfamilie in der Urzeit, seien es kleine Produktionsgemeinschaften oder aber die Zusammenschlüsse zu Staaten, so lange gibt es auch soziales Verhalten.

Allerdings konnte man sich nie darüber einig werden, *warum* es ein solches Sozialverhalten gibt. Welches sind die bestimmenden Ursachen dieses Verhaltens?

Die Geschichte der Psychologie hat eine Vielzahl von Erklärungsansätzen zu diesem Problem geliefert. Die Besonderheit des Menschen liegt darin, daß man ihm im Gegensatz zur anorganischen Natur, aber auch zu Tieren, Bewußtsein, einen Geist, Verstand oder eine Seele zuschreibt. Diese innere Instanz des Menschen, die man nicht fassen und nicht sehen kann, wurde lange Zeit als der Lenker unseres Handelns angesehen, so als ob es innerhalb des Körpers eine Art Steuermann gäbe. Im Alltagsleben findet man auch heute noch zahlreiche Formulierungen, die auf innerorganismische Geister oder Teufel hinweisen. Entsprechende Positionen wurden natürlich auch sehr nachdrücklich von den Kirchen vertreten. Diese Tatsache verhinderte es, daß auch für den Menschen als biologischen Organismus die Gesetze der Naturwissenschaft als gültig angesehen wurden. Zwar nahm man an, daß für rein biologische Prozesse des Organismus (z. B. motorische Abläufe, chemische Prozesse im Blut) diese Gesetze Gültigkeit hätten, diese Gültigkeit wurde jedoch nicht für die seelischen Prozesse akzeptiert. Diese Position, die ausführlich von DESCARTES dargestellt wurde, bezeichnet man als *Leib-Seele-Dualismus*.

Die Entwicklung dieser Position bis in die heutigen Tage vollzog sich außerordentlich langsam. Nachdem man ursprünglich annahm, daß das Bewußtsein losgelöst vom menschlichen Verhalten allein durch die *Assoziation* verschiedener Bewußtseinselemente wie Vorstellungen, Phantasien etc. geformt sei, wurde es mit der Zeit in Zusammenhang mit *motorischen Handlungen* gebracht, nachdem man immer deutlicher erkannte, daß das Zentralnervensystem sehr eng mit dem verbunden war, was man als „psychisch" bezeichnete. Dieses Zentralnervensystem wurde sodann als das Steuerungszentrum des Handelns angesehen und *physiologisch* untersucht, wobei es vorwiegend darum ging, die bestimmten Handlungen und Bewußtseinsprozessen wie Denken, Abstrahieren oder Vorstellen entsprechenden Prozesse im Gehirn aufzufinden. Diese Suche blieb jedoch bis heute teilweise erfolglos, eine Parallele von Verhaltens- und Bewußtseinsprozessen konnte in spezifizierter Form nicht ausfindig gemacht werden. Hinzu kommt das Problem, daß die objektive Umwelt von jedem Individuum subjektiv unterschiedlich wahrgenommen wird. Gleichem Verhalten können also immer verschiedene Bewußtseinsprozesse zugrundeliegen.

Eine Konsequenz aus den bisher fehlgeschlagenen Bemühungen um eine Auflösung des verwobenen Knäuels von Bewußtseins- und Verhaltensprozessen zog der sog. *Behaviorismus*, auf den noch näher eingegangen wird. Da man den im Gehirn ablaufenden physiologischen Prozessen keine Bewußtseinsinhalte unzweideutig zuordnen konnte und außerdem die mit dem Handeln verbundenen Bewußtseinselemente von Person zu Person unterschiedlich sind, entschied man sich rigoros dafür, sämtliche Bewußtseinsinhalte aus der Analyse des Verhaltens auszuschließen. Die Psychologen sollten sich nur noch allein mit dem offen sichtbaren, jedermann zugänglichen Verhalten beschäftigen. Aus diesem Verhalten könne man sodann auf hypothetische zugrundeliegende Bewußtseinsstrukturen schließen. Wenn beispielsweise eine Person täglich eine Kirche aufsucht, so wird man ihr eine religiöse Einstellung zusprechen, die Einstellung wäre die *Konsistenz einer Verhaltensweise* selbst, eine Erklärung mittels bestimmter Bewußtseinsprozesse wäre nicht erforderlich, Verhalten wird durch Verhalten erklärt (vgl. GREEN, 1954).

Die Entwicklung der Psychologie in dieser Frage der Determination des Verhaltens durchlief also vier Phasen (vgl. MEAD, 1968):

- *assoziative* Phase (Bewußtsein und Verhalten sind getrennt voneinander; das Bewußtsein wird durch Assoziation verschiedener Elemente gebildet; Psychologie ist *Bewußtseinspsychologie*)
- *motorische* Phase (Bewußtsein hängt mit dem Handeln zusammen, alles was im Körper abläuft, stellt einen Teil der Handlung dar)
- *funktionale* Phase (die Verhaltensweisen einer Person bilden eine Funktion physiologischer Prozesse; Psychologie ist *physiologische Psychologie*)
- *behavioristische* Phase (das Bewußtsein der Personen wird jeweils aus ihrem Verhalten erschlossen, im Vordergrund der Untersuchung steht das Verhalten; Psychologie ist *Verhaltenspsychologie*)

Im Verlauf der historischen Entwicklung stießen die Sozialpsychologen bei ihrer Suche nach den Determinanten des sozialen Verhaltens auf fünf Mechanismen, die nur kurz angesprochen werden sollen (vgl. KRECH, CRUTCHFIELD & BALLACHEY, 1962). Diese Mechanismen wurden zwar theoretisch in der aufgeführten Reihenfolge postuliert, sie entwickelten sich jedoch lange Zeit parallel und standen in Konkurrenz zueinander.

- *Verhaltensgewohnheit.* Nachdem zu Beginn des menschlichen Lebens das Verhalten des Kleinkindes durch Instinkte gesteuert wird, setzt unmittelbar ein Lernprozeß ein, dessen Ziel die sog. Verhaltensgewohnheiten bilden. Eine Verhaltensgewohnheit entsteht durch die häufige Wiederholung einer Verhaltensweise. In den heute akzeptierten Lerntheorien spielt die Anbindung der Verhaltensgewohnheit an den Instinkt keine Rolle mehr, entscheidend für deren Ausprägung ist allein die Häufigkeit der Verstärkung (vgl. *Kap. 3*).
- *Imitation.* Unter Imitation versteht man die Nachahmung einer Verhaltensweise. Durch die Nachahmung erlangen alle Mitglieder einer Gesellschaft gleiches Verhalten, neigen sie alle zur Konformität. Diese Nachahmungstendenz wurde früher auf hypnotische Traumzustände zurückgeführt. Neuigkeiten und soziale Veränderungen, also gesellschaftlicher Fortschritt, kommen immer dann zustande, wenn mehrere Mo-

delle zur Nachahmung vorhanden sind, wenn sich das Individuum also für eine Alternative entscheiden muß.

- *Suggestion.* Suggestion oder soziale Beeinflussung dienten früher Sozialpsychologen zur Erklärung des Massenverhaltens. Die Suggestionsempfänglichkeit hängt dabei wiederum sehr eng mit dem Instinktbegriff zusammen. Menschen unterwerfen sich dieser Auffassung zufolge Personen und Objekten, die mit Prestige behaftet sind.
- *Instinkt.* Gemäß diesem Erklärungsmechanismus erfolgt soziales Verhalten instinktiv, d. h. verschiedenen sozialen Verhaltensweisen werden unterschiedliche Instinkte zugeordnet. Einer der ersten Sozialpsychologen stellte umfangreiche Instinktlisten auf, wobei sich herausstellte, daß Menschen wegen ihres komplexen Verhaltens eine sehr große Anzahl von Instinkten zugeschrieben werden muß. Ein solches Vorgehen ist jedoch logisch anfechtbar und für eine wissenschaftliche Erklärung zu unökonomisch.
- *Einstellung.* Die Einstellung gilt auch heute noch als der zentrale Begriff der Sozialpsychologie. Für manche Autoren entwickelte sich die Sozialpsychologie erst mit dem Aufkommen des Einstellungsbegriffs. Unter Einstellungen versteht man gemeinhin Verhaltensbereitschaften, sie werden aus dem Verhalten erschlossen und sind selbst Ergebnis von Lernprozessen (vgl. *Kap. 4*).

2.5.4 Die Entwicklung der verhaltenstheoretischen Sozialpsychologie

Der Behaviorismus muß als eine Reaktion auf die Unzulänglichkeiten der alten Bewußtseinspsychologie aufgefaßt werden, die sich von den gesellschaftlichen Interessen an psychologischer Forschung weit entfernt hatte. Als der Begründer des Behaviorismus in den USA gilt WATSON, der die grundlegenden Vorstellungen formulierte, die auch heute noch Gültigkeit besitzen, obwohl kein Psychologe mehr die naiven Auffassungen des Begründers in dieser Form vertreten würde.

Wie bereits oben erwähnt, orientierte sich der Behaviorismus von Anfang an an den *Denk- und Arbeitsweisen der Naturwissenschaften.* Der behavioristische Psychologe ist immer experimentell ausgebildet, arbeitet nur mit eindeutig definierten Begriffen und verwirft all solche Termini, die nur auf einer vorwissenschaftlichen Ebene verstanden werden, deren Bedeutung jedoch nicht eindeutig spezifizierbar ist. Sog. *mentalistische* Konzeptionen wie Bewußtsein, Empfinden oder Gefühle, Begriffe, die zwar jeder kennt, unter denen jedoch jeder etwas anderes versteht, verschwanden aus dem Sprachrepertoire behavioristischer Psychologen.

Diese Orientierung an den Naturwissenschaften sollte die Psychologie zu einer *objektiven* Wissenschaft machen. Gegenstand der Forschung sollten nur *beobachtbare* Tatbestände sein, beobachtbar ist nur das menschliche *Verhalten*, „das, was der Organismus tut oder sagt“ (WATSON, 1968). Dabei ist der Behaviorist ständig bemüht, den von ihm untersuchten Verhaltensausschnitt in den Begriffen *„Reiz“* und *„Reaktion“* zu beschreiben, die Komplexität der Verhaltenssituation damit auf kleinste Analyseeinheiten zu reduzieren (dahinter steckte die Überlegung, daß eine Erklärung der komplexen sozialen Prozesse nur dadurch gelingt, daß die sie konstituierenden Einzelelemente erfaßbar und erklärbar sind; additiv könne man sodann zu einer Erklärung des Ganzen kommen). „Unter einem Reiz verstehen wir jedes Objekt in der allgemeinen Umwelt oder jede Veränderung in den Geweben selbst, die durch den physiologischen Zustand des Lebewesens bedingt ist, etwa die Veränderung, die sich ergibt, wenn man ein Lebewesen daran hindert, sexuell aktiv zu sein, Nahrung aufzunehmen oder sich ein Nest zu bauen. Unter einer Reaktion verstehen wir alles, was ein Lebewesen tut – zum Beispiel sich dem Licht zu- oder von ihm abwenden, bei einem Geräusch aufspringen und auch höher organisierte Tätigkeiten, wie Wolkenkratzer errichten, Pläne schmieden, Babys bekommen, Bücher schreiben und anderes mehr“ (WATSON, 1968, S. 39). In *Kapitel 3* werden einige Grundbegriffe behavioristischer Psychologie näher dargestellt, die diese beiden Kernbegriffe näher erläutern. Sehr wichtige Unterscheidungen müssen bezüglich der *Reaktionen* gemacht werden. Nach WATSON kann man „äußere“ und „innere“ Reaktionen sowie gelernte und ungelernte unterscheiden. *Äußere* Reaktionen kann man ohne technische Mittel beobachten, z. B. die aggressiven Handlungen eines Kindergartenkindes oder die Hilfeleistung eines Lehrers gegenüber einem Schüler. Hierzu gehören aber auch in gleicher Weise Verbalaussagen, etwa die Äußerungen einer Person zu Ausländerproblemen, geäußerte Einstellungen und Wertvorstellungen. Solche verbalen Äußerungen spiegeln jedoch nicht das Bewußtsein einer Person wider, Verbalaussagen und Bewußtsein können auseinanderfallen (wobei Bewußtsein selbst in behavioristischer Sicht ja kein Gegenstand psychologischer Forschung ist). *Innere* Reaktionen sind ohne technische Eingriffe nicht beobachtbar, zu ihnen zählen etwa Muskelspannungen, Drüsensekretionen oder Magenkontraktionen. Solche Reaktionen treten im allgemeinen zusammen mit offen beobachtbaren äußeren Reaktionen auf, etwa wenn man sich negativ gegenüber Ausländern äußert, steigt die Herzschlagfrequenz, fühlt man ein flaues Gefühl im Magen etc. *Ungelernte* Reaktionen ergeben sich aus der Funktionsweise des Organismus, man braucht beispielsweise das Schwitzen, das Atmen oder das Saugen nicht zu lernen, auch Fluchtreaktionen sind angeboren. *Gelernte* Reaktionen sind all unsere komplizierten Gewohnheiten, das Sprechen und unser Arbeitshandeln. Diese komplizierten Verhaltensweisen werden mittels Konditionierungs- und Imitationsprozessen erworben (vgl. *Kap. 3*).

In diesem Zusammenhang ist es wichtig zu erwähnen, daß sich der frühe

Behaviorismus ebenso wie der moderne seine Erkenntnisse über Gesetzmäßigkeiten des Verhaltens auch mit Hilfe von *Tierversuchen* verschafft. Grundsätzlich werden Tiere und Menschen auf einer einheitlichen Dimension gesehen, so daß den für Tiere festgestellten Gesetzmäßigkeiten auch im Humanbereich Geltung zukommt. So arbeiteten bedeutende Behavioristen jahrelang mit Ratten und Tauben, um die komplexen Beziehungen von Reiz und Reaktion zu erfassen. Solche Generalisierungen von Tieren auf Menschen gaben immer wieder Anlaß zu berechtigter Kritik und führten dazu, daß die Behavioristen in zunehmendem Maße auch menschliches und soziales Verhalten untersuchten (vgl. McGINNIES, 1970; ULRICH & MOUNTJOY, 1972).

Einem behavioristischen Sozialpsychologen geht es darum, soziales Verhalten auf wiederkehrende *Reiz-Reaktions-Muster* zurückzuführen. Er untersucht beispielsweise, wie eine Person angesichts eines Ausländers reagiert, wie ein Kind auf ein aggressives Modell reagiert und zu welchen Reaktionen eine Person veranlaßt wird, wenn sie eine kriminelle Handlung wahrnimmt. Menschliches Verhalten ist also eindeutig von der umgebenden Situation abhängig. Für den naiven Verhaltenstheoretiker, der sich allein auf die Erklärung des Verhaltens beschränkt und dabei keine inneren Prozesse berücksichtigt, stellt eine solche Reiz-Reaktions-Beziehung die kleinste Analyseeinheit dar. Man bezeichnet diese Einheit auch als *Reflex*, wobei dieser Begriff aus der Physiologie stammt und zuerst von PAWLOW auf die Psychologie übertragen wurde (vgl. die klassische Untersuchung von PAWLOW in *Kap. 3*).

Es wurde bereits frühzeitig erkannt, daß dieser Mechanismus der unmittelbaren Aufeinanderfolge von Reiz und Reaktion allein nicht ausreicht, um komplexere Verhaltensweisen auch von Tieren, geschweige denn von Menschen, adäquat zu beschreiben und zu erklären. Die Erweiterung des Reiz-Reaktions-Musters um einen zusätzlichen Reiz im Anschluß an die Reaktion trug dazu bei, auch komplexe Verhaltensweisen zu erklären. So konnten SKINNER & FERSTER (1957) beispielsweise mit Hilfe komplizierter Apparaturen „Akkordverhalten" bei Tieren simulieren, SCHMIDT u. a. (1975) erklärten mit diesem Ansatz den Erwerb von Einstellungen gegenüber Ausländern und AIKEN (1965) konnte zeigen, wie mittels bestimmter Verstärkerreize zu Beginn einer Diskussion zurückhaltende Personen mehr und mehr gesprächig wurden. Dieses *Reiz-Reaktions-Reiz-Muster*, das die Grundeinheit des *operanten Konditionierens* darstellt, wird in *Kapitel 3* ausführlicher dargestellt.

Die fortgeschrittenste und wohl auch am weitesten ausgearbeitete behavioristische Position nimmt SKINNER (1966) ein (einen guten, stärker wissenschaftstheoretischen Überblick gibt WESTMEYER, 1973). Vertreter dieser Position versuchen in jüngster Zeit verstärkt, auch *soziale* Verhaltensprozesse exakt zu analysieren, d. h. experimentell zu erforschen. Der

Mensch lebt in seiner Umwelt, er stellt einen Reiz dar, löst Reize aus und reagiert auf andere Reize. Diesen Interaktionsprozeß versucht die *experimentelle Analyse des Verhaltens* genauer aufzuschlüsseln und bildet dabei nach Ansicht ihrer Vertreter die solideste Grundlage, ein wissenschaftliches Verständnis von sozialer Interaktion zu erlangen. Wenn man menschliches Verhalten verstehen will, muß man seine Umweltbedingungen kennen, die das Verhalten hervorrufen, es aufrechterhalten und auch zum Verschwinden bringen (vgl. ULRICH & MOUNTJOY, 1972; MCGINNIES, 1970).

SKINNERS Ansatz der experimentellen Analyse des Verhaltens besteht aus einem Sieben-Punkte-Programm, das kurz skizziert werden soll:

- *Intensive Forschung an wenigen Versuchspersonen.* Es werden längerfristige Untersuchungen an wenigen, auch an einzelnen Personen durchgeführt. Man kann z. B. an einem Kind untersuchen, wie es über längere Zeiträume hinweg seine Präferenzen für bestimmte Verhaltensweisen stabilisiert oder systematisch verändert (vgl. BECKER, EULER & MIELKE, 1976).

- *Asymptotisches Verhalten steht im Vordergrund.* Bezogen auf das obige Beispiel würde dies bedeuten, daß die wichtigsten Daten innerhalb einer Versuchsreihe diejenigen sind, die stabiles, immer wiederkehrendes Verhalten signalisieren. So könnte sich etwa zeigen, daß ein Kind unter konstanten Bedingungen regelmäßig über 40% der Zeit sozialen Kontakt zu einer Person sucht, aber nur 5% darauf verwendet, mit einem Spielzeug allein zu spielen.

- *Experimentelle statt statistischer Kontrolle.* Man strebt eindeutige Ergebnisse an, die eine komplizierte Auswertung der Daten mittels statistischer Verfahren überflüssig machen. Man muß mit dem bloßen Auge erkennen können, daß beispielsweise unter Bedingung A weniger aggressives Verhalten auftritt als unter Bedingung B.

- *Experimentelle Kontrolle durch Kontrolle der Effekte.* Während eines längeren Versuches werden die experimentellen Bedingungen systematisch variiert. Nachdem einmal eine Asymptote festgestellt werden konnte, kann beispielsweise eine Verhaltensmöglichkeit eingeschränkt werden. Wird z. B. in unserem obigen Fall die Möglichkeit des sozialen Kontaktes gestrichen, so erhöht sich vielleicht der Prozentteil, in dem das Kind allein spielt, auf 20%. Ist diese Asymptote erreicht, so wird wieder die erste Situation hergestellt und überprüft, ob sich der Prozentteil wiederum auf den 5%-Wert zubewegt. Die Wiederholung der einzelnen Versuchsphasen wird solange fortgesetzt, bis eindeutig entschieden werden kann, daß der aufgetretene Effekt auf die eingeführte experimentelle Bedingung zurückzuführen ist.

- Es wird vorwiegend das *Verhalten* untersucht. Es werden keine Aussagen über kognitive Aspekte gemacht.
- *Automatisches Messen.* Es wird angestrebt, die experimentelle Situation so zu arrangieren, daß die Verhaltensmessung mittels technischer Apparaturen erfolgen kann. Solche Messungen sind weniger fehleranfällig als etwa die Beobachtung durch einen Versuchsleiter (vgl. *Kap. 5*).
- *Nutzen für Verhaltenstechnologie.* Es werden nur solche Probleme untersucht, die pragmatischen Nutzen für eine Verhaltenstechnologie haben; hierunter versteht man Anweisungen, wie bestimmte Umweltbedingungen einzurichten sind, damit bestimmte Effekte erzielt werden. Wie muß beispielsweise ein Kindergarten eingerichtet sein, damit Kinder verstärkt sozialen Kontakt finden, damit Aggressionen abgebaut werden und kooperatives Verhalten gefördert wird?

Da die Vertreter dieses Ansatzes sehr intensiv an der Lösung praktischer Probleme orientiert sind, verwundert es nicht, daß mittels dieses Verfahrens bereits eine Vielzahl von Bereichen sozialen Verhaltens untersucht wurde. Das Buch von McGinnies (1970) handelt fast alle Gebiete der klassischen Sozialpsychologie, etwa die Sozialisation, die soziale Beeinflussung, die soziale Beurteilung und Wahrnehmung, Kleingruppenverhalten und die Einstellung ab. Eine weite Verbreitung fand dieser Ansatz auch in der *Verhaltenstherapie*, wobei dieser Begriff so weit gefaßt werden kann, daß darunter sowohl Verhaltensmodifikationen in der Schule als auch in der Klinik fallen. Die zunehmende Ausdehnung dieses Ansatzes macht sich auch in der ständig steigenden Zahl von Zeitschriften bemerkbar, die erprobte Programme der Verhaltensänderung beschreiben.

Das Problem der Verhaltenskontrolle. Wie bereits zu Beginn dieses Kapitels angedeutet, muß auch die Sozialpsychologie im gesamtgesellschaftlichen Kontext gesehen werden. Ergebnisse dieser Wissenschaft verschwinden nicht nur in den Schubladen von Politikern oder Managern, sondern kommen auch etwa in der Ausgestaltung der Arbeitsorganisation zum Ausdruck. Erste berühmte Untersuchungen von Sozialpsychologen in amerikanischen Unternehmen dienten dann auch nicht nur dem wissenschaftlichen Erkenntnisgewinn, sondern vor allem einer besseren Ausnutzung der menschlichen Arbeitskraft. Sozialpsychologie geriet immer stärker ins Fahrwasser des „*social engineering*", d. h. sie lieferte zunehmend *Techniken der Verhaltensmanipulation*, die den sozialen Frieden sichern sollten. Diese Techniken bezogen sich vor allem auf die Einstellungsänderung (vgl. *Kap. 4*).

Skinner verwarf von Anfang an die Möglichkeit, an innerorganismischen Handlungsbereitschaften oder sonstigen mentalen Prozessen anzusetzen, um die Probleme einer Gesellschaft zu lösen. Nach Ansicht Skinners (1972) sind diese Probleme nicht durch die Manipulation der das Verhalten angeblich verursachenden Einstellungen zu bewältigen (etwa eine andere Einstellung zum Staat, zur Arbeit), sondern allein durch eine Veränderung des Verhaltens (was nützt den Indern eine positive Einstellung zur Antibaby-Pille, wenn die Frauen sie nicht einnehmen?). „Was wir brauchen ist eine *Verhaltenstechnologie*!" (SKINNER, 1972, S. 5, Hervorhebung von uns).

SKINNER vertritt gemäß seinem Modell konsequenterweise einen strikten *Umweltdeterminismus.* Nicht mehr der Mensch als autonomes, selbstverantwortliches Wesen steuert das Verhalten, sondern die Umwelt mit ihren komplexen Reizkonstellationen. Die Umwelt greift in den Verhaltensprozeß selegierend ein, bekräftigte Verhaltensweisen werden beibehalten, andere fallen mit der Zeit weg. Dieser Ansatz bietet zwei große Vorteile:

- Einmal ist es möglich, Verhalten in der Auseinandersetzung mit der Umwelt bis ins kleinste Detail zu untersuchen, so daß letztlich die verschiedenen Reizkonstellationen als Determinanten des Verhaltens bestimmt werden können und innerorganismische Konzeptionen ersetzen.
- Zum anderen kann die Umwelt beliebig verändert werden, somit können andere Verhaltensweisen hervorgerufen werden.

Mit dieser ausdrücklichen Hinwendung zur Umwelt ergibt sich natürlich eine Vielzahl von ethischen und politischen Problemen. Der Mensch kann nicht mehr als ein autonomes, freies Wesen angesehen werden, er kann für sein Verhalten nicht mehr verantwortlich gemacht werden, vielmehr wird er determiniert und kontrolliert durch seine Umwelt, auch Leistung und Erfolg sind nicht mehr individuell zuschreibbare Kategorien, sondern ergeben sich aus der Umweltstimulation heraus (der Titel des hier zitierten Buches lautet dann auch entsprechend: „Jenseits von Freiheit und Würde.")

Um den Begriff der *Kontrolle* haben sich heftige Kontroversen entsponnen. Sicherlich zu Recht verwies SKINNER auf die Tatsache, daß Menschen das Verhalten anderer Menschen kontrollieren können und dies auch tun. Diese Aussage wurde jedoch von vielen Kritikern der Psychologie zurückgewiesen. ULRICH (1967) weist auf zwei entscheidende Mißverständnisse in diesen Diskussionen hin:

- Das Gefühl der Kontrolle tritt deshalb nicht auf, weil die Kontrolle nicht explizit gemacht wurde; ein Student etwa empfindet keine Kontrolle des Verhaltens, weil es keine Vorschriften bezüglich des Studienprogramms gibt;
- Kontrolle wird in der Regel mit Bestrafung verknüpft; dies kann man darauf zurückführen, daß die Alltagsvorstellung durch zahlreiche legale Bestrafungsprozeduren geprägt ist. In unserer Gesellschaft wird mehr bestraft als belohnt.

Auch GOLDIAMOND (1972) weist die Kritik an der Verhaltenskontrolle zurück. Zum ersten stelle Kontrolle keine einseitige Angelegenheit dar, sondern impliziere immer Gegenseitigkeit (*Kontrolle der Kontrolleure).* Da sich alle an der sozialen Interaktion Beteiligten „in einem Boot" befinden, kann es keine Trennung von Kontrollierten und Kontrolleuren geben. Aus Effektivitätserwägungen heraus ist es zudem von Vorteil, nur positive Verstärkungen zur Anwendung zu bringen, da nur so langfristig erwünschte Effekte erzielt werden. Zum zweiten tritt an die Stelle der Fremd- die *Selbstkontrolle.* Das Wissen um die Ursachen oder Prinzipien der Verhaltenskontrolle erhöht die individuelle Freiheit und macht die Umwelt stärker plan- und berechenbar. Freiheit heißt in diesem Zusammenhang Abbau von Zufälligkeiten und Unsicherheit. Zum dritten könne *niemals alles* kontrolliert werden, es werden immer bestimmte Freiräume erhalten bleiben.

Skinner betritt mit diesem Ansatz der Verhaltensdetermination durch eine kontrollierte Umwelt ein Terrain, das außerhalb herkömmlicher psychologischer Überlegungen liegt. Eine fundierte Kritik dieses Ansatzes (vgl. Chomsky, 1974) kann hier nicht geleistet werden. Grundsätzlich kritisiert werden kann die totale Vernachlässigung gesellschaftlicher Tatbestände, die psychologistische Sichtweise einer Gesellschaft (vgl. *Kap. 1*), die Degradierung des Menschen zur angepaßten, funktionierenden, passiven Maschine und die starke Verwobenheit mit einseitigen ideologischen Vorstellungen.

Die Einbeziehung kognitiver Prozesse. Der Behaviorismus entstand, wie bereits erwähnt, als eine Reaktion auf die Fruchtlosigkeit der Assoziationspsychologie in Deutschland und den USA. Wie jede neue wissenschaftliche Richtung gebärdeten sich die Gründer außerordentlich radikal, verbannten sämtliche Begriffe aus ihrem Sprachgebrauch, die nicht eindeutig beobachtbaren Phänomenen zugeordnet waren und richteten ihr wissenschaftliches Augenmerk nur noch auf das Verhalten. Anscheinend war den Gründern dieser Radikalismus jedoch selbst nicht geheuer, denn sie beließen auch in ihrer Verhaltenstheorie Bewußtseinszufluchtsorte, wenn sie etwa das Denken als *inneres Sprechen* bezeichneten.

Die Verbannung des Bewußtseins oder der *kognitiven Prozesse* (hierunter versteht man Vorstellungen, Absichten, Überlegungen, Ideen, Einstellungen und Meinungen etc.) aus der Verhaltenspsychologie konnte in der radikalen Form nicht lange durchgehalten werden, zumal es jedermann einsichtig ist, daß es so etwas wie Vorstellungen, Phantasien und Wünsche gibt, und daß viele ihr Verhalten entsprechend solchen kognitiven Prozessen ausrichten. Zwischen Umweltreiz und Reaktion auf diesen Reiz spielen sich innerorganismische Prozesse ab, die der *Vermittlung* der beiden Glieder dienen. Aus der *S-R-Psychologie* wurde eine *S-O-R-Psychologie*, der Reiz „Türke" ruft nicht quasi-mechanisch die Reaktion „aus dem Wege gehen" hervor, sondern Reiz und Reaktion werden durch Überlegungen, Verdächtigungen oder sonstige Vorurteile vermittelt.

Tolman (1932) war einer der ersten Verhaltenstheoretiker, der sich vom naiven Behaviorismus distanzierte. Nach seiner Auffassung stellen nicht die Reflexe, sondern die einzelnen Verhaltensakte die Grundeinheit verhaltenspsychologischer Forschung dar. Ihm ging es vor allen Dingen darum, auch innere Prozesse in Begriffen des Verhaltens zu beschreiben. Verhalten ist dabei immer zielgerichtet, beruht auf bestimmten *Hypothesen* oder Erwartungen und ist Mittel zum Zweck. Mit dieser Konzeption des Verhaltens als *„zweckgerichtetem Verhalten"* verläßt Tolman jedoch noch nicht den Boden der Verhaltenstheorie, denn er ist bemüht, diese Zielorientierung auch verhaltensdeskriptiv zu erfassen. Anders als in der alten Bewußtseinspsychologie, wo nur jedes einzelne Individuum für sich beschreiben konnte, was in ihm vorgeht (man bezeichnet diese Methode der Selbstbeobachtung als *Introspektion*), versuchte Tolman, auch die *subjektive* Seite einer naturwissenschaftlichen Erforschung zugänglich zu machen.

Diese Gedanken Tolmans wurden in konstruktiv-kritischer Weise von Miller, Galanter & Pribram (1960) erweitert. Auch diese Autoren versuchten, eine Verbindung zwischen den subjektiven Kognitionen und dem Verhalten des Menschen zu schaffen. Sie bezeichnen sich selbst als *subjektive Behavioristen*, d. h. sie gehen von der notwendigen Einbeziehung sowohl kognitiver als auch verhaltensmäßiger Daten in psychologische Forschung aus. Verhalten stellt nicht nur eine Reaktion auf Umweltreize dar, sondern wird ebenfalls durch *kognitive Rückmeldeprozesse* gesteuert, d. h. es wird ständig überprüft, ob das gesetzte Ziel des Verhaltens erreicht wurde. Diese Vergleichsprozesse geben dem Verhalten eine Richtung, „motivieren" das Individuum.

Die Überlegungen Tolmans und der letztgenannten Autoren haben in der Psychologie bisher relativ wenig Anklang gefunden. Dies kann man wohl darauf zurückführen, daß die von den Autoren verwendete Terminologie noch zu stark verpönten psychologischen Richtungen zugeschrieben wird, obwohl beispielsweise Miller, Galanter & Pribram mit ihrem Ansatz in keiner Weise zu einer Wiederbelebung der alten Bewußtseinspsychologie beitragen wollen. Ihnen geht es vielmehr darum zu zeigen, daß auch kognitive Prozesse naturwissenschaftlichen Gesetzmäßigkeiten, ja, daß auch Intentionen mittels Rückkopplungsprozessen naturwissenschaftlicher Erklärung unterliegen. Insofern tragen diese Autoren zu einer Synthese verschiedener psychologischer Ansätze bei.

Kognitive Prozesse spielen in der Sozialpsychologie eine entscheidende Rolle. Soziale Wahrnehmung, Motivation und Einstellung sind immer wiederkehrende Themen in zahlreichen Lehrbüchern der Sozialpsychologie. Auch die strikten Verhaltenstheoretiker kommen um diese Bereiche nicht herum, sie sprechen etwa der Einstellung den Charakter einer Disposition, einer *Handlungsbereitschaft* zu, die sie aus dem offenen Verhalten erschließen. Geht jemand jeden Sonntag in die Kirche, so spricht man ihm eine religiöse Einstellung zu, diese Einstellung kann jedoch andererseits nicht als eine sichere Grundlage für die Vorhersage religiösen Verhaltens dienen, d. h. es spielen auch anderen Faktoren, etwa situative, eine wichtige Rolle bei der Determination des Verhaltens. Solche Handlungsbereitschaften haben den theoretischen Status eines *hypothetischen Konstrukts.* Solche Konstrukte sind Hilfskonstruktionen, ohne die psychologische Befunde nur schwer verständlich beschrieben werden können, andererseits haben solche Konstrukte jedoch keine materielle Grundlage, d. h. es gibt keine Hirnpartien, die Einstellungen entsprechen. Mit dem Konstruktbegriff werden also nicht unmittelbar beobachtbare, sondern lediglich aus dem Verhalten zu erschließende innere Vermittlungsprozesse bezeichnet.

Kognitive Prozesse sind in diesem Kapitel vornehmlich im Zusammenhang mit der Verhaltenstheorie abgehandelt worden. In *Kapitel 3* wird noch ausführlicher auf kognitive Theorien in der Sozialpsychologie eingegangen werden, wobei diese Theorien ihren Ansatz in der *Gestalt-* und der *Feldtheorie* haben. Auch diese Theorien entstanden in der Reaktion auf die Assoziationspsychologie und entwickelten sich neben der zunehmend mächtiger werdenden Verhaltenstheorie. Gestalt-, Feld- und Verhaltenstheorie waren von Anfang an naturwissenschaftlich orientiert, erstere betonten jedoch in sehr viel stärkerem Maße *motivationale* und *kognitive* Faktoren. Der Reiz der Gestalt- und Feldtheorie lag in der Verheißung, mit einer naturwissenschaftlichen Perspektive zutiefst psychische Phänomene wie Hoffnungen, Wünsche und Absichten auch experimentell zu erforschen. Aus den Grundannahmen dieser beiden Theorien wurden zahlreiche bedeutende sozialpsychologische Theorien abgeleitet, dies betrifft etwa HEIDERS *Balance-Theorie* (als wesentlicher Vorläufer der heute so verbreiteten *Attributionstheorie*) und FESTINGERS *Theorie der kognitiven Dissonanz.* Ausführlichere Darlegungen zu den Grundannahmen und den daraus entwickelten kognitiven Theorien finden sich in *Kapitel 3.*

2.6 Ausblick

Die Sozialpsychologie insgesamt und die verhaltenstheoretische Sozialpsychologie im besonderen sind noch relativ junge Disziplinen bzw. Orientierungen. Von daher kann es auch nicht verwundern, daß im Verlauf der bisherigen Entwicklung beider manche Veränderung eingetreten ist. In der bisherigen Geschichte der Sozialpsychologie, deren Geburtsdatum nicht genau festlegbar ist, hat es in einer Beziehung nur wenig Veränderungen gegeben, nämlich in der *Orientierung an den Naturwissenschaften,* obwohl auf den ersten Blick eine ebenso enge Beziehung zur Soziologie denkbar wäre. Diese enge Anlehnung an die Naturwissenschaften geht zweifelsohne auf die starke Anbindung an die Allgemeine Psychologie zurück.

Die Orientierung an den Naturwissenschaften zeigte sich sowohl dort, wo das Verhalten des Menschen stärker global und ganzheitlich betrachtet wurde (in der *Gestalt- und Feldtheorie*) als auch dort, wo man bei der Analyse des sozialen Verhaltens von kleinsten Elementen desselben, nämlich den *Reflexen* ausging. Beide Forschungsorientierungen dominieren in der heutigen Sozialpsychologie (vgl. *Kap. 3*).

Der ursprünglich naive Behaviorismus WATSONS ist mittlerweile wohl nur noch ein Thema für ignorante Psychologiekritiker, neuere entwickeltere Ansätze sind an seine Stelle getreten, mit deren Hilfe auch soziales Verhalten analysiert und erklärt werden kann. Abgesehen von den sog. *radikalen Behavioristen* ziehen immer mehr verhaltensorientierte Sozialpsychologen auch *kognitive Prozesse* in ihre Untersuchungen mit ein (vgl. in *Kap. 3* etwa BANDURA). Die kognitiven Theorien selbst erfahren ebenfalls eine zunehmende Verfeinerung. Die kognitiven Konsistenztheorien (vgl. *Kap. 3*) wurden insbesondere auf dem Gebiet der sozialen Einstellungen und der Einstellungsänderung weiterentwickelt. Insbesondere die Theorie von FESTINGER wurde anhand der sie stützenden Experimente kritisiert und alternativ interpretiert. Dabei versuchte BEM (1967) eine Integration kognitiver und verhaltensorientierter Ansätze in seiner *Theorie der Selbstwahrnehmung* (vgl. *Kap. 3*) zu leisten. Diese Theorie scheint aber noch zu wenig ausgearbeitet zu sein, um ihre praktische Bedeutung und ihre theoretische Tragweite abschließend beurteilen zu können.

Dies gilt in gleicher Weise für die immer mehr in Mode kommende *Attributionstheorie*, wie sie in formalisierter Weise erstmals von KELLEY (1967) vorgestellt wurde (vgl. *Kap. 3*). Diese Theorie scheint in zunehmendem Maße die kognitive Dissonanztheorie zu ersetzen, wobei jedoch zu prüfen bleibt, inwieweit diese Theorie die Grundannahmen einer naturwissenschaftlichen Orientierung, wie sie zu Beginn dieses Kapitels dargelegt wurden, noch teilt.

In der BRD, wo sich nach wie vor keine eigenständige Sozialpsychologie herausgebildet hat, entwickelte IRLE (1975) eine revidierte Neufassung der kognitiven Dissonanztheorie, die den Ansprüchen einer naturwissenschaftlichen Theorie eher entsprechen soll.

Die starke Anlehnung an die Naturwissenschaften macht sich auch in der zunehmend stärker werdenden Tendenz bemerkbar, sozialpsychologische Theorien in *mathematischen Modellen* darzustellen, die Theorien also stärker zu *formalisieren*. Beispiele in dieser Hinsicht sind die mathematischen Formulierungen der Austauschtheorie von THIBAUT und KELLEY (vgl. *Kap. 3*) und der Billigkeitstheorie (equity theory, WALSTER et al. 1978), die Formalisierung von Verhandlungs- und Entscheidungsprozessen, mathematische Modelle der Eindrucksbildung (ANDERSON, 1965) und der Einstellungsänderung (ANDERSON & HOVLAND, 1957) und die Anwendung der Graphentheorie auf Gruppenprozesse (HARARY, NORMAN &

Cartwright, 1965). Die Formalisierung einer Theorie ist immer Ausdruck ihrer Ausgereiftheit, wobei der Grad der Reife sich in der Eindeutigkeit der verwendeten Begriffe niederschlägt. Noch vor zehn Jahren hielten Deutsch und Krauss (1965, 1976) die Begriffe der Sozialpsychologie für eine Formalisierung für unzureichend, dieses Urteil dürfte über weite Bereiche auch heute noch Gültigkeit haben. Für die meisten sozialpsychologischen Theorien dürfte es in Zukunft vor allem darum gehen, die sie konstituierenden Begriffe exakter zu bestimmen und zunehmend Uneindeutigkeiten auszumerzen. In diesem Sinne muß auch der revidierte Ansatz Irles zur kognitiven Dissonanztheorie verstanden werden.

Charakteristisch für eine junge Wissenschaft ist die Sammlung empirischer Befunde, die zunächst meist buntgewürfelt nebeneinanderstehen, sich teilweise bestätigen, teilweise aber auch einander widersprechen. Dies gilt auch für die verhaltenstheoretische Psychologie, die es lange Zeit versäumt hat, sich Gedanken über integrative Theorien zu machen (vgl. Spence, 1948), die sich auch für die ihrer Ausrichtung entsprechenden *methodologischen* Fragen wenig interessierte. Hier scheint nun eine Neubesinnung einzutreten, besonders methodologische Probleme werden zunehmend diskutiert. Dies betrifft etwa das für den Behaviorismus gültige *Menschenbild*, die Angemessenheit des naturwissenschaftlichen *Erklärungsmodells* und die Ausrichtung am *logischen Positivismus* (vgl. Harré & Secord, 1972); dies betrifft auch die Frage, ob die Sozialpsychologie nicht viel eher eine *historische* Wissenschaft sein muß, da die von ihr behandelten Gegenstände und Ereignisse meist einmalig und unwiederholbar sind (vgl. Gergen, 1973). Darüber hinaus werden auch wieder in zunehmendem Maße Probleme der in sozialwissenschaftliche Forschung zwangsläufig eingehenden *Werturteile* und der *Anwendung* sozialpsychologischer Ergebnisse diskutiert. Die Anregung zu solchen Diskussionen kommt meistens von Kritikern des vorherrschenden Paradigmas oder gar von „echten" Naturwissenschaftlern, die die naturwissenschaftliche Orientierung ablehnen und sie mit Verweis auf die Sinnhaftigkeit und Bedeutungshaltigkeit menschlichen Handelns zu überwinden trachten bzw. die alten Modelle naturwissenschaftlichen Denkens für revisionsbedürftig halten. Initiiert werden solche Diskussionen auch durch sog. *Anomalien* (Kuhn, 1973), d. h. Befunde der Verhaltenstheorie können nicht mehr allein auf die Wirkung bestimmter Reize in einer experimentellen Situation zurückgeführt werden, sondern es müssen darüber hinaus auch andere Faktoren angenommen werden, die im Modell der Verhaltenstheorie eigentlich keinen Platz haben. Dies betrifft etwa die Annahme der *Wissentlichkeit* in Untersuchungen zum verbalen Lernen (vgl. *Kap. 3*). Die bisher vorliegenden Kritiken konnten in der Regel zurückgewiesen werden (vgl. beispielsweise Schlenker, 1974), zumal mit der Kritik noch nicht automatisch bessere Alternativen angeboten werden. Würde sich das von HARRÉ und SECORD dargestellte Modell allgemein durchsetzen, so könnte man vermutlich von einem Paradigmenwechsel sprechen, die Voraussetzungen dafür sind zum gegenwärtigen Zeitpunkt aber noch nicht gegeben. Die zahlreichen Kritiken an der experimentellen Methode (vgl. *Kap. 5*) werden folglich immer nur unter der Perspektive wahrgenommen, wie die genannten Fehlerquellen ausgeschaltet werden können. Eine Aufgabe des Experiments steht jedoch niemals zur Debatte. Dies gilt auch etwa hinsichtlich der Übertragbarkeit laborexperimenteller Befunde auf die gesellschaftliche Realität. Diese Kritiken führten zu einer stärkeren Betonung feldexperimenteller Forschung, ohne jedoch den Stellenwert des Experiments selbst in Frage zu stellen (vgl. McGUIRE, 1973).

Vor allem vom methodologischen Standpunkt aus sind auch die neueren ökopsychologischen Ansätze von Bedeutung. Hier erleben nicht nur die theoretischen Überlegungen der Gestalt- und Feldtheoretiker eine Renaissance, auch die methodologischen Konsequenzen, wie sie etwa von BRUNSWIK (1947) in seinem *repräsentativen Design* skizziert wurden, gewinnen wieder an Aktualität. Dabei stellt sich den Ökopsychologen grundsätzlich die Frage, ob diese Renaissance im methodischen Bereich durch einige „Schönheitsoperationen", wie etwa durch die Forderung nach Methodenvielfalt oder Schaffung ökologisch valider Laborsituationen zu bewerkstelligen ist, ober ob nicht methodologische Radikalkuren erforderlich sind, die letztlich einen Bruch mit der naturwissenschaftlichen Tradition der Psychologie bedeuten. Die vorliegenden Programmatiken (vgl. z. B. KRUSE 1978) lassen eine Lösung im erstgenannten Sinn als wahrscheinlicher erscheinen.

Literaturempfehlungen

Zu 2.1. MERTENS, W. & FUCHS, G. 1978. Krise der Sozialpsychologie? München: Ehrenwirth.
HOLZKAMP, K., 1972.
Kritische Psychologie. Frankfurt: Fischer.

Zu 2.2 GRAUMANN, C. F., 1969.
Sozialpsychologie: Ort, Gegenstand und Aufgabe. In: GRAUMANN, C. F. (Hrsg.) Handbuch der Psychologie. Band 7: Sozialpsychologie. 1. Halbband: Theorien und Methoden, Göttingen: Verlag für Psychologie, 3–80.
HOLZKAMP, K. 1972.
Kritische Psychologie. Frankfurt: Fischer.

Zu 2.3 ADORNO, T. W. u. a. 1972.
Der Positivismusstreit in der deutschen Soziologie. Neuwied: Luchterhand.

Zu 2.4 GROEBEN, N. & WESTMEYER, M. 1975.

Kriterien psychologischer Forschung. München: Juventa.
HEMPEL, C. G. 1974.
Philosophie der Naturwissenschaften. München: dtv.
Zu 2.5 HERRMANN, T. 1977. Die Psychologie und ihre Forschungsprogramme. Göttingen: Verlag für Psychologie.

Kapitel 3: Theorien der Sozialpsychologie

3.1. Kognitiv orientierte Ansätze

Kognitiv orientierte Ansätze sind zunächst dadurch gekennzeichnet, daß zur Erklärung von Verhalten der direkten Beobachtung unzugängliche Prozesse wie *Denken, Wahrnehmen, Einstellungen, Ideen, Erwartungen* etc. im Vordergrund stehen. Ausgangspunkt ist für kognitive Sozialpsychologen die Erforschung von Wahrnehmungsprozessen. Zwischen den physikalisch-objektiven Eigenschaften von Reizen und ihrer Wahrnehmung konnte lediglich eine manglende systematische Abhängigkeit festgestellt werden (vgl. ZAJONC 1954). Für die subjektive Repräsentation von Reizen im Bewußtsein scheinen soziale Faktoren von nicht geringer Bedeutung zu sein (vgl. dazu die Ausführungen im Abschnitt über soziale Wahrnehmung).

Die empirische Analyse des Verhaltens muß sich nach Ansicht kognitiv orientierter Sozialpsychologen nicht auf beobachtbare Bedingungen des Verhaltens, meßbare Verhaltensakte, sowie deren Vermittlung durch Konditionierungsprozesse beschränken (vgl. dagegen den Standpunkt verhaltensorientierter Sozialpsychologen, wie er in *Kap. 2* und im vorliegenden Kapitel dargestellt ist). Sie gehen davon aus, daß man über verbale Äußerungen Zugang zu weitgehend intern ablaufenden Prozessen der Verarbeitung von Informationen aus der Umwelt hat und beispielsweise die Entstehung von Begriffen und Denkstrukturen untersuchen kann. Die erschließbaren inneren Prozesse der Wahrnehmung und Informationsverarbeitung werden als weitere bedeutsame Bedingungen neben den beobachtbaren äußeren Bedingungen zur Beschreibung, Erklärung und Vorhersage von Verhalten und Verhaltensänderungen herangezogen. Aus der Sicht kognitiv orientierter Sozialpsychologen liegt das Schwergewicht bei der Analyse sozialen Verhaltens auf der Aufnahme und Verarbeitung von Informationen aus der Umwelt, die zu einer handlungsleitenden kognitiven Struktur verarbeitet und organisiert werden.

Vorläufer kognitiv orientierter Ansätze. Grundlegende Annahmen kognitiv orientierter Ansätze in der Sozialpsychologie stammen aus der gestaltpsychologischen Richtung (deren Hauptvertreter WERTHEIMER, KÖHLER und METZGER sind) innerhalb einer Psychologie, die sich als experimentelle Naturwissenschaft verstand (siehe dazu *Kap. 2*).

Die *Gestaltpsychologen* richteten sich mit ihrem Ansatz gegen das Programm der physiologischen Psychologie WUNDTs, das sich die Auffindung und Analyse der Elemente des „bewußten Seelenlebens" zum Ziel gesetzt hatte. Einer solchen analytischen Vorgehensweise „von unten nach oben" (METZGER 1975) setzten die Gestaltpsychologen die Forderung entgegen –

analog zu neueren Entwicklungen innerhalb der Physik – von „Ganzeigenschaften, Ganzbedingungen und Struktureigenschaften“ ausgehend, die Analyse und Bestimmung von Einzelelementen gewissermaßen „von oben nach unten“ vorzunehmen (vgl. METZGER 1975). Anders als die klassische Elementenpsychologie, die die Beziehung von Einzelempfindungen und Einzelreizen untersuchte, wurden in der gestaltpsychologischen Wahrnehmungslehre bestimmten Reizkombinationen auf der einen Seite Wahrnehmungs-„Ganze“ und deren Struktur auf der anderen Seite gegenübergestellt. Die Gestaltpsychologen gingen von der für sie zentralen Annahme aus, daß sich psychische Erscheinungen nicht als Einzelerscheinungen erklären lassen, sondern jeweils in ihrem Bezug zum Ganzen untersucht werden müssen. Entscheidend war für sie die Idee, daß das Ganze mehr ist als die Summe seiner Teile und deshalb die Erfassung von Einzelerscheinungen nicht ohne den Bezug zum Ganzen gelingen kann. Am Beispiel einer Melodie wird deutlich, inwiefern das Ganze mehr ist als die Summe seiner Teile und für die Bestimmung der einzelnen Töne zunächst die gesamte Melodie in den Blick genommen werden muß:

> Der Eindruck von einer fröhlichen, traurigen oder feierlichen Melodie läßt sich in ihrer Eigenart nicht durch die Einzelwahrnehmungen der Töne erfassen. Töne allein können nicht feierlich, traurig oder fröhlich sein. Die Melodie wird erst in der Aufeinanderfolge der einzelnen Töne als eine ganz spezifische Melodie wahrgenommen. Die einzelnen Töne werden erst durch ihre Beziehung zur gesamten Melodie als Leitton oder Grundton bestimmbar (vgl. METZGER 1975).

Psychische Prozesse sind nach Auffassung der Gestaltpsychologen *komplexe Prozesse*, die eine Reihe von Teilereignissen enthalten, die in ganz bestimmter Art und Weise aufeinander bezogen sind. Sie weisen eine bestimmte *Organisationsstruktur* auf, die „gestalthafter Natur“ ist. Die Gestaltgesetze enthalten Aussagen über solche Strukturgesetzmäßigkeiten, die in experimentellen Untersuchungen als gültig für die Organisation von Wahrnehmungsprozessen nachgewiesen werden konnten.

Die *Dynamik* psychischer Prozesse entsteht aus einer Tendenz der Einzelereignisse, sich in Richtung auf die Erreichung der „besten Gestalt“, die unter gegebenen Bedingungen möglich ist, zu organisieren. Diesen Überlegungen liegt die Annahme zugrunde, daß psychische Prozesse organisiert ablaufen und einen bestimmten Endzustand anstreben.

Die gestaltpsychologische Richtung läßt sich durch drei wesentliche Überlegungen kennzeichnen:

- Die Erforschung psychischer Phänomene muß auf dem Weg „von oben nach unten“ erfolgen. Man muß den Gesamtzusammenhang eines Ereignisses miteinbeziehen.
- Psychische Prozesse laufen nach bestimmten Gesetzmäßigkeiten, wie

z. B. Gestaltgesetzen ab. Zentrale psychische Ereignisse sind nicht ungeordnet, sondern weisen besimmte Organisationsstrukturen auf.

- Die Dynamik psychischer Prozesse läßt sich aus einer Tendenz zur Erreichung einer „guten Gestalt" erklären. Die Richtung psychischer Prozesse und ihr Ingangsetzen sind nicht zufällig. Die Richtung läßt sich aus einer unter gegebenen Bedingungen am ehesten erreichbaren organisierten Gestalt bestimmen.

Die *Feldtheorie* wurde von K. LEWIN entwickelt und kann als Versuch bezeichnet werden, die wesentlichen Ideen der Gestaltpsychologie und die „vom Behaviorismus ausgehenden Anregungen und Impulse" (THOMAE & FEGER 1969, S. 142) zu integrieren.

LEWIN knüpft mit seinem Ansatz an den frühen Ideen der Gestaltpsychologie an, wenn er das Konzept eines *„psychischen Feldes"* als konsequente Weiterführung der gestaltpsychologischen Betrachtungsweise „von oben nach unten" in den Mittelpunkt seiner Überlegungen stellt. Die Tradition der streng experimentellen Ausrichtung der Psychologie behält er bei und weitet sie darüber hinaus auf Situationen außerhalb des psychologischen Labors (bei der Durchführung sogenannter „Feldexperimente", vgl. *Kap. 5*) und von Wahrnehmungs- und Gedächtnisphänomenen auf Verhalten aus. LEWIN vertrat die Ansicht, daß experimentell fundiertes Wissen über ausnahmslos alle Bereiche des menschlichen Erlebens und Verhaltens erlangt werden könne und daß psychische Gesetze „absolut streng und ausnahmslos(en) Gültigkeit" (LEWIN 1926, S. 229) besitzen. In seinen zahlreichen, Lebensnähe anstrebenden Experimenten hat er gezeigt, daß sich experimentelle psychologische Forschung nicht auf die Untersuchung der Wahrnehmung zu beschränken braucht.

Das Konzept des *psychischen Feldes* bedeutet, daß Objekte, Personen und Ereignisse nach ihren Beziehungen untereinander geordnet und beschrieben werden sollten. Elemente der Ordnung und damit Beschreibungsbegriffe sind nach LEWIN psychologische Konstrukte wie z. B. Position, Lebensraum, Bindung etc. Seiner Auffassung nach muß die Psychologie den Lebensraum, der die Person und ihre Umwelt einschließt, als ein Feld betrachten (LEWIN 1963).

Die Dynamik des Verhaltens und psychischer Prozesse läßt sich aus den Eigenschaften des psychischen Feldes erklären. Ähnlich einem physikalischen Kraftfeld stellt das psychische Feld ein Netz von Spannungssystemen dar, in dem unterschiedliche Kräfte wirken. Bei entgegengesetzt wirkenden Kräften – ein Zustand, der beispielsweise innerhalb eines psychischen Feldes durch Bedürfnisse, Willensentscheidungen etc. herbeigeführt werden kann – entstehen Spannungsunterschiede, die das Feld in einen labilen, spannungsgeladenen Zustand versetzen. Der dadurch entstehende Druck auf das Gesamtgeschehen wirkt in Richtung auf Ausgleich der Spannungen unter den einzelnen Spannungssystemen des gesamten Feldes. Ein *soziales*

System ist aus dieser Sicht als die „Auswirkung einer Gesamtheit von gleichzeitig bestehenden sozialen Gegebenheiten wie Gruppen, Teilgruppen, Gruppenmitglieder, Barrieren, Wege der Verständigung“ (LEWIN 1963) zu betrachten. Bei der Erkundung eines sozialen Feldes müssen zuerst zuverlässige Daten und Beobachtungen über das gesamte Feld vorliegen: Wenn z. B. die Eigenart einer Gruppe von 5 Personen durch 5 Beobachter festgestellt werden soll, so wird nicht jedem Gruppenmitglied ein Beobachter zugeteilt, sondern jeder Beobachter hat eine besondere „Seite“ des Gruppengeschehens zu registrieren. Jeweils ein Beobachter achtet auf sozial-integrative Äußerungen, auf Vorschläge zur Aufgabenbewältigung, auf informationssuchendes Verhalten etc.

Der feldtheoretische Ansatz stellt nicht nur einen Versuch dar, Verhalten möglichst umfassend und unter Einbeziehung eines größeren Verhaltens„umfeldes“ zu beschreiben, sondern ist darüberhinaus bemüht, auf der Grundlage eines nach Ausgleich der Kräfte strebenden Gesamtsystems die Dynamik des Verhaltens zu erklären und damit Verhaltensänderungen vorherzusagen.

Gemeinsame Kennzeichen kognitiv orientierter Ansätze. Kognitive Sozialpsychologen (z. B. ZAJONC, KRECH, CRUTCHFIELD, SCHEERER, AUSUBEL) kennzeichnen ihre Position sehr häufig, indem sie versuchen, sich einerseits gegenüber behavioristischen, aber andererseits auch gegenüber gestaltpsychologischen und feldtheoretischen Ansätzen abzugrenzen. Auf gestaltpsychologische und feldtheoretische Ursprünge gehen jedoch die gemeinsamen Kennzeichen aller kognitiven Ansätze zurück:
- Betonung innerer kognitiver Prozesse
- Prinzip der Organisiertheit
- Prinzip des Ausgleichs.

Besonders in den Auffassungen TOLMANs wird deutlich, was mit der *Betonung innerer kognitiver Prozesse* gemeint ist. Obwohl TOLMAN sich dem Behaviorismus zugehörig fühlt, kritisiert er den Ansatz der meisten Behavioristen als zu molekular und verwendet damit das Argument der Gestaltpsychologen, die sich gegen ein elementaristisches Vorgehen „von unten nach oben“ gewandt haben. Seiner Ansicht nach versuchen die Behavioristen, Verhalten ausschließlich aufgrund physikalischer und physiologischer Details zu erklären und reduzieren damit Verhalten auf physiologische Korrelate. Anliegen der Psychologie können jedoch nur die molaren Eigenschaften des Verhaltens wie Handlungen, Zielstrebungen, Wahrnehmungen, Einsicht etc. sein. TOLMAN verläßt mit der Betonung dieser Begriffe nach eigener Auffassung keineswegs den Boden des Behaviorismus, der fordert, alle subjektiven Begriffe auszuschalten. Kognitive Aspekte des Verhaltens lassen sich seiner Meinung nach ohne weiteres aus dem Verhalten erschließen (vgl. THOMAE & FEGER 1969, S. 150).

Auf ähnliche Überlegungen wie sie in den Gestaltgesetzen zum Ausdruck kommen, geht die Annahme zurück, daß Verhalten organisiert abläuft. Für die *Organisiertheit des Verhaltens* sind innere kognitive Prozesse von Bedeutung. Die Organisation ist ein innerer Prozeß, bei dem die unterschiedlichen einlaufenden Einzelreize miteinander verknüpft und in Beziehung gesetzt werden. Wichtigstes Element des organisierten Ablaufs ist die *Kognition.* Sie läßt sich nach SCHEERER (1954) definieren als „zentraler vermittelnder Prozeß (. . .), der interne und externe Ereignisse repräsentiert, organisiert erscheint und zentral die Beziehung zwischen der Quelle einer Reizung und einem darauf folgenden Verhalten vermittelt".

Inhalte der Kognition können „jede Art von Wissen, Überzeugung oder Meinung über die Umwelt, sich selbst oder über eigenes Verhalten" (FESTINGER 1957, S. 3) sein.

Die Organisiertheit von Kognitionen kommt in dem Begriff der *kognitiven Struktur* zum Ausdruck, der eine zentrale Stellung innerhalb kognitiver Ansätze einnimmt. Eine kognitive Struktur besteht aus einzelnen kognitiven Elementen. Diese Elemente sind weitgehend undefiniert und tauchen bei den verschiedenen kognitiven Sozialpsychologen als Eigenschaften, Dimensionen, Kategorien, Konstrukte, Erwartungen oder auch Schemata auf. Als kognitive Struktur wird jede Form von Beziehungen zwischen solchen kognitiven Elementen bezeichnet, die motivationale, affektive, kognitive oder Verhaltenskonsequenzen hat.

Stellt man sich unter kognitiver Struktur beispielsweise ein kausales Schema vor, so läßt sich die Funktion kognitiver Strukturen für den Prozeß der Informationsverarbeitung folgendermaßen erläutern: Ereignisse in der Umwelt, wie z. B. das Verhalten anderer Personen werden entsprechend der kognitiven Struktur, in diesem Fall etwa der Überzeugung, daß jedes Ereignis eine Ursache hat, wahrgenommen. Auf der Grundlage vorangegangener Erfahrungen, nach denen sich das Kausalschema gebildet hat, wird das Verhalten auf ganz bestimmte Eigenschaften der handelnden Person zurückgeführt. Das Umweltereignis „Verhalten einer Person" führt beispielsweise dann zur Einblendung des Kausalschemas „Ursache liegt in Eigenschaften der Person", wenn das Verhalten aus dem situationalen Kontext nicht vollständig erklärbar bzw. hochgradig ungewöhnlich ist.

Das gestaltpsychologische und feldtheoretische Prinzip des Strebens nach Ausgleich wird in den neueren kognitiven Ansätzen innerhalb der Sozialpsychologie zum Konzept der *kognitiven Konsistenz.* Die Bezeichnungen der im folgenden Abschnitt dargestellten theoretischen Ansätze wie Balance-, Symmetrie-, affektiv-kognitive Konsistenz-Theorie (oder auch negativ ausgedrückt: Theorie der kognitiven Dissonanz) weisen auf die übereinstimmende Annahme hin, daß „Gedanken, Überzeugungen, Einstellungen und Verhaltensweisen dazu tendieren, sich selbst auf sinnvolle und vernünftige Weise zu organisieren" (ZAJONC 1960, S. 280).

Das Prinzip des Ausgleichs von Spannungen, das für die Dynamik des psychischen Prozesses nach gestalt- und feldtheoretischen Vorstellungen bestimmend ist, kommt hier in der Annahme zum Ausdruck, daß der Mensch eine Tendenz zur Reduzierung von Inkonsistenzen zwischen einander widersprechenden emotionalen, kognitiven und auf das Verhalten bezogenen Bewußtseinsinhalten hat. Das Streben nach Konsistenz oder Übereinstimmung wird als motivationale Erklärung für Verhalten angesehen. Kognitive Konsistenztheorien haben daher innerhalb der Sozialpsychologie nicht nur beschreibenden Charakter für kognitive Prozesse und soziales Verhalten, sondern enthalten motivationale Annahmen, die zur Erklärung von Verhalten und insbesondere von Verhaltensänderungen herangezogen werden. Wechselwirkungsprozesse zwischen Kognitionen, speziell solche, die zu kognitiven Konflikten, Zuständen der Ungewißheit und zu Inkonsistenzen führen, wirken sich hemmend oder fördernd auf das Verhalten aus und können die Richtung des Verhaltens bestimmen.

Die Auswahl der im folgenden dargestellten kognitiven Ansätze ist weitgehend an der Einstellungsforschung orientiert. Dies führt notwendigerweise zu Schwerpunktsetzungen, die bei einer Orientierung an anderen Gegenstandsbereichen der Sozialpsychologie anders aussehen würde. So hätte beispielsweise bei einer Orientierung am Gegenstandsbereich „Gruppe“ die Theorie des sozialen Vergleichs von FESTINGER (1950) größeres Gewicht erlangt als seine für die Einstellungsforschung zentrale Theorie der kognitiven Dissonanz.

Die Reihenfolge der dargestellten kognitiven Ansätze ist weitgehend chronologisch und spiegelt die Tendenz zur Ablösung von Konsistenztheorien durch sparsamere Ansätze wider, die ohne motivationspsychologische Annahmen auskommen, wie z. B. die Attributionstheorien. Gleichzeitig rückt mit dieser Entwicklung die Erklärung von Verhalten durch Prozesse der Informationsverarbeitung gegenüber einfachen Reiz-Reaktions-Verbindungen wieder stärker in den Vordergrund.

3.1.1 Kognitive Konsistenztheorien

Für die Sozialpsychologie besonders wichtige kognitive Theorien sind die kognitiven Konsistenztheorien. Sie wurden vor allem im Zusammenhang mit der Einstellungsforschung entwickelt, sind jedoch auch für andere Gegenstandsbereiche wie z. B. Kommunikation und Gruppe von Bedeutung. Die verschiedenen Konsistenztheorien unterscheiden sich hinsichtlich ihrer Reichweite z. T. erheblich. So ist beispielsweise die Theorie der affektiv-kognitiven Konsistenz auf einige Aspekte der Einstellungsänderung begrenzt, während die Theorie der kognitiven Dissonanz über den Bereich der Einstellungen hinaus auch für soziales Verhalten im allgemeinen Erklärungsansätze liefert.

Übereinstimmend gehen die kognitiven Konsistenztheorien davon aus, daß *Objekte* der sozialen Umwelt *zueinander in Beziehung gesetzt werden.* Der Mensch macht sich Gedanken über Gegenstände der sozialen Umwelt, über andere Personen, deren Verhalten und über sich selbst und sein eigenes Verhalten. Er ordnet diese Eindrücke, setzt sie in Beziehung zueinander und bewertet sie.

Die Ordnungsprozesse sind darauf angelegt, sinnvolle und vernünftige Verknüpfungen zwischen den Eindrücken, den Bewertungen dieser Eindrücke und früheren Erfahrungen herzustellen. Angestrebt wird dabei letztlich ein Zustand der *internen psychischen Konsistenz* der Kognitionen. Lassen sich die Eindrücke nicht in eine psychisch konsistente Ordnung bringen, so bleibt ein unangenehmer Zustand zurück, den man durch Herbeiführung von Konsistenz zu beenden versucht. Nach den Regeln der kognitiven Konsistenz geordnete Kognitionen zu haben, bedeutet anscheinend, daß damit ein angenehmer Zustand erreicht ist. Das Streben nach kognitiver Konsistenz kann also durchaus als *Motivation* für Verhalten bedeutsam sein. Man denke z. B. an das wohltuende Gefühl, wenn man endlich herausgefunden hat, daß der Arbeitskollege Mitglied der Oppositionspartei ist. Endlich hat man den Schlüssel für das Verhalten des ansonsten recht sympathischen Menschen und weiß, warum er ständig gegen die Regierung wettert. Man stellt sein eigenes Verhalten darauf ein und kann Schimpfkanonaden vermeiden, indem man das Gespräch von politischen Themen ablenkt.

Wie aus dem Beispiel deutlich wird, erleichtert kognitive Konsistenz darüber hinaus die *Orientierung* in der sozialen Umwelt. Das Verhalten des Arbeitskollegen ist nun erklärbar, und auf ihn zu reagieren wird damit wesentlich vereinfacht.

Die Aufnahme von Informationen wird aufgrund des Strebens nach Konsistenz sehr *selektiv.* Bestand beispielsweise schon eine Vermutung über die Zugehörigkeit des Arbeitskollegen zu einer Partei, so werden verstärkt weitere Hinweise dazu gesucht, während Anhaltspunkte, die zur gegenteiligen Schlußfolgerung führen könnten, vernachlässigt werden.

Allein ausschlaggebend für das Vorhandensein von Konsistenz oder Inkonsistenz ist das *subjektive Erleben* des Individuums, ob ihm seine Kognitionen widersprüchlich oder harmonisch erscheinen. Konsistenz ist also ein höchst subjektiver Zustand, der nur über die Beschreibung individueller Erlebenszustände erfaßt werden kann.

Eine übersichtliche Darstellung der wichtigsten kognitiven Konsistenztheorien im Bereich der Einstellungsforschung geben SECORD & BACKMAN (1964, S. 110). An dieser Stelle sollen lediglich einige der kognitiven Konsistenztheorien dargestellt werden: Die Balance-Theorie von HEIDER, weil sie die früheste Formulierung des Konzepts der kognitiven Konsistenz in einer psychologischen Theorie ist und als Theorie der interpersonalen Beziehungen Grundlagen für das Verständnis neuerer Attributionstheorien liefert. Wegen der grundlegenden Bedeutung der HEIDERschen Theorie wird die Weiterentwicklung dieses Ansatzes durch NEWCOMB in den Grundzügen geschildert. Als typische und für den Bereich der Einstellungsänderung wichtige Ansätze werden darüber hinaus die auf einen recht engen Gegenstandsbereich bezogenen kognitiven Konsistenztheorien von OSGOOD & TANNENBAUM und von ROSENBERG dargestellt. Wegen der Bedeutung, die FESTINGERS Theorie der kognitiven Dissonanz über die Sozialpsychologie hinaus gewonnen hat, wird letztere in einem eigenen Abschnitt (3.1.3) dargestellt. Die Darstellung der kognitiven Konsistenztheorien folgt weitgehend der Zusammenstellung von Theorien zur Einstellungsänderung in SCHMIDT, BRUNNER & SCHMIDT-MUMMENDEY (1975).

Die Balance-Theorie nach HEIDER. HEIDER gilt allgemein als Begründer der Theorien zur kognitiven Konsistenz. Mit seinem grundlegenden Werk über die „Psychologie interpersonaler Beziehungen" hat er jedoch nicht nur die Idee der kognitiven Konsistenz in Form der Balance-Theorie erstmals theoretisch konzipiert, sondern er hat hier auch die Grundlagen für alle Ansätze gelegt, die wie sein theoretischer Ansatz davon ausgehen, daß für die Analyse und das Verständnis von sozialem Verhalten die subjektive Wahrnehmung und Interpretation der sozialen Umwelt von entscheidender Bedeutung sind.

Aus seiner Beschäftigung mit Wahrnehmungsprozessen rein individueller Art, also der Wahrnehmung von Objekten, leitet HEIDER die Annahme ab, daß auch die *Wahrnehmung von sozialen Objekten* und Personen, sowie der Beziehungen zu diesen Objekten und Personen prinzipiell ähnlich verläuft. Die Einschätzung von Gegenständen und Personen sowie die Verknüpfung dieser Einschätzungen ist danach eine weitgehend interne und intrapersonelle Angelegenheit.

Bezugspunkt des HEIDERschen Modells ist eine wahrnehmende Person P, die ihre Beziehung zu einem Gegenstand X der sozialen Umwelt und zu einer weiteren Person O, die in Beziehung zu P selbst und auch zum Gegenstand X steht, einschätzt. Nehmen wir als Beispiel einen Sportreporter, einen Fußballspieler und eine auswärtige Fußballmannschaft. Aus der Sicht des Sportreporters (P) stehen die drei Elemente: er selbst (P), der Fußballspieler (O) und die auswärtige Fußballmannschaft (X) in ganz bestimmten Beziehungen zueinander. HEIDER unterscheidet zwei Arten von möglichen Beziehungen zwischen den Elementen: *L (= liking)-Beziehungen*, die eher gefühlsmäßiger oder wertender Art sind, wie etwa Zuneigung, Abneigung, Sympathie, Haß und *U (= unit)-Beziehungen*, die die Einschätzung der Zusammengehörigkeit wie Ähnlichkeit bezeichnen. Die

Einschätzung der Beziehung basiert auf den individuellen Erfahrungen des Wahrnehmenden. Der Sportreporter weiß, daß der Fußballspieler der auswärtigen Fußballmannschaft angehört hat. Den Fußballspieler (O) und die Fußballmannschaft (X) wird er also auf diesem Hintergrund als zusammengehörig oder zumindest noch ähnlich wahrnehmen. Neben dieser von P als positiv wahrgenommenen Ähnlichkeits-Beziehung (U-Beziehung) gibt es jedoch zwischen dem Fußballspieler und der auswärtigen Fußballmannschaft noch eine andere Art von Beziehung, die eher auf der gefühlsmäßigen oder wertenden Dimension anzusiedeln ist. Der Fußballspieler hat seine ursprüngliche Mannschaft vielleicht verlassen, weil er deren spielerische Leistungen sehr niedrig bewertet. Die Beziehung zwischen dem Fußballspieler (O) und der Fußballmannschaft (X) auf der wertenden Dimension (L-Beziehung) ist aus der Sicht des Fußballreporters (P) negativ zu beurteilen. Entsprechend wird der Sportreporter seine Beziehungen zur auswärtigen Fußballmannschaft und gegenüber dem Fußballspieler auf diesen beiden Dimensionen wahrnehmen.

Die Kognitionen von P über die Beziehung zwischen seiner eigenen Person, dem Fußballspieler und der auswärtigen Fußballmannschaft können entweder harmonisch ausgewogen, d. h. in *Balance* oder aber gestört unharmonisch, d. h. in *Imbalance* sein. Ein harmonischer Zustand besteht beispielsweise dann, wenn der Sportreporter den Fußballspieler sehr schätzt und sie sich in ihrer ablehnenden Haltung gegenüber der auswärtigen Fußballmannschaft einig sind (vgl. in der folgenden Tabelle Fall 4). Ebenfalls balanciert ist der interne Zustand, wenn der Sportreporter sowohl den Fußballspieler als auch die auswärtige Fußballmannschaft als unfaire Fußballspieler einschätzt und die Beziehung zwischen dem Fußballspieler und seinem ehemaligen Verein für nach wie vor positiv hält (Fall 2).

Das kognitive System befindet sich in einem Zustand der *Imbalance*, wenn der Sportreporter die spielerischen Leistungen des auswärtigen Vereins sehr schätzt, den Fußballspieler jedoch für einen unfähigen Spieler hält (Fall 7). Der Sportreporter wird die frühere Zugehörigkeit des Spielers zu dem auswärtigen Verein abwerten müssen oder den Spieler als relativ untypisch für die spielerischen Leistungen seiner früheren Fußballmannschaft bezeichnen müssen, damit die Fußballwelt wieder in Ordnung und das System wieder in Balance ist.

Balance		*Imbalance*	
P–O : +	P–O : –	P–O : +	P–O : +
P–X : +	P–X : –	P–X : –	P–X : –
O–X : +	O–X : +	O–X : +	O–X : +
Fall (1)	Fall (2)	Fall (5)	Fall (6)

Balance		*Imbalance*	
P–O : –	P–O : +	P–O : –	P–O : –
P–X : +	P–X : –	P–X : +	P–X : –
O–X : –	O–X : –	O–X : +	O–X : –
Fall (3)	Fall (4)	Fall (7)	Fall (8)

Für Balance- und Imbalance-Zustände gibt es immer mehrere Möglichkeiten der Beziehungen der Elemente untereinander. Es herrscht immer dann Balance, wenn alle drei Beziehungen (P zu O, P zu X und O zu X) positiv sind oder wenn zwei der Beziehungen negativ und eine positiv ist. Imbalance tritt immer dann auf, wenn zwei der Beziehungen positiv und eine negativ ist. Die Kombination von drei negativen Beziehungen ist ein uneindeutiger Zustand.

In Balance ist ein System also immer dann, wenn das Produkt der Vorzeichen der drei Beziehungen algebraisch positiv ist, und Imbalance läßt sich bei einem negativen Produkt vorhersagen.

HEIDER postuliert eine psychische Tendenz, Kognitionen über Objekte und Personen, die ihrerseits wieder Kognitionen über Objekte der sozialen Umwelt haben, in harmonischer Weise zu organisieren; der angestrebte interne Zustand ist ein Zustand der Balance.

Aus der Annahme, daß es eine Tendenz gibt, nach Möglichkeit einen balancierten Zustand zu erreichen, resultieren nach HEIDER zumindest drei unterscheidbare Folgerungen, die sich experimentell überprüfen lassen:

(1) *Bevorzugung von balancierten Zuständen:* In experimentellen Untersuchungen konnte nachgewiesen werden, daß Versuchspersonen (Vpn) solche verbal beschriebenen Situationen bevorzugten, in denen ein balancierter Zustand geschildert war (JORDON 1953). Ein weiterer Hinweis auf die bevorzugte Stellung balancierter Zustände ist das Ergebnis von ZAJONC & BURNSTEIN (1965), die fanden, daß balancierte Situationen leichter gelernt werden als unbalancierte, unter der Voraussetzung, daß die Situationen für die Vpn bedeutungsvolle Elemente enthielten.

HEIDER räumt ein, daß es gelegentlich auch Situationen gibt, die trotz Imbalance oder sogar vielleicht wegen dieses Zustandes als angenehm empfunden werden, wie z. B. Rätsel, Zaubertricks etc. Allerdings hält HEIDER diese Fälle lediglich für Ausnahmen.

(2) *Induzierung von Beziehungen:* Ist eine der Beziehungen in einem Beziehungsnetz festgelegt, so resultieren aus dieser Beziehung ganz bestimmte Beziehungen zwischen den übrigen Elementen.

Greifen wir zurück auf das Beispiel vom Sportreporter. Angenommen der Sportreporter (P) erhält den Auftrag (X), den Fußballspieler (O) in einer Reportage dem sportinteressierten Fernsehpublikum vorzustellen. Da der Reporter seinen Auftrag möglichst gut, d. h. im Sinne der Auftraggeber ausführen will, wird er sich zunächst einmal eine positive Einstellung gegenüber dem Fußballspieler zulegen. Aus der existierenden positiven Beziehung des Reporters zu seinem Auftrag resultiert eine ganz bestimmte Beziehung zu dem Fußballspieler. Eine negative Haltung würde dem Reporter die Arbeit wesentlich erschweren, da er ständig den ambivalenten oder unbalancierten Zustand aufgrund seiner persönlichen und beruflich notwendigen Beziehung zu dem Fußballspieler aushalten müßte.

(3) *Änderung in Richtung auf Balance:* Unbalancierte Zustände können zu einer Änderung der Art der Beziehung führen. Angenommen der Sportreporter hat eine positive Einstellung gegenüber dem Fußballspieler, er ist ihm persönlich sympathisch (L-Beziehung). Im Verlaufe seiner Recherchen für die Reportage verfestigt sich bei ihm immer mehr die Auffassung, daß es sich hier um einen eiskalten Rechner handelt, der nur darum bemüht ist, möglichst schnell und umstandslos zu Geld zu kommen und deshalb den Verein gewechselt hat. Eine solche Haltung ist dem Reporter zutiefst unsympathisch. Da er jedoch trotz allem die Reportage zu Ende bringen muß und den Fußballspieler positiv darzustellen hat, wird er seine Beziehung zu dem Fußballspieler korrigieren müssen. Er könnte nun z. B. seine Einstellung gegenüber Geschäftemachern im Fußballsport ändern und solche Menschen für eher bewunderswert halten, da sie ein hohes Maß an Ehrgeiz und Geschäftstüchtigkeit zeigen.
Ein derart massiver Umschwung aufgrund einer einzelnen Erfahrung wäre jedoch recht unwahrscheinlich. HEIDER nennt eine weitere Möglichkeit, in einer solchen Situation doch noch Balance zu erreichen. Der Sportreporter könnte beispielsweise zwischen seinen privaten und beruflich-notwendigen Einstellungen *differenzieren.* Seine persönliche Meinung über die Person des Fußballspielers kann er vollständig aufrechterhalten, während er ihm als Fußballspieler unter dem Aspekt seiner spielerischen Fähigkeiten seine volle Anerkennung entgegenbringt, die er dann auch ungeschminkt in die Reportage umsetzen kann.

NEWCOMBS *Theorie der symmetrischen Orientierungen.* Während das Hauptinteresse von HEIDER darin bestand, herauszufinden, wie Menschen ihre Beziehungen zu anderen Menschen und zu Objekten ihrer Umgebung einschätzen, also Aussagen über die intraindividuellen Kognitionen zu machen, liegt bei NEWCOMB der Ansatzpunkt stärker auf den interpersonellen Aspekten solcher Beziehungen zwischen Personen, Objekten und den jeweiligen Beziehungen. NEWCOMB erweiterte die beiden grundlegenden Annahmen: (1) zwischen den Kognitionen, die eine Person hat, gibt es bedeutungsvolle Beziehungen, (2) bestimmte Kombinationen von Kognitionen sind psychologisch instabil, woraus Ereignisse resultieren, die zu stabileren Kombinationen führen, und zwar in zweierlei Hinsicht. Er führte zum einen eine Reihe von weiteren Faktoren ein, die präzisere Vorhersagen ermöglichten. Zum anderen faßte er die Theorie so weit, daß er sie auf kommunikatives Verhalten zwischen zwei Personen und innerhalb von Gruppen ausdehnen konnte.

Die internen Verknüpfungen von Personen und Gegenständen der Umwelt bezeichnet NEWCOMB als *Orientierungen* (bei HEIDER: Beziehungen) und weist damit auf den stärker interaktiven Charakter seines Ansatzes hin. Wie bei HEIDER werden zwei Arten von möglichen Verknüpfungen unterschieden: *kathektische* (bei HEIDER L-Beziehungen), die den Aspekt der emotionalen Zuwendung bezeichnen, und *kognitive* (bei HEIDER U-Beziehungen), die auf den strukturierenden und ordnenden Gesichtspunkt hinweisen.

Zu einem *Orientierungssystem* gehören bei NEWCOMB mindestens zwei Personen und ein Objekt, sowie die Verknüpfungen zwischen diesen drei Elementen. Ausgangspunkt ist auch hier die Person A (bei HEIDER P) mit einer bestimmten Orientierung gegenüber dem Objekt X (bei HEIDER X) und einer bestimmten Orientierung gegenüber der Person B (bei HEIDER O). NEWCOMB bezeichnet Orientierungen gegenüber Objekten als *Einstellungen* und Orientierungen gegenüber Personen als *Attraktionen.* Weiterhin gehört zu dem Orientierungssystem die von A wahrgenommene Einstellung von B gegenüber X und die Attraktion von B gegenüber sich selbst.

Einer der wichtigsten Schlüsselbegriffe bei NEWCOMB ist der Begriff der *Ko-Orientierung.* NEWCOMB geht davon aus, daß Orientierungen von A gegenüber B und Orientierungen gegenüber einem Gegenstand X selten in einem sozialen Vakuum entstehen. Beziehungen zwischen Personen hängen in den meisten Fällen mit weiteren anderen Beziehungen zu Personen zusammen, und nur wenige Objekte der Umwelt sind so privat, daß die Einstellung einer Person zu diesem Gegenstand von den Einstellungen anderer Personen zu diesem Gegenstand unbeeinflußt ist. Aufgrund der Annahme, daß Orientierungen zumeist auf die eine oder andere Art mit denen anderer Personen abgestimmt oder zumindest verglichen werden, kann man weiterhin vermuten, daß der Mensch bestrebt ist, mit anderen Menschen in Beziehung zu treten und mit ihnen zu kommunizieren, um seine Orientierungen kennenzulernen. Grundlegend für Informationen über die Orientierungen anderer sind *kommunikative Handlungen* – ein weiterer wichtiger Begriff bei NEWCOMB. In demselben Ausmaß wie A's Orientierungen gegenüber B oder X von B's Orientierung gegenüber X abhängt, ist A motiviert, B's Orientierung gegenüber X zu erfahren und/oder B's Orientierung gegenüber X zu ändern. Der Begriff der Ko-Orientierung führt also direkt zu bestimmten Annahmen über das Ausmaß der Motivation zu kommunikativen Handlungen von Personen.

Im Gegensatz zu HEIDER, der lediglich Bedingungen für balancierte und unbalancierte Zustände angeben konnte, ist es mit dem theoretischen System von NEWCOMB möglich, eine Reihe von zusätzlichen Faktoren zu benennen, die für die Stärke der Asymmetrie in einem Orientierungssystem bedeutungsvoll sind. Die Spannung in einem Orientierungssystem und damit der Druck in Richtung auf Erlangung von Symmetrie steigt mit der *Wichtigkeit* und der *Objektrelevanz* von X aus der Sicht von A. Wichtigkeit bezieht sich dabei auf den Grad der kathektischen Bedeutung eines Gegenstandes für die Person A, und Objektrelevanz auf den Grad der mehr sachlichen Bedeutung des Gegenstandes für die Person. Weiterhin sind das Ausmaß und die Richtung der Attraktion zwischen A und B, sowie das Ausmaß der wahrgenommenen Einstellungsdiskrepanz zwischen A und B wichtige Bedingungsfaktoren, um Aussagen über Änderungen im Falle von Asymmetrie zu machen.

Die Tendenz zur kognitiven Konsistenz oder auch nach Balance oder Symmetrie ist bisher als weitgehend unbegründete, aus der Gestaltpsychologie stammende Annahme für interne Prozesse bei allen Konsistenztheorien zugrundegelegt worden. NEWCOMB führt einige Gründe für das Streben nach symmetrischen Beziehungen zwischen den Kognitionen an. Übereinstimmende Orientierungen haben für die beteiligten Personen eine Reihe von Vorteilen. Kognitive Symmetrie erlaubt *Vorhersagen von Verhaltensweisen* anderer und macht damit das Verhalten anderer kalkulierbar.

Wenn der Sportreporter und der Fußballspieler in allen wesentlichen Fragen ähnliche Orientierungen haben, so wird der Sportreporter mit größerer Sicherheit die Antworten des Fußballspielers auf seine Interviewfragen vorhersagen können und das gesamte Interview schon vor der Durchführung in seiner Reportage entsprechend placieren können. Weiterhin führt NEWCOMB an, daß kommunikative Handlungen, die zur Feststellung oder auch zur Herstellung übereinstimmender Orientierungen führen, *belohnend* sind, weil jede Person in ihrer Einstellung gegenüber X dadurch bestätigt wird, daß eine andere Person dieselbe Einstellung vertritt. Übertragen auf den Bereich der Gruppe bedeutet das, daß wahrgenommene Symmetrie zwischen den Gruppenmitgliedern zu *verstärkter symmetriegerichteter Kommunikation* führt. Ist innerhalb einer Gruppe ein grundlegender Konsens erreicht, so wird versucht, diesen für die Gruppe angenehmen Zustand der Symmetrie beizubehalten, indem die Kommunikationen zur Verstärkung und zum Erhalt der Symmetrie eingesetzt werden.

Wie bei allen Konsistenztheorien führt die Zerstörung oder auch das Nicht-Vorhandensein von Symmetrie zur *Aktivierung von Verhalten.* NEWCOMB verwendet auch hier, wie schon mehrfach, Begriffe aus der Feldtheorie LEWINS, wenn er von *Spannung* spricht, die bei Asymmetrie entsteht und von *Systemdruck*, der zur Erreichung von Symmetrie drängt.

Symmetrie kann hergestellt und damit Druck vermindert werden durch eine Reihe von „*kognitiven Verhaltensmöglichkeiten*":
- Reduktion der Attraktionsstärke zu B
- Reduktion der Objektrelevanz von X
- Reduktion der wahrgenommenen Objektrelevanz von X für B
- Reduktion der Wichtigkeit von X
- Reduktion der wahrgenommenen Wichtigkeit von X für B
- Änderung der Einstellung gegenüber X
- Änderung der Wahrnehmung von B's Einstellung gegenüber X.

Die Formulierung der Druckreduktionsmöglichkeiten bezieht sich auf intraindividuelle Vorgänge der Umbewertung interner Orientierungen. Erinnert sei jedoch an NEWCOMBS Hauptinteresse, nämlich das Zustandekommen von Kommunikation und Beziehungen innerhalb von Gruppen zu erklären. Bevor Umbewertungen von Orientierungen stattfinden, müssen kommunikative Handlungen vorausgegangen sein, da sich der Mensch an Orientierungen seiner Mitmenschen orientiert. In diesem Sinne ist die Reduktion von Druck Ergebnis kommunikativer Handlungen der Personen, die an einem Orientierungssystem beteiligt sind.

Die Kongruenztheorie von OSGOOD & TANNENBAUM. Wie schon erwähnt, ist die Kongruenztheorie von OSGOOD & TANNENBAUM eine kognitive Konsistenztheorie mit nur begrenzter Reichweite. Sie bezieht sich hauptsächlich auf die Vorhersage der Änderung von Einstellungen bzw. Meinungen. Umso höher ist der erreichbare Präzisionsgrad der Vorhersage in diesem begrenzten Bereich. Mithilfe der bisher dargestellten Ansätze konnten lediglich die Bedingungen für die Änderung von Einstellungen mehr oder weniger differenziert beschrieben werden. Der Formalisierungsgrad der kongruenztheoretischen Annahmen erlaubt eine relativ genaue Vorhersage nicht nur der Richtung, sondern auch des Ausmaßes der Einstellungsänderung.

Die relativ starke Spezialisierung der Theorie ist aus ihrer Entstehungsgeschichte erklärbar. Sie ist aus Untersuchungen über Begriffsbedeutungen hervorgegangen. OSGOOD & TANNENBAUM fanden, daß sich die innere Repräsentation von Begriffen in drei unterschiedliche Aspekte untergliedern läßt: in die Dimension der Gewichtigkeit, der Aktivität und der Evaluation. Die letztgenannte Dimension betraf den Aspekt der wertenden Stellungnahme und wurde von OSGOOD & TANNENBAUM mit Einstellung gleichgesetzt.

Die für alle Konsistenztheorien zentrale Annahme kommt bei OSGOOD & TANNENBAUM in der Formulierung ihres *Kongruenzprinzips* zum Ausdruck: *Änderungen von Bewertungen verlaufen immer in derselben Richtung, in der erhöhte Kongruenz mit dem vorhandenen Bezugsrahmen* (z. B. Personen der Bezugsgruppe, andere eigene Einstellungen) *zu erreichen ist.*

Osgood & Tannenbaum gehen zunächst davon aus, daß es *Verknüpfungen* zwischen Einstellungen geben muß, bevor von Kongruenz oder Nicht-Kongruenz oder gar der Änderung von Einstellungen die Rede sein kann. Einstellungen gegenüber zwei verschiedenen Einstellungsgegenständen oder auch Einstellungen zweier Personen gegenüber demselben Einstellungsgegenstand können auch unverbunden nebeneinander existieren. Voraussetzung für Kongruenz ist daher zunächst, daß die Einstellungen miteinander verknüpft sind. Diese Verknüpfungen („assertions") können *assoziativer* oder *dissoziativer* Art sein. Die Verknüpfung ist assoziativ, wenn die Einstellungsgegenstände oder die Einstellungen zu einem Gegenstand als zusammengehörig oder demselben Bezugsrahmen zugehörig kogniziert werden; die Verknüpfung ist dissoziativ, wenn die Elemente nicht auf einen gemeinsamen Bezugsrahmen zu beziehen sind. *Kongruenz* tritt auf, wenn zwei Einstellungsgegenstände, die assoziativ verknüpft sind, gleich ablehnend oder zustimmend bewertet werden. Werden sie bei bestehender assoziativer Verknüpfung unterschiedlich bewertet, so sind die Einstellungen nicht kongruent. In diesem Fall kann eine der beiden Einstellungen oder die Art der Verknüpfung geändert werden.

Wir wollen hier wieder das Beispiel vom Sportreporter aufgreifen. Ähnlich wie in dem Fall der Wiederherstellung von Symmetrie durch Differenzierung, wird hier Kongruenz durch Änderung der Art der Verknüpfung zwischen persönlicher Wertschätzung und spielerischer Leistung erreicht. Bevor der Sportreporter Informationen über den Fußballspieler eingeholt hatte, waren seine persönliche Einstellung zu dem Fußballspieler und die Bewertung der spielerischen Leistungen kongruent und durch die Person des Fußballspielers assoziativ verknüpft. Aufgrund der Recherchen ändert der Sportreporter seine persönliche Meinung über den Fußballspieler und daraufhin – um wieder Kongruenz zu erreichen – auch die Verknüpfung zwischen Bewertung der Person und Bewertung des Fußballers: Er löst die vorher assoziative in eine dissoziative Verknüpfung auf.

Bekannter als die Einstellungstheorie von Osgood & Tannenbaum ist die von ihnen entwickelte Methode zur Erfassung von sprachlichen Bedeutungen, die sich auf die Messung von Einstellungen anwenden läßt: das *semantische Differential.* Das semantische Differential besteht aus einer größeren Anzahl von bipolaren Eigenschaftsskalen, die meist 7-stufig sind und deren Pole durch inhaltlich entgegengesetzte Eigenschaftswerte gekennzeichnet sind. Solche Eigenschaftsskalen benutzten Osgood & Tannenbaum (1957) in ihren Untersuchungen zur „experimentellen Semantik". Die Verwendbarkeit solcher Skalen zur Einstellungsmessung wird von den Autoren selbst als Nebenprodukt bezeichnet.

Wie oben schon erwähnt, wird der Einstellungsbegriff häufig mit einer wertenden Stellungnahme gegenüber einem Gegenstand gleichgesetzt, dieser wertende oder evaluative Aspekt ist eine der Dimensionen des Bedeutungsraums von Begriffen. OSGOOD & TANNENBAUM versuchen empirisch und konzeptuell zu begründen, daß Einstellungen im wesentlichen diesen Aspekt enthalten.

Aufgrund empirischer Ergebnisse leiten sie weiterhin die Annahme ab, daß Einschätzungen auf dieser bewertenden Dimension zu den Polen der Skala, also zu maximaler Zustimmung bzw. Ablehnung des Gegenstandes neigen. Sie postulieren daraufhin eine *Tendenz zu maximaler Einfachheit*. Obwohl Personen durchaus differenzierte Auffassungen hinsichtlich des zu bewertenden Gegenstandes haben, gibt es eine allgemeine Tendenz, eine dezidierte Meinung zu vertreten. Für die Vorhersage von Einstellungsänderungen ist daran anknüpfend die Annahme von Bedeutung, daß sich extremere Einstellungen weniger leicht verändern lassen als gemäßigte oder mittlere Einstellungen.

ROSENBERGS *Theorie der affektiv-kognitiven Konsistenz*. Wie die Kongruenztheorie von OSGOOD & TANNENBAUM macht die Theorie der affektiv-kognitiven Konsistenz lediglich Aussagen über Einstellungen und deren Änderungen und läßt sich schlecht auf andere sozialpsychologische Gegenstandsbereiche übertragen.

Wie die Bezeichnung affektiv-kognitive Konsistenz schon vermuten läßt, wird hier an Versuche zu einer Differenzierung des Einstellungsbegriffs angeknüpft, die zu sogenannten *Strukturkonzepten von Einstellungen* führten und unterschiedliche Aspekte oder Komponenten – in der Regel kognitive, affektive und handlungsbezogene – unterscheiden.

Unter Einstellung versteht ROSENBERG „*eine relativ stabile positive oder negative Reaktion gegenüber einem Objekt der sozialen Umwelt.*“ Diese Einstellung korrespondiert nach seiner Auffassung mit einer kognitiven Struktur, nach der die Person dieses Objekt als förderlich oder hemmend für die Verwirklichung von ihr bevorzugter Zustände bewertet. Die affektive Reaktion auf einen Gegenstand steht in engem Zusammenhang mit den persönlichen Wertvorstellungen eines Individuums. Eine starke affektive Beziehung zu einem Gegenstand ist verbunden mit der Überzeugung, daß der Gegenstand für angestrebte Werte des Individuums von Wichtigkeit ist (*Wert-Wichtigkeit* = value importance) und zur Erlangung dieser Werte beitragen kann (*Wertinstrumentalität* = value instrumentality). Aus der Einschätzung eines Gegenstandes hinsichtlich dieser beiden Begriffe läßt sich für die kognitive Komponente ein Index berechnen, dessen Vorzeichen und Größe mit Richtung und Stärke der affektiven Reaktion auf diesen Gegenstand korreliert. Dieser enge Zusammenhang zwischen affektiver und kognitiver Reaktion auf einen Gegenstand konnte experimentell bestätigt werden.

Die *gegenseitige Abhängigkeit der kognitiven und affektiven Komponente* konnte ROSENBERG darüber hinaus nachweisen, indem er jeweils eine Komponente experimentell änderte, woraufhin sich die andere Komponente ebenfalls änderte. Die kognitive Reaktion wurde durch zusätzliche Informationen verändert, und die affektive Reaktion konnte mit Erfolg durch hypnotische Einwirkung verändert werden. Durch die induzierte Änderung jeweils einer Komponente wurde Inkonsistenz geschaffen, die zu Druck führt, der durch Änderung der jeweils anderen Komponente ausgeglichen wurde. Erfährt jemand beispielsweise über seinen besten Freund, daß er gegenüber Dritten geringschätzige Bemerkungen über ihn macht, so wird er diesen Freund von nun an etwas anders wahrnehmen, und auch sein Urteil über den Freund und dessen Eigenschaften wird sich ändern. Mit Rosenberg könnte man sagen, daß sich die „Wertinstrumentalität" geändert hat, da dieser Freund offensichtlich nicht mehr in dem erwarteten Umfang zur Erlangung einer positiven Darstellung der Person gegenüber anderen beiträgt. Die affektive Haltung gegenüber dem Freund wird sich infolgedessen auch ändern, d. h. die positive Bewertung der Person als Freund wird „abkühlen".

3.1.2 Theorie der kognitiven Dissonanz von Festinger.

Obwohl die im folgenden dargestellte Theorie von Festinger (1957, 1964, 1978) zu den kognitiven Konsistenztheorien zu zählen ist, soll ihr doch im Rahmen dieser Einführung eine Sonderstellung eingeräumt werden. Die besondere Bedeutung der Dissonanztheorie liegt darin, daß sie am umfassendsten formuliert ist und daß sie – nicht zuletzt aufgrund der zahlreichen empirischen Untersuchungen mit teilweise widersprüchlichen Ergebnissen – am gründlichsten diskutiert wurde. In jüngster Zeit taucht sie besonders unter dem Aspekt ihrer Ablösung durch Ansätze auf, die ohne Motivationsannahmen wie kognitive Konsistenz auskommen und der Komplexität sozialen Verhaltens angemessener erscheinen wie z. B. die Attributionstheorien.

Die Theorie der kognitiven Dissonanz untersucht ganz allgemein die Bedingungen, unter denen Dissonanz auftaucht und die Art und Weise, wie Dissonanz verhindert und reduziert wird. Die *Grundannahmen der Theorie* sind relativ einfach und bis zu einem gewissen Grad denen der anderen kognitiven Konsistenztheorien vergleichbar. Die Einheiten der Theorie sind *kognitive Elemente*, die relativ weit gefaßt und von Festinger selbst recht unscharf umschrieben werden als „jedes Wissen, jede Meinung oder Überzeugung über die Umwelt, über sich selbst, über sein eigenes Verhalten" (Festinger 1957, S. 3). So sind z. B. das Wissen über den Zusammenhang zwischen Krebserkrankungen und Rauchen, die Kenntnis der eigenen Rauchgewohnheiten oder auch die Überzeugung, daß Ärzte immer übertreiben, gleichermaßen kognitive Elemente.

Die kognitiven Elemente stehen in bestimmter Beziehung zueinander, wobei FESTINGER zwischen *relevanten und irrelevanten Beziehungen* unterscheidet. Die Einstellung zum Rauchen und die Einstellung gegenüber der eigenen Gesundheit haben offensichtlich sehr viel miteinander zu tun. Die Sorge um die eigene Gesundheit steht in relevanter Beziehung zur Ablehnung bzw. Befürwortung von Nikotin. Es wird nun angenommen, daß kognitive Elemente in der Regel nicht in Widerspruch zueinander stehen, bzw. in Übereinstimmung gebracht werden, falls sie einander widersprechen. Der Kernpunkt der Theorie besagt: *Die Beziehung zwischen kognitiven Elementen kann widersprüchlich sein. Passen die kognitiven Elemente nicht zueinander, obwohl sie in relevanter Beziehung stehen, so entsteht Dissonanz. Kognitive Dissonanz führt zu Druck der zu Dissonanzreduktion oder erhöhter Vermeidung von dissonanten Zuständen führt. Infolge von Dissonanzdruck können Kognitionen oder Verhalten geändert werden oder eine selektive Aufnahme von neuen Kognitionen stattfinden.*

Für diese Kernaussagen der Theorie sind eine Reihe zusätzlicher Bedingungen angebbar, die die Entstehung und Reduktion von Dissonanz stärker spezifizieren. *Dissonanz* selbst läßt sich zunächst folgendermaßen definieren: „Zwei Elemente stehen in einer dissonanten Beziehung, wenn, betrachtet man diese allein, das Gegenteil des einen aus dem anderen folgen würde" (FESTINGER 1957, S. 13). Ist jemand sehr um seine Gesundheit besorgt, so steht gesundheitsschädigendes Rauchen dazu im Widerspruch. Raucht jemand übermäßig stark, so würde man sich sehr wundern, wenn man erführe, daß er sich große Sorgen um seine Gesundheit macht.

Die Ursachen für Dissonanz können sehr unterschiedlich sein: Beispielsweise können *logische Widersprüche* zugrundeliegen wie in dem obigen Beispiel, wenn jemand trotz Kenntnis der schädlichen Auswirkungen von Nikotin das Rauchen nicht aufgibt. Die Beobachtung, daß sehr viele starke Raucher die Auswirkungen von Nikotin auf ihre Gesundheit sehr wohl kennen, zeigt jedoch deutlich, daß auch logisch widersprüchliche kognitive Elemente durchaus nebeneinander bestehen können. Logische Unvereinbarkeit muß also von dem Erleben von Dissonanz unterschieden werden. Zwei kognitive Elemente können unvereinbar sein, weil sie aufgrund der eigenen *vorangegangenen Erfahrungen* widersprüchlich sind. Wenn man von seinen Ärzten immer wieder gehört hat, daß Nikotin schädlich ist, wird man sich sehr wundern, wenn ein Arzt sich öffentlich für das Rauchen ausspricht. Nicht nur eigene Erfahrungen, sondern auch Erfahrungen anderer, die sogenanntes „Allgemeingut" geworden sind (in Form *allgemeiner Überzeugungen oder kultureller Standards*) können Ursache für Dissonanz sein.

Am häufigsten wird der Fall angeführt, daß Dissonanz zwischen zwei kognitiven Elementen auftritt. Meist gibt es jedoch eine Vielzahl von kognitiven Elementen, die gleichzeitig in relevanter Beziehung zueinander stehen. Die *Anzahl der beteiligten kognitiven Elemente* ist für das Auftreten von Dissonanz durchaus nicht unwichtig. Zunächst einmal ist Dissonanz von der Zahl der beteiligten kognitiven Elemente abhängig. Die Wahrscheinlichkeit dafür, daß kognitive Elemente unvereinbar sind, steigt mit der Anzahl der Elemente. Weiterhin ist das Ausmaß der Dissonanz von dem *Verhältnis zwischen dissonanten und konsonanten Elementen* abhängig. Die *persönliche Wichtigkeit* der beteiligten kognitiven Elemente wirkt sich ebenfalls auf die Stärke der Dissonanz aus. Man kann das *Ausmaß der Dissonanz* anschaulich in einer Formel ausdrücken:

$$\text{Dissonanz} = \frac{\text{Wichtigkeit} \times \text{Zahl der dissonanten Elemente}}{\text{Wichtigkeit} \times \text{Zahl der konsonanten Elemente}}$$

Die Formel macht deutlich, daß Dissonanz dann am größten ist, wenn gleich viele wichtige dissonante und konsonante Elemente vorhanden sind. Weiterhin läßt sich ablesen, daß Dissonanz dann nicht auftritt, wenn entweder die dissonanten oder die konsonanten Elemente für das Individuum völlig unwichtig sind. Diese formale Darstellung dient lediglich zur Verdeutlichung des Zusammenhangs zwischen Anzahl der kognitiven Elemente, ihrer Wichtigkeit und dem Ausmaß von Dissonanz. Sie soll nicht zu der Annahme verführen, Dissonanz sei direkt meßbar. Wie vorher schon betont wurde, ist Dissonanz ein subjektiver Erlebenszustand, der aus bestimmten Verhaltensindikatoren erschlossen wird.

Aus der Annahme, daß Dissonanz ein unangenehmer Zustand ist, folgt zum einen, daß der Mensch dazu tendiert, diesen Zustand zu verhindern. Das wirkt sich dahingehend aus, daß Situationen, Informationen und Personen, die Dissonanz erzeugen oder bestehende Dissonanz erhöhen würden, gemieden werden. Einen Aufsatz über Auswirkungen des Rauchens auf die Gesundheit wird ein starker Raucher entweder gar nicht erst lesen oder genau die Informationen heraussuchen, die die Schädlichkeit relativieren oder verharmlosen. Auf Dissonanz kann man also ganz bestimmtes *Vermeidungs-* oder hochgradig *selektives Verhalten* zurückführen.

Dissonanz als psychischer Zustand eines Individuums erzeugt Druck in Richtung auf Verminderung der Dissonanz, d. h. ein Spannungszustand, der u. U. auch mit meßbaren physiologischen Anzeichen von Spannung verbunden sein kann, soll abgeschafft werden. Das Individuum hat verschiedene Möglichkeiten, *Dissonanz zu reduzieren.* FESTINGER teilt diese Möglichkeiten in *verhaltensbezogene, umweltbezogene* und *kognitionsbezogene* ein. Da Dissonanz ein innerpsychischer Zustand ist, kann Dissonanzreduktion nur auf dieser Ebene stattfinden. Wenn also Dissonanz zur Änderung des Verhaltens führt, der Raucher dann also doch endlich das Rauchen aufgibt, so führt genau genommen erst die Kognition des „Nicht-mehr-Rauchens" zur Reduktion der Dissonanz. Umweltbezogene Dissonanzreduktion wäre z. B., wenn der Wert der wissenschaftlichen Untersuchungsergebnisse angezweifelt wird, weil man beispielsweise einen methodischen Fehler bei den Untersuchungen gefunden hat. Auch hier ist es die Kognition, also das veränderte Wissen über Ereignisse aus der Umwelt, die Dissonanzreduktion bewirken kann. Die dritte Möglichkeit der Dissonanzreduktion – hier als kognitionsbezogene bezeichnet – ist nicht eindeutig von der zweiten abzugrenzen (eine Folge der unscharfen Definition von kognitiven Elementen). In den meisten Lehrbüchern wird hier von Hinzufügen eines neuen kognitiven Elements gesprochen. Da die Einheit eines kognitiven Elements nicht definiert wird, kann die Neuinterpretation von Umweltereignissen ebenso als Hinzufügen eines neuen kognitiven Elements aufgefaßt werden. Es scheint zwischen diesen beiden Möglichkeiten der Dissonanzreduktion nur einen quantitativen Unterschied zu geben. In dem Raucherbeispiel wäre ein vollkommen neues kognitives Element, das Bekenntnis zu der Einstellung, daß man das Leben schließlich auch genießen wolle und ein asketisches Leben ablehne. Trotz des Widerspruches von überzeugendem Wissen und Verhalten wird keines dieser beiden Elemente geändert, da eine übergreifende Einstellung hinzugekommen ist.

Auch für das *Ausmaß der Dissonanzreduktion* lassen sich einige spezifizierende Faktoren aufführen. Unmittelbar einleuchtend ist, daß das Ausmaß der Dissonanzreduktion direkt von dem *Ausmaß der Dissonanz* abhängig ist. Die einzelnen kognitiven Elemente können gegenüber einer Änderung unterschiedlich resistent sein. Diese *Änderungsresistenz* kann z. B. von der *Funktion der Kognition* für das Selbstbild oder von dem Grad der Korrespondenz zur außerpsychischen Realität abhängen. Eine jahrelang vertretene politische Überzeugung ist sicherlich nicht ohne „Gesichtsverlust" zu revidieren. In diesem Fall ist die Funktion des kognitiven Elements „politische Überzeugung" für das Selbstbild sehr hoch. Eine Einstellung zu Marsmenschen ist sicherlich schneller zu revidieren als die Einstellung gegenüber einer politischen Partei, da aus der ersteren Einstellung kaum Konsequenzen für das eigene Verhalten gezogen werden müssen und die Einstellung nicht an der Realität überprüft werden kann. Im Zusammenhang mit dem Ausmaß der Dissonanzreduktion unterscheidet FESTINGER zwischen kognitiven Elementen, die sich auf Verhalten oder Gefühle beziehen und solchen, die sich auf die Umwelt beziehen. Er nimmt an, daß letztere gegenüber Änderung resistenter sind, da es einfacher ist, sein eigenes Verhalten als die Umwelt zu ändern. Außerdem ist auch die Dissonanzreduktion von der *Zahl der* durch die Änderung betroffenen *kognitiven Elemente* abhängig. Man wird sich beispielsweise eher von einer ganz bestimmten Flugblattunterschrift distanzieren als daß man seine gesamte politische Überzeugung ändert.

Besondere Bedeutung für die Dissonanztheorie haben die Untersuchungen zum *Entscheidungsverhalten* gehabt.

FESTINGER unterscheidet zwischen der Situation *vor* und *nach* einer zu treffenden Entscheidung. In beiden Phasen treten unterschiedliche Arten von Konflikten auf, die LEWIN (1951, S. 176) schon im einzelnen beschrieben hat. Kognitive Dissonanz gehört zu den Konfliktarten, die vornehmlich nach Entscheidungen auftreten. FESTINGER (1957) ging von der Annahme aus, daß jede Entscheidung Dissonanz und damit auch Druck zur Dissonanzreduktion hervorruft. (Diese Ansicht gab er 1964 allerdings auf). Seine Überlegung war, daß Entscheidungen dadurch gekennzeichnet sind, daß eine Alternative immer zu ungunsten der anderen Alternative gewählt wird. Die Stärke der durch die Wahl entstandenen Dissonanz ist dann abhängig von der relativen *Attraktivität* der vernachlässigten Alternative im Vergleich zur gewählten, von der *Ähnlichkeit* beider Alternativen und vom *Ausmaß der Überschneidung* der an beiden Alternativen beteiligten Elemente. Je bedeutsamer und folgenreicher die Entscheidung für das Individuum ist, desto größer wird auch seine kognitive Dissonanz im Anschluß an die Entscheidung sein.

Am schwierigsten wird es für das Individuum, wenn es seine folgenreiche Entscheidung zwischen zwei sehr attraktiven Alternativen treffen muß. Nehmen wir an, es erhält jemand nach jahrelanger Wartezeit gleichzeitig ein karrieresicheres Angebot in der Wirtschaft und den Zulassungsbescheid für den gewünschten Studienplatz.

In diesem Fall kann Dissonanz reduziert werden, indem nachträglich die gewählte Alternative aufgewertet wird. Hat man sich z. B. trotz der langen Wartezeit für die krisensichere Stelle in der Wirtschaft entschieden, so wird man das Studium als Zeitvergeudung und Verschwendung volkswirtschaftlichen Vermögens abwerten. Die gewählte Alternative kann nachträglich in ihrer Attraktivität aufgewertet werden, indem auf die Verantwortung für die finanzielle Sicherheit der inzwischen gegründeten Familie hingewiesen wird. Eine weitere Möglichkeit besteht darin, daß auf Schwierigkeiten der Entscheidung abgehoben wird und die Gemeinsamkeiten beider möglichen Entscheidungen betont wird: Schwierigkeiten gibt es immer, die Vor- und Nachteile heben sich auf etc.

Besondere Bedeutung für die Theorie der kognitiven Dissonanz haben Untersuchungen, die sich auf eine im Alltag relativ seltene Situation beziehen: die sogenannte „*forced-compliance-Situation*“, d. i. eine Situation, in der eine Person dazu gebracht wird, gezwungenermaßen eine Position zu vertreten, die nicht ihrer eigentlichen Meinung entspricht. Es wird also Dissonanz zwischen dem Verhalten und der Einstellung einer Person hergestellt. Ein bedeutsamer Aspekt dieser Untersuchungen für die Einstellungsänderung besteht darin, daß die einfache Tatsache, einstellungsdiskrepantes Verhalten auszuführen, zur Änderung der ursprünglichen Einstellungen führen kann (vgl. in diesem Zusammenhang die Methode des Rollenspiels als zuweilen erfolgreiche Strategie zur Einstellungsänderung).

Selbst wenn man zur Ausführung des Verhaltens gezwungen wird, etwa durch den Druck der Untersuchungssituation oder durch Belohnungen, besteht offensichtlich eine Tendenz, seine Einstellungen mit dem Verhalten in Einklang zu bringen.

Allerdings ist die *Höhe der Belohnung* von entscheidender Bedeutung für das Ausmaß der *Einstellungsänderung* oder auch die Art der Dissonanzreduktion. Die Dissonanztheorie sagt voraus: Je höher die Belohnung für ein einstellungsdiskrepantes Verhalten, desto geringer ist die Dissonanz zwischen der Einstellung und dem Verhalten. Infolgedessen ist auch der Druck zur Dissonanzreduktion gering, so daß die Einstellung nicht geändert zu werden braucht. Die Vpn können ihr widersprüchliches Verhalten durch hohe Belohnung (z. B. 20 Dollar) rechtfertigen und brauchen nicht Dissonanz durch Änderung ihrer ursprünglichen Einstellung zu reduzieren. Maximale Dissonanz entsteht, wenn nur eine geringe Belohnung (z. B. 1 Dollar) gegeben wird, da in diesem Fall alle beteiligten Elemente (eigene Einstellung, einstellungsdiskrepantes Verhalten, Auftrag und Belohnung) ungefähr gleich gewichtig sind. Man hat in die Bedingungen eingewilligt und das einstellungsdiskrepante Verhalten gezeigt. Konsonanz zwischen Einstellung und Verhalten ist nur durch nachträgliche Änderung der ursprünglichen Einstellung zu erreichen.

Diese als „*1-Dollar/20-Dollar Experiment*"(FESTINGER & CARLSMITH 1959) in die Literatur eingegangene Untersuchung ist viel kritisiert und repliziert worden. In demselben Maße wie sie zur Etablierung der Theorie der kognitiven Dissonanz beigetragen hat, indem sie als Schlüsselexperiment zum Beweis der Notwendigkeit einer kognitiven Theorie gegenüber einer simplen Anreiztheorie (nach der mit der Höhe der Belohnung auch die Änderung der Einstellung steigen müßte) angeführt wird, ist sie neuerdings zum Angriffspunkt gegen die kognitive Dissonanztheorie geworden. Eine Reihe von Replikationen (die der interessierte Leser in der deutschen Übersetzung von TRIANDIS aufgeführt findet) mit teilweise entgegengesetzten Befunden zeigt zumindest, daß die Bedingungen spezifiziert werden müssen, um eindeutige Vorhersagen machen zu können; etwa durch Einführung von Faktoren wie: starke versus geringe Selbstverpflichtung, Auffassung der Bewertungsperspektive, komplexe versus simple Handlungen, Ausmaß der Entscheidungsfreiheit etc. (vgl. FREY 1971).

Schwerwiegender als die Modifikationsvorschläge, sind *Kritiken an der Theorie der kognitiven Dissonanz*, die darauf abzielen, die Ergebnisse von FESTINGER & CARLSMITH nicht unbedingt mit dem Auftreten von Dissonanz erklären zu müssen. NUTTIN (1966) fand in einer Untersuchung, daß auch wenn die Vpn angehalten werden, mit ihren Einstellungen übereinstimmendes Verhalten auszuführen, bei hoher Belohnung geringe und bei niedriger Belohnung hohe Einstellungsänderungen auftreten. Er interpretiert die Ergebnisse mit dem Konzept der Verhaltensansteckung, die mit der Verhaltensunsicherheit zunimmt. Die gesamte Situation ist für die Versuchspersonen dermaßen verwirrend, daß sie Schwierigkeiten haben, sich genaue Vorstellungen darüber zu machen, „was eigentlich gespielt wird". In dieser Situation läßt sich die Vpn von dem Verhalten des Versuchsleiters „anstecken", der ihr die Anweisung gegeben hat, sich einstellungsdiskrepant zu verhalten. Die gefundenen Ergebnisse werden als reine Produkte bestimmter Merkmale der Situation (z. B. Verunsicherung der Vpn) interpretiert, die durchschlagender waren, als die von den Untersuchern angeblich kontrollierten Variablen. Der Angriff richtet sich dabei hauptsächlich gegen die Künstlichkeit der Experimentalsituation, in der die Ergebnisse der Theorie der kognitiven Dissonanz gefunden wurden.

Genau an diesem Punkt, der die *interne Validität* (vgl. dazu *Kap. 5*) der Untersuchung zur Theorie der kognitiven Dissonanz betrifft, setzen auch die Hauptkritiker der Theorie der kognitiven Dissonanz, CHAPANIS & CHAPANIS (1964), mit ihren Einwänden an. Dissonanz als innerer psychischer Zustand kann nicht direkt experimentell untersucht werden; statt dessen ist man darauf angewiesen, einen solchen inneren Zustand durch ganz bestimmte Bedingungen zu erzeugen oder herzustellen.

Die Herstellungsbedingungen lassen sich variieren und man kann wiederum nur annehmen, daß die Variation der Bedingungen auch den internen Zustand der Dissonanz variiert. Wie das Beispiel der Uminterpretation der Ergebnisse durch NUTTIN zeigt, sind bei derart indirekten Kontroll- und Variationsmöglichkeiten der entscheidenden Variablen auch Rückschlüsse auf andere in der Situation möglicherweise bedeutsame Einflußvariablen möglich.

Der zweite wesentliche Einwand von CHAPANIS & CHAPANIS (1964) richtet sich gegen die Einfachheit der Begriffe und Konzepte – ein Merkmal der Theorie, das oft als ihr entscheidender Vorteil bewertet wurde. Sie bezweifeln, ob die Einfachheit noch in vernünftiger Relation zur eigentlich gemeinten Realität steht. In der Tat erscheint es fragwürdig, komplexe soziale Sachverhalte stets auf dissonante und konsonante Elemente zu reduzieren. Die Notwendigkeit immer stärkerer Spezifizierung der Bedingungen für Vorhersagen mithilfe der Theorie scheint ein Hinweis darauf zu sein, daß die Theorie der kognitiven Dissonanz die Komplexität sozialen Verhaltens nicht erfaßt.

In einer *Neuformulierung der Theorie* zur kognitiven Dissonanz von IRLE (1975) wird versucht diesem Mangel abzuhelfen und die Dissonanztheorie an entscheidender Stelle zu erweitern. Offensichtlich aus der Auseinandersetzung zwischen Dissonanztheorie und neueren attributionstheoretischen Ansätzen hervorgegangen, wird die Annahme aufgenommen, daß ein Individuum über die Beziehungen zwischen kognitiven Elementen ganz bestimmte *Hypothesen* hat, die durch die Erfahrung bestätigt (Konsonanz) oder widerlegt (Dissonanz) werden können. An weiteren wichtigen Punkten der Theorie werden präzisere Umformulierungen vorgenommen, so daß der Zustand der kognitiven Dissonanz von wesentlich genauer festgelegten und strengeren Bedingungen abhängig gemacht wird.

Der Leser mag selbst beurteilen, ob die Ablösung der Theorie der kognitiven Dissonanz durch die im folgenden dargestellten attributionstheoretischen Ansätze bevorsteht.

3.1.3 Attributionstheorien

Die Attributionstheorien versuchen ebenso wie kognitive Konsistenztheorien soziales Verhalten auf der Grundlage interner psychischer Prozesse der *interpretierenden Wahrnehmung von Umweltereignissen im sozialen Kontext* zu erklären.

Vergegenwärtigt man sich noch einmal das vielzitierte S-O-R Schema (vgl. *Kap. 2*), so läßt sich feststellen, daß die kognitiven Konsistenztheorien im wesentlichen bemüht waren, die innerhalb eines Individuums (oder eines Organismus: O) ablaufenden Ordnungsprozesse und deren Auswirkungen auf das soziale Verhalten zu erklären. In den Attributionstheorien geht es vornehmlich darum, wie die aus der Umwelt einlaufenden Informationen (S) vom Individuum (O) interpretiert werden, neben dem faktischen Wissen über beobachtete Ereignisse in die Beurteilung von Personen und Umweltereignissen eingehen und das Verhalten in interpersonalen Situationen beeinflussen.

Die Attributionstheorien untersuchen insbesondere, wie aus dem Verhalten von sozial handelnden Personen auf Absichten und Eigenschaften zurückgeschlossen wird. bzw. wie man Personen, mit denen man interagiert, ganz bestimmte Absichten und Eigenschaften unterstellt oder zuschreibt (attribuiert). Darüber hinaus beziehen sie auch die Zuschreibung von Ursachen an Handlungsabläufe und Geschehnisse des sozialen Umfeldes mit ein.

Es wird angenommen, daß das vom handelnden Individuum unterstellte *Ursache-Wirkungs-Gefüge* für menschliches Sozialverhalten von besonderer Bedeutung ist, da auf dieser Grundlage soziale Tatbestände interpretiert, der Ablauf sozialer Ereignisse vorhergesagt und die eigenen Handlungsstrategien geplant werden (vgl. SCHERER 1974, S. 324).

Die gehaltvollste Zusammenstellung attributionstheoretischer Beiträge liegt in dem Band von JONES, KANOUSE, KELLEY, NISBETT, VALINS & WEINER (1971) vor; einige informative Darstellungen enthält auch das „Bielefelder Symposium über Attribution“ (GÖRLITZ, MEYER & WEINER 1978). Die stringenteste deutschsprachige Übersicht geben MEYER & SCHMALT (in FREY 1978). Im folgenden werden einige der wichtigsten Beiträge der Attributionstheorie auf der Grundlage einer Aufarbeitung attributionstheoretischer Ansätze für den Bereich der sozialen Interaktion von U. PIONTKOWSKI (1976) dargestellt.

Die grundlegenden Annahmen der attributionstheoretischen Arbeiten gehen auf HEIDERS *naive Verhaltenstheorie* (1958) zurück. Da sich alle Autoren direkt oder indirekt auf HEIDER beziehen, sollen zunächst die wichtigsten Überlegungen zur psychologischen Interpretation von Verhalten aus der Sicht eines „naiven" Laienpsychologen vorausgeschickt werden. Danach werden am Beispiel der *Inferenztheorie von* JONES & DAVIS (1965) die Grundprinzipien bei Attribuierungsprozessen erläutert. Die Inferenztheorie ist eine enge Theorie zur Personwahrnehmung, die erklärt, wie Intentionen und Dispositionen aus Verhaltensweisen erschlossen werden. Die bisher systematischste und umfassendste theoretische Darstellung von *Attribuierungsprozessen* stammt von KELLEY (1973). Die wichtigsten von KELLEY dargestellten theoretischen Zusammenhänge sollen im Anschluß an die Inferenztheorie kurz skizziert werden. Die von BEM (1970, 1972) vorgelegte *Theorie der Selbstwahrnehmung* kann ebenfalls als eine Attributionstheorie bezeichnet werden. Sie nimmt jedoch eine Sonderstellung ein, da BEM sich explizit von kognitiven Theorien abgrenzt und den Anspruch erhebt, in einer „radikal-behavioristischen Analyse" der Selbstwahrnehmung und Einstellungsänderung einen theoretischen Ansatz zu leisten, der sparsame Erklärungen liefert, ohne motivationale Zustände postulieren zu müssen. Von seinem Anspruch her liegt daher eine stärkere Nähe zu verhaltensorientierten Ansätzen vor.

HEIDER*s „naive" Verhaltenstheorie.* Die Grundlagen der Attributionstheorien wurden bereits 1944 von HEIDER gelegt, als er versuchte, interpersonelles Verhalten aus der Wahrnehmung und Interpretation des Verhaltens des sozialen Partners zu erklären.

Nach HEIDER hat der Mensch den Wunsch nach *Kontrolle* und *Vorhersage* von *Ereignissen der Umwelt.* Dafür lassen sich einige unmittelbar einleuchtende Gründe finden:

- Der Mensch will seine Umwelt strukturieren, um sich darin orientieren zu können.
- Der Mensch will adäquat auf Ereignisse in seiner Umwelt reagieren können.
- Der Mensch will die Auswirkungen seines Verhaltens antizipieren können, um möglichst günstige Verhaltensergebnisse zu erzielen.

Die Kontrollierbarkeit und Vorhersagbarkeit von Umweltereignissen nimmt mit der Menge an Wissen und Erkenntnis über die Umwelt zu. Es gibt nun zwei Gründe dafür, warum der Mensch zusätzlich zur Aufnahme von Informationen aus der Umwelt auf Prozesse des Schließens auf der Grundlage vorhandener Informationen angewiesen ist. Zum einen sind die Informationen aus der Umwelt nie vollständig und müssen daher durch Verknüpfung und Interpretation vorhandener Informationen ergänzt werden. Zum anderen würde die Fülle der Informationen aus der Umwelt eher zur Verwirrung als zur besseren Orientierung beitragen, wenn sie nicht auf einige wichtige zugrundeliegende *„dispositionelle Eigenschaften"* (HEIDER 1958, S. 30), d. h. relativ unveränderliche Strukturen und Prozesse, die bestimmten Phänomenen zugrundeliegen oder für sie kennzeichnend sind (wie z. B. Farbe und Größe für Objekte), zurückgeführt würden. Solche unveränderlichen Größen oder Invarianten machen erst eine einigermaßen stabile, vorhersagbare und kontrollierbare Welt möglich, in der das Individuum sich zurechtfinden kann.

HEIDER nimmt nun weiterhin an, daß der Mensch weitgehend nach einem einfachen *Ursache-Wirkungs-Schema* vorgeht, um die ihn umgebenden Umweltereignisse zu erklären. Jedes beobachtbare Ereignis wird als Auswirkung einer bestimmten Ursache angesehen, die in den dispositionellen Eigenschaften der Situation oder eines Handelnden liegt.

Im Zusammenhang mit sozialem Verhalten sind solche Umweltereignisse von Bedeutung, die auf Verhaltensweisen anderer Personen zurückgehen. Nach HEIDER glaubt jeder Mensch von sich, daß er zumindest einen Teil seiner Handlungen selbst kontrolliert und die Verhaltensergebnisse bestimmt, also seine eigene Person oder genauer: bestimmte dispositionelle Eigenschaften von ihm Ursache für Ereignisse in der Umwelt sind. Der Mensch nimmt an, daß auch andere Menschen diese Macht haben, ihr Verhalten zu kontrollieren. Andererseits muß berücksichtigt werden, daß Verhaltensergebnisse zufällig, also vom Handelnden völlig unbeabsichtigt und unkontrolliert zustandekommen können. Eine weitere Möglichkeit besteht darin, daß bestimmte Verhaltensweisen einfach „situationsnotwendig", „von der Sache her sinnvoll' und nicht primär durch spezielle Dispositionen des Handelnden selbst erklärt werden können.

Zentral für die HEIDERschen Annahmen ist, daß Kräfte erschlossen werden, die für das Zustandekommen von Handlungsergebnissen verantwortlich zu machen sind. Der Wahrnehmende wendet seine „naive" Psychologie an, um Einflußquellen im Verhalten einer anderen Person zu bestimmen. Bevor von Verhaltensergebnissen auf Dispositionen der handelnden Person geschlossen werden kann, muß der Wahrnehmende jedoch entscheiden, ob die Person für die Auswirkungen ihres Verhaltens verantwortlich gemacht werden kann (ob personale Kräfte wirken) oder ob die Ergebnisse des Verhaltens eher apersonalen Kräften zugeschrieben werden müssen. Für die Beurteilung einer Handlung ist weiterhin wichtig, ob die Handlung intentional ausgeführt wurde bzw. ob der Handelnde die Ergebnisse seines Verhaltens beabsichtigt hat oder nicht. Daß HEIDER mit diesen Überlegungen in der Tat sehr nah an alltäglichen Entscheidungen – zumindest eines Teils der Bevölkerung – ist, zeigt die Parallele zur Rechtsprechung. Jemand, der zu einem Verbrechen psychisch oder physisch (personale Faktoren) in der Lage ist und dem ganz bestimmte Intentionen (Tatmotiv) nachgewiesen werden können, wird in stärkerem Maße für ein

Verbrechen zur Verantwortung gezogen, als jemand, dem man aufgrund situativer Bedingungen (apersonale Faktoren, z. B. Notwehrsituation) mildernde Umstände zubilligen muß.

Die Inferenztheorie von JONES & DAVIS, (1965). Ziel des attributionstheoretischen Ansatzes von JONES & DAVIS ist die Klärung der Beziehung zwischen Personwahrnehmung und interpersonalem Verhalten. Sie gehen davon aus, daß der Wahrnehmende nach einer ausreichenden Erklärung für das Handeln und die Art der Handlung einer beobachteten Person sucht. Die Suche nach einer Erklärung wird beendet, wenn eine Absicht oder ein Motiv festgestellt ist, das als Begründung für das Verhalten akzeptiert werden kann. Wenn z. B. die Tatsache, daß jemand gerade ißt, auf seinen Hunger zurückgeht, liegt eine ausreichende Erklärung vor.

JONES & DAVIS beschäftigen sich insbesondere mit der Art und Weise, wie aus beobachteten Verhaltensweisen nicht nur auf Absichten, sondern darüber hinaus auf Persönlichkeitsmerkmale oder Dispositionen des Handelnden geschlossen wird. Die Feststellung von Dispositionen des Handelnden kann im Zusammenhang mit einer Verbesserung der Strukturierung und Orientierung in der sozialen Umwelt gesehen werden.

Der Wahrnehmende gelangt zur Feststellung von stabilen Merkmalen oder *Dispositionen* des Handelnden über die Feststellung von *Absichten.* Die intentionale Bedeutung einer Handlung kann nur dadurch erschlossen werden, daß die Handlung zu anderen in derselben Situation möglichen Handlungen in Beziehung gesetzt wird. Um die Absichtlichkeit der Handlung beurteilen zu können, werden die Handlungen bzw. die Handlungsergebnisse zunächst zur *Wissentlichkeit* des Handelnden um die Folgen seines Handelns in Beziehung gesetzt und zur *Fähigkeit* des Handelnden, bestimmte Handlungsergebnisse erzielen zu können. Durch die Abklärung dieser Beziehungen entscheidet der Wahrnehmende, ob die Handlungsergebnisse eher dem Zufall, den situativen Umständen oder tatsächlich den Absichten des Handelnden zuzuschreiben sind. Nur wenn Absichten des Handelnden unterstellt werden können, ist der Schluß auf zugrundeliegende Dispositionen des Handelnden möglich (vgl. Abb. 1).

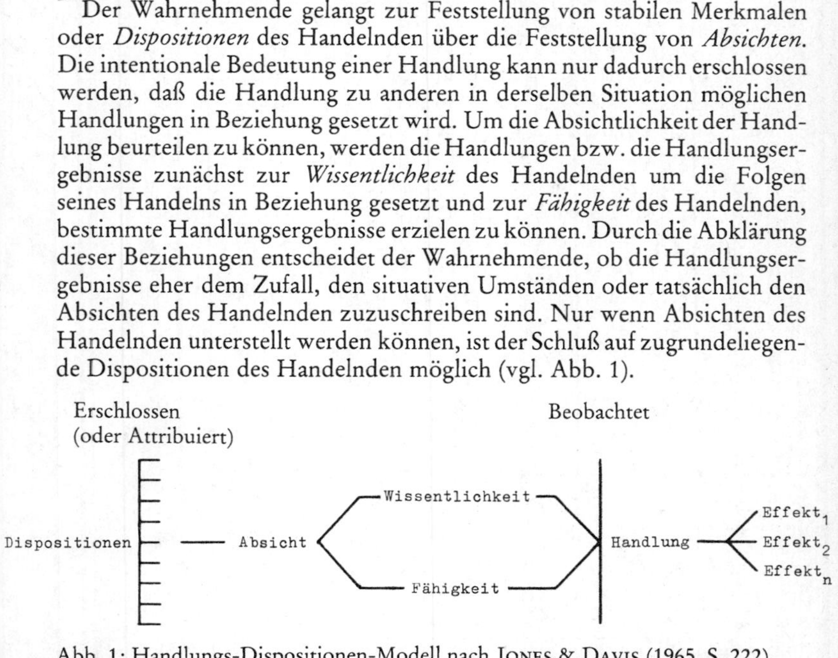

Abb. 1: Handlungs-Dispositionen-Modell nach JONES & DAVIS (1965, S. 222)

Das Ausmaß, in dem die Handlung und die zugrundeliegende Disposition ähnlich beschrieben werden, bezeichnen JONES & DAVIS als *Korrespondenz*. Sie ist beispielsweise dann sehr hoch, wenn aus der Beobachtung, daß der ältere Bruder seine Schwester bevormundet, zutreffend eine Disposition des älteren Bruders zur Dominanz geschlossen werden kann.

Die Korrespondenz der Schlußfolgerung nimmt in dem Maße ab, wie die Handlung durch den *situativen Kontext*, z. B. auch durch Rollen, normativen Druck etc. determiniert ist und dadurch die Anzahl der Handlungsalternativen eingeschränkt ist. Zutreffende Rückschlüsse auf Dispositionen des Handelnden sind immer dann eher möglich, wenn die Handlung durch spezifische Eigenschaften der handelnden Person geprägt ist. Besonders bei großen Abweichung der zugrundeliegenden Dispositionen von der durchschnittlichen Auftretenshäufigkeit dieser Disposition ist die Korrespondenz hoch. Der Rückschluß auf Dispositionen des Handelnden ist dann sicherer, wenn die Handlung oder die Handlungsergebnisse *unüblich* sind und die *soziale Erwünschtheit* der Handlungsergebnisse niedrig ist. Erst Handlungen, deren Auswirkungen allgemein wenig begehrt sind, geben informativ Aufschlüsse über Absichten und Dispositionen des Handelnden. Die Anzahl der unüblichen Handlungsergebnisse bzw. Handlungen darf allerdings nicht allzu groß sein, wenn zutreffende Personenbeurteilungen angestrebt werden, da in einem solchen Fall eher ein beabsichtigtes Außenseitertum unterstellt werden muß, das wiederum auch keine Rückschlüsse von Verhalten auf Dispositionen zuläßt.

Für den Inferenzprozeß ist darüber hinaus auch das Ausmaß der *persönlichen Beteiligung* oder *Betroffenheit* des Wahrnehmenden durch die Handlungen von Bedeutung. Je mehr das Verhalten des Handelnden mit den Zielen und Werthaltungen des Beobachters interferiert, um so wahrscheinlicher werden Folgerungen von Korrespondenzen zwischen Dispositionen aus Handlungen erfolgen und um so entschiedener werden sie getroffen (vgl. IRLE 1975, S. 134).

Theorie der Attribution von KELLEY *(1967, 1973).* In seinen theoretischen Ausführungen hat KELLEY vor allem die Annahme, daß Schlußfolgerungen aus Beobachtungen und Attribuierungen von Ursachen einem kausalen Schema folgen, systematisch weiterentwickelt.

Kausale Schemata sind nach KELLEY ein bestimmtes Repertoire an abstrakten Ideen über die Wirkweise und Interaktion kausaler Faktoren, die jeder Mensch aufgrund seiner Erfahrungen mit Kausalschlüssen angesammelt hat. Mit Hilfe solcher kausaler Schemata sind ökonomische und schnelle Attributionsanalysen möglich, ohne daß für jeden Einzelfall eine vollständige Kausalanalyse durchgeführt werden muß.

Bei der Attribuierung lassen sich zwei Grundsituationen unterscheiden, denen zwei unterschiedliche Vorgehensweisen bei der Zuschreibung von Ursachen entsprechen:

1. Die Attribution aufgrund von Informationen aus mehreren Beobachtungen. Sie erfolgt nach dem *Kovariationsprinzip*.
2. Die Attribution auf der Grundlage von Informationen aus einer einzigen Beobachtung. Sie erfolgt nach dem *Konfigurationsprinzip*.

Nach dem *Kovariationsprinzip* werden die Wirkungen eher denjenigen Kausalfaktoren zugeschrieben, mit denen sie kovariieren, als denjenigen, von denen sie relativ unabhängig sind. Z. B. wird das erfolgreiche Lösen einer Geschicklichkeitsaufgabe den Fähigkeiten der Person zugeschrieben, wenn sie auch ein zweites Mal unter anderen situativen Bedingungen die Aufgabe erfolgreich bewältigt. Das Handlungsergebnis wird als zufällig oder abhängig von den besonderen Bedingungen interpretiert, wenn die Bewältigung ein zweites Mal nicht gelingt.

KELLEY nimmt an, daß die Attribuierung von Ursachen ähnlich einem varianzanalytischen Plan, d. h. einem experimentellen Versuchsplan mit mehreren unabhängigen Variablen erfolgt. Die beobachteten Ereignisse in der Umwelt sind Effekte („abhängige Variablen") von einer Reihe möglicher Verursachungsgründe („unabhängiger Variablen"). In den meisten Fällen lassen sich drei Gruppen von möglichen Verursachungsfaktoren unterscheiden: Personen, Gegebenheiten und Zeitpunkte. Die Lösung der Aufgabe durch die Person zu zwei verschiedenen Zeitpunkten an zwei verschiedenen Orten läßt mit Recht den Schluß zu, daß das Handlungsergebnis auf Dispositionen des Handelnden zurückzuführen ist. Ob ein Effekt tatsächlich einer der drei beschriebenen Ursachenklassen zugeschrieben werden kann, ist abhängig von

- der deutlichen Unterscheidbarkeit der Verbindung eines Reizes mit der Reaktion (Unterscheidbarkeitskriterium),
- der Übereinstimmung mit anderen Personen über die Adäquatheit der Reaktion (Konsensuskriterium),
- der Konsistenz einer Reaktion über die Zeit (Konsistenzkriterium).

Das *Konfigurationsprinzip* bezieht sich auf Situationen, in denen die attribuierende Person mit ihrer Schlußfolgerung auf eine einzige Beobachtung angewiesen ist. KELLEY unterscheidet für diesen Fall zwei Prinzipien, nach denen die Schlußfolgerung verlaufen kann: das *Abschwächungsprinzip* und das *Steigerungsprinzip*. Das Abschwächungsprinzip besagt, daß ein bestimmter Effekt dann nur mit großer Vorsicht auf eine bestimmte Ursache zurückgeführt wird, wenn mehrere mögliche Ursachen zur Diskussion stehen. Das Gewicht eines Persönlichkeitsmerkmals zur Erklärung eines bestimmten Verhaltens wird abgeschwächt, wenn das Verhalten als sozial erwünscht gilt oder aufgrund sozialer Normen erwartet werden konnte. Das Steigerungsprinzip besagt, daß Effekte einer Handlung in stärkerem

Maße auf personale Faktoren zurückgeführt werden, wenn mit einer Handlung bestimmte Kosten oder Risiken verbunden sind.

Die geschilderten kausalen Schemata werden zunächst eingesetzt, um zu prüfen, ob ein bestimmter Effekt auf innere oder äußere Ursachen zurückführbar ist. Ist kein äußerer Verursachungsfaktor festzustellen, so kann mit einiger Sicherheit auf innere Faktoren geschlossen werden. Liegt jedoch eine mögliche äußere Ursache vor, so besteht Unsicherheit darüber, wieweit auch innere Faktoren wirksam sind.

3.1.4 Theorie der Selbstwahrnehmung von Bem

Die Theorie der Selbstwahrnehmung von Bem (1972) kann als Attributionstheorie für den Bereich der Personwahrnehmung bezeichnet werden, in der die Bedeutung der Wahrnehmung des eigenen Verhaltens und der situativen Bedingungen für die attributive Beurteilung des eigenen Selbst im Mittelpunkt steht.

Gegenüber den bisher dargestellten attributionstheoretischen Ansätzen weist sie im wesentlichen zwei Besonderheiten auf:

- Ausgangspunkt ist nicht eine wahrnehmende Person, die anderen Personen aufgrund ihres Verhaltens bestimmte Dispositionen, oder Ereignissen ganz bestimmte verursachende Bedingungen attribuiert, sondern ein Individuum, das aus seinem eigenen Verhalten und den äußeren Bedingungen des Verhaltens ganz bestimmte Rückschlüsse auf eigene innere Zustände, wie z. B. Gefühle, Einstellungen etc. zieht.
- Der Prozeß der Selbstwahrnehmung wird soweit möglich auf der Grundlage der funktionalen Verhaltensanalyse beschrieben. Bem bezeichnet seinen Ansatz als radikal-behavioristische Analyse der Selbstwahrnehmung.

Grundlegend für die Überlegungen Bems ist die Überzeugung, daß innere Reize bei Prozessen der Selbstwahrnehmung wahrscheinlich eine geringere Rolle spielen, als gemeinhin angenommen wurde. Er erinnert in diesem Zusammenhang an die Experimente von Schachter & Singer (1962), die gezeigt haben, daß die Beschreibung emotionaler Zustände bei physiologisch völlig identischen Zuständen (alle Versuchspersonen hatten eine Adrenalininjektion erhalten) weitgehend von äußeren Bedingungen der Situation abhängig ist. Die Beschreibungen des emotionalen Erlebens reichten von „euphorisch“ bis „ärgerlich“ in Abhängigkeit davon, welche Gefühle eine vorher instruierte Person geäußert hatte. Bei der Wahrnehmung von Emotionen, die eine zentrale Rolle für die Selbstwahrnehmung spielen, findet demnach eine starke Überlagerung physiologischer Faktoren durch kognitive Faktoren statt. Identische physiologische Reize können je nach Interpretation der Umgebungsbedingungen unterschiedliche Gefühle hervorrufen.

BEM formuliert im Anschluß an dieses Ergebnis als erste Annahme seiner Theorie:

- Individuen erkennen ihre eigenen Gefühle, Einstellungen und andere interne Zustände teilweise dadurch, daß sie Schlußfolgerungen aus *Beobachtungen ihres eigenen offenen Verhaltens* im Vergleich mit dem Verhalten anderer in derselben Situation ziehen.

Besonders dann, wenn die internen Reize schwach, mehrdeutig oder uninterpretierbar sind (z. B. bei einem Kind, das zum ersten Mal den Zustand der Trauer erlebt), ist die Situation des Individuums mit der eines außenstehenden Beobachters vergleichbar. Die Beurteilung interner Zustände erfolgt dann weitgehend aufgrund des offenen Verhaltens, das dem Individuum und dem Beobachter in gleicher Weise als Informationsquelle dient.

In der zweiten Annahme von BEM wird ausgedrückt:

- Wenn interne *Reize schwach*, *mehrdeutig* oder *uninterpretierbar* sind, besteht eine partielle Identität zwischen Selbst- und Fremdwahrnehmung.

Weder der außenstehende Beobachter noch das Individuum selbst sind jedoch auf das offene Verhalten allein angewiesen, um auf interne Zustände zu schließen. Eine weitere wichtige Informationsquelle stellen die *äußeren Bedingungen des Verhaltens* dar, d. h. die Reize, von denen das offene Verhalten als funktional abhängig gesehen wird. BEM weist an dieser Stelle auf das „something more" (1972, S. 30) interpersonalen Verhaltens im Vergleich zum Verhalten von Tieren hin, das darin besteht, daß der Mensch nicht nur auf das offene Verhalten einer anderen Person, sondern zusätzlich auf die das Verhalten kontrollierenden Reize, also auf den gesamten sozialen Kontext reagiert.

Als wichtigste Unterscheidung für die Interpretation kontrollierender Variablen greift BEM auf das von SKINNER unterschiedene *„mand"*- und *„tact"-Verhalten* zurück. Sind in einer Situation ganz spezifische Verstärker vorhanden, von denen das Verhalten funktional abhängig ist, so handelt es sich um „mand"-Verhalten. Die Äußerungen eines Politikers kurz vor den Wahlen wird man nicht wörtlich nehmen, da man weiß, daß sie aufgrund der Aussicht, möglicherweise zusätzliche Wählerstimmen gewinnen zu können, nicht unbedingt völlig mit seinen politischen Überzeugungen übereinstimmen. Die Äußerungen haben nur geringen Informationswert für Rückschlüsse auf die „echten" politischen Überzeugungen, da sie weitgehend unter Kontrolle des spezifischen Verstärkers „Wählerstimmen" stehen. Können starke Verstärkungsreize weitgehend ausgeschlossen werden, wie z. B. direkt nach den Wahlen, stehen die Verhaltensweisen wieder stärker unter Kontrolle diskriminativer Reize, die Äußerungen sind also stärker sachbezogen und für die Beurteilung der handelnden Person von größerer Bedeutung.

Analog diesem Beispiel werden von BEM die Ergebnisse des oben bereits erwähnten *1-Dollar/20-Dollar* – Experiments von FESTINGER & CARLSMITH uminterpretiert. Wurde den Versuchspersonen eine hohe Belohnung für positive Äußerungen über den von ihnen als langweilig erlebten Versuch angeboten, kann das Verhalten als „mand"-Verhalten interpretiert werden, d. h. das Verhalten steht unter Kontrolle starker Verstärker und braucht nicht mit den Einstellungen in Übereinstimmung gebracht zu werden. Im Falle geringer Belohnung war die Versuchsperson frei von solchen expliziten Verstärkungskontingenzen. Ihr Verhalten war als „tact"-Verhalten unter Kontrolle diskriminativer Reize und als solches bedeutsam für ihre Einstellungen, so daß die Einstellungen entsprechend dem gezeigten Verhalten unter dieser Bedingung geändert wurden.

BEM findet neben der von ihm postulierten weitgehenden Übereinstimmung von Fremd- und Selbstwahrnehmung eine Reihe von Faktoren, die zu unterschiedlichen Attribuierungen führen und somit auch Quelle für Fehlattribuierungen sein können. Der individuelle Erfahrungshintergrund und damit der Anker für die Beurteilung von Verhaltensweisen und situativen Bedingungen ist bei Selbst- und Fremdwahrnehmung unterschiedlich. Daraus resultieren Unterschiede wie *Insider-Outsider-Differenz, Vertrautheits-Fremdheits-Differenz* und *unterschiedliche Ausgangspunkte.* Weiterhin können spezifische motivationale Einflüsse, wie z. B. die Verteidigung des Selbst oder die Wiederherstellung des Selbstbildes zu unterschiedlichen Fremd- und Selbstwahrnehmungen führen.

3.2 Verhaltensorientierte Ansätze

Das kennzeichnende Merkmal verhaltensorientierter Ansätze besteht – in Abgrenzung zu kognitiv orientierten Ansätzen – in ihrem gemeinsamen Bezug auf *offenes, beobachtbares Verhalten.* Verhaltensorientierte Ansätze versuchen, soziales Verhalten und soziale Interaktionen nur auf den Grundlagen zu beschreiben, zu analysieren und zu erklären, die eindeutig registrier- und meßbar sind und somit Überprüfungen weiterer Beobachter offenstehen. Im Vordergrund der Analyse stehen dabei die schon als klassisch zu bezeichnenden Konzepte „Reiz" und „Reaktion". Zwar leugnet man nicht die Existenz organismischer Variablen und kognitiver Prozesse, hält ihre wissenschaftliche Bedeutung aber für gering. Inwiefern der Mensch dadurch nur verkürzt und somit unvollständig gesehen wird, muß einem Vergleich kognitiv und verhaltensorientierter Ansätze überlassen werden.

Schon in den ersten psychologischen Analysen menschlichen Verhaltens wie sie etwa THORNDIKE zu Anfang dieses Jahrhunderts vorgenommen hat, wird gefordert, Verhalten als Reaktion auf äußere Reize anzusehen. Gesteuert und aufgebaut werden diese Reaktionen aber erst durch die auf sie folgenden *Konsequenzen*, oder um in der Terminologie THORNDIKEs zu bleiben, durch die vom Verhalten verursachte Wirkung („law of effect“). Ein Verhalten, das soziale Mißbilligung verursacht, wird aufgrund der negativen Wirkung seltener werden oder ganz verschwinden, während Verhalten, das zu sozialer Anerkennung führt, mit größerer Wahrscheinlichkeit erneut auftritt. Das ansatzweise schon hier formulierte *Prinzip der Verstärkung*, wonach dasjenige Verhalten, das zu positiven oder angenehmen Folgen führt, anschließend häufiger ausgeführt wird, gilt auch als Grundprinzip der Theorie des operanten Konditionierens von SKINNER, auf die im nächsten Abschnitt ausführlicher eingegangen werden soll.

In etwa gleichzeitig mit der Entwicklung des „law of effect“ durch THORNDIKE verliefen die Forschungsarbeiten des russischen Physiologen PAWLOW. Die von ihm gefundenen Zusammenhänge wurden später als Theorie der klassischen Konditionierung bekannt und stellen einen der wichtigsten Erklärungsansätze menschlichen Verhaltens dar. Nach PAWLOW lernt man Verhalten nicht durch seine positiven Folgen, sondern durch *gleichzeitige (kontiguitive) Assoziation* unkonditionierter und neutraler Reize. Da die Theorie heute noch in größerem Umfang zur Erklärung auch von sozialem Verhalten dient, soll sie hier ausführlicher dargestellt werden.

Hatte THORNDIKE die praktische Anwendung seiner Lerntheorien im Erziehungsprozeß vor Augen, sah PAWLOW zu Anfang gar nicht die Implikationen seiner Daten und Theorie voraus. Er war auf der Suche nach neurologischen Erklärungen für den Verdauungsprozeß. Im Verlauf seiner Forschung stellte er fest, daß Hunde schon beim bloßen Anblick von Nahrung speichelten. Er beschrieb das Phänomen als *„psychischen Reflex“*, für den sich später der Begriff *„konditionierter Reflex“* etablierte. PAWLOWs Beobachtungen lassen sich im einzelnen folgendermaßen darstellen:

Wird ein neutraler Reiz (z. B. Glockenton) mit einem verhaltensauslösenden, unkonditionierten Reiz (z. B. Futter) zusammen dargeboten, so löst nach einer gewissen Zeit der vormals neutrale Reiz allein das entsprechende Verhalten (z. B. Speichelsekretion) aus. Der Reiz verliert seine Neutralität und wird zum konditionierten Reiz, der nun den „bedingten Reflex“ auslöst. Dieser Lernvorgang wird *klassisches Konditionieren* genannt.

In einem Diagramm läßt sich dieser Vorgang an einem anderen Beispiel wie folgt darstellen:

	abstrakt	*konkret*
1. Phase	UCS _____ UCR	auf Luftzug erfolgt Lidschlag
2. Phase	CS/UCS _____ UCR	auf Pfeifton und Luftzug erfolgt Lidschlag
3. Phase	CS ________ CR	auf Pfeifton allein erfolgt Lidschlag

UCS: unkonditionierter Stimulus (hier: Luftzug)
UCR: unkonditionierte Reaktion (hier: Lidschlag)
CS: konditionierter Stimulus (hier: Pfeifton)
CR: konditionierte Reaktion (hier: Lidschlag)

Klassische Konditionierungsprozesse treten z. B. im Verlauf der *frühkindlichen Entwicklung* auf. Tritt die Mutter mit Nahrung an das Bett des Kindes, so beginnt dieses sofort zu saugen oder zu schlucken (UCR), obwohl das Kind die Nahrung (UCS) noch nicht sieht. Da die Mutter (CS) in zeitlicher oder räumlicher Nähe (Kontiguität) zur Nahrung wahrgenommen wird, werden nach einiger Zeit die Saug- und Schluckbewegungen des Kindes (CR) schon beim Anblick der Mutter ausgelöst.

Das Prinzip des bedingten Reflexes wurde von PAWLOW auf „das Seelische" im allgemeinen erweitert. „Denken und Sprechen werden als Folgen der Ausbildung von bedingten Reflexen zweiter und dritter Ordnung gedeutet, sie sind das Ergebnis der Schaffung eines *zweiten Signalsystems* im Organismus, das das erste, durch die Sinne vermittelte, ergänzte . . . Das erste Signalsystem kopiert in verallgemeinernder Weise die unmittelbar umgebende Wirklichkeit; das zweite besteht vor allem im *Sprachsystem*, bei dem an die Stelle der Spurenreize, die auf Dinge hinweisen, Symbole treten. Es ist Ausdruck und Produkt der gesellschaftlichen Daseinsweise der Menschen" (THOMAE & FEGER, 1969, S. 37/38).

Diese Ausprägung des zweiten Signalsystems erfolgt durch Konditionierungsprozesse höherer Ordnung, d. h. vor den ursprünglich vor den UCS geschalteten CS wird ein weiterer CS geschaltet etc. Macht die Mutter z. B., bevor sie die Nahrung reicht, das Fenster zu, so wird das Kind schon bald auf dieses Signal hin mit Saugbewegungen reagieren. Tritt sie dann später mit den Worten: „So, jetzt gibt's was zu essen" ein, so erfolgt die ursprünglich unkonditionierte Reaktion auf diese Aussage. Lernen Kinder auf diese Weise die Bedeutung von Sprache kennen, so spricht man von *semantischer Konditionierung*.

In einer Untersuchung aus dem Bereich der *Einstellungsforschung* ließ sich nachweisen, daß z. B. die Verstärkung bestimmter Aussagen über unbekannte Völker mit „gut" letztlich zu einer positiven Einstellung zu diesen Völkern führt und unbekannte Namen (Trobiander, Endomaner) auf diese Weise positive Bedeutung gewannen. (SCHMIDT, BRUNNER & SCHMIDT-MUMMENDEY, 1975)

Klassische Konditionierungsprozesse spielen auch für *emotionale Reaktionen* eine wichtige Rolle. Die häufige Beobachtung, daß Diskussionen unter starker emotionaler Beteiligung der Teilnehmer ablaufen, zeigt, daß Gegenstandsbezeichnungen ebenso gut emotionale Reaktionen auslösen können, wie die bezeichneten Gegenstände selber. Emotionale Reaktionen, deren physiologische Begleiterscheinungen (wie Herzfrequenz, Blutdruck) außer Frage stehen, sind ebenso konditionierbar und unterliegen den gefundenen Lernprinzipien wie anderes Verhalten. Dieses Ergebnis ist besonders für die Einstellungforschung von Bedeutung. In Untersuchungen konnte gezeigt werden, daß auf Einstellungen bezogenes Verhalten von einer Aktivierung des autonomen Nervensystems begleitet ist, Einstellungen folglich eine emotionale Komponente aufweisen.

Sowohl THORNDIKE als auch PAWLOW beziehen sich in ihren Theorien nur auf offenes, beobachtbares Verhalten. Ihre Ansätze sind so konzipiert, daß zur Erklärung des Verhaltens nicht auf verdeckte, der Beobachtung nicht zugängliche Prozesse zurückgegriffen werden muß.

Einer der bedeutendsten Vertreter einer psychologischen Richtung, die gerade die – aus dem Kanon der Naturwissenschaften entlehnte – Objektivität wissenschaftlichen Vorgehens als eines ihrer zentralen Postulate ansah, war WATSON. WATSON, der als der Begründer des Behaviorismus gilt (vgl. auch *Kap. 2*) erhob aus der Kritik subjektiver Methoden, deren Ergebnisse er für nicht generalisierbar und somit unwissenschaftlich hielt, die Forderung nach Etablierung einer objektiven Psychologie. Als Analyseeinheiten benützte er z. B. Muskelbewegungen, Drüsensekretionen und die daraus erwachsenden Reaktionen. WATSON leugnete zwar nicht die Existenz organismischer Variablen, hielt sie jedoch für unbedeutend. Verhalten wird ihm zufolge durch das Prinzip der Kontiguität (zeitliche und räumliche Nähe) und durch Übung erworben, die Verstärkung (vgl. den nächsten Abschnitt) dient lediglich zur Aufrechterhaltung des Verhaltens. Prototyp allen Lernens war für WATSON (1919) der konditionierte Reflex.

In Übereinstimmung mit WATSON bediente sich auch GUTHRIE (1935) der Assoziationskontiguität zur Erklärung des Verhaltenserwerbs. Die Grundlage des Lernens stellt nach GUTHRIE eine einmalige kontingente Assoziation von Reiz und Reaktion dar. Mit anderen Worten erreicht eine Reizsituation ihre volle assoziative Stärke mit dem Auftreten ihrer ersten Verbindung mit einer Reaktion. Elemente dieser Konzeption finden sich später in der Theorie des sozialen Lernens von BANDURA & WALTERS wieder.

Der wahrscheinlich weitreichendste, auf den Prinzipien des Behaviorismus aufbauende Ansatz geht auf SKINNER zurück und ist Gegenstand des folgenden Abschnitts.

3.2.1 Verstärkungstheorie

Die behavioristische Position findet in SKINNER ihren wohl kompetentesten und bekanntesten Vertreter. Ganz im Sinne einer Orientierung an naturwissenschaftlicher Denk- und Arbeitsweise ist SKINNER bestrebt, sich bei seiner experimentellen Analyse des Verhaltens nur auf beobachtbare Tatbestände zu beziehen. Diese liegen am leichtesten und objektivsten beobachtbar und meßbar im *offenen Verhalten* vor, während die gleichzeitig ablaufenden kognitiven Prozesse wie Ideen, Meinungen, Einstellungen oder Absichten aus behavioristischer Sicht nicht Gegenstand einer wissenschaftlichen Analyse sein können, da sie verdeckt erfolgen und einer objektiven Beobachtung nicht zugänglich sind. So erscheint es auch konsequent, wenn SKINNERS Hauptinteresse den Bedingungen gilt, unter denen Verhalten entsteht, geformt und verändert, ausgelöst und aufrechterhalten wird. Diese von SKINNER im einzelnen untersuchten Bedingungen üben Kontrolle über das Verhalten aus und sind in der auf den Organismus einwirkenden Umwelt aufzufinden, nicht aber primär in der genetischen Anlage begründet.

Verhalten tritt in Abhängigkeit davon, ob es belohnt oder nicht belohnt oder gar bestraft wird auf bzw. nicht auf und wird als gelernte und somit erworbene Reaktion des Menschen auf bestimmte Umweltreize angesehen. Insofern ist z. B. das, was wir häufig als geschlechtsspezifisches Verhalten bezeichnen, in den meisten Fällen nicht biologisch begründet, sondern Ausdruck eines historisch-gesellschaftlich bedingten Sozialisationsprozesses. Z. B. betrachtet die Sozialisationsinstanz Familie (vgl. *Kap. 4*, Sozialisation) historisch gewachsene und gesellschaftlich akzeptierte Rollenvorstellungen als Grundlage ihrer Erziehung. Wie im Detail z. B. „typisch männliche" oder „typisch weibliche" Verhaltensweisen erworben werden, läßt sich im Rahmen der Verstärkungstheorie – wie im folgenden dargelegt wird – mit Hilfe von Konzepten wie „Reiz", „Reaktion" und „Verstärkung" beschreiben.

Nachdem im Kap. 2 die grundsätzliche Position SKINNERS und ihre Bedeutung für die Entwicklung verhaltensorientierter Ansätze dargestellt wurde, richtet sich das Hauptaugenmerk nun auf die Grundlagen und Grundbegriffe der experimentellen Verhaltensanalyse, d. h. auf die Darstellung des verstärkungstheoretischen Ansatzes. Bedeutet „lernen" in der PAWLOWschen *klassischen Konditionierung* eine Verbindung zwischen zwei Reizen herzustellen, so bedeutet es in der SKINNERschen *operanten Konditionierung*, die Wahrscheinlichkeit eines Verhaltensaktes zu verändern. Je nachdem unter welchem Gesichtspunkt klassisches und operantes Konditionieren miteinander verglichen werden, bieten sich folgende *Unterscheidungsmöglichkeiten* an:

- *passiv vs. aktiv:* Bleibt das Individuum während des klassischen Konditionierens passiv – Lernen erfolgt durch kontingente Assoziation von Reizen –, muß es beim operanten Konditionieren seine Umwelt aktiv verändern, sich mit ihr auseinandersetzen.
- *Lernen Typ S vs. Lernen Typ R:* Im ersten Fall erfolgt die gleiche Reaktion, das gleiche Verhalten auch auf einen anderen zuvor neutralen *Reiz* (Typ S), im zweiten Fall wird aus einem großen Verhaltensreper-

toire das *Verhalten* (Typ R) herausselegiert, das belohnt wird, so daß man auch von

– *Reizsubstitution vs. Verhaltensselektion* sprechen kann.

SKINNER, der seine Theorie an Tieren entwickelte, versteht unter *operantem oder instrumentellem Konditionieren* die Darbietung oder den Entzug einer Belohnung oder Bestrafung, nachdem ein Organismus eine bestimmte Reaktion gezeigt hat. Das setzt voraus, daß die zu konditionierende Verhaltensweise zuerst auftreten muß, um überhaupt belohnt oder bestraft werden zu können. Ein Kind muß z. B. erst weinen, um, wenn es sich um einen Jungen handelt, dafür bestraft werden zu können – „Jungen dürfen doch nicht weinen" – oder, wenn es sich um ein Mädchen handelt, durch Zuwendung der Mutter, die es trösten will, belohnt zu werden. Die Verhaltensweise „Weinen" ist also schon zuvor im Verhaltensrepertoire des Kindes vorhanden und kann, wenn sie z. B. beim Mädchen häufig belohnt wird, instrumentellen Charakter erhalten, d. h. das Mädchen weint, nur um die positive Zuwendung der Mutter zu erreichen.

In einem *klassischen Beispiel* operanter Konditionierung wurde eine hungrige Ratte in eine SKINNER-Box (einen eigens für diesen Zweck konstruierten Versuchskäfig) gesetzt. Drückte die Ratte einen Hebel, fiel Futter in einen Napf. Während die Ratte zu Anfang viele Verhaltensweisen ausführte, drückte sie auch zufällig auf den Hebel und erhielt sofort Futter. Nach dem sie einige Male den Hebel gedrückt hatte und jedesmal Futter erhielt, wurde das Hebeldrücken zur häufigsten Verhaltensweise der Ratte. In einer anderen Situation konnte die Ratte einen Elektroschock beenden, indem sie ebenfalls den Hebel drückte. Das Hebeldrücken wurde diesmal belohnt, indem eine unangenehme Situation beendet wurde.

Als Diagramm läßt sich der Ablauf so darstellen:

S^D ―――――― R^{op} ―――――――― S^{rein} ――――――― R^{rein}

(SKINNER-Box ―― Hebel drücken ――――――― Futter ――――― Fressen)

S^D	diskriminativer Reiz
R^{op}	operante Reaktion
S^{rein}	verstärkender Reiz
R^{rein}	verstärkende Reaktion
S^{avers}	aversiver Reiz (siehe Text)
R^{avers}	aversive Reaktion (siehe Text)

An einem weiteren Beispiel mag deutlich werden, wie stark in der Verhaltenstheorie die Umwelt als steuernd und kontrollierend angesehen wird. Nehmen wir einmal an, es gäbe gesicherte Erkenntnisse darüber, daß eine Mittelschichterziehung stärker die Kritikfähigkeit betone, während in der Unterschicht mehr Wert auf die vordergründige Erfüllung gesellschaftlicher Normen gelegt würde. Löst so z. B. ein Fernsehbericht über die Rolle der Frau im Beruf (S^D) bei einem Jugendlichen Kritik (R^{op}) aus, weil die Frau im Beruf als Ausnahme betrachtet wurde, so wird er als Angehöriger der Mittelschicht von seinen Eltern eventuell dafür gelobt (S^{rein}) und fühlt sich dadurch in seiner Haltung bestärkt (R^{rein}). Gehört er aber zur Unterschicht, so kann es sein, daß sich die Eltern über seine Kritik (R^{op}) verärgert zeigen (S^{avers}), so daß der Jugendliche dadurch in seinem Verhalten verunsichert wird (R^{avers}). Am Beispiel wird deutlich, wie stark die Umwelt Verhalten steuern und kontrollieren kann. Der Jugendliche aus der Mittelschicht wird in Zukunft eher bereit sein, kritisches Verhalten zu zeigen als der Jugendliche aus der Unterschicht, obwohl beide zu Anfang das gleiche Verhalten gezeigt haben.

Um die Bedingungen des Verhaltens genau und detailliert erfassen zu können, bedient sich die Verstärkungstheorie einer spezifisch wissenschaftlichen Terminologie, zu deren Grundgerüst Begriffe wie Reiz und Reaktion, Verstärkung, Diskrimination und Generalisation zählen, um nur die wichtigsten zu nennen.

Als *Reiz* wird ein internes oder externes Ereignis bezeichnet, das eine Gelegenheit für den Organismus darstellt, sein Verhalten zu ändern. Die Fernsehsendung über die Rolle der Frau im Beruf würde einen solchen Reiz darstellen. Korrespondierend zum Reiz wird das durch den Reiz hervorgerufene Verhalten des Organismus – in unserem Beispiel das sprachliche Verhalten in Form der Kritik – als *Reaktion* bezeichnet. Für SKINNER muß, wie schon weiter oben verdeutlicht wurde, ein Reiz immer physikalischer oder materieller Natur und, um Relevanz für die Wissenschaft zu besitzen, beobachtbar und manipulierbar sein.

Zeigt ein Reiz diejenige Situation an, in der eine bestimmte Verhaltensweise verstärkt wird, falls sie zur Ausführung kommt, spricht man von einem *diskriminativen Reiz*. Er dient dazu, die Situation von anderen zu unterscheiden, in denen diese Verhaltensweise verstärkt bzw. nicht verstärkt wird. Kritik an einer Fernsehsendung zu äußern besitzt dann eine größere Chance, verstärkt zu werden, wenn der Bericht gerade gesendet wurde und auch weitere Personen anwesend sind, die den Bericht ebenfalls gesehen haben. Sich während eines Fußballspiels kritisch über die Frauen-Sendung zu äußern, wird sicherlich mit geringerer Wahrscheinlichkeit zu einer Verstärkung führen.

Das *Verstärkungskonzept* stellt die Grundlage der Verstärkungstheorie dar und ist auch am sorgfältigsten und ausführlichsten untersucht worden. Als Verstärker wird jedes Ereignis definiert, das einer Reaktion folgt und die Wahrscheinlichkeit der Wiederholung dieser Reaktion erhöht. Im Beispiel besitzt die Zustimmung und positive Einschätzung der Kritik von seiten der Eltern diese Verstärkereigenschaften. Die Wirksamkeit der Verstärkung hängt aber nicht nur von der Tatsache ihres Eintretens ab, sondern ist durch eine Reihe weiterer Faktoren bedingt.

- *Ausmaß und Qualität der Verstärkung.* Eine ausführliche und sehr differenzierte Würdigung der Kritik des Sohnes besitzt einen höheren Verstärkungswert als etwa eine nur kurze und sehr allgemeine Zustimmung.
- *Ausmaß und Verzögerung der Verstärkung.* Verstärken die Eltern die Kritik ihres Sohnes sofort, so ist die Verstärkerwirkung höher einzustufen, als wenn sie ihre Zustimmung erst viel später z. B. am nächsten Tag äußern würden.
- *Art, in der die Verstärkung geplant oder programmiert ist.* Würde man das Kritikverhalten experimentell steuern wollen, so könnte man zwei unterschiedliche Arten von Vorgehensweisen oder Verstärkungsplänen wählen. Entweder man verstärkt jede kritische Reaktion *(kontinuierliche Verstärkung)*, oder die kritischen Reaktionen werden nach bestimmten vorher festgelegten Plänen *intermittierend verstärkt*, das könnte heißen, daß z. B. nur jede 5. kritische Äußerung oder nur alle 5 Minuten eine kritische Äußerung verstärkt wird.

Man spricht nur dann von Verstärkung, wenn die Häufigkeit einer Verhaltensweise wirklich ansteigt. Diese Feststellung wird deshalb so betont, weil man häufig negative Verstärkung mit Bestrafung gleichsetzt, obwohl durch Bestrafung, falls sie wirksam ist, die Häufigkeit einer Verhaltensweise herabgesetzt wird. *Positive Verstärker* sind Reize, die eine bestimmte Reaktion verstärken, als *negative Verstärker* werden Reize angesehen, die eine Reaktion dadurch verstärken, daß sie zurückgezogen oder entfernt werden. Stößt etwa Kritik über Frauen-Sendungen bestimmter Art in einer Gruppe ständig auf Ablehnung, so kann man der Situation dadurch entgehen, daß man das Thema „zurückzieht" und auf ein neutrales ausweicht, z. B. über das Wetter redet. Hier wird das Zurückziehen des Themas und Ausweichen auf ein anderes verstärkt.

Zur Erleichterung des Verständnisses kann folgendes Schema dienen:

	positiver Reiz	aversiver Reiz
Darbietung	(positive) Verstärkung	Bestrafung
Entzug o. Fortfall	Löschung (Extinktion)	negative Verstärkung

Werden nicht die aversiven, sondern die positiven Reize entzogen, so kann eine Verhaltensweise, falls sie nicht noch über andere Verstärker aufrechterhalten wird, gelöscht werden. Sind die Eltern unseres Beispiels der Meinung, die Kritik ihres Sohnes, die sie bisher immer verstärkt haben, würde gegenüber anderen einen schlechten Eindruck hervorrufen, so könnten sie beschließen, in Zukunft auf die Kritik nicht mehr einzugehen und ihrem Sohn dabei nicht mehr zuzustimmen. Während die *Löschung* die Reaktionsstärke einer Verhaltensweise auch langfristig herabsetzt, dient die *Bestrafung* nach den bisherigen Erkenntnissen nur einer zumeist kurzfristigen Hemmung der Verhaltensweise. Die Reaktionsstärke einer Verhaltensweise wird u. a. über ihre Resistenz gegenüber Löschung bestimmt, und hängt z. T. von den o. g. Verstärkungsplänen ab. Wurde z. B. das Kritikverhalten jedesmal verstärkt, ist es leichter zu löschen und besitzt eine geringere Reaktionsstärke als im Falle einer intermittierenden Verstärkung.

Eine Darstellung der wichtigsten theoretischen Grundlagen der Verstärkungstheorie bliebe unvollständig, würde man nicht das *Generalisations- und Diskriminationskonzept* miteinbeziehen. Generalisation und Diskrimination finden sowohl auf der Reiz- als auch auf der Reaktionsseite statt. Die Ausbildung einer allgemeinen Kritikfähigkeit wäre nicht denkbar, wenn Kritik nur durch den gleichen Reiz ausgelöst und nur in einer fest damit verbundenen Form geübt würde. Allerdings gilt: Je ähnlicher die Reizsituation der ursprünglichen ist, desto wahrscheinlicher tritt die Reaktion auf. Kritik kann also auch in anderen, ähnlichen Situationen auftreten und dabei durchaus verschiedene Formen annehmen (z. B. sprachlich, schriftlich, mimisch etc.). Generalisationseffekte treten sowohl während eines Extinktionsprozesses als auch beim Verhaltenserwerb auf.

Die *Diskriminationsfähigkeit* bildet sich erst langsam heraus und erlaubt es der Person, zwischen Situationen zu unterscheiden, in denen eine bestimmte Reaktion ausgeführt werden muß (Reizdiskrimination), und zwischen Verhaltensweisen zu unterscheiden, die in einer bestimmten Situation adäquat sind (Reaktionsdiskrimination). Nicht jeder Fernsehbericht und nicht jede anwesende Gesprächsgruppe ist geeignet, mit Kritik konfrontiert zu werden, und sicherlich kann nicht jede Form der Kritik zu jeder Gelegenheit geäußert werden. Parallel zur Entwicklung der Diskrimination verläuft die graduelle Extinktion von Verhaltensweisen auf bestimmte Reize und die graduelle Extinktion von unangemessenem Verhalten.

Generalisation und Diskrimination spielen eine gewichtige Rolle im *alltäglichen sozialen Verhalten.* Indem z. B. Erfahrungen mit einzelnen Gruppenmitgliedern auf alle Gruppenmitglieder übertragen werden, können Gruppen- oder ethnische Vorurteile entstehen. Unterschiedliches Verhalten gegenüber einzelnen Gruppenmitgliedern ist dagegen auf Diskrimination zurückzuführen.

Die Verstärkungstheorie, die hier in ihren wichtigsten Grundlagen dargelegt wurde, stellt ein transparentes und pragmatisch orientiertes Modell zur Analyse und Kontrolle menschlichen Verhaltens dar, so daß es nicht überrascht, daß es in vielen Bereichen der Psychologie, z. B. der Pädagogischen Psychologie (Erziehung, Unterricht) und der Klinischen Psychologie (Verhaltenstherapie) zur Anwendung gebracht wurde. Es gibt Versuche, alle sozialpsychologischen Phänomene verstärkungstheoretisch zu erklären (vgl. *Kap. 2*). Da es sich aber gerade bei sozialem Verhalten um sehr komplexe Vorgänge handelt, bleibt es fraglich, inwiefern das Verstärkungskonzept hierzu in vollem Umfang geeignet ist. Die nun folgende Theorie des sozialen Lernens nimmt dagegen für sich in Anspruch, besonders die Entstehung komplizierter Verhaltensweisen erklären zu können.

3.2.2 Theorien des sozialen Lernens

Nach den Theorien des sozialen Lernens läßt sich Entstehung und Veränderung von Verhalten vorrangig durch das *Beobachten* anderer Menschen, ihres Verhaltens und ihrer Tätigkeiten erklären. Durch das Beobachten wird der Mensch in die Lage versetzt, einen anderen Menschen – in der Theorie des sozialen Lernens spricht man in diesem Fall von einem „Modell" – oder ein bestimmtes Verhalten bzw. eine Tätigkeit (Modellverhalten) nachzuahmen oder zu imitieren. Schon in einigen frühen theoretischen Ansätzen (MILLER & DOLLARD, MOWRER und mit Einschränkung auch SKINNER) wurde dieses Prinzip teilweise zugrunde gelegt. Seine eigentliche Bedeutung erlangte es aber erst durch die Forschung von A. BANDURA und seinen Mitarbeitern. BANDURA zeigt an einer Reihe sozialer Phänomene auf, wie wenig die bisherigen verstärkungstheoretischen Ansätze zur alleinigen Erklärung solcher Phänomene geeignet sind, und wie sehr es hierzu eines neuen, weitreichenden Ansatzes bedarf. Bevor die auf BANDURA zurückgehende Theorie des Modellernens dargestellt wird, soll Bezug auf einige Vorläufer sozialer Lerntheorien genommen werden.

Es ist häufig besonders beeindruckend, wenn man beobachtet, wie drei- oder vierjährige Kinder ganze Verhaltenssequenzen spontan ausführen, die sie soeben bei ihrem Vater beobachtet haben. Sie setzen sich z. B. in der gleichen Weise wie ihr Vater in einen Sessel, schlagen die Beine übereinander und mimen ein ernstes Gesicht. Eine solche Verhaltensweise ist sicherlich nicht durch graduelle Bekräftigung einzelner Verhaltensteile entstanden, sondern sehr viel wahrscheinlicher durch direkte Nachahmung der Verhaltensweisen eines Modells, in diesem Fall des Vaters.

Wie sollte man sich überhaupt eine Gesellschaft vorstellen, in der Sprache und Sprachgewohnheiten, Sitten und familiäre Gepflogenheiten, erzieherische, religiöse und politische Praktiken bei jeder einzelnen Person erst durch die direkten Konsequenzen von Lernen nach dem Prinzip von Versuch und Irrtum geformt werden müßten, also ohne auf ein Modell zurückgreifen zu können, das eine Reihe kulturell geprägter Verhaltensweisen einfach vorführt. Besonders in einer technisch hoch entwickelten Kultur müssen einfach viele Verhaltensweisen durch das Beobachten eines kompetenten Modells erworben werden, wobei das Modell nicht notwendigerweise real-life-Charakter besitzen muß, sondern auch verbal oder bildlich dargestellt werden kann. Gäbe es wirklich nur die Möglichkeit, Verhaltensweisen nach dem Modell des klassischen oder operanten Lernens aufzubauen, so brauchten die Menschen nach Ansicht BANDURAS selbst für die einfachsten Handhabungen eine unverhältnismäßig lange Lernzeit.

Bei anderen Verhaltensweisen ist es gar undenkbar, wie sie allein über differentielle Verstärkung von Versuchs-und-Irrtums-Lernen erworben werden können, da ein Irrtum häufig tödliche Folgen haben oder zumindest hohe Kosten verursachen kann. Niemand käme auf die Idee, Kindern nach dem Prinzip von Versuch und Irrtum, das Schwimmen beizubringen, Jugendliche Autofahren zu lehren, oder Medizinstudenten Ablauf und Vorgehensweise bei einer Operation zu vermitteln. Lernpsychologische Laboruntersuchungen werden zumeist in vergleichsweise harmloser Umgebung durchgeführt und sind insofern nur schwer auf Situationen zu übertragen, in denen ein Irrtum tatsächlich zu folgenschweren Konsequenzen führen kann.

Zusammenfassend läßt sich somit die Relevanz des Modellernens für *Alltagssituationen* an drei herausragenden Aspekten verdeutlichen:

- Modellernen spielt besonders in den Situationen eine große Rolle, in denen Fehler zu gefährlichen oder kostspieligen Folgen führen würden. Durch Modellernen lassen sich zumindest eine Reihe unnötiger Fehler vermeiden.
- Der Erwerb der menschlichen Sprache ist ohne die Annahme von Modellern-Prozessen sicherlich nicht zu erklären. Würden Kinder keine Gelegenheit haben, Sprache bei anderen Personen zu beobachten, wären sie wahrscheinlich nicht in der Lage, Sprechen zu lernen. Der von SKINNER formulierte Ansatz, nachdem Kinder für zufällige Verbalisationen, die einem bestimmten Wort nahekommen, gezielt verstärkt werden (shaping), könnte nicht erklären, warum Kinder ein so komplexes Phänomen wie Sprache sogar unter Berücksichtigung grammatischer Strukturen so schnell lernen.
- Selbst in den Situationen, in denen der Erwerb von Verhaltensweisen auch durch Annahme anderer Konzepte erklärt werden kann, könnte der Lernprozeß durch Modellernen zumeist erheblich verkürzt werden.

Vorläufer sozialer Lerntheorien. Als die ersten, die sich intensiv mit dem Einfluß von Modellen auf Verhalten beschäftigt haben, müssen MILLER & DOLLARD genannt werden, die ihr Buch „Social Learning and Imitation"

1941 veröffentlichten. MILLER & DOLLARD stützen sich bei der Analyse imitativen, nachahmenden Verhaltens auf die Konzepte Trieb, Hinweisreiz, Reaktion und Belohnung (oder Verstärkung). Der Mensch muß nach ihrer Meinung, um überhaupt offenes Verhalten zeigen zu können, motiviert sein, wobei der *Trieb*, der als starker, den Menschen zum Handeln drängender Reiz angesehen wird, die Motivationsgrundlage bildet. Um eine spezifische Reaktion oder ein bestimmtes Verhalten ausführen zu können, ist der Mensch weiterhin auf das Vorhandensein bestimmter *Hinweis- oder Modellreize* angewiesen.

In Übereinstimmung mit der Verstärkungstheorie gehen MILLER & DOLLARD davon aus, daß nur die *Reaktionen* wiederholt werden, die auch *belohnt* werden, wobei die Autoren Belohnung synonym mit Triebreduktion gebrauchen. Sie setzen voraus, daß eine Reaktion, bevor sie gelernt und belohnt werden kann, schon aufgetreten sein muß. Menschen besitzen nach ihrer Meinung ein *„angeborenes" Repertoire von Reaktionen*, die ursprünglich nicht an Hinweisreize gebunden sind. Lernen erfolgt dadurch, daß eine bestimmte Reaktion in Gegenwart eines bestimmten Hinweisreizes (z. B. eines Modells) belohnt wird. Gelernt wird somit nicht ein neues Verhalten, sondern nur die Verbindung zwischen Reaktion und Hinweisreiz. Weil der Mensch die Möglichkeit hat, andere Menschen zu beobachten, kann der nach dem Prinzip von Versuch und Irrtum ablaufende Lernprozess verkürzt werden. Im günstigsten Fall wird der Lernprozess so weitgehend verkürzt, daß schon nach einer Beobachtung sofort die richtige Reaktion erfolgt. „Neues Verhalten" entsteht nach MILLER & DOLLARD aus der Kombination alter Verhaltensweisen.

MILLER & DOLLARD gehen davon aus, daß imitatives oder nachahmendes Verhalten sich zumindest in drei Arten unterteilen läßt, in:
- gleiches oder identisches Verhalten.
- angeglichen-abhängiges Verhalten (matched-dependent behavior)
- genau kopierendes Verhalten

Gleiches oder identisches Verhalten tritt dann auf, wenn zwei Personen in gleicher Weise auf eine unabhängige Stimulation durch denselben Hinweisreiz reagieren.

Beim angeglichen-abhängigen Verhalten handelt es sich um eine Zwei-Parteien-Interaktion, die an einem Beispiel verdeutlicht werden soll. Zwei Brüder spielen, während sie auf ihren Vater warten. Normalerweise bringt der Vater Bonbons für die Kinder mit, wenn er heimkommt. Während des Spielens hört das ältere Kind Schritte. Diese Schritte sind Hinweisreize für die Rückkehr des Vaters, und das Kind reagiert darauf, indem es ihm entgegenläuft. Für das jüngere Kind stellen die Schritte keinen Hinweisreiz dar und ergeben keinen Grund zum Laufen. Auch das Loslaufen des älteren Bruders veranlaßt es in den meisten Fällen nicht zu laufen. Diesmal läuft es jedoch hinterher und beide erhalten vom Vater Bonbons. In ähnlichen

Situation wird der jüngere Bruder nach diesem Ereignis eher bereit sein loszulaufen, wenn er seinen Bruder laufen sieht. Wird er dafür fortgesetzt belohnt, stabilisiert sich sein Verhalten und er wird immer dann auch loslaufen, wenn sein Bruder losläuft. *Auf diese Weise hat er gelernt,* seinen älteren Bruder *zu imitieren*, die Schritte des Vaters dagegen haben nicht den Charakter eines Hinweisreizes erworben. Miller & Dollard stellen dieses Beispiel schematisch folgendermaßen dar:

	Führer		Imitator
Trieb	Appetit auf Bonbons		Appetit auf Bonbons
Hinweisreiz	Schritte	→ abhängig →	Aufspringen
Reaktion	Laufen	→ angeglich. →	Laufen
Belohnung	Essen von Bonbons		Essen von Bonbons

Man spricht hier deshalb von angeglichen-abhängigem Verhalten, weil der Imitator nicht nur das Modellverhalten imitiert, sondern zusätzlich auf die Reaktion des Modells als Hinweisreiz angewiesen ist.

Eine komplexere Form der Imitation als das angeglichen-abhängige Verhalten liegt beim *kopierenden Verhalten* vor. Der Beobachter versucht, das Verhalten des Modells genauestens zu kopieren.

Ein weiterer Ansatz zur Erklärung des Modellernens geht auf Skinner (1953, 1957) zurück und weist Gemeinsamkeiten zu Miller & Dollard auf. Auch für Skinner dient das Modell lediglich als diskriminativer Reiz für die Verstärkung. Der Beobachter wird nach Skinner durch sukzessive Annäherung dazu gebracht, angeglichene (matched) Reaktionen aufzubauen. Für Bandura (1966) handelt es sich in Skinners Modell lediglich um eine diskriminative und Verstärkungskontrolle zuvor gelernter, angeglichener Reaktionen; neue Reaktionen können nach seiner Meinung mit diesem Ansatz nicht erklärt werden.

Nach Mowrer (1960) lassen sich in Abhängigkeit davon, ob der Beobachter *direkt oder stellvertretend verstärkt* wird, zwei Formen imitativen Lernens unterscheiden. Im ersten Fall führt ein Modell ein bestimmtes Verhalten aus und belohnt dabei gleichzeitig den Beobachter. Wird der Beobachter wiederholt kontingent mit der Wahrnehmung eines bestimmten Modellverhaltens belohnt, so kann das Verhalten des Modells einen positiven Wert für den Beobachter erhalten, d. h. der Beobachter kann später sich selbst belohnen, indem er das positiv besetzte Verhalten ausführt.

Im zweiten Fall erlebt der Beobachter die z. B. positiven Konsequenzen der Verstärkung für das Modell, dessen Satisfaktion (und bei negativen Konsequenzen dessen Dissatisfaktion) durch den Verstärker stellvertretend mit. Beim Beobachter kommt es nach Mowrer dabei zu positiven sensorischen Empfindungen, die ihn später dazu veranlassen können, das Modellverhalten nachzuahmen, um wieder die gleichen positiven sensorischen Empfindungen zu erhalten.

Der entscheidende Fortschritt gegenüber MILLER & DOLLARD oder SKINNER ist darin zu sehen, daß nach MOWRER *Verhalten auch dann gelernt oder erworben werden kann, wenn es zuvor noch nie ausgeführt wurde.* Im weiteren geht aber auch MOWRER vom Verstärkungsprinzip als einer notwendigen Voraussetzung für Modellernen aus.

Theorie des Modellernens. Zu Anfang dieses Abschnitts wurde in Anlehnung an BANDURA (1971) versucht, an einer Reihe von Beispielen aus dem Alltagsleben aufzuzeigen, daß Verhalten in der Tat in vielen Fällen durch direkte Beobachtung entstanden sein muß. Auf BANDURA geht auch die wichtigste und heute sicherlich einflußreichste Theorie des Modellernens zurück.

In Zusammenarbeit mit WALTERS konnte BANDURA (BANDURA 1962) in einer Reihe von Untersuchungen zeigen, daß *zwischen Erwerb und Ausführung einer Verhaltensweise unterschieden werden muß,* wobei der Verstärkung nur bei der Aufrechterhaltung der Verhaltensweise Bedeutung zukommt, während der Prozeß der Übernahme des Verhaltens nicht auf verstärkende Reize angewiesen ist. Der Erwerb einer Verhaltensweise ist kein langsamer Prozeß der differentiellen Verstärkung und allmählichen Annäherung des Verhaltens an das des Modells, wie die Lerntheoretiker und mit ihnen MILLER & DOLLARD annahmen, sondern es können selbst komplexe Verhaltensweisen direkt übernommen werden. Nach BANDURA & WALTERS führt das Verhalten eines Modells zu intern vorgestellten Reaktionen beim Beobachter; diese in der Vorstellung schon vollzogenen Reaktionen werden irgendwann später in einer Situation mit ähnlichen Merkmalen aktualisiert. So integriert der Beobachtende Reizverbindungen der Reaktionen des Modells und Reize des Verhaltensumfeldes und kann das Verhalten des Modells imitieren, ohne daß er während des Erlernens selbst die Reaktion gezeigt hätte oder belohnt worden wäre.

Im Verlauf ihrer Forschung stellten sie fest, daß in Abhängigkeit von den verschiedenen daran beteiligten Prozessen der Einfluß eines Modells zu drei verschiedenen Effekten beim Beobachter führen kann:

- *Erwerb neuer Verhaltensweisen als Effekt des Beobachtungslernens:* Der Beobachter erwirbt neue Verhaltensweisen, die in dieser Form noch nicht in seinem Verhaltensrepertoire enthalten waren. In den meisten Fällen enthalten diese neuen Verhaltensweisen schon bekannte Segmente.
- *Hemmende und nicht-hemmende Effekte:* BANDURA spricht von hemmenden Effekten des Modellverhaltens, wenn infolge der Beobachtung aversiver Verhaltenskonsequenzen für das Modell der Beobachter entweder die gleiche Verhaltensklasse seltener ausführt oder eine generelle Reduktion der Reaktionsbereitschaft eintritt (vgl. BANDURA, 1966). Auf der anderen Seite führt die Beobachtung belohnter oder unbestrafter Ausführung sozial nicht akzeptierten Verhaltens zu einem Anstieg in

der gleichen Verhaltensklasse oder zum generellen Anstieg sozial mißbilligten Verhaltens. Positive und negative Verstärkung des Modells werden stellvertretend erfahren.

– *Reaktionserleichternde Effekte* treten dadurch auf, daß das Modellverhalten als diskriminativer Reiz für den Beobachter dient. Sitzt z. B. eine Person im Theater, so applaudiert sie mit, wenn alle applaudieren; sieht sie auf der Straße einige Personen stehen, die in die Luft schauen, so schaut sie auch hoch, usw.

Der Grundgedanke des Modellernens geht davon aus, daß der *Einfluß des Modells auf seiner Bereitstellung von Informationen beruht.* Der Beobachter erwirbt nicht spezifische Reiz-Reaktions-Verbindungen, sondern speichert die durch das Modellverhalten gelieferten Informationen in symbolischer Form. Nach BANDURA sind am Modellernen die folgenden vier Teilprozesse beteiligt: 1. die *Aufmerksamkeit* des Beobachters bei der Modelldarbietung, 2. seine Fähigkeit, das wahrgenommene Modellverhalten auch zu *behalten* und 3. später zur *Steuerung* seines offenen Verhaltens zu nutzen, sowie 4. *Verstärkungs-* und *Motivations*prozesse.

ad 1: Allein die Darbietung eines Modells bietet nicht die Gewähr, daß es auch wahrgenommen wird, daß es aus einer Anzahl von Umweltreizen herausgesucht und beachtet wird. Ein Jugendlicher wird nicht in der Lage sein, die Verhaltensgewohnheiten einer bestimmten gesellschaftlichen Gruppe zu erwerben, wenn er nicht darauf achtet, sie gar nicht erkennt oder die besonderen Merkmale dieser Verhaltensweise nicht zu differenzieren weiß. Seine Aufmerksamkeit gilt auch nicht zufällig mal diesem oder jenem Mitglied der Gruppe, sondern wird von bestimmten kontrollierenden Variablen beeinflußt. Er wird z. B. eher auf Verhaltensweisen achten, die er selbst gern erwerben möchte und wahrscheinlicher die Modelle beobachten, die über Macht in der Gruppe verfügen oder attraktiv erscheinen.

ad 2: Häufig ist es nicht möglich, die beobachteten Verhaltensweisen gleich selbst auszuführen, da z. B. die Situation dazu nicht geeignet ist, die Voraussetzungen nicht vorhanden sind oder man dies auch gar nicht will. Kommen sie aber später trotzdem zur Ausführung, so nur deshalb, weil sie in der Vorstellung noch vorhanden sind. Auf diese Weise können zwischen dem Erwerb einer Verhaltensweise und ihrer Ausführung beträchtliche Zeitspannen liegen. Nach BANDURA gibt es dabei zwei Möglichkeiten, nach denen die vom Modell gelieferten Informationen gespeichert werden können: in *bildlicher* oder *verbal kodierter* Form. Wird etwa ein Name ständig im Zusammenhang mit einer bestimmten Person gebraucht, so ist es nahezu unmöglich, diesen Namen zu hören, ohne gleichzeitig die Person bildlich vor sich zu sehen. Verantwortlich dafür, daß Modellernen häufig in relativ kurzer Zeit erfolgt, trotzdem aber lange in der Vorstellung des Beobachters erhalten bleibt, ist die verbale Kodierung des Modellverhaltens. Es ist z. B. einfacher, sich einen bestimmten Weg nach dem Schema „3. Straße links, 2. Straße rechts“ einzuprägen, als den ganzen Weg bildlich zu speichern.

In zahlreichen Untersuchungen (z. B. BANDURA, GRUSEC & MENLOVE, 1966; GERST, 1971) konnte nachgewiesen werden, daß explizites verbales Kodieren und genaues Kennzeichnen sich der nur bildlichen Form überlegen zeigen. Kann der Beobachter dabei auf ihm schon vertraute Strukturen zurückgreifen, so wird sowohl der Verhaltenserwerb als auch das Behalten erheblich erleichtert. Bemüht sich der Beobachter darum, besonders lange Verhaltenssequenzen zu behalten, so kann er seine Behaltensleistung durch stille oder laute Wiederholungen *(rehearsal)* des verbal Kodierten erheblich steigern. *Der Beobachter übt also keine passive, rein rezeptive Funktion aus sondern ist selbst aktiv am Lernprozeß beteiligt, indem er etwa die Modellreize in leicht zu behaltende Strukturen transformiert, klassifiziert und organisiert.*

ad 3: Die Ausführung des erworbenen Verhaltens – BANDURA spricht vom *motorischen Reproduktionsprozeß* – erfolgt unter Anleitung der verbal kodierten oder bildlich gespeicherten Informationen aus dem Modellverhalten. Nachahmendes Verhalten erfolgt somit in Abwesenheit des konkreten Modells. Handelt es sich um komplexe Verhaltenssequenzen, so werden sie häufig aus einzelnen, zuvor schon gelernten Verhaltenskomponenten kombiniert, die selbst wiederum recht komplex sein können. Fehlen diese, so werden sie zuerst nach und nach ebenfalls durch Modellernen erworben.

ad 4: Auch wenn z. B. der Jugendliche in der Lage ist, das Verhalten eines anderen Gruppenmitglieds nachzuahmen, wird er nur selten dazu bereit sein, wenn er weiß, daß damit unangenehme Konsequenzen verbunden sind. Schafft man dagegen positive Anreize, so wird es eventuell gleich ausgeführt. Die Verstärkung beeinflußt aber nicht nur die *Ausführung* offenen, nachahmenden Verhaltens, sondern kann sich auch, wie im folgenden gezeigt wird, auf die *Selektion von Modellereignissen* sowie das *selektive Behalten* auswirken.

Gibt es nun Situationen, in denen trotz vorheriger Modelldarbietung kein nachahmendes Verhalten auftritt, so kann das auf viele Gründe zurückzuführen sein. Der Jugendliche hat etwa die in einer bestimmten Gruppe üblichen Verhaltensgewohnheiten gar nicht wahrgenommen, sie falsch kodiert, nicht mehr behalten können, nicht die erforderlichen sprechmotorischen Voraussetzungen oder er ist nicht gewillt, das Verhalten nachzuahmen, da keine Verstärkungen zu erwarten sind. Der Verstärkung kommt jedoch eher eine reaktionsbahnende Funktion zu, als daß es sich hier um eine notwendige Voraussetzung handelt.

Aber gerade die Tatsache, daß *Modellernen ohne Verstärkung* möglich ist, stellt einen umstrittenen Aspekt dieser Theorie dar, auf den nun stärker

Bezug genommen werden soll. Modellernen setzt voraus, daß ein bestimmtes Modellverhalten wahrgenommen werden kann. Dazu muß jedoch festgestellt werden, daß, wie schon oben angesprochen wurde, die Modelldarbietung allein nicht ausreicht, nachahmendes Verhalten zu erzeugen, also weitere Faktoren berücksichtigt werden müssen, die Kontrolle über die Verteilung der Aufmerksamkeit ausüben.

Eine von vielen Variablen, die hier zu nennen wären, die *Antizipation von Verstärkung*, beeinflußt so z. B., was beobachtet wird und was unbeachtet bleibt. Weiß ein Jugendlicher, welche Person oder welche Verhaltensweise in der Gruppe zumeist mit Anerkennung verbunden ist, kann sein *Aufmerksamkeitsverhalten* dadurch weitgehend gesteigert werden.

Darüber hinaus kann die antizipierte Anerkennung in der Gruppe auch dazu beitragen, die durch das Modell gelieferten Informationen *sorgfältiger zu kodieren und besser zu behalten.* Verstärkung erweist sich infolgedessen als ein den Lernprozeß fördernder Faktor, der jedoch keine notwendige Bedingung darstellt, da Aufmerksamkeit auch durch eine Reihe weiterer Faktoren geweckt werden kann, z. B. durch auffallende Eigentümlichkeiten im Auftreten oder Verhalten einer Person. Man muß nicht dafür verstärkt werden, wenn man interessante, plötzlich auftretende auditive oder visuelle Reize aufmerksam verfolgt.

Ebenso ist die *Ausführung* des erworbenen oder gelernten Verhaltens nach BANDURA nicht notwendigerweise von den direkten externen Konsequenzen des Verhaltens abhängig, sondern kann auch durch *Selbst-Verstärkung* oder *stellvertretende Verstärkung* erfolgen. Die Selbst-Verstärkung orientiert sich dabei an selbstgesetzten Standards, die, wenn sie überschritten werden, für das Individuum einen Grund darstellen, sich selbst zu belohnen, oder, wenn sie unterschritten werden, sich zu bestrafen. Die stellvertretende Verstärkung beruht darauf, daß der Beobachter auch dann Verstärkung erfährt, wenn er die Verhaltenskonsequenzen nur beim Modell beobachtet.

BANDURA glaubt, daß *stellvertretende Verstärkung* aufgrund verschiedener Mechanismen, von denen einige genannt werden sollen, zu Veränderungen beim Beobachter führen kann.

- Dem Beobachter werden Informationen geliefert, wie wahrscheinlich eine Verstärkung durch die Ausführung bestimmter Reaktionen zu erhalten ist.
- Dem Beobachter werden Kenntnisse über die Reize in dem betreffenden Feld vermittelt, es wird ihm geholfen, seine Aufmerksamkeit auf diese Reize zu richten.
- Dem Beobachter werden Anreize für die mögliche Ausführung einer bestimmten Handlung vermittelt.
- Dem Beobachter wird die Möglichkeit geboten, die affektiven Reaktionen zu beobachten, die auf eine bestimmte Verstärkung hin auf der

Modellseite erfolgen.
- Wird der Status des Modells durch Verstärkung verändert, so kann sich das im folgenden auf das Ausmaß auswirken, in dem ein Beobachter bestimmte Modelle nachahmt.

Stellvertretende Verstärkung kann so über einen oder mehrere der soeben angesprochenen Mechanismen nachahmendes Verhalten beeinflussen, es also fördern oder hemmen.

Nutzen und Anwendungsbreite der Theorie des Modellernens lassen sich am besten verdeutlichen, wenn man ihren Einfluß auf die einzelnen im zweiten Teil dieses Kapitels dargestellten Gegenstandsbereiche verfolgt. BANDURA und seine Mitarbeiter haben sich neben der Entwicklung ihres theoretischen Ansatzes intensiv mit *aggressivem Verhalten* beschäftigt, das nach ihrer Meinung zumeist durch aggressive Modelle erworben wird. In einem Experiment von BANDURA, ROSS & ROSS (1963) wurde z. B. einer Reihe von Kindergartenkindern im Fernsehen ein aggressives Modell vorgeführt. Eine Gruppe von ihnen sah, wie das Modell für sein aggressives Verhalten belohnt wurde, in der anderen Gruppe wurde es dafür bestraft. Einer dritten (Kontrollgruppe) wurde das Modell gar nicht gezeigt. In einer daran anschließenden Spielsituation zeigte sich, daß die Kinder der ersten Gruppe sich signifikant aggressiver verhielten als die der beiden anderen Gruppen. Dieses Ergebnis bezog sich aber, wie durch eine anschließende Befragung nachgewiesen wurde, nur auf die Verhaltensausführungen, da die Kinder, denen das bestrafte Modell gezeigt wurde, die kognitiven Entsprechungen des Modellverhaltens ebenfalls gelernt hatten.

Die Theorie des Modellernens ist bisher in einer Reihe weiterer Experimente untersucht worden, so daß sie sich heute auf eine breite empirische Basis stützen kann. Durch ihre *Einbeziehung kognitiver Aspekte* geht sie über den Rahmen traditionell-behavioristischer Ansätze hinaus und ist dadurch möglicherweise eher in der Lage, der Komplexität menschlichen Verhaltens gerecht zu werden.

3.2.3 Interaktionstheorien

Es würde schwer fallen, wollte man die hier zusammengestellten Interaktionstheorien auf eine gemeinsame theoretische Grundlage zurückführen, obwohl sich alle an offenem Verhalten orientieren und ihre Analyse vorrangig auf dyadische, also Zwei-Personen (oder Parteien)-Interaktionen begründen. Interaktionstheorien betonen – wie der Begriff „Interaktion" schon andeutet – mehr als Verstärkungstheorien und Theorien des sozialen Lernens die gegenseitige Abhängigkeit und Beeinflußbarkeit von Verhalten und gehen von dyadischen Interaktionen als Grundelement ihrer Analyse aus. Die bisher dargestellten verhaltensorientierten Ansätze sind zwar ebenfalls in der Lage, Interaktionen zu analysieren und zu beschreiben, sie wählen als Analyseeinheit aber ein einzelnes Individuum und betrachten es in seiner Auseinandersetzung, in seiner Interaktion mit der auf es einwirkenden Umwelt, zu der natürlich in nicht geringem Umfang der jeweils konkrete Interaktionspartner zählt. So stützen sich auch HOMANS' Theorie des elementaren sozialen Verhaltens und die Austauschtheorie von THIBAUT & KELLEY auf behavioristische Verstärkungskonzeptionen als Teil ihrer Erklärungsansätze. Lediglich die Theorie der sozialen Fertigkeiten von ARGYLE fällt stärker aus diesem Rahmen heraus und versucht, ein Modell sozialer Interaktionen in Anlehnung an ein Regelkreismodell motorischer Verhaltensweisen zu entwickeln.

HOMANS' *Theorie des elementaren sozialen Verhaltens*

HOMANS, obgleich Soziologe, legt sein Schwergewicht auf die Analyse elementarer sozialer Prozesse, wie sie in dyadischen oder Kleingruppensituationen auftreten, und interessiert sich erst sekundär für die daraus resultierenden sozialen Strukturen und Systeme, den eigentlichen Gegenstand der Soziologie. Seine Theorie baut auf Elementen behavioristischer Psychologie und elementarer Ökonomie auf. Soziales Verhalten läßt sich für HOMANS über einen „psychologischen" Austausch erwarteter Belohnungen und in Kauf genommener Kosten erklären, d. h. er setzt die in einer sozialen Interaktion möglichen Vorteile *(Belohnungen)* ins Verhältnis zu den ebenfalls auftretenden möglichen Nachteilen *(Kosten)*, wobei diese Begriffe nicht unbedingt im Alltagssinne zu verstehen sind. Unter einer Belohnung kann jede Art von Gratifikation verstanden werden, die einem Interaktionspartner entgegengebracht wird und somit seine Bedürfnisse befriedigt; unter Kosten versteht man nicht nur die unmittelbaren Nachteile, sondern auch den erzielten Gewinn im Verhältnis zu einer potentiellen Belohnung in einer alternativen Interaktionssituation. Je nachdem ob Kosten oder Belohnungen überwiegen, stellt das jeweilige Interaktionsergebnis einen Profit oder einen Verlust dar.

Stellen wir uns vor, der Jugendliche aus unserem obigen Beispiel würde zusammen mit seiner Freundin, die er erst seit kurzer Zeit kennt, die Frauen-Sendung im Fernsehen verfolgen, und er könnte im Anschluß daran vor der Frage stehen, ob er die dort angesprochenen Probleme nun mit seiner Freundin diskutieren oder lieber zum Tanzen gehen soll. Eine Diskussion wäre für beide interessant und böte eine Gelegenheit, sich gegenseitig ihre Standpunkte klar zu machen; dies hätte den Vorteil, sich besser kennenzulernen, brächte aber auch die Gefahr mit sich, sich dabei zu zerstreiten. Zu den „Kosten" eines möglichen Streites würde man nach HOMANS noch den Verzicht auf ein mögliches Tanzvergnügen hinzurechnen müssen.

Zur genauen Bestimmung des Verhaltensbegriffs, wie ihn HOMANS seiner Analyse zugrundelegt, geht er von folgenden Voraussetzungen aus:

- Es muß sich um soziales Verhalten handeln, d. h., wenn eine Person handelt, so muß sie in direkter Weise positiv oder negativ auf eine andere Person reagieren. Die Antwort der Freundin auf einen Diskussionsbeitrag des Freundes ist eine direkte Reaktion, die zustimmend oder ablehnend, belohnend oder bestrafend sein kann.
- Wenn eine Person handelt, so muß sie von der Person belohnt oder bestraft werden, auf die sich ihre Handlung bezieht und nicht von dritter Seite. Nicht von einer ansonsten unbeteiligten dritten Person muß z. B. die Anerkennung für eine gute Analyse der Sendung kommen, sondern auch von dem direkten Gesprächspartner, in diesem Fall der Freundin.
- Es muß sich um tatsächliches Verhalten handeln und nicht bloß um Normen oder Erwartungen von angemessenem Verhalten, d. h. für unser Beispiel: Nur geäußerte Kritik kann Gegenstand der Analyse sein, und nicht die etwa erwartete Ablehnung einer falschen Darstellung in der Fernsehsendung.

Die Bestimmungsgrößen, die dafür verantwortlich sind, ob eine Person nun dieses Verhalten oder ein anderes wählt, wie im einzelnen ihre Entscheidungen beeinflußt werden, ob Belohnungen einen festen oder veränderlichen Wert darstellen und wie sich falsche Erwartungen auswirken, sind Gegenstand der Annahmen oder Hypothesen, die als Grundgerüst der Theorie des elementaren sozialen Verhaltens anzusehen sind. (Die Annahmen werden in Anlehnung an HOMANS, 1972a, S. 62ff. zitiert.)

Annahme 1: „Je häufiger die Aktivität einer Person belohnt wird, mit um so größerer Wahrscheinlichkeit wird diese Person die Aktivität ausführen.“ Hat der Jugendliche bisher immer die Erfahrung gemacht, daß ein sachorientiertes Gespräch oder eine Diskussion über einen aktuellen Anlaß (hier die Fernsehsendung) eine besonders gute Möglichkeit dargestellt hat, sich kennenzulernen und näherzukommen, wird er sich mit größerer Wahrscheinlichkeit für das Gespräch entscheiden.

Annahme 2: „Wenn in der Vergangenheit ein bestimmter Reiz oder eine Menge von Reizen eine Aktivität begleitet hat, die belohnt worden ist, dann wird eine Person um so eher diese oder eine ähnliche Aktivität ausführen, je ähnlicher die gegenwärtigen Reize den vergangenen sind.“ Ist das Verhalten des Jugendlichen bei Vorliegen einer bestimmten Reizsituation bisher immer belohnt worden, so wird er in Zukunft auch in ähnlichen Reizsituationen – also nicht nur bei Fernsehsendungen über Frauenfragen, sondern auch bei anderen Inhalten oder Gesprächsanlässen – das gleiche oder auch ein nur ähnliches Verhalten zeigen. Dieses Prinzip der Reizgeneralisation und -diskrimination ist uns ebenso wie das der Annahme 1 zugrundeliegende Verstärkungsprinzip schon aus der Verstärkungstheorie bekannt.

Annahme 3: „Je wertvoller die Belohnung einer Aktivität für eine Person ist, desto eher wird sie die Aktivität ausführen.“ Legt der Jugendliche großen Wert darauf, die Zuneigung gerade dieses Mädchens zu gewinnen, wird er viel eher bereit sein, mit ihr, nicht aber jemand anderem ein Gespräch zu führen. Dabei stellt dann nicht die Unterhaltung selbst, sondern die Unterhaltung mit einer bestimmten Person die Aktivität dar, die möglicherweise belohnt wird.

Annahme 4: „Je öfter eine Person in der nahen Vergangenheit eine bestimmte Belohnung erhalten hat, desto weniger wertvoll wird für sie jede zusätzliche Belohnungseinheit." Diese im Zusammenhang mit der Annahme 3 stehende These bedeutet für unser Beispiel, daß die Zuneigung des Mädchens dann für den Jugendlichen ihren Belohnungswert langsam verliert, wenn sie bei ihm häufiger als Belohnung für ein bestimmtes Verhalten eingesetzt worden ist. Der Belohnungswert hängt somit vom Deprivations- bzw. Sättigungszustand des Handelnden ab.

Annahme 5: „Wenn die Aktivität einer Person nicht wie erwartet belohnt oder unerwartet bestraft wird, wird die Person ärgerlich, und im Ärger sind die Ergebnisse aggressiven Verhaltens belohnend." Gemäß dieser Frustrations-Aggressions-These, die auf einer z. T. unkritischen Übernahme der entsprechenden Aggressions-These von DOLLARD et al. (1939) beruht, müßte eine Ablehnung des Gesprächs durch das Mädchen dann den Jugendlichen besonders verärgern, wenn er sich ihrer Gesprächsbereitschaft schon fast sicher war. Kommt es infolgedessen bei ihm etwa zu verbal aggressivem Verhalten wie Beschimpfungen, so müßte dies für ihn belohnend sein.

Trotz der häufig vorgebrachten Kritik an diesem Ansatz – bemängelt wird die mangelnde Operationalisierbarkeit einzelner Begriffe, die von SKINNER widerlegte Annahme eines proportionalen Verhältnisses von Häufigkeit der Aktivität und Häufigkeit der Belohnung und die Übernahme umstrittener psychologischer Konzepte wie der Frustrations-Aggressions-Hypothese – lassen sich dennoch zahlreiche Aspekte sozialen Verhaltens mit dieser Theorie erklären.

HOMANS selbst hat versucht, seine Theorie auf Feldstudien mit Kleingruppensituationen anzuwenden (vgl. HOMANS 1972b). Er beschreibt und analysiert dabei Interaktionen, wie sie beispielsweise in einer kleinen Abteilung einer Behörde vorkommen. Die analysierten Interaktionseinheiten sind Gespräche unter Kollegen oder aber auch die Zusammensetzung einer Gruppe, die gemeinsam zum Mittagstisch geht. Ein Beamter, der z. B. einen Kollegen aus der gleichen Laufbahngruppe um einige Ratschläge bei der Lösung eines einfachen Falles bittet, geht gewisse Kosten ein. Er gibt eigene Schwierigkeiten zu, hält sich selbst für weniger kompetent als seinen Kollegen, etc. Im weiteren wird er überlegen müssen, wie er sich für die Ratschläge seines Kollegen bedanken kann. Dem gegenüber steht der zu erwartende Vorteil einer schnelleren und besseren Klärung des Falls und vielleicht auch das Ausbleiben einer potentiellen Rüge seines Vorgesetzten (neg. Verstärkung). Die Entscheidung des Beamten läßt sich schließlich als eine Verrechnungsgröße von erwarteten Vor- und Nachteilen (erwarteten Nutzen und Kosten) darstellen.

Ist der Ausgang des Vergleichs positiv, überwiegen für ihn die Vorteile. Wenn er seinen Kollegen zu Rate zieht, läuft bei diesem, nachdem sein Kollege ihn angesprochen hat, ein ähnlicher Prozeß ab, da auch für ihn zu erwartende Nachteile, z. B. Zeitverlust, und Vorteile, z. B. die vermehrte Anerkennung und Dankbarkeit des Kollegen, miteinander verglichen werden müssen. Eine Interaktion kommt erst dann zustande, wenn für beide Partner die Gewinne höher liegen als die Kosten.

Sowohl der soeben geschilderte Fall als auch das vorherige Beispiel sind stark verkürzt dargestellt worden, so daß zwangsläufig viele Einzelheiten unberücksichtigt bleiben mußten. Dennoch zeigen sie die Funktions- und Arbeitsweise dieser Theorie auf und machen deutlich, wie sehr diese an Alltagsbeobachtungen anknüpft – sicherlich ein Vorteil und Argument für die Praxisnähe. Andererseits zeigt sich aber auch, wie schwer es ist, eine solche Theorie empirisch zu überprüfen.

Die Austauschtheorie von Thibaut & Kelley

Zwischen der Austauschtheorie und der Theorie des elementaren sozialen Verhaltens von Homans gibt es eine Reihe von Gemeinsamkeiten. So berufen sich etwa beide auf das Prinzip der Verstärkung und das aus der Ökonomie stammende Konzept des Profits. Darüber hinausgehend legen Thibaut & Kelley besonderes Gewicht auf eine formalisierte Betrachtung von Interaktionsabläufen und -ergebnissen und bedienen sich zu diesem Zweck einer von ihnen eigens hierfür konstruierten Ergebnismatrix. Sie soll helfen herauszufinden, wie zwei oder mehr Personen in einer interaktiven Beziehung zusammenwirken, um ein bestimmtes Ergebnis zu erzielen. Die Theorie beschäftigt sich detailliert mit Faktoren, durch die interaktives Verhalten bestimmt wird und wie sich im weiteren unterschiedliche Formen interaktiven Verhaltens auf die Person selbst und ihren Interaktionspartner auswirken.

Die soeben angesprochenen Gemeinsamkeiten beider Theorien stellen für Thibaut & Kelley die Grundannahmen ihrer Analyse dar. Danach werden sozial bedeutsame Interaktionen nur dann wiederholt, wenn die Interaktionspartner dafür verstärkt werden. In einer Dyade müssen z. B. für beide Interaktionspartner die Belohnungen die Kosten übersteigen, d. h. *das Ergebnis muß positiv sein.* Das ist nicht gleichbedeutend mit materiellen Vorteilen (Geld), sondern kann auch ein Gewinn an Status, Macht oder Zuneigung – um nur einige Aspekte zu nennen – sein. Eine weitere wichtige Grundannahme besagt, daß jeder Teilnehmer einer Interaktion eine *Maximierung positiver Ergebnisse* anstrebt. Inwieweit aber eine Interaktion den Interessen und Bedürfnissen eines Interaktionspartners gerecht zu werden vermag, entscheidet dieser mittels zweier Kriterien, dem „Vergleichsniveau“ und dem „Vergleichsniveau für Alternativen“. Das *Vergleichsniveau* stellt den Standard zur Ermittlung der Attraktivität eines Ergebnisses dar und orientiert sich daran, wie ein bestimmtes Ergebnis aufgrund bisheriger Erfahrungen auszusehen hat. Ob er eine Beziehung jedoch aufrechterhält, oder ob er eine andere wählt, entscheidet der Interaktionsteilnehmer mittels des *Vergleichsniveaus für Alternativen.* Beide Kriterien sind voneinander unabhängig. Da in das Vergleichsniveau die bisherigen Erfahrungen einer Person miteingehen, spielen sowohl situative als auch subjektive Faktoren eine erhebliche Rolle. Unterschiedlich erfahrene und erlebte Ergebnisse haben unterschiedliche Vergleichsniveaus zur Folge.

Planen z. B. zwei Bekannte (A und B) gemeinsam einen Winterurlaub in der Schweiz zu verbringen, so hängt das Zustandekommen dieser Interaktion davon ab, wie beide Partner die daraus resultierenden Ergebnisse, etwa die Vor- und Nachteile einer gemeinsamen Hin- und Rückfahrt und einer dort gemeinsam zu verbringenden Zeit, beurteilen. Nach THIBAUT & KELLEY lassen sich die in einer solchen Interaktion auftretenden Verhaltensweisen und ihre potentiellen Belohnungen und Kosten (Ergebnisse) über eine Ergebnismatrix analysieren. Eigenschaften, Art und Funktionsweise der Ergebnismatrix (s. Abb. 2) werden von ihnen in vier Annahmen zusammengefaßt:

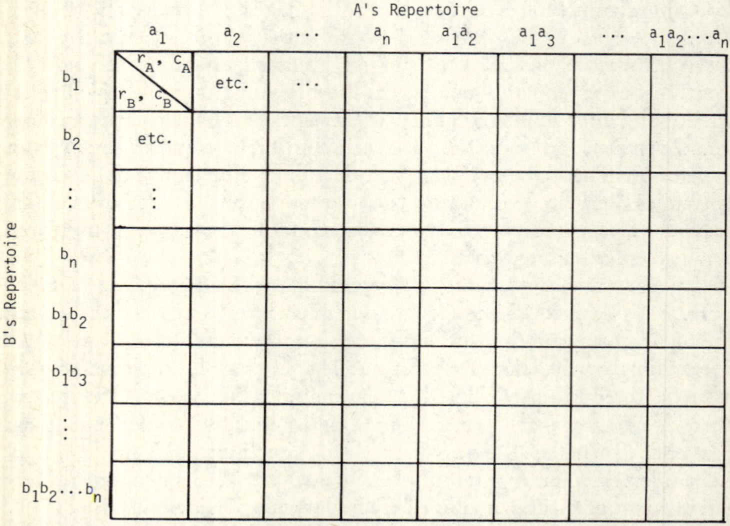

Abb. 2: Matrix möglicher Interaktionen und Ergebnisse (aus THIBAUT & KELLEY 1959, S. 14; nach GRAUMANN 1972a, S. 1144)

- Alle relevanten Möglichkeiten von Belohnungen und Kosten einer bestimmten Interaktion sind in den Zellen der Matrix enthalten.
- Alle möglichen Verhaltensweisen von A und B, die einer bestimmten Interaktion eigen sind, sind am Rande der Matrix aufgeführt.
- Die Werte für Belohnung, Kosten und Güte der Ergebnisse variieren mit der Zeit.
- Die Matrix ist den Teilnehmern vor der Interaktion nicht bekannt. Sie lernen vielmehr erst mit fortschreitender Interaktion die möglichen Ergebnisse sowie das Repertoire ihres Partners kennen.

Bezogen auf unser Beispiel würde das bedeuten, daß alle mit dem Urlaub im Zusammenhang stehenden Verhaltensweisen von A etwa in der horizontalen und von B entsprechend in der vertikalen Randspalte auftauchen müßten. Die Koordinaten enthielten dann jeweils die Interaktionsergebnisse für A und B. Legen etwa beide Partner Wert auf Ordnung, ist aber nur A bereit, auch aufzuräumen, so wäre in einem solchen Fall das Interaktionsergebnis für A negativ, für B dagegen positiv; er findet auch dann Ordnung vor, wenn er selbst nicht aufgeräumt hat. Handelt es sich bei A und B z. B. um ein Ehepaar, das sich schon lange Zeit kennt, so ist ihnen in der Regel ein großer Teil der in einer solchen Matrix aufgeführten Verhaltensweisen und Interaktionsergebnisse bekannt, so daß sich ihr Verhalten mit der Zeit stabilisiert hat, d. h. sie führen das Verhalten aus, das die größte Wahrscheinlichkeit besitzt, ein positives Ergebnis zu erreichen. Ändert ein Partner einen Teil seiner Verhaltensweisen, so ändert sich auch die Matrix und damit auch ihre Vorhersagegenauigkeit, da sie nun eine Reihe unbekannter Verhaltenskombinationen enthält.

Zu Anfang ihrer Beziehung, als A und B sich erst kennenlernen mußten, hing die weitere Entwicklung und Festigung sowie der weitere Bestand der Beziehung von den wenigen bis dahin erfahrenen und den noch zu erwartenden Ergebnissen ab. Sie mußten die einzelnen Felder der Matrix, die einzelnen Interaktionskombinationen und ihre Ergebnisse erst nach und nach im Hinblick auf die zu erwartenden Trends und ihre Stabilität erkunden. Den Faktoren, die diesen Erkundungsprozeß beeinflussen können, schenken THIBAUT & KELLEY besonderes Interesse; sie wirken sich nach Ansicht der Autoren einerseits darauf aus, welches Verhalten die Partner zu Anfang zeigen, und andererseits darauf, wie der Partner wahrgenommen wird.

In Abhängigkeit von bestimmten Persönlichkeitsmerkmalen oder situativen Charakteristika kann das *Verhalten* z. B. zwar freundlich, aber distanziert sein, so daß die Interaktionspartner wenig Gelegenheit erhalten, bei ihren Erkundungen rasche Fortschritte zu machen. Ein Partner, der seine eigenen Einstellungen zumeist hinter gesellschaftlichen Normen verbirgt und erst dann, wenn er einen Partner selbst besser kennt, auch seine persönliche Meinung einfließen läßt, wird nur schwer zu erkunden sein. Menschen dagegen, die in recht offener und bereitwilliger Weise in eine Interaktion treten, sind leichter zu erkunden. Herrscht eine gewisse Feindseligkeit zwischen den Partnern, so ist eine Ergebnismatrix, wie THIBAUT & KELLEY sie zur Interaktionsanalyse benutzen, nur in einigen wenigen Zellen auszufüllen.

Neben Faktoren, die darauf Einfluß nehmen, welches Verhalten die Interaktionspartner zu Anfang einer Interaktion zeigen, wird die *Wahrnehmung des Partner-Verhaltens* von den Faktoren beeinflußt, die die Bewertung und Einschätzung der Reaktion des Partners bezüglich zukünftiger Interaktionen und deren Ergebnisse betreffen. So ist häufig, um ein Beispiel zu nennen, der erste Eindruck, den man von einer Person erhält, besonders wichtig. Zu diesen Faktoren zählen eigentlich alle, die zum Gegenstandsbereich „Soziale Wahrnehmung und Personwahrnehmung" (vgl. den entsprechenden Abschnitt in diesem Kapitel) gerechnet werden. Hätte A sich beim ersten Zusammentreffen mit B in einer Weise verhalten, die bei B Ablehnung hervorruft, hätte A also gleich zu Anfang einen schlechten Eindruck hinterlassen, so wäre es denkbar gewesen, daß B auf weitere Interaktionsansätze gar nicht eingegangen und schon von daher die Interaktion im Anfangsstadium stecken geblieben wäre.

Neben den Faktoren, die Verhalten und Wahrnehmen der Partner beeinflussen, ist für THIBAUT & KELLEY das Zustandekommen eines bestimmten Ergebnisses noch durch sogenannte äußere (exogene) und innere (endogene) Determinanten bedingt. Belohnungen und Kosten, die nicht direkt aus der sozialen Interaktion abzuleiten und die durch Faktoren determiniert sind, die außerhalb der Interaktion liegen, werden als *exogene Determinanten* bezeichnet. Zu den wichtigsten zählen die Autoren Fähigkeiten, wie Intelligenz oder spezielle Kenntnisse, die Ähnlichkeit zweier Interaktionspartner oder ihre räumliche Nähe. Spezielle Kenntnisse eines oder beider Interaktionspartner können zur Folge haben, daß bei minimalen Kosten maximale Profite möglich sind. Ebenso sind gleiche Einstellungen und Interessen eine gute Voraussetzung für eine positive Interaktion. Interaktionspartner, die sich räumlich nahe waren, also keine großen Entfernungen für eine Interaktion zu bewältigen hatten (auch dies sind Kosten), hatten in der Regel positivere und längere Interaktionen aufzuweisen als räumlich getrennte. Ein günstiger Fall positiver exogener Beeinflussung ist dann gegeben, wenn beide Personen oder Parteien einer Interaktion sich gegenseitig ergänzen, wenn die Voraussetzungen der einen Person zu denen der anderen komplementär sind.

Die Faktoren, die während oder als Konsequenz der Interaktionsprozesse auftreten, bezeichnet man als *endogene Determinanten.* Sie entstehen in den meisten Fällen aus Kombinationen von Verhaltenssequenzen in einer dyadischen Interaktion, z. B. in der Form, daß unvereinbare, inkompatible Verhaltensweisen auftreten, die mit einer Maximierung der Belohnungen bei minimalen Kosten in Konflikt stehen. Besitzen etwa A und B nur einen PKW, so müssen sie sich irgendwie arrangieren, wenn sie zur gleichen Zeit zu verschiedenen Zwecken das Auto benutzen wollen.

Eine der interessantesten Implikationen der Austauschtheorie von THIBAUT & KELLEY besagt, daß *Macht und Abhängigkeit* aus dem Umstand vorhergesagt werden, daß ein Partner oder eine Partei Kontrolle über das positive Ergebnis des anderen Partners oder der anderen Partei besitzt. Die Autoren unterscheiden zwei Formen der Machtausübung: Schicksalskontrolle und Verhaltenskontrolle. An dieser Stelle haben JONES & GERARD (1967) eine Erweiterung vorgenommen, die im folgenden miteingezogen werden soll. Danach kann grob klassifiziert zwischen *Ergebnissteuerung und Informationssteuerung* unterschieden werden. Zur *Ergebnissteuerung* zählen:

- *Schicksalskontrolle:* Eine Person A steht dann unter Schicksalskontrolle von B, wenn, ganz gleich wie A sich entscheidet, das Ergebnis für A von der Entscheidung B's abhängt. Ist z. B. Person B während der Hinfahrt zur Schweiz mal gut, mal schlecht gelaunt, so kann es vorkommen, daß sie A in Abhängigkeit von ihrer Stimmungslage wegen ihrer Fahrweise mal lobt und mal beschimpft und dadurch verunsichert. Dabei ist es ganz gleich, ob A gerade gut oder schlecht gefahren ist.

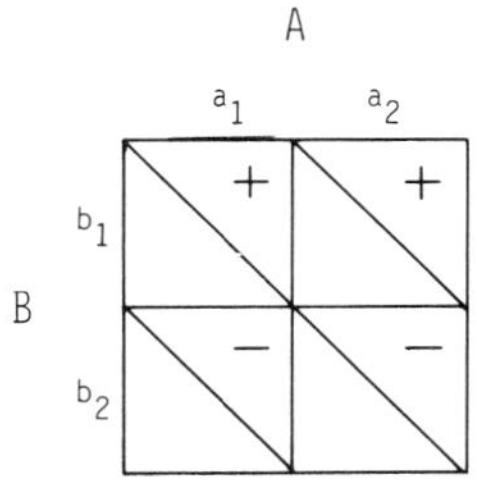

- *Kontaktkontrolle:* Die Person A erreicht ein bestimmtes Ergebnis unabhängig von der Entscheidung der Person B. Die Anwesenheit oder der Kontakt mit B ist jedoch notwendig, um dieses Ergebnis zu erreichen. Dieser Fall würde dann vorliegen, wenn A z. B. an einem bestimmten Tag nur dann Ski laufen will, wenn auch B mitgeht. Ob sie aber den Skihang ohne Sturz herunterfahren kann, hängt davon ab, ob sie den für sie zu schweren steilen Abhang oder einen etwas flacheren wählt, auf dem sie schon geübt hat.

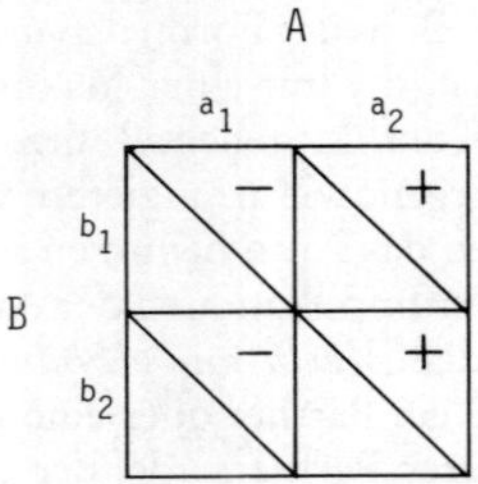

– *Verhaltenskontrolle:* Die Ergebnisse der Person A sind nicht abhängig von der eigenen Entscheidung (Kontaktkontrolle) oder der Entscheidung des Partners (Schicksalskontrolle), sondern sind eine Funktion der Interaktion dieser Entscheidungen. Möchte z. B. A mit B während der Weihnachtsferien Urlaub machen und haben sich beide noch nicht entschieden, ob sie ans Meer oder in die Schweiz fahren möchten, so ist A, vorausgesetzt, sie möchte mit B zusammen fahren, von der Entscheidung B's abhängig. Ihr Urlaub läßt sich nur dann realisieren, wenn *beide* entweder in die Schweiz oder *beide* ans Meer fahren wollen.

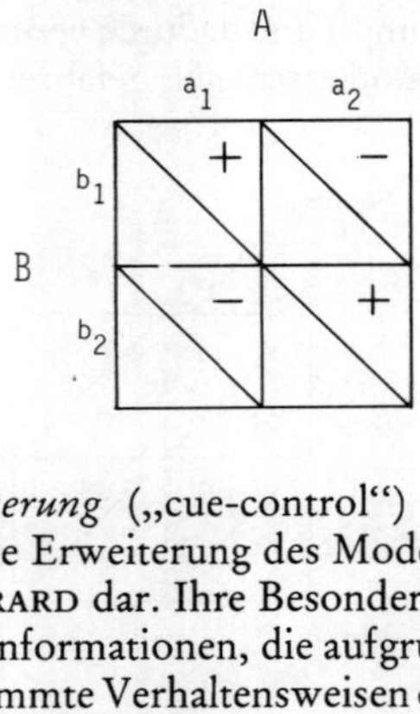

Die *Informationssteuerung* („cue-control“) stellt nach GRAUMANN (1972a) die entscheidende Erweiterung des Modells von THIBAUT & KELLEY durch JONES & GERARD dar. Ihre Besonderheit liegt im Bereitstellen oder Vorenthalten von Informationen, die aufgrund bestimmter Lernprozesse geeignet sind, bestimmte Verhaltensweisen oder Reaktionen auszulösen. Auf diese Weise kann z. B. Person A auch dann das Verhalten von B steuern, wenn sie über keine Verstärkungsmöglichkeit verfügt, jedoch weiß, auf welche Schlüsselreize oder Informationen B in der Regel reagiert.

Obwohl das Modell von THIBAUT & KELLEY starker Kritik ausgesetzt war und ist – die Verhaltensvorhersage ist unabhängig von der Matrix möglich, die Interaktionspartner verfolgen ihre Ziele nicht rein mechanistisch, sondern antizipieren das Verhalten des anderen, es wird die Rolle der Kommunikation für die soziale Interaktion völlig außer Acht gelassen –

kann es als eine durchaus differenzierte Vorgehensweise zur Analyse und Beschreibung menschlicher Interaktionen sowie bestimmter Grundstrukturen sozialen Verhaltens angesehen werden, das darüber hinaus, als Gesamtes oder in einzelnen Ansätzen, Anlaß oder Grundlage für weitere Forschungstätigkeit war und diese Funktion auch weiterhin erfüllt.

Theorie der sozialen Fertigkeiten von ARGYLE.

Das Interaktionsmodell der sozialen Fertigkeiten ist eines der zentralen Gegenstände des 1969 von ARGYLE herausgegebenen Buches „Soziale Interaktion". Im Unterschied zu den bisher behandelten Theorien von HOMANS und THIBAUT & KELLEY verzichtet ARGYLE auf Erklärungsansätze aus der Verstärkungstheorie und der Ökonomie. Sein Modell ist in Analogie zur motorischen Fertigkeit konzipiert worden. ARGYLE geht davon aus, daß Verhalten Eigenschaften einer motorischen Fertigkeit aufweist.

Unter „Fertigkeit" versteht ARGYLE (1972) eine organisierte und koordinierte Handlung, die auf ein Objekt oder eine Situation ausgerichtet ist und aus einer Kette sensorischer, zentraler und motorischer Mechanismen besteht. Die Durchführung oder der Ablauf der Handlungen steht unter ständiger Kontrolle rückgemeldeter sensorischer Reize. Wie in einem Regelkreismodell werden die Handlungen fortlaufend mit dem angestrebten Ziel verglichen und bei Abweichung korrigiert. Der Autofahrer stellt so ständig Vergleiche zwischen seinen motorischen Reaktionen, etwa der Bedienung des Lenkrads, des Gaspedals oder der Bremse und seinen sensorischen, d. h. visuell und auditiv rückgemeldeten Auswirkungen dieser Reaktionen an, um entsprechende Korrekturen durchführen zu können.

ARGYLE betont, daß Interaktionsverhalten ebenso wie das Steuern eines Autos gerichtet, adaptiv und keinesfalls vollkommen automatisch ist, auch wenn einzelne Elemente dieses Verhaltens automatisch ablaufen. Soziales Interagieren wird als soziale Fertigkeit verstanden, das genauso wie das Fahren eines Autos in seinen einzelnen Elementen betrachtet und analysiert werden kann.

Bei den im einzelnen näher zu bestimmenden Elementen handelt es sich um die Teile des folgenden von ARGYLE benutzten Regelkreismodelles (s. Abb. 3)

Sowohl motorische wie soziale Handlungen sind auf unmittelbare und übergeordnete, entferntere *Ziele* ausgerichtet. Diese Ziele stehen ihrerseits mit grundlegenden Motiven, die sich aus der Aufgabe ergeben, in Verbindung. Eine motorische Leistung kann z. B. als unmittelbares Ziel im Aufeinanderlegen zweier Steine bestehen, das übergeordnete Ziel bestände in der Fertigstellung des Hauses. Die Motivation ergibt sich durch die Bezahlung für diese Tätigkeit. Im Bereich sozialer Leistungen kann ein Ziel

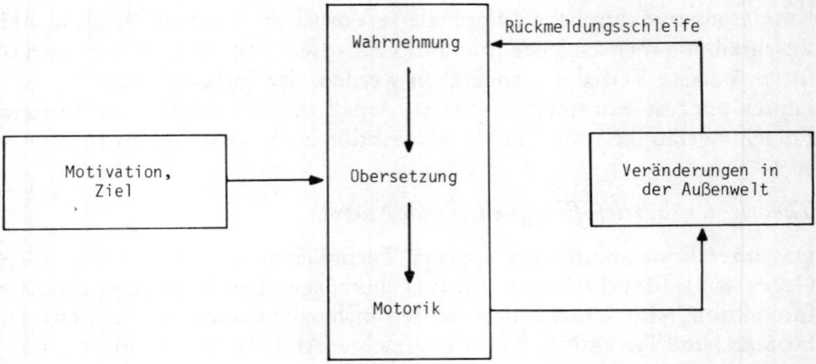

Abb. 3: Modell der sensumotorischen Fertigkeit (aus ARGYLE 1967, S. 94; nach GRAUMANN 1972, S. 1153)

darin bestehen, Einstellungen, Verhalten oder Meinungen zu verändern oder an einer kooperativen Aufgabe zu arbeiten. Die Ziele sind in der Regel nicht direkt in einem Schritt zu erreichen und müssen gleichfalls in kleinere Teilschritte aufgeteilt werden. Die Motive sind häufig grundlegender Art und umfassen z. B. ein Bedürfnis nach sozialem Kontakt oder ein Streben nach sozialer Dominanz. Im beruflichen Bereich wird die Person zumeist von beruflichen und sozialen Motiven geleitet, etwa als Lehrer zur Ausbildung seiner Schüler beizutragen und gleichzeitig selbst einen guten Eindruck zu hinterlassen.

Ein wesentliches Element der motorischen wie der sozialen Fertigkeit ist die *selektive Wahrnehmung von Schlüsselreizen.* Der Handelnde lernt die Reize herauszufinden, die für ihn wichtig sind und wird für sie sensibilisiert. Während des Autofahrens konzentriert sich der Fahrer vor allem auf den Gegenverkehr und Verkehrszeichen, nicht aber auf Reklame in Schaufenstern oder vorbeigehende Passanten. Die Qualifikation eines Fernsehmechanikers besteht etwa darin, bei einem verzerrten Bild nur die Teile eines Gerätes zu prüfen, die für diese Störung verantwortlich sein können. Analog dazu lernt der Mensch in der sozialen Interaktion solche Reize wahrzunehmen und zu interpretieren, die für ihn persönlich von Bedeutung sind, z. B. den Tonfall, in dem ein Chef darum bittet, ihm eine Akte zu bringen.

Bevor ein angemessener Handlungsplan ausgearbeitet werden kann, müssen die in den Rezeptoren gesammelten Informationen an zentrale Hirnregionen weitergegeben werden. Die *zentralen Übersetzungsprozesse* bewirken im motorischen Bereich etwa des Autofahrens häufig automatische Verhaltenssequenzen von geringer Bewußtheit. Oft sind diese Reaktionen zu Anfang noch in hohem Maße bewußt – z. B. beim Fahrschüler – und werden erst mit zunehmender Übung im Verlauf der Zeit stärker automatisiert. Ähnliche zentrale Übersetzungsprozesse sind auch eine Voraussetzung für soziale Interaktionen. So lernt der Mensch durch seine Interaktionen mit anderen Menschen, welche sozialen Techniken er anzuwenden hat, um bei ihnen bestimmte Reaktionen wie z. B. Zustimmung und Unterstützung hervorzurufen oder auch nur sozialen Kontakt zu finden.

Ein vom zentralen Übersetzungssystem ausgearbeiteter Plan wird über *motorische Reaktionen* realisiert. Diese werden teilweise eingeübt und erst mit der Zeit flüssiger und genauer. So beruht z. B. die soziale Interaktion eines erfahrenen Verkäufers sicherlich auf ziemlich standardisierten sozialen Techniken, die es ihm ermöglichen, lange Handlungssequenzen fast automatisch abzuwickeln. Seine Stimme und Gestik sind so sehr auf die Verkaufssituation eingestellt, daß er sich ihrer gar nicht immer bewußt sein muß.

Sowohl im motorischen wie im sozialen Bereich finden Rückkoppelung und Korrekturhandlungen statt. Motorische und soziale Fertigkeiten werden durch Rückkoppelung kontinuierlich korrigiert. Z. B. haben zwei Gesprächspartner entweder durch Rückmeldungen in der Vergangenheit gelernt, wie sie miteinander kommunizieren können und über welche Themen eine Unterhaltung möglich ist, oder die Rückkoppelung erfolgt z. B. über die Mimik oder verbale Reaktionen des anderen, wenn sie zum ersten Mal zu einem Gespräch zusammentreffen.

Nach ARGYLEs eigener Einschätzung ist sein Modell nur ein Anfang, der eine Sprache vermittelt, in der über Interaktionen gesprochen werden kann. Er selbst geht von der Notwendigkeit aus, das Modell weiter auszuarbeiten, um einige kognitive Prozesse wie etwa das „Sich-in-die-Rolle-des-anderen-Versetzen“ während der Interaktion miteinbeziehen oder aber in Rechnung stellen zu können, daß andere Interaktionspartner sich nach dem gleichen Muster verhalten.

Die wichtigsten Dimensionen sozialen Verhaltens, die ARGYLE aus seinem Regelkreismodell folgert, sind neben der schon erwähnten Fähigkeit des „taking the role of the other“, die Wahrnehmungsfähigkeit, die Fähigkeit den Partner mit den zur Verfügung stehenden Techniken zu kontrollieren, Selbstdarstellung und motivationale Dispositionen. Die Beherrschung interaktiver Fähigkeiten und ihrer Anwendung in verschiedenen sozialen Situationen bezeichnet ARGYLE schließlich als „soziale Kompetenz“.

Nach Ansicht von v. CRANACH & KONAU (1970) ist das Modell so konstruiert, daß nur Interaktionsverhalten auf der Ebene der beteiligten Individuen analysiert wird; die Wechselwirkung aber, die im eigentlichen Sinn des Begriffs erst Interaktion bedeutet, bleibe noch außerhalb der

Analyse. Das Modell erscheint den Autoren „eher geeignet zur Rekonstruktion strategischen Handelns als zu der interaktiven Handelns". (1970, S. 382).

Nach ARGYLE (1972) bedeutet Interagieren, Handlungen (Leistungen) in mehr oder weniger fähiger Weise auszuführen. Aufgrund der gesamten Darstellung seines Konzeptes, insbesondere dieses Leistungsaspektes, sehen v. CRANACH & KONAU den „impliziten Leistungscharakter alltäglich selbstverständlich erscheinenden Sozialverhaltens" als den „Grundgedanken von ARGYLES Modell der Interaktion" (S. 381) an. Sie kritisieren dabei die stillschweigende Identifizierung von Interaktion mit bestimmten Formen leistungsorientierten Verhaltens.

Insgesamt kann man jedoch dem von ARGYLE vorgeschlagenen Modell eine richtungsweisende Funktion für ein Forschungsprogramm in der Sozialpsychologie zuschreiben. Bevor das Modell aber dieser Funktion gerecht werden kann, müssen nach PIONTKOWSKI (1976) einige Schwächen in seinem Aufbau beseitigt werden. PIONTKOWSKI kritisiert, daß das, was ARGYLE als motorische Fertigkeit bezeichnet, gerade nicht eine eingeübte Fertigkeit wie Fußballspielen oder Fahrradfahren ist, sondern lediglich die formale Struktur eines von vielen Rückmeldekontrollsystemen darstellt. Eingeübte Fertigkeiten wie das Spielen eines Musikinstrumentes bestehen aus einer Vielzahl hierarchisch geordneter Teilkontrollsysteme (Fingerbewegung, Atmung etc.). Das gilt nach PIONTKOWSKI in gleicher Weise für die an sozialen Handlungen beteiligten Prozessen. Funktion und Integration dieser Teilkontrollsysteme lassen sich nach ihrer Meinung nicht in einem einzigen Kontrollsystem darstellen, ganz abgesehen davon, daß es eine ganze Reihe grundsätzlich möglicher, theoretisch aber völlig unterschiedlich konzipierter Rückmeldungs- und Regelkreismodelle gibt.

Literaturempfehlungen

Zum Kapitel 3 DEUTSCH, M. & KRAUSS, R. M. 1976.
Theorien der Sozialpsychologie. Frankfurt: Fachbuchhandlung für Psychologie.
GRAUMANN, C. F. (Hrsg.) 1969.
Handbuch der Psychologie. Band 7: Sozialpsychologie, 1. Halbband: Theorien und Methoden, Göttingen: Hogrefe, S. 3–80.
FREY, D. (Hrsg.). 1978. Kognitive Theorien der Sozialpsychologie. Bern/Stuttgart/Wien: Huber.

Zu 3.1 LEWIN, K. 1963.
Feldtheorie in den Sozialwissenschaften. Bern/Stuttgart/Wien: Huber.

Zu 3.1.1 SCHMIDT, H. D., BRUNNER, E. J. & SCHMIDT-MUMMENDEY, A. 1975.
Soziale Einstellungen. München: Juventa.
Zu 3.1.2 FESTINGER, L. 1978. Die Theorie der kognitiven Dissonanz. Bern/Stuttgart/Wien: Huber.
Zu 3.1.3/3.1.4 PIONTKOWSKI, U. 1976.
Psychologie der Interaktion. München.
Zu 3.2. bis 3.2.2 BREDENKAMP, J. & WIPPICH, W. 1977. Lern- und Gedächtnispsychologie, Bd. I. Stuttgart: Kohlhammer.
KANFER, F. H. & PHILIPS, J. S. 1975.
Lerntheoretische Grundlagen der Verhaltenstherapie (Kapitel 5). München: Urban & Schwarzenberg.
Zu 3.2.3 GRAUMANN, C. F. 1972.
Interaktion und Kommunikation. In: GRAUMANN, C. F. (Hrsg.) Handbuch der Psychologie, Band 7: 2. Halbband: Forschungsbereiche. Göttingen: Hogrefe, S. 1109–1262.
PIONTKOWSKI, U. 1976.
Psychologie der Interaktion. München: Juventa.

Kapitel 4: Gegenstände der Sozialpsychologie

4.1 Soziale Wahrnehmung und Personwahrnehmung

4.1.1 Soziale Wahrnehmung

Läßt man sich von zwei Personen unabhängig voneinander den Neubau des gerade bezogenen Universitätsgebäudes beschreiben, so können die Informationen, die man erhält, sehr unterschiedlich sein. Der eine beschreibt den Gebäudekomplex beispielsweise als sehr groß und unübersichtlich, während der andere das genaue Gegenteil berichtet. Besichtigt man die neuen Einrichtungen persönlich, so wird man möglicherweise weder dem einen noch dem anderen Recht geben können, weil man weniger die Größe des Gebäudes, sondern viel eher die bemerkenswerte Innenausstattung für auffällig hält.

Wahrnehmen besteht also nicht einfach in der Aufnahme von Informationen über objektiv gegebene Gegenstände, sondern man verhält sich selbst bei der Informationsaufnahme eher aktiv, indem man ganz bestimmte Informationen sucht und aufnimmt, während man andere nicht berücksichtigt oder vermeidet.

Die Selektion von Wahrnehmungsreizen kann auf der *individuellen Ebene* von momentanen Gefühlszuständen und Bedürfnissen, von dem jeweiligen Erfahrungshintergrund (Art und Anzahl der Universitätsgebäude, die man zum Vergleich heranzieht), von Einstellungen gegenüber dem Wahrnehmungsobjekt (z. B. negative Einstellung gegenüber großen Universitätskomplexen, die zur Isolierung des akademischen Bereichs führen) oder auch von bestimmten Persönlichkeitsmerkmalen (wie z. B. Abwehrer-Sensibilisierer; Erläuterung siehe weiter unten) abhängig sein.

Soziale Wahrnehmung ist darüber hinaus durch *kulturell* geprägte Vorstellungen und Erwartungen bedingt. Der Bekanntheitsgrad von Wahrnehmungsobjekten innerhalb eines bestimmten kulturellen Systems ist beispielsweise eine Bedingung dafür, wie ganz bestimmte Objekte wahrgenommen werden. Die soziokulturelle Abhängigkeit der Wahrnehmung konnte besonders eindrucksvoll von Rivers gezeigt werden, der bekannte optische Täuschungen (z. B. Müller-Lyersche Täuschung) bei primitiven Stämmen untersuchte. Diese Stämme unterlagen den Täuschungen stärker, da sie im Vergleich zu Nordamerikanern sehr viel weniger Erfahrungen mit rechten Winkeln haben. (Eine ausführliche Darstellung dieser Untersuchung findet sich bei Segall, Campbell & Herskovits 1966).

Eine der bedeutsamsten kulturellen Determinationsgrößen ist das sprachliche Kommunikationssystem. Den Einfluß der Sprache auf die

Wahrnehmung beschreibt z. B. BERKOWITZ (1976). Ein dritter Bereich der sozialen Determination von Wahrnehmungsprozessen betrifft die Beeinflussung von Wahrnehmungsurteilen durch unmittelbare soziale Interaktion innerhalb von *Gruppen*. In diesen Bereich fallen die weiter unten geschilderten Untersuchungen von SHERIF zur sozialen *Verankerung von Wahrnehmungsurteilen* und die von ASCH durchgeführten Untersuchungen zum *Konformitätsdruck*.

Im folgenden wird zunächst die soziale Determination der Wahrnehmung durch individuelle Faktoren am Beispiel der Untersuchungen von BRUNER & GOODMAN zur Wahrnehmungsakzentuierung in Abhängigkeit von Wert und Bedürfnis und am Beispiel der Wahrnehmungsselektion in Abhängigkeit vom Persönlichkeitsmerkmal „Abwehrer/Sensibilisierer" (HERRMANN 1969) illustriert. Im Anschluß daran wird der Einfluß von Gruppen auf die Wahrnehmung am Beispiel der Untersuchungen von SHERIF und von ASCH aufgezeigt.

Wahrnehmungsakzentuierung. BRUNER & GOODMAN (1947) gehen davon aus, daß der Organismus in einer Welt „der mehr oder weniger uneindeutig organisierten sensorischen Reizung existiert. Was der Organismus sieht, was wirklich wahrgenommen wird, stellt eine Art Kompromiß dar zwischen dem was ... (bestimmte Prozesse) ... selegieren. Wir wissen, daß eine solche Auswahl nicht nur durch Lernen bestimmt wird, sondern auch durch motivationale Faktoren ..." (S. 35). Aufgrund externer oder interner Bedürfnisse stellt der Organismus eine bestimmte Wahrnehmungshypothese auf, d. h. bestimmte Objekte werden entsprechend dieser Erwartung selektiv wahrgenommen. Tritt die Bedürfnisbefriedigung häufiger zusammen mit der Selektion dieses Wahrnehmungsobjekts auf, so wird das Objekt in der Folge beeindruckender oder größer wahrgenommen: *es wird akzentuiert.* BRUNER & GOODMAN leiten aus ihren Überlegungen einige Annahmen ab, die sie in einer Reihe von experimentellen Untersuchungen überprüfen. Zunächst nehmen sie an, daß Objekte mit hohem sozialen Wert für die Organisation der Wahrnehmung von größerer Bedeutung sind als solche mit geringerem Wert. Je größer der soziale Wert eines Objekts, desto eher wird das Objekt aus einer Anzahl alternativer Objekte selegiert und desto stärker wird es in der Wahrnehmung akzentuiert. Weiterhin spielt das individuelle Bedürfnis nach einem sozial wertvollen Objekt für die Wahrnehmung dieses Objekts eine wichtige Rolle.

Bei den experimentellen Untersuchungen zur Überprüfung dieser Annahmen sollten Kinder einen leuchtenden Kreis auf einer Scheibe so groß einstellen wie Vergleichsobjekte. Die Vergleichsobjekte waren in der einen Gruppe graue Pappscheiben, in der anderen waren es Geldstücke. Beiden experimentellen Gruppen wurde dieselbe Aufgabe gestellt: Zunächst sollten sie aus dem Gedächtnis die verschiedenen Münzen von 1 Cent bis zu einem halben Dollar in ihren Größen mit Hilfe des Kreises einstellen. In der nächsten Versuchsphase mußten die Größen der Münzen eingestellt werden, während die Kinder die Münzen bzw. die entsprechend großen Pappscheiben auf der Handfläche hielten. Die Ergebnisse zeigten, daß die Größe der Münzen entsprechend ihrem Wert systematisch überschätzt wurde, während die Pappscheiben annähernd richtig eingestellt wurden.

Bruner & Goodman (1947) interpretierten das Ergebnis als Bestätigung ihrer Hypothese, daß mit der Größe des Wertes von Objekten die Beeinflussung der Wahrnehmung steigt.

Die zweite Hypothese wurde überprüft, indem die Kinder nach dem Kriterium arm/reich in zwei Gruppen eingeteilt wurden. Die Ergebnisse der Gegenüberstellung zeigten, daß arme Kinder die Größe der Münzen weit häufiger überschätzten als reiche Kinder.

Aufgrund der Hauptkritik an diesen Experimenten, daß nämlich keine Analyse der Bedeutung des Geldes vorgenommen wurde, wurde eine Reihe von verbesserten Anschlußexperimenten mit einer Kontrolle dieser Variablen durchgeführt (Lambert, Solomon & Watson 1949), die die obigen Ergebnisse im wesentlichen bestätigen konnten. Eine Übersicht über die verschiedenen Untersuchungen zur Akzentuierung bei der Wahrnehmung von Gegenständen, die eine bestimmte wertmäßige Bedeutung haben, geben Secord & Backman (1964, S. 44).

Wahrnehmungsselektion in Abhängigkeit von Persönlichkeitsmerkmalen

Man kann Menschen danach unterscheiden, wie sie sich in Gegenwart kritischer Reize – beispielsweise solcher Reize, die sie als bedrohlich wahrnehmen – verhalten. Die einen bewältigen kritische Situationen eher dadurch, daß sie sie möglichst von sich abwehren und nicht zur Kenntnis nehmen, während andere solchen Situationen gegenüber geradezu sensibiliert, d. h. erhöht reizempfänglich sind.

In den klassischen Untersuchungen von Bruner & Postman wurden zunächst mit Hilfe des Verfahrens der „freien Wortassoziation" aus einer Liste von 99 Wörtern diejenigen festgestellt, die eine außergewöhnlich lange bzw. kurze oder aber eine mittlere Assoziation aufwiesen. Nach allgemeiner Auffassung und empirischer Überprüfung sind Wörter, bei denen die Versuchsperson relativ lange braucht, bis ihr ein Wort als Reaktion auf dieses Reizwort einfällt, für eine Versuchsperson „kritisch", „problematisch", „konflikthaltig", „angsterregend". Jeweils sechs Reizwörter mit der längsten, der kürzesten und einer mittleren Assoziation wurden aus der Liste ausgewählt und kurzzeitig dargeboten. Es wurde in dieser Phase ermittelt, wie lange das Wort dargeboten werden mußte, bis es von den Versuchspersonen erkannt wurde.

Die Ergebnisse zeigten, daß die Worte mit langer Assoziationszeit (bedrohliche, angsterregende) ebenfalls eine vergleichsweise lange Darbietungszeit brauchten, bis sie erkannt wurden. Bedrohliche Wörter waren schwerer wahrzunehmen als neutrale. Bei einer Reihe von Versuchspersonen zeigte sich jedoch der genau gegenteilige Befund: Sie erkannten gerade diejenigen Wörter mit langer Assoziationszeit schon bei besonders kurzzeitiger Darbietung. Diese Versuchspersonen nahmen bedrohliche Wörter mit großer Leichtigkeit wahr. Eine große Anzahl ähnlicher Untersuchungen (vgl. BYRNE 1964) bestätigte inzwischen dieses Ergebnis.

Die wahrnehmende Auseinandersetzung mit kritischen Reizen ist also für einige Versuchspersonen erschwert, für andere dagegen erleichtert. Unterstellt man, daß unangenehme, kritische, bedrohliche Reize bei den Individuen Angst auslösen, so kann man die Personengruppen danach unterscheiden, welche von zwei Möglichkeiten sie zur Verminderung der Angst bevorzugen. Während die einen sich solchen Reizen gegenüber eher abwehrend verhalten und dazu neigen, die Annahme bedrohlicher Reize zu vermeiden („Abwehrer"), wenden sich die anderen gerade diesen unangenehmen Reizen aktiv zu und sind für die Aufnahme solcher Reize geradezu sensibilisiert („Sensibilisierer"). Eine detailliertere Darstellung dieses Persönlichkeitsmerkmals und der Zusammenhänge mit ähnlichen Konzepten findet sich bei HERRMANN (1969, S. 191).

Soziale Verankerung von Wahrnehmungsurteilen. Neben der Beschäftigung mit Selektions- und Akzentuierungsprozessen in der Wahrnehmung aufgrund individueller Faktoren (wie Bedürfnis, persönliche Wichtigkeit, Verhaltensstile bei Angstreduktion etc.) verbindet man mit sozialer Wahrnehmung auch solche Prozesse, die zu Vorstellungen, Meinungen und Wissen über die Wirklichkeit führen. Es konnte in vielen Untersuchungen nachgewiesen werden, daß nicht nur Einstellungen und Werthaltungen zu abstrakten oder symbolischen Gegenständen (z. B. Kirche, Politik) sozial bedingt sind, sondern daß auch *Wahrnehmungsurteile* über konkrete Objekte der Umwelt aufgrund sozialer Interaktionen entstehen und verändert werden können.

Wahrnehmungsurteile werden aufgrund individueller oder sozialer *Vergleichsmaßstäbe* gefällt. Der Student, der das Universitätsgebäude für eindrucksvoll groß hält, gibt damit ein Urteil auf der Grundlage seiner bisherigen Erfahrungen mit Universitäten ab. Hat er bisher nur kleinere Universitäten kennengelernt, so wird er größere Gebäude für vergleichsweise groß halten. Sein Urteil ist innerhalb seines individuellen *Bezugssystems verankert.*

Die Untersuchungen von SHERIF (1936) zeigten, daß sich Wahrnehmungsurteile mehrerer Personen auf einen bestimmten *Normwert* zu bewegen, wenn sie sich gemeinsam in einer Situation befinden, in der kein objektives Bezugssystem vorhanden ist und sie ihre Urteile austauschen können. Die Urteile der Personen konvergieren, nachdem sie mehrere Male geurteilt haben, und es wird eine gemeinsame Reichweite der Urteile, innerhalb derer die Einzelurteile streuen, also eine bestimmte soziale Norm aufgebaut. Dieser Prozeß vollzieht sich schneller, wenn die Personen vorher keine Gelegenheit hatten, eine individuelle Bezugsskala oder Norm für ihre Urteile zu bilden. Existiert schon vorher eine individuelle Bezugsskala, so geht der Konvergenzprozeß langsamer vonstatten.

In seinen experimentellen Untersuchungen benutzte SHERIF (1936) das sog. autokinetische Phänomen, um Situationen herzustellen, die aufgrund der äußeren Bedingungen keine Möglichkeit zur Verankerung von Urteilen bieten: Wird in einem abgedunkelten Raum ein Lichtpunkt dargeboten, der seinen Ort objektiv nicht verändert, so nimmt man dennoch Bewegungen des Lichtpunkts in verschiedene Richtungen wahr. Ausmaß und Richtung der Bewegung sowie der genaue Ort des Lichtpunktes können nicht definitiv bestimmt werden, da in der Situation kein Standardreiz vorhanden ist, der zum Vergleich herangezogen werden könnte. Befinden sich mehrere Versuchspersonen in einer solchen Situation, so zeigt sich sehr bald, daß sich die Urteile über das Ausmaß und die Richtung der Bewegung des Lichtpunkts innerhalb bestimmter Grenzen halten und so ein gemeinsamer Bezugsrahmen für die Urteilsabgabe geschaffen wird. Die fehlenden Orientierungsmöglichkeiten an äußeren Reizen führen zur Revidierung individueller Bezugsrahmen, die in Einzelversuchen ansonsten die Tendenz zeigten, über mehrere Tage erhalten zu bleiben. SHERIF sieht die Bildung eines gemeinsamen Bezugsrahmens der Wahrnehmungsurteile als beispielhaft für den Vorgang der *Etablierung sozialer Normen:* Die psychologische Grundlage etablierter sozialer Normen, Stereotypen, Moden, Konventionen, Sitten und Werthaltungen ist die Herausbildung von gemeinsamen Referenzpunkten als Produkt der Kommunikation bzw. Interaktion von Individuen.

Konformitätsdruck bei Wahrnehmungsurteilen. Interaktive Beziehungen zwischen mehreren Personen können nicht nur zur Herausbildung von gemeinsamen Ankerpunkten für die Beurteilung von Wahrnehmungsobjekten, sondern auch zur *Änderung von Wahrnehmungsurteilen* führen. Anders ausgedrückt kann sich die Anwesenheit und Interaktion mehrer Individuen normbildend auswirken und auch zur Anpassung der eigenen Wahrnehmungsurteile an vermeintliche oder tatsächliche soziale Normen führen. Für Wahrnehmungsurteile bedeutet das, daß sich sozialer Druck in Richtung auf Konformität möglicherweise auch *wahrnehmungsverzerrend* auswirken kann.

In den Untersuchungen von ASCH (1952) hatten die Versuchspersonen die Aufgabe, jeweils drei verschieden lange Strecken in unterschiedlichen Kombinationen mit einer Standardstrecke zu vergleichen. Die Versuchspersonen befanden sich in einer Situation, in der andere Personen ebenfalls Urteile über die Strecken abgaben – jedoch nach Anweisung durch den

Versuchsleiter überwiegend falsche. Das Verhalten der Versuchspersonen erlaubt die Folgerung, daß sie in hohem Maße unsicher über ihre an sich eindeutigen Wahrnehmungen wurden. Sie vertrauten offenbar mehr dem Urteil der Mehrheit der anwesenden Personen als ihren eigenen Wahrnehmungsleistungen und schlossen sich häufig den fingierten Beurteilungen der anderen an.

Wenn auch bezweifelt werden muß, ob in diesem Fall durchgängig die Wahrnehmungsleistung beeinflußt wurde, so ist doch durch den sozialen Druck offensichtlich die subjektive Sicherheit in das eigene Urteil so weit herabgesetzt, daß das äußere Verhalten – also die Abgabe des Wahrnehmungsurteils – erheblich von den Informationen über die Urteile anderer Menschen determiniert wurde. ASCH argumentiert, daß die Verzerrung der Wahrnehmungsreaktionen bei derartig einfachen und eindeutigen Wahrnehmungsaufgaben erwarten läßt, daß in Situationen mit komplexeren kognitiven Aufgaben, bei denen abstrakte oder symbolische Reizbedingungen gegeben sind, erst recht konformes und dem Verhalten anderer angepaßtes Verhalten auftritt.

4.1.2 Personwahrnehmung

Wahrnehmungsverzerrungen treten nicht nur bei der Beurteilung von Objekten auf, sie sind besonders bedeutsam bei der *Wahrnehmung und Beurteilung von Personen.* Das Gebiet der Personwahrnehmung kann in zwei größere Bereiche aufgeteilt werden: zum einen die Beschäftigung mit der Frage, wie Eindrücke, Meinungen und Gefühle über andere Personen *entstehen,* und zum anderen die Interpretation des Verhaltens anderer Personen und die Auswirkungen auf das *Verhalten* des Beurteilenden sowie den weiteren Verlauf der Interaktion.

Für die Eindrucksbildung über eine bestimmte Person sind besonders die sog. primacy- und recency-Effekte bedeutsam. Viele Leute vertreten die Ansicht, daß „der erste Eindruck entscheidet" und versuchen daher, sich bei Bewerbungen, Verabredungen oder anderen Gelegenheiten erster Kontaktaufnahme in einem möglichst guten Licht darzustellen. Innerhalb der Sozialpsychologie ist dieser Effekt als *primacy-Effekt* (LUCHINS 1957) bekannt geworden. Dem Effekt liegt die Annahme zugrunde, daß erste oder frühe Eindrücke in einer Reihe von Informationen über spätere Eindrücke dominieren, daß der erste Eindruck also haften bleibt. Der gegenläufige Effekt, daß spätere Eindrücke sich nachhaltiger festsetzen und besonders, wenn sie in Diskrepanz zu früheren Eindrücken stehen, diese korrigieren oder sogar überlagern, wird als *recency-Effekt* bezeichnet. Die positive Wirkung des ersten Eindrucks kann allerdings oft schon durch eine Warnung oder den Hinweis auf einen solchen möglichen Effekt zunichte gemacht werden. Der recency-Effekt kann als Ergebnis des Bemühens um einen abschließenden – möglichst kognitiv konsistenten – guten Eindruck angesehen werden.

Neben den auch als *Reihenfolgeeffekt* bezeichneten Einflüssen auf die Eindrucksbildung gibt es eine Tendenz, Personen nach bestimmten *zentralen Merkmalen* zu beurteilen, aus denen dann weitreichende Schlußfolgerungen auf andere Persönlichkeitseigenschaften gezogen werden *(„Halo-Effekt")*. Solche bevorzugten Merkmale können z. B. Intelligenz, Selbstsicherheit oder auch einfach auffällige äußere Merkmale der Person wie Körpergröße und Haarfarbe sein.

Als weitgehend kulturell bedingte Kategorien zur Beurteilung von Personen gelten die *sozialen Stereotype*. Oft hat man über eine bestimmte Person nur sehr kategorische Urteile. Man weiß nur, daß es ein Student, ein Assistent, eine Sekretärin, ein amerikanischer Gastprofessor oder ein Bibliotheksangestellter ist. Wenn gleichzeitig andere Informationen über die Person nur minimal sind, beeinflußt diese Information die Wahrnehmung der Person erheblich. Schreibt man einer Person lediglich aufgrund ihrer Zugehörigkeit zu einer bestimmten Klasse oder Kategorie bestimmte Eigenschaften zu, so nennt man diesen Vorgang Stereotypisierung. Gekennzeichnet ist dieser Vorgang durch drei wesentliche Merkmale:

- *Kategorisierung* von Personen
- *Konsens* bezüglich des Auftretens von bestimmten Eigenschaften bei Personen dieser Kategorie
- *Diskrepanz* zwischen den zugeschriebenen und den tatsächlichen Eigenschaften.

Stereotypisieren bedeutet nicht nur, daß einer bestimmten Person je nach Einstellung des Wahrnehmenden gegenüber einer Kategorie günstige oder ungünstige Eigenschaften zugeordnet werden. Vorurteilsbehaftete Personen neigen beispielsweise auch stärker zur Stereotypisierung solcher Personen, die zu der Gruppe gehören, gegenüber der sie ein Vorurteil haben. Sie können diese Personen im allgemeinen nicht nur hinsichtlich ungünstiger Eigenschaften sehr detailliert beschreiben, sondern auch hinsichtlich ihrer günstigen Eigenschaften. Die Stereotypisierungstheorie besagt weiterhin, daß Unterschiede zwischen den Personen, die einer bestimmten Kategorie zugeordnet werden, als geringer wahrgenommen werden als Unterschiede zwischen Personen verschiedener Merkmalskategorien. Dieser theoretische Ansatz ist von TAJFEL (1963) formuliert und z. B. von LILLI & LEHNER (1971, 1972) weitergeführt worden.

Von besonderer Bedeutung für den Urteilsprozeß bei der Personwahrnehmung ist das kognitive Verarbeitungszentrum, das gewissermaßen die Schaltstelle für die eingegangenen Informationen über die Person und die Urteile über die Person darstellt. Die Informationen werden aufgrund ganz bestimmter Konzepte verarbeitet. Einer der wichtigsten Ansätze zur Klärung der Prozesse der Personwahrnehmung sind die *impliziten Persönlich-*

keitstheorien. Wahrnehmung und Beurteilung werden von laienhaften Annahmen über bestimmte Eigenschaftszusammenhänge beeinflußt, die oft entscheidenden Einfluß auf die Interaktion und die Interaktionsergebnisse von Personen haben. ULICH & MERTENS (1973) haben dies z. B. für die implizite Persönlichkeitstheorie des Lehrers nachgewiesen. Die Eigenschaften der Schüler, so wie sie sich in den Augen des Lehrers zeigen und der vom Lehrer vermutete Zusammenhang zwischen diesen Eigenschaften und ihrer Bedeutung für Erfolg oder Versagen können positive wie negative Erwartungen hervorrufen und in der Folge *förderndes oder hemmendes* Verhalten beim Lehrer bewirken.

In sozialen Situationen ist die Art der Reaktion auf das Verhalten anderer Personen weitgehend davon abhängig, was als *Ursache* des Verhaltens angenommen wird. Die Wahrnehmung von Ursachen, die im Zusammenhang mit dem Verhalten einer Person gesehen werden oder in der Situation liegend wahrgenommen werden, beeinflussen die Reaktionsweise gegenüber dieser Person. Besonders JONES & DAVIS (1965) haben sich mit solchen *Attributionsprozessen in der Personwahrnehmung* beschäftigt. Sie haben eine Reihe von Faktoren analysiert, die bei der Zuschreibung von ganz bestimmten Eigenschaften zu Personen aufgrund ihres Verhaltens von Bedeutung sind. Für das Ausmaß, in dem eine Handlung und ein zugrundeliegendes Merkmal (attribuierte Eigenschaft) einander entsprechend beschrieben werden, die Korrespondenz also hoch ist, ist besonders die Einschätzung der mit dieser Handlung verfolgten Absicht von Bedeutung. Erst wenn eine Handlung beabsichtigt und nicht durch Zufall zustandegekommen ist, ist die Schlußfolgerung auf Eigenschaften des Handelnden möglich. Weiterhin gehen Annahmen über den durchschnittlichen Ausprägungsgrad eines Persönlichkeitsmerkmals in den Beurteilungsprozeß ein. Die Korrespondenz oder auch die Sicherheit des Schlußprozesses einer Eigenschaft aus einer Handlung wächst in dem Maße, in dem der Ausprägungsgrad der attribuierten Eigenschaft vom durchschnittlichen Auftreten abweicht. Auf überdurchschnittliches Verantwortungsgefühl, sehr große Sorgfaltspflicht oder starkes Dominanzstreben läßt sich aufgrund der Handlungen einer Person schneller und zutreffender schließen als auf mittlere Ausprägungsgrade dieser Eigenschaften.

4.2 Einstellung und Einstellungsänderung

4.2.1 Einstellungsbegriff

Äußert sich jemand bei den unterschiedlichsten Gelegenheiten geringschätzig über Frauen, behauptet, sie seien schlechte Autofahrer, verstünden nichts von technischen Dingen und meint, daß weibliche Arbeitnehmer zuerst entlassen werden könnten, wenn Arbeitsplätze knapp sind, wird man von dieser Person sehr schnell behaupten, sie sei frauenfeindlich oder misogyn *eingestellt*, d. h. man schließt aus solchen Äußerungen, daß die betreffende Person (zumindest in ihrem verbalen Verhalten) nicht von einer Gleichstellung der Frau ausgeht. Beobachtet man das „offene" Verhalten dieser Person, so wird man möglicherweise feststellen, daß sie Frauen in der Regel den Vortritt beim Betreten eines Fahrstuhls läßt, ihnen die Tür aufhält und in den Mantel hilft. In Diskussionen hört sie meist nicht hin, wenn eine Frau spricht und läßt bei eigenen Diskussionsbeiträgen das von Frauen Gesagte völlig unberücksichtigt.

Der aufmerksame Beobachter wird sich von diesen oberflächlich recht unterschiedlichen – teilweise scheinbar Anerkennung zeigenden – Verhaltensweisen nicht täuschen lassen und in dem Bemühen, seine Beobachtungen auf einen Begriff zu bringen, diese Verhaltensweisen auf dem Hintergrund einer misogynen Einstellung als durchaus konsequent ansehen.

Wenn Verhaltensweisen (gleichgültig ob *verbale, offene* oder auch *nonverbale* – wie Nasenrümpfen, Achselzucken etc.) offensichtlich konsistent sind, so kann man diese Übereinstimmung kennzeichnen, indem man von einer Einstellung spricht. Man nimmt an, daß Personen, bei denen man übereinstimmende Verhaltensweisen beobachtet, eine bestimmte *wertende* oder *gefühlsmäßige* Beziehung zu dem Gegenstand haben, denen gegenüber sie sich in bestimmter Weise verhalten.

Man sollte jedoch festhalten, daß es sich bei dieser festgestellten Übereinstimmung, die man mit dem Begriff Einstellung kennzeichnet, um etwas *gedanklich Konstruiertes* handelt. Die Beziehungen zwischen den verschiedenartigen Hinweisen auf eine bestimmte Einstellung sind vom Beobachter gedanklich hergestellt worden und fügen sich erst für den Beobachter (der man selbstverständlich auch selbst sein kann) zu dem Bild einer bestimmten Einstellung zusammen. Einstellungen werden also aus empirischen Hinweisen erschlossen, sie können selbst nicht direkt beobachtet werden. In der Psychologie spricht man in einem solchen Fall von einem *hypothetischen Konstrukt* (vgl. Kap. 2).

Hat man bei einer Person eine bestimmte Einstellung festgestellt (z. B. mithilfe eines Fragebogens oder einer Einstellungsskala, vgl. dazu Kap. 5), so nimmt man an, daß diese Einstellung Konsequenzen für das Verhalten einer Person hat. Man erwartet, daß sie sich so verhält, wie es den von ihr geäußerten Einstellungen entspricht und daß auch ihre gefühlsmäßige Reaktion auf den betreffenden Gegenstand entsprechend ist. Unter Einstellungen versteht man eine *relativ stabile Tendenz* bei einem Individuum, auf bestimmte Objekte mit ganz bestimmten *Gefühlen, Wahrnehmungen* und Vorstellungen sowie offenen *Verhaltensweisen* zu reagieren. Zum Beispiel würde man von jemandem sagen, er habe eine positive Einstellung zu Hunden, wenn er beim Anblick eines Hundes ein *Gefühl* der Freude zeigt, den Hund offensichtlich als vertrauenserweckend und nett *wahrnimmt,* sich *vorstellt*, daß der Hund bei einer Begegnung mit ihm mit Schwanzwedeln reagiert und er sich dem Hund gegenüber freundlich *verhält.*

Es gibt eine Reihe von Autoren, die je nach wissenschaftlicher Herkunft bei der Definition von Einstellungen stärker den Aspekt der *kognitiven Orientierung* (Wahrnehmung, Vorstellung), den der *emotionalen Reaktion* (Gefühl) oder den der *Verhaltensbereitschaft* (Tendenz zum offenen Verhalten) betonen. Diese Einteilung des Begriffes Einstellung in unterschiedliche Aspekte wird auch *„Dreikomponentenansatz"* genannt.

Eine solche Unterscheidung verschiedener Einstellungskomponenten ist nur dann möglich, wenn man davon ausgeht, daß Einstellungen eine Art „psychisches Substrat" oder zumindest eine Art „inneren Zustand" (SCHMIDT et. al. 1975, S. 12) darstellen, durch den bestimmte Verhaltensweisen „verursacht, veranlaßt (. . . oder) bedingt" (S. 13) sind. Die meistzitierte und umfassendste Definition geht von einem solchen Einstellungskonzept aus:

> „Eine Einstellung ist ein seelischer und nervlicher Bereitschaftszustand, der durch die Erfahrung organisiert einen richtenden und dynamischen Einfluß auf die Reaktion des Individuums auf alle Objekte und Situationen ausübt, mit denen es verbunden ist" (ALLPORT 1935, S. 810 in der Übersetzung von GRAUMANN 1960, S. 140).

Bevorzugt man ökonomischere Erklärungsansätze für Verhaltensweisen und einen sparsameren Gebrauch von psychologischen Begriffen, so wird man sich der Auffassung von Lerntheoretikern oder Verhaltensanalytikern SKINNERscher Prägung (vgl. *Kap. 3.2*) anschließen. Hiernach sind Einstellungen nicht hypothetisch angenommene Größen, die irgendwo hinter dem direkt beobachtbaren Verhalten anzunehmen sind, sondern Einstellungen sind *Reaktions- oder Verhaltenskonsistenzen.* Einstellungen bestehen aus dem Verhalten selbst, das relativ konsistent in einer bestimmten Situation auftritt. Vertreter eines solchen *behavioristischen Einstellungskonzepts* ist z. B. GREEN (1954).

Wie die angeführten Beispiele zeigen, können sich Einstellungen auf die unterschiedlichsten Gegenstände beziehen. *Einstellungsgegenstände* können sowohl Einzelpersonen (Bundeskanzler) wie Personengruppen (die Frauen, die Politiker), Objekte der sozialen Umwelt (Autotypen, Ferienorte) oder auch Sachverhalte (Politik, Umweltverschmutzung, Arbeitslosigkeit, Erziehung) sein. Einstellungen gegenüber sich selbst werden z. B. unter dem Begriff „Selbsteinschätzung" (z. B. self-esteem) behandelt. Wie aus der Aufzählung möglicher Einstellungsgegenstände hervorgeht, ist der Inhalt von Einstellungen immer irgendwie sozial oder zumindest sozial vermittelt. Auch fällt es schwer, sich vorzustellen, daß Einstellungen vollkommen privaten Charakter haben und aufgrund rein individueller Auseinandersetzung mit einem bestimmten Sachverhalt zustandekommen oder gar aus dem Individuum selbst kommen. Es erscheint deshalb sinnvoll, in

Abgrenzung zu anderssinnigem Gebrauch des Begriffs von *„sozialen Einstellungen"* zu sprechen.

Wenn man davon spricht, daß Personen ganz bestimmte Einstellungen haben, so hat das Einstellungskonzept nicht nur für den Psychologen die Funktion, daß er das Verhalten einer Person möglicherweise auf diese Einstellungen zurückführen kann, daß er mithilfe der Erfassung von Einstellungen Verhaltensvorhersagen machen kann oder Personen danach beschreiben und klassifizieren kann, welche Einstellungen sie mit welcher Intensität vertreten, sondern Einstellungen scheinen auch für das tägliche Leben höchst sinnvoll und nützlich zu sein. Einstellungen haben für das einzelne Individuum, aber auch für die Interaktion zwischen Individuen die Funktion, daß sie die *Orientierung in der Umwelt* erleichtern.

Aufgrund von bestimmten eigenen Einstellungen lassen sich eine Vielzahl von Tatbeständen hinsichtlich eines bestimmten Gesichtspunkts ordnen und in ihrem Stellenwert gewichten. Stellungnahmen zum „Jahr der Frau" wird man aufgrund einer nicht-misogynen Einstellung einzuschätzen wissen und schon aufgrund einiger weniger Argumente von seinen eigenen Standpunkten abgrenzen können. Sich auf dem Gebiet zurechtzufinden, gelingt recht schnell, da man von vornherein einige Aspekte ausblenden kann. Einstellungen haben also insofern eine *ökonomische Funktion*, als es gelingt, mit ihrer Hilfe vereinfachte und stereotypisierte Reaktionen gegenüber bestimmten Objekten aufzubauen. (Eine Zusammenstellung der am häufigsten genannten Funktionen sozialer Einstellungen findet sich bei McGuire 1969).

4.2.2 Entstehung von Einstellungen

Es gibt heute kaum noch jemanden, der behaupten würde, daß die Entstehung und Änderung von Einstellungen im wesentlichen durch genetische und physiologische Faktoren bedingt ist. Es wird allgemein davon ausgegangen, daß Einstellungen in der Auseinandersetzung mit der Umwelt *durch Erfahrungen erworben* werden. Neue Erfahrungen können sich ebenso verändernd auf bestehende Einstellungen auswirken, so daß man seine Standpunkte im Laufe des Lebens einige Male revidiert. Kennzeichnend für Einstellungen ist allerdings, daß sie nach ihrem Erwerb zunächst *relativ änderungsresistent* sind.

Soziale Einstellungen werden durch *Lernprozesse* erworben; sie sind also im wesentlichen außerdeterminiert. In dem Maße wie es genetische und physiologische Faktoren gibt, die das Lernen beeinflussen (z. B. Reifungsprozesse, Altern, Krankheit) kann auch das Lernen von Einstellungen durch solche Faktoren mitbedingt sein.

Zur Erklärung des Erwerbs von Einstellungen können die *drei Lernarten* (die in dem Abschnitt über verhaltensorientierte Ansätze im einzelnen dargestellt sind) herangezogen werden. Sowohl Prozesse des *klassischen*

Konditionierens, des *operanten Konditionierens* als auch des *Modellernens* sind für den Einstellungserwerb von Bedeutung (vgl. dazu die Experimente von BRUNNER in: SCHMIDT u. a. 1975). Die positive Einstellung gegenüber der Mutter wird von einem Kind sicherlich zunächst dadurch gelernt, daß das Auftauchen der Mutter stets mit dem unkonditionierten positiven Reiz, der Nahrung, zusammenfällt. Später werden freundliche Verhaltensweisen gegenüber der Mutter von der Umwelt des Kindes sozial anerkannt (positiv verstärkt). Das Kind wird gelobt, wenn es sagt, daß es seine Mutter mag. Ältere Geschwister, gleichaltrige Freunde tragen in späteren Jahren als Modellpersonen sicherlich zum Teil dazu bei, daß eine gewisse Distanzierung gegenüber den Eltern eintritt. Sich den Eltern gegenüber kritisch zu verhalten und kritisch eingestellt zu sein, wird bei Anderen beobachtet und möglicherweise übernommen.

An diesem Beispiel werden gleichzeitig die Grenzen lerntheoretischer Erklärungen deutlich, da ohne eine Einbeziehung des Bewußtseins – wenn man z. B. unberücksichtigt lassen wollte, daß die kognitive Auseinandersetzung mit der Umgebung eine Rolle spielt – Einstellungsänderungen des Heranwachsenden nur unzureichend erklärt werden können.

Auf der anderen Seite läßt sich gerade auf lerntheoretischer Grundlage z. B. der Begriff des *Vorurteils*, sowie die Hartnäckigkeit, mit der manche Vorurteile sich halten – im Gegensatz zu eher beschreibenden Versuchen der Vorurteilsforschung – zumindest ansatzweise erklären (vgl. SCHMIDT, BRUNNER & SCHMIDT-MUMMENDEY 1975). Betrachtet man Vorurteile unter dem Gesichtspunkt, daß es sich dabei um wertende Stellungnahmen handelt, die im voraus und deshalb oft auch vorschnell abgegeben werden, ohne Gelegenheit, den Einstellungsgegenstand näher kennenzulernen, so lassen sich Vorurteile als *vorschnell generalisierte Einstellungen ohne genügend große Erfahrungsbasis* kennzeichnen. Die Einstellung „Gastarbeiter sind faul" ist in den meisten Fällen nicht in eigenen Erfahrungen mit dem Arbeitsverhalten von Gastarbeitern begründet. Unter Umständen hat man schon einmal einen ausländischen Straßenbauarbeiter beobachtet, der gerade eine Pause machte. Von dieser schmalen Erfahrungsbasis wird auf einen ganzen Personenkreis und auf eine Vielzahl von unterschiedlichen Situationen verallgemeinert. Da die Gelegenheiten, seine Einstellungen aufgrund weiterer eigener Erfahrungen zu überprüfen, in diesem Fall relativ selten sind, wird das Vorurteil weiter bestehen bleiben.

Einstellungen werden im Verlaufe der Auseinandersetzung mit der Umwelt, also im Prozeß der Sozialisation erworben. *Gruppen* haben dabei eine wichtige vermittelnde Funktion im Wechselspiel von Gesellschaft, Gruppe und Individuum. Untersuchungen einer Konstanzer Forschungsgruppe (CLOETTA, KOCH, MÜLLER-FOHRBRODT u. a.) zeigen deutlich, wie weitgehend sich Einstellungen in Abhängigkeit von unterschiedlichen Sozialisationsphasen, die in diesem Fall durch den Wechsel der Bezugsgruppe (zum

Bezugsgruppenkonzept vgl. den Abschnitt über Gruppen in diesem Kapitel) gekennzeichnet sind, ändern können. Einstellungen zu Fragen der Erziehung und zu Reformen im Bildungsbereich veränderten sich in der ersten Phase der Lehrerausbildung durch den Einfluß der Hochschule deutlich in progressiver Richtung. Mit Eintritt in den Schuldienst war der reformerische Ehrgeiz wieder weitgehend verschwunden und die Einstellungen mit denen vor Beginn des Studiums vergleichbar.

Der Einfluß von Gruppen auf die Entstehung und Änderung von Einstellungen wurde besonders im Zusammenhang mit der Untersuchung der Propaganda- und Werbewirksamkeit im einzelnen analysiert. Als besonders wirksame Strategie zur Änderung der Einstellungen erwies sich dabei der Weg über *Meinungsführer* („opinion leader") in Gruppen. Bestimmte Merkmale wie hohe Glaubwürdigkeit, Kompetenz, Sicherheit des Urteils bedingen den besonderen Status des Meinungsführers, dessen zustimmende oder ablehnende Haltung von den Gruppenmitgliedern oft auch ungeprüft übernommen wird.

4.2.3 Einstellungsänderung

Einige Konzepte, die für die Änderung von Einstellungen von Bedeutung sind, wurden schon für die Entstehung von Einstellungen als wichtige Einflußgrößen und -konzepte genannt.

Wie man sich die Änderung von Einstellungen nun im einzelnen theoretisch erklärt, soll im folgenden aus der Sicht verstärkungstheoretischer, kognitiv orientierter und funktionaler Ansätze dargestellt werden. Die Ausführungen folgen im wesentlichen der Darstellung von SCHMIDT-MUMMENDEY in SCHMIDT u. a. 1975.

HOVLAND (1953) und seine Mitarbeiter entwickelten einen als *verstärkungstheoretisch* zu kennzeichnenden Untersuchungsansatz, den sie selbst als vorläufigen Rahmen einer Theorie bezeichnen. Ansatzpunkt dieser Arbeiten war das Interesse an der praktischen Veränderung von Einstellungen in Beeinflussungs- und Propagandasituationen.

Einstellungsänderungen sind nach diesem Ansatz Ergebnis eines *Lernprozesses,* der im wesentlichen durch die Wirksamkeit von Verstärkung zustandekommt. Eine bestehende Einstellung wird geändert, wenn neue Informationen über den Einstellungsgegenstand dazukommen und mit der geänderten Einstellung positive Erfahrungen gemacht werden. Bedingung für die Aufnahme neuer Informationen ist eine gewisse Bereitschaft, neue Erfahrungen machen zu wollen, der Einstellungsinhaber muß zumindest zuhören. HOVLAND u. a. nehmen als erste wichtige Bedingung für die Einstellungsänderung die Notwendigkeit von *Aufmerksamkeit* an. Damit sich neue Argumente auch auf die Einstellung auswirken können, muß der Inhalt des Gesagten auch verstanden werden. Das *Verstehen* ist eine weitere notwendige Bedingung. Argumentationen können als richtig und weiterführend akzeptiert oder als falsch abgelehnt werden. Für die Änderung der Einstellung ist das *Akzeptieren* der von der eigenen Einstellung abweichenden Argumentation eine wichtige Voraussetzung. Ist nun zu erwarten, daß die Veränderung der Einstellung zu *positiven Ergebnissen* führt, so ist damit eine weitere Bedingung für die Revision bisheriger Einstellungen gegeben. Damit die Einstellungsänderung von Dauer ist und nicht bei Verlassen der Beeinflussungssituation wieder rückgängig gemacht wird, muß die Möglichkeit gegeben sein, daß die Argumente über längere Zeit im Gedächtnis behalten werden und auch die positiven Erfahrungen mit den neu erworbenen oder veränderten Einstellungen weiterhin bestehen bleiben.

Zur Illustration denke man an das Vorgehen bei Wahlkampagnen oder an die Bemühungen, Autofahrer zu einer positiven Einstellung gegenüber Sicherheitsgurten zu bringen. Allein die Erfahrung, daß man sich mit dem Anlegen von Sicherheitsgurten auf der Seite der „Vernünftigen" befindet, reicht oft schon als positives, die Einstellung aufrechterhaltendes Ergebnis aus.

Einstellungen haben aus lerntheoretischer Sicht für das Individuum insofern Bedeutung, als das Innehaben oder die Änderung einer Einstellung positive Konsequenzen hat. Einstellungen selbst besitzen also Verstärkungsfunktion. Allerdings steht diese Funktion nicht im Mittelpunkt des verstärkungstheoretischen Ansatzes, da z. B. nicht der Frage nachgegangen wird, wieso beispielsweise die mit den „Vernünftigen" übereinstimmende Einstellung für das Individuum verstärkend oder positiv ist. *Funktionale Ansätze* gehen dagegen gerade von der Annahme aus, daß Einstellungen für ihren Träger notwendige Funktionen erfüllen, so daß sie von positivem Wert für sie sind. Um Aussagen über die Änderung von Einstellungen zu machen und zu Vorhersagen zu gelangen, wann Einstellungen möglicherweise geändert werden, versucht man den funktionalen oder instrumentellen Wert der Einstellung für das Individuum zu erfassen.

Smith, Bruner & White (1956) unterscheiden drei wichtige Funktionen von Einstellungen. Die *Gegenstand-Bewertungs-Funktion* bezieht sich auf den Aspekt der Nützlichkeit einer Einstellung für die Orientierung des Individuums in seiner Umgebung. Die Bewertung eines Gegenstandes beinhaltet eine Art kognitiver Auseinandersetzung und Anpassung an die Gegebenheiten der Umwelt. Einstellungen tragen zur Optimierung dieser kognitiven Anpassung bei. Die *Funktion der sozialen Anpassung* betrifft die Nützlichkeit einer Einstellung zur Erreichung sozialer Anerkennung oder Unterstützung. Die Eingliederung in eine Gruppe und damit der Beginn sozialer Beziehungen wird durch die Übernahme der in der Gruppe übereinstimmenden Einstellungen und Überzeugungen am schnellsten gewährleistet. Mit der *Funktion der Externalisation* ist die Herausverlagerung von angsterzeugenden Konfliktererlebnissen in den Einstellungsgegenstand gemeint.

Um Einstellungen zu ändern, muß man die Funktion der Einstellung für das Individuum kennen. Wird die Funktion von der Einstellung nicht mehr erfüllt, so werden sich Einstellungen so verändern, daß das Bedürfnis wieder zufriedenstellend befriedigt wird. Erreicht man mit den eigenen Einstellungen nicht mehr die soziale Anerkennung von dem Personenkreis, der einem etwas bedeutet, so ändert man seine Einstellung entsprechend. Gezielte Einstellungsänderung muß genau an der Veränderung der spezifischen Funktion ansetzen, die die Einstellung für ihren Träger hat. Jemanden von der Wichtigkeit einer nicht-misogynen Einstellung überzeugen zu wollen, wird wenig erfolgreich sein, wenn er gerade mit der Äußerung misogyner Einstellungen soziale Anerkennung im Kollegenkreis findet.

Im Rahmen kognitiver Konsistenztheorien haben Einstellungen die Funktion, zur kognitiven Balance, Konsistenz, Konsonanz oder Symmetrie beizutragen. Da die kognitiven Konsistenztheorien im ersten Teil dieses Kapitels weitgehend am Beispiel der Einstellungsforschung dargestellt sind, soll hier als Beispiel für einen *kognitiv* orientierten Ansatz zur Erklärung von Einstellungsänderungen die Assimilations-Kontrast-Theorie von SHERIF und HOVLAND (1961) als eine nicht zu den kognitiven Konsistenztheorien zählende kognitive Theorie erklärt werden.

Die Theorie geht von der Grundannahme aus, daß sich Urteile oder auch Einstellungen gegenüber einem Gegenstand auf einer *Bewertungsskala* anordnen lassen. Mithilfe dieser Bezugsskala kann das Individuum weitere Argumente oder Informationen zu dem Gegenstand einordnen und bewerten. Bestimmte Einstellungen oder Bewertungen auf dieser Skala haben relativ großen Einfluß auf die Einordnung anderer Feststellungen oder Informationen. Sie werden *Ankerpunkte* genannt und bilden die Ausgangs- oder Vergleichspunkte für weitere Beurteilungen. In der Assimilations-Kontrast-Theorie werden *interne* von *externen Ankerpunkten* unterschieden: Interne Ankerpunkte sind die aufgrund der bisherigen Erfahrungen vorhandenen Einstellungen eines Individuums; sie bezeichnen den Punkt, dem das Individuum selbst am meisten zustimmt und den es als Standard für weitere Beurteilungen heranzieht. Externe Ankerpunkte sind die von außen an das Individuum herangetragenen Standpunkte. Eine Diskrepanz zwischen internem und externem Ankerpunkt, d. h. eine nicht einstellungsunterstützende oder -konforme Kommunikation von außen ist Voraussetzung für eine Einstellungsänderung. Die Anpassung oder Assimilation des internen und des externen Standpunktes hängt ebenso wie die Unterschiedlichkeit oder der Kontrast beider Positionen nicht von der Beziehung der Ankerpunkte, sondern von dem externen Ankerpunkt und seiner relativen Stellung zu einem *Bereich der Akzeptanz bzw. Ablehnung* ab. Der Bereich der Akzeptanz kann mehr oder weniger breit angelegt sein. Mit zunehmender persönlicher Wichtigkeit einer Einstellung ist der Bereich beispielsweise enger. Je mehr ein Individuum persönlich involviert ist, desto geringer wird seine „Toleranz“ gegenüber abweichenden Meinungen sein und desto schärfer wird es sich von den anderen Standpunkten abgrenzen. Neben dem Bereich der Akzeptanz und dem der Ablehnung gibt es einen *Bereich der Neutralität.* Je geringer das Interesse an einem Einstellungsgegenstand, desto größer ist die neutrale Zone. Externe Urteile, die in den Bereich der Neutralität fallen, werden weder positiv noch negativ aufgenommen. Fällt ein Urteil in den Ablehnungsbereich, so steht es im Kontrast zur eigenen Meinung, und das Urteil wird abgelehnt; fällt es in den Akzeptanzbereich, so wird es angenommen, und an das eigene Urteil assimiliert. Je größer der Akzeptanzbereich, desto mehr verschiedene Gegenargumente und Meinungen werden akzeptiert: Die Person erscheint weitherzig und tolerant. Ist der Ablehnungsbereich sehr groß, so werden sehr viele von außen kommende Argumente zurückgewiesen und der eigene Standpunkt von anderen Positionen stark abgegrenzt.

Einstellungsänderungen werden in einer Beeinflussungssituation dann am schnellsten erreicht, wenn die vorgebrachten Argumente in den Akzeptanzbereich fallen. Die Änderung der Einstellung ist also weitgehend davon abhängig, mit welchem Nachdruck und persönlichem Engagement eine bestimmte Einstellung vertreten wird. Liegen die Argumente zu weit vom Akzeptanzbereich entfernt und damit schon im Ablehnungsbereich, wird die ursprüngliche Einstellung unter Umständen noch nachdrücklicher vertreten.

4.2.4 Einstellung und Verhalten

Den wichtigen Platz, den die Einstellungsforschung innerhalb der Sozialpsychologie einnimmt, verdankt sie einer mittlerweile in den Hintergrund gedrängten Hoffnung, daß sich nämlich mit der Erforschung von Einstellungen nicht nur weitere Erkenntnisse über die Motivation und die Bedingungen von Verhalten gewinnen lassen, sondern daß sich mit Hilfe der Erfassung von Einstellungen Verhaltensweisen *vorhersagen* lassen. Es wurde also davon ausgegangen, daß Einstellungen „Ursachen“ von Verhalten sind oder doch zumindest in engem Zusammenhang mit dem Verhalten stehen.

Die meisten der bekannten Untersuchungen über Vorurteile, faschistoide oder rassistische Einstellungen haben nur die affektive Komponente der Einstellungen über verbale oder schriftliche Stellungnahmen zu Aussagen erfaßt und nicht das ihnen korrespondierende Verhalten. Daher wirkte es sehr ernüchternd, als Mitte der 60er Jahre mehr und mehr die geringe Übereinstimmung zwischen verbal erfaßten Einstellungen und offenem Verhalten deutlich gemacht wurde. Die wenigen Versuche, in denen tatsächlich offenes Verhalten mit verbalen Einstellungsaussagen verglichen wurde, zeigen eine erstaunlich geringe Übereinstimmung. WICKER (1969) stellte Untersuchungen zum Zusammenhang von Einstellungen und Verhalten zusammen. Von BENNINGHAUS (1975) und SIX (1975) stammen um weitere Arbeiten erweiterte, deutschsprachige Zusammenstellungen.

Seitdem sind etliche Versuche unternommen worden, diesen mangelnden Zusammenhang zu erklären und nach verbesserten Möglichkeiten der Verhaltensvorhersage aus Einstellungen zu suchen. Einerseits wird die Ursache in den Meßmethoden gesehen. Mängel der Einstellungsmessung, Antworttendenzen, Künstlichkeit der Situation und mangelnder Freiheitsspielraum bei der Stellungnahme werden zu verbessern versucht. Andere Autoren sehen das Hauptproblem darin, daß es bisher keine exakten Möglichkeiten gibt, Verhalten zu erfassen. Wieder andere meinen, daß das Problem erst im Rahmen einer umfassenden Handlungstheorie zu lösen sei (vgl. DEUTSCHER 1973, MEINEFELD 1977).

Als allgemein sicher gilt, daß man von offenem Verhalten besser auf Einstellungen schließen kann als umgekehrt. Von hier aus ist es nur ein kleiner Schritt bis zu der Forderung, *Verhalten als Bedingung für Einstellungen* zu untersuchen. In der Tat gibt es innerhalb der klassischen Einstellungsforschung eine Reihe von Untersuchungen, die einen solchen Ansatz als sinnvoll und vielversprechend nahelegen. Erwähnt seien hier nur die Untersuchung von v. CRANACH (1965 a) über Meinungsänderung durch eigenes Handeln, in der überzeugend gezeigt werden konnte, daß sich die eigenen Einstellungen änderten, wenn die Versuchspersonen überzeugende Argumente für einen bestimmten Standpunkt suchen und diesen auch öffentlich vertreten mußten, ferner die Untersuchungen von HOVLAND, LUMSDAINE & SHEFFIELD (1949) zur aktiven Beteiligung an der Vorführung von Lehrfilmen, durch die die Wirkung der Filme erheblich gesteigert werden konnte und die z. B. bei gruppendynamischen Übungen beliebte Methode des Rollenspiels, bei der durch das „Handeln wie eine bestimmte Person“ Einstellungsänderungen erzielbar sind. Ausführliche Diskussionen der Zusammenhänge zwischen *Verhalten und Einstellung*, sowie eine theoretische Einordnung der hier angedeuteten Sichtweise des Problems finden sich z. B. bei SCHMIDT u. a. (1975) und bei BIERBRAUER (1976).

Obgleich mittlerweile immer häufiger anerkannt zu werden scheint, daß das mit dem Einstellungsbegriff Gemeinte und der üblichen Einstellungsmessung Erfaßte nicht optimal geeignet ist, offenes Verhalten vorherzusagen (vgl. MUMMENDEY 1977), ließ sich doch zeigen, daß unter bestimmten methodologischen Voraussetzungen die Vorhersagbarkeit von Verhalten aus Einstellungen besser als bisher angenommen ist. Der Zusammenhang wird höher, wenn bestimmte vermittelnde bzw. Moderatorvariablen (z. B. situative Besonderheiten, Persönlichkeitsmerkmale) berücksichtigt und kontrolliert werden (vgl. WARNER & DEFLEUR 1969). So zeigte MIELKE (1979), wie Merkmale der Schul-Umwelt und das Persönlichkeitsmerkmal „interne/externe Kontrolle“ den Zusammenhang zwischen Einstellungen und Verhaltensweisen bei Lehrern beeinflussen.

Bei BORNEWASSER (1979) führte die Berücksichtigung von einstellungsrelevanten Persönlichkeitsmerkmalen zu einer Verbesserung der Verhaltensvorhersage bei Kindergarten-Erzieherinnen von ca. 50% bis auf ca. 70%. FISHBEIN & AJZEN (1975) belegten überzeugend die Vorhersagbarkeit offenen Verhaltens, wenn man sich auf die Verhaltens-Komponente sozialer Einstellungen konzentriert und den Zusammenhang zwischen Verhaltensabsicht (behavioral intention) und Verhalten betrachtet. Je ähnlicher der Spezifitätsgrad von Einstellungen und Verhaltensmessung, je größer die Zahl gemeinsamer Aspekte und je vielfältiger die herangezogenen Verhaltenskriterien, desto enger wird der Zusammenhang zwischen Einstellungen und Verhalten (vgl. auch AJZEN & FISHBEIN 1977). Weitere Ergebnisse von empirischen Untersuchungen zum Zusammenhang zwischen Einstellungen und offenem Verhalten in natürlichen Umgebungen finden sich bei MUMMENDEY (1979).

4.3 Sozialisation

4.3.1 Versuch einer Gegenstandsbestimmung

„Sozialisation" ist ein zumeist etwas diffus verwendeter Sammelbegriff für alle Prozesse, durch die das Individuum allmählich in eine Gesellschaft „hineinwächst". (Weitere gelegentlich verwandte Begriffe sind „soziale Prägung", „soziale Persönlichkeitsentwicklung", „Enkulturation" etc.) Allen Sozialisationskonzepten liegt in etwa die Vorstellung zugrunde, das menschliche Individuum sei zu Beginn seines Lebens – sieht man einmal von anlagebedingten Merkmalen und Reifungsprozessen ab – äußerst *flexibel* oder plastisch in bezug auf Verhaltensmöglichkeiten, und dieser Spielraum werde durch Einflüsse einer Gesellschaft oder Kultur, insbesondere durch vielfältige direkte Erziehungsmaßnahmen, aber auch dadurch, daß „stillschweigend" Verhaltensnormen übernommen werden, zunehmend *eingeengt.* Ergebnis sei dann irgendwann der angepaßte, mit den von einer bestimmten Gesellschaft akzeptierten Eigenschaften ausgestattete Mensch.

Wie *passiv* das Individuum dabei in vielen Auffassungen des Sozialisationsprozesses gesehen wird, mag aus den folgenden Definitionen dieses Vorgangs deutlich werden. Nach HOFSTÄTTER „sieht sich (jede Gesellschaftsordnung [Kultur]) dem Problem gegenüber, die Kinder ihrer Angehörigen so aufzuziehen, daß sie mit dem kulturspezifischen Wunschbild der Erwachsenen mit der Zeit möglichst ähnlich werden. Der sich über mehr als ein Jahrzehnt erstreckende Vorgang der Erziehung wird in der Psychologie als Sozialisierungsprozeß bezeichnet" (1967, S. 266). Nach BROWN verfügen Kinder „zum Zeitpunkt der Geburt noch nicht über Kultur, sie haben noch keinen Begriff von der Welt, sie kennen noch keine Sprache oder Moral. Alle diese Dinge müssen noch erworben werden, und diesen Prozeß des Erwerbs nennt man Sozialisation" (1965, S. 193; eigene Übers.). Demnach scheint es so, als würden in den kleinen Menschen einseitig alle Inhalte, die man auch als „Kultur" bezeichnen könnte, eingefüllt. Gleichzeitig entsteht der Eindruck, als sei dieser Prozeß irgendwann, vielleicht spätestens zum Zeitpunkt der Volljährigkeit, abgeschlossen, und der erwachsene Mensch wirke dann in entsprechender Weise wieder erzieherisch auf Angehörige der nächsten Generation ein.

Demgegenüber wird vielfach der Charakter des Sozialisationsprozesses als der einer *Wechselwirkung* zwischen Gesellschaft (die natürlich stets nur in Form konkreter Instanzen einwirkend zu denken ist; vgl. den übernächsten Abschnitt) und Individuum hervorgehoben. SECORD & BACKMAN definieren Sozialisation als „einen *Interaktionsprozeß*, durch den das Verhalten einer Person so modifiziert wird, daß es mit Erwartungen der Mitglieder von Gruppen, denen es angehört, konform geht" (1972, S. 462; Übers. und Hervorhebung von uns). Diese Auffassung, nach der durchaus eine ständige Auseinandersetzung zwischen einem relativ aktiv handelnden Individuum und seiner Umgebung stattfindet, entspricht auch den entwicklungs- und sozialpsychologischen Auffassungen dialektisch-materialistischer Psychologen. Danach wirken äußere Bedingungen stets nur *über* die inneren Bedingungen eines Systems, d. h. sie werden durch die inneren Bedingungen „gebrochen" (vgl. HIEBSCH, 1966, S. 50). Natürlich enthalten Beschreibungen von Sozialisationsvorgängen, die stärker an einem Menschenbild orientiert sind, dem gemäß der Mensch „sich aktiv mit seiner Umgebung auseinandersetzt" ähnliche Aussagen über das *Resultat* von Sozialisationsprozessen (nämlich eine angepaßte, konforme oder auch „entwickelte" Persönlichkeit) wie dies bei Annahme eines simplen „Trichtermodells" (anfangs große, später sehr begrenzte Verhaltensmöglichkeiten) der Fall ist. Dennoch eröffnen solche Auffassungen stärker die Möglichkeit, Sozialisation nicht als einen begrenzten, gleichsam mechanischen Prägungsprozeß, sondern vielmehr als einen ständigen, keineswegs nur auf Kindheit und Jugend beschränkten Vorgang der Auseinandersetzung zwischen Individuen und Gruppen, Indidivuen und Insitutionen, Gruppen und Institutionen etc. anzusehen (vgl. hierzu den nächsten Abschnitt).

Bedenkt man einmal, wie umfassend damit der Begriff der Sozialisation konzipiert ist, so wird verständlich, daß Sozialisationsforschung keineswegs ein Privileg der Psychologie oder Sozialpsychologie sein kann. Sozialisationstheoretische Beiträge, aber auch manche empirischen Untersuchungen stammen von Soziologen, Anthropologen, Ethologen und Psychoanalytikern, um nur einige zu nennen. Die bevorzugten Fragestellungen der *Sozialpsychologie*, die sich der Sozialisationsforschung zuordnen lassen, sind meist konkreter Art. Unter sozialpsychologischen Gesichtspunkten genügt es nicht, Erklärungen über die gesellschaftliche Bedingtheit bestimmter konformer oder abweichender (devianter) Verhaltensweisen, etwa delinquentes Verhalten oder neurotische Störungen eingeschlossen, abzugeben. Aufgabe des Sozialpsychologen ist es in stärkerem Maße, Mikroanalysen der Art und Weise zu leisten, wie Individuen z. B. Rollen übernehmen, wie soziale Einstellungen erworben und modifiziert werden, wie soziale Normen übernommen (internalisiert) werden etc., so daß man von einem Hineinwachsen in eine Gesellschaft sprechen kann. Einige Beispiele dafür sollen weiter unten angeführt werden, ebenso wie Hinweise auf verschiedene theoretische Ansätze.

4.3.2 Sozialisation als lebenslanger Prozeß

Ältere entwicklungspsychologische Theorien gingen immer wieder davon aus, daß die Entwicklung des Individuums zum Erwachsenen oder auch zur (beispielsweise strafrechtlich voll verantwortlich anzusehenden) Persönlichkeit irgendwann gegen Ende des zweiten Lebensjahrzehnts „abgeschlossen" sei. Einige Theoretiker nehmen sogar an, die (für das spätere Verhalten des Menschen) „entscheidenden" Ereignisse spielten sich in der *frühen Kindheit* ab. Die ersten Lebensjahre böten dann das wichtigste Einfallstor für gesellschaftliche Einflüsse, und die Sozialisationsforschung hätte sich auf diese Periode zu konzentrieren. Von Siegmund FREUD stammt die Feststellung: „Der kleine Mensch ist oft mit dem 4. oder 5. Jahr schon fertig und bringt nur allmählich zum Vorschein, was bereits in ihm steckt" (1940, S. 369). In diesem Zitat spiegeln sich nicht nur alle Merkmale eines mechanischen „Trichtermodells", sondern dahinter steht zudem die Vorstellung, bestimmte einschneidende Erlebnisse (z. B. traumatischer Art) führten zu relativ irreversiblen Prägungen.

So wie sich in der Entwicklungspsychologie die insbesondere von THOMAE geförderte Auffassung mehr und mehr durchsetzt, daß wichtige Veränderungen menschlichen Verhaltens von der Geburt bis zum Tode eintreten können und daher auch und gerade an einer lange vernachlässigten Entwicklungspsychologie des *Erwachsenenalters* und auch des *höheren Lebensalters* gearbeitet werden müsse – ebenso ist zu fordern, Sozialisationsforschung unter dem Gesichtspunkt zu betreiben, daß es sich bei Sozialisation um einen lebenslangen Prozeß handelt.

Als Beispiel dafür, wie angemessen diese Forderung ist, sei der Bereich *politischer Sozialisation* genannt. Unter dem Stichwort „politische Sozialisation" wird u. a. die Entstehung und Veränderung politischer Einstellungen erforscht. *Bezugsgruppen* (vgl. den Abschnitt zum Thema „Gruppe") gelten als sehr wirksame politische Sozialisationsfaktoren. Wechselt ein Individuum Bezugsgruppen, die für die politische Meinungsbildung bedeutsam sind – etwa im Zuge einer Ablösung vom Elternhaus, beim Wechsel von einer Bildungsinstitution an eine andere – so kann es zu oft tiefgreifenden Änderungen politischer Einstellungen kommen. In unserer Gesellschaft nun setzen bewußte politische Meinungsbildungsprozesse relativ spät ein, viele Menschen beginnen sich überhaupt erst ab dem dritten Lebensjahrzehnt intensiver für Politik zu interessieren. Politische Meinungsbeeinflussung geschieht auch von staatlicher Seite z. B. mit ökonomischen, z. B. fiskalischen Mitteln, also unter Einsatz von Wirkgrößen, die erst nach einer Familiengründung, erst im Rentenalter etc. wirksam werden. Zur aktiven Auseinandersetzung mit politischen Positionen gehört nach allgemeiner Auffassung auch ein gewisses politisches Wissen oder zumindest Erfahrung mit Politik, wie sie bei Kindern und Jugendlichen nicht vorausgesetzt werden kann. Gelegentliche Presseberichte über das private und politische Verhalten ehemaliger führender Persönlichkeiten revolutionärer Studentenverbände (dabei wäre sowohl an Personen gedacht, die in den Untergrund gegangen sind als auch an solche, die mit Immobilien handeln) vermögen vielleicht über Sozialisationsprozesse eine ganze Menge auszusagen. Eine Verkürzung von Sozialisationsforschung auf die ersten Lebensjahre, eine Beschränkung auf frühkindliche Erziehungstechniken und Initiationsriten bei Südseestämmen würde den Ansprüchen der Sozialisationsforschung nicht gerecht.

4.3.3 Sozialisationsinstanzen

Als wichtige Sozialisationsinstanzen (gelegentlich auch Sozialisations*agenturen* genannt) werden gewöhnlich die *Familie* („primäre Sozialisation"), die *Schule* und die Gruppe der *Gleichaltrigen* („sekundäre Sozialisation") und der Bereich von *Arbeit und Beruf* („tertiäre Sozialisation") angesehen. In einem etwas weiteren Sinne gilt auch die soziale *Klasse* oder *Schicht*, der ein Individuum angehört, als wesentlicher Sozialisationsfaktor – besser würde man wohl sagen: als ein Bündel von Faktoren. Die Aufzählung solcher Instanzen ist aber keineswegs als vollständig aufzufassen – sie ergibt sich nur aus einer Übersicht über die diesbezüglichen Schwerpunkte der empirischen Forschung. So können je nach Gesellschaft oder auch je nach individueller Lebensgeschichte spezielle Sozialisationsinstanzen wirksam werden, die die allgemeine Wirkung der übrigen übersteigt. Als weitere, noch relativ allgemein wirksam anzusehende Instanz seien noch die *Massenmedien* erwähnt, zumindest für Gesellschaften wie diejenige in der BRD, in der ein hoher Medienkonsum für alle Bevölkerungsgruppen angenommen werden kann. Umfangreiche Sammelreferate über „soziale Schichten als Sozialisationsvariablen" (THOMAE), „Familie und Sozialisation" (THOMAE) sowie „Schule und Beruf als institutionelle Sozialisationsbedingungen (WEINERT) finden sich im „Handbuch der Psychologie", Band 7; 2 (GRAUMANN 1972).

Am Beispiel *geschlechtsspezifischer* Sozialisationsprozesse soll im folgenden kurz versucht werden, den Einfluß unterschiedlicher Sozialisationsinstanzen zu verdeutlichen (über geschlechtsspezifische Sozialisation informiert im übrigen zusammenfassend LEHR 1972).

Es bedarf wohl heute keines besonderen Hinweises mehr darauf, daß ein sehr großer Teil „typisch weiblicher" und „typisch männlicher" Verhaltensweisen, Erlebnisweisen und somit „Caraktereigenschaften" bzw. Persönlichkeitsmerkmale keineswegs angeboren und damit ein für allemal vorherbestimmt ist. Geschlechtstypisches Verhalten und Erleben wird vielmehr weitgehend „sozialisiert". In der Auseinandersetzung mit den in einer Gesellschaft vorherrschenden Normen geschlechtsspezifischen Denkens, Fühlens, Handelns etc., die von den Mitgliedern einer Gesellschaft tradiert werden, entwickelt sich das (biologisch) männliche oder weibliche Individuum zu einem Menschen mit typisch männlichen oder weiblichen Verhaltensweisen: z. B. eher Initiative ergreifend und aggressiv, oder eher zurückhaltend und nicht-aggressiv.

In seiner *Familie* wird bereits das Neugeborene, in verstärktem Maße dann das Kind gewöhnlich recht unterschiedlich behandelt, je nachdem ob es als Mädchen oder Junge auf die Welt gekommen ist. Kleinen Mädchen gegenüber zeigen sich Väter z. B. toleranter als gegenüber kleinen Jungen. Mütter drängen Söhne stärker zur Leistung als Mädchen. „Bestimmte Leitbilder des Mannes und der Frau, etwa definiert durch die Polarität ‚aktive Durchsetzung – passive Ergebung' lenken das Erziehungs- und Pflegeverhalten, auch dann, wenn die übrigen für die Sozialisation der Nachkommen relevanten kulturellen Traditionen noch so unterschiedlich sind" (LEHR 1972, S. 937).

Unterschiedliches Erziehungsverhalten, das sich in unterschiedlichem Rollenverhalten wiederfindet, zeigen auch Lehrer und andere Erziehungspersonen in der *Schule* und anderen Erziehungseinrichtungen. Nicht zu unterschätzen sind dabei sicherlich die teilweise auch heute noch unterschiedlichen Lehrpläne für beide Geschlechter (z. B. Kochen und Nähen für Mädchen, Basteln und Werken für Jungen). Jeder Leser wird aus eigener Erfahrung Beispiele für geschlechtstypische Erziehungsformen beibringen können, so daß hier nicht die Fachliteratur bemüht werden muß.

Familie und Schule bestimmen selbstverständlich in beträchtlichem Ausmaß die Streuungsbreite der in Frage kommenden Berufe. Befindet sich das Individuum dann tatsächlich im *Berufsleben* (wobei hier einmal davon abgesehen werden soll, daß für viele Frauen die Hausarbeit, also Arbeit weitgehend ohne Kontakte mit Arbeitskollegen und Arbeitsgruppen als Beruf anzusehen ist), so wird es hier in der Regel vollständig unterschiedlich behandelt, je nachdem ob es männlich oder weiblich ist. Frauendiskriminierung im Berufsleben ist sprichwörtlich; die entsprechenden geschlechtsspezifischen Behandlungsarten bezüglich Entlohnung, Aufstiegschancen, aber auch geschlechtstypische Merkmale der sozialen Interaktion (z. B. permanente Behandlung von Frauen als Flirtobjekt, Ritterlichkeit als Form von Frauendiskriminierung) sind im Büro, in der Fabrik usw. so eingefahren und in Fleisch und Blut übergegangen (internalisiert), daß die diskriminierten Personen – zumindest Frauen – bereits selbst teilweise ein beträchtliches Maß an frauenfeindlichen Einstellungen aufweisen (vgl. SCHMIDT et al. 1973). Mittlerweile hat eine größere Zahl einfacher Textauswertungen gezeigt, daß das überkommene Bild von der Frau, das dieser in vielen Lebensbereichen eine benachteiligte Stellung zuweist, von den *Massenmedien* unaufhörlich reproduziert wird.

Daß sich in verschiedenen *sozialen Schichten* geschlechtsspezifische Sozialisationswirkungen zeigen, wurde häufig empirisch belegt. Nach LEHR (1969) war es noch zu Beginn dieses Jahrhunderts für Töchter der Mittel- und Oberschicht nicht so einfach, einen Beruf zu ergreifen, wie in der unteren Schicht; dieses Verhältnis änderte sich bei den nach 1910 geborenen Mädchen (vgl. THOMAE 1972a). Ein weiteres Beispiel sozialer Klassen- bzw. Schichtenunterschiede sind Einstellungs- und Verhaltensdifferenzen in bezug auf Sexualität bei Männern und Frauen; z. B. stellen sowohl die Kinsey-Reporte als auch MASTERS & JOHNSON (1966) heraus, daß weibliche Personen der sozial höheren Schichten stärker von traditionellen (Geschlechts-) Rollenerwartungen abweichen als solche der unteren Schichten.

4.3.4 Sozialisationstheorien

Als Sozialisationstheorie eignet sich natürlich jeder theoretische Ansatz, der Aussagen über die wechselseitige Beziehung zwischen Gesellschaft und Individuum – unter Berücksichtigung der vermittelnden Instanzen, d. h. Gruppen aller Art – macht und somit zu erklären versucht, wie das in einer bestimmten Gesellschaft zu erwartende individuelle Verhalten geformt wird. Insofern können *alle* im vorliegenden Kapitel besprochenen theoretischen Strömungen innerhalb der Sozialpsychologie zugleich als Sozialisationstheorien bezeichnet werden. Das „Handbook of Socialization Theory and Research" von GOSLIN (1969) legt bei der Abhandlung sozialisationstheoretischer Ansätze das Schwergewicht auf die *Lerntheorien*; dies entspricht dem Übergewicht dieser Ansätze in der empirischen Forschung. Zur Erklärung von Sozialisationsprozessen werden jedoch auch beispielsweise *interaktionistische* (vgl. PIONTKOWSKI 1976), *rollentheoretische* (vgl. SADER 1969) und *psychoanalytische* Ansätze herangezogen.

Im Unterschied zu den im Theorienteil dieses Kapitels erwähnten Interaktionstheoretikern stehen die Vertreter des sog. *symbolischen Interaktionismus*, die sich vor allem auf G. H. MEAD (1934) berufen, auf dem Standpunkt, menschliches Handeln sei nur unter Berücksichtigung der vielfältigen Beziehungen des Individuums zu den Handlungen und Symbolen in seiner Umgebung zu verstehen. Von Geburt an stehe der Mensch in Interaktionsbeziehungen mit anderen Individuen; diese Interaktionen vermitteln einen fortlaufenden sozialen Entwicklungsprozeß. Interaktionen sind nach G. H. MEAD „social acts", welche es dem Individuum ermöglichen, eine am Mitmenschen orientierte Auffassung von sich selbst zu gewinnen. Dabei orientiert sich das Individuum zunächst an den Eindrükken bzw. dem Ausdrucksverstehen seiner Interaktionspartner. Später tritt Kommunikation als symbolische Interaktion (Sprache) hinzu. Interaktionen werden also im wesentlichen als durch Symbole vermittelt angesehen. Im Laufe seiner Entwicklung innerhalb einer bestimmten Kultur bzw. in ganz bestimmten Gruppen und Umgebungen erwirbt der Mensch mehr und mehr ein Reservoir an *Bedeutungen* und damit „interaktive Kompetenz". Der Sozialisationsprozeß stellt sich demnach nicht als ein einfacher Lernprozeß bzw. als ein Gefüge einfacher Lernvorgänge dar, sondern als ein Prozeß des Hineinwachsens in die *Symbolwelt* einer Kultur.

Rollentheoretische Ansätze zur Erklärung des Sozialisationsprozesses sind innerhalb der Sozialpsychologie verbreiteter als interaktionistische, die manche Merkmale einer phänomenologischen Soziologie aufweisen. Unter einer *Rolle* versteht man allgemein die von dem Inhaber einer Position erwarteten Verhaltensweisen. So schreibt man der Position „Mutter" z. B. ein anderes Verhaltensmuster als der Position „Filmstar" zu. Rollenlernen bezeichnet den Prozeß, zu lernen sich so zu verhalten, wie andere Personen, die gleiche Positionen innehaben. Die Übernahme einer Rolle bezieht sich nicht nur auf Verhaltensweisen, sondern umfaßt auch Gefühle, Einstellungen usw. „Rolle" ist also ein in Analogie zur Schauspielerrolle gedachtes Konzept, das zur „Erklärung" sozialen Verhaltens gern und häufig verwendet wird, im Grunde aber wohl mehr beschreibenden Wert hat. Interessante Gebiete der Forschung sind z. B. Rollenwechsel (z. B. jemand tauscht die Rolle des Jugendlichen mit der des Ernährers einer Familie) oder Rollenkonflikt (z. B. befinden sich die Arztrolle und die des guten Freundes in Konflikt in bezug auf die ärztliche Schweigepflicht).

Rollen gelten als umso leichter erlernbar, je klarer und übereinstimmender in einer Gesellschaft die Rollenerwartungen, die an Positionsinhaber gestellt werden, definiert sind. Unklarheiten oder fehlende Übereinstimmungen bezüglich der Sohn- und Erwachsenenrolle können soziales Verhalten von Betroffenen gelegentlich ungünstig beeinflussen, z. B. wenn ein Sohn von der Mutter schon als Erwachsener, vom Vater aber noch als Kind angesehen wird. Pubertätsprobleme werden von manchen Autoren mit Rollenunsicherheit etc. erklärt. Mit dem Rollenkonzept werden auch die in der *kulturvergleichenden* Forschung (vgl. BOESCH & ECKENSBERGER 1969) oft behandelten Zeremonien und Rituale beschrieben. In verschiedenen Kulturen und Gesellschaften dienen solche sozialen Ereignisse (z. B. Initiationsriten, Hochzeitszeremonien) der Erleichterung von Rollenübernahme bzw. Rollenwechsel.

In der nichtpsychologischen Öffentlichkeit am populärsten sind wohl *psychoanalytische* Sozialisationstheorien. Da die psychoanalytischen Richtungen wohl übereinstimmend „die Sozialbeziehungen (untersuchen), die in Anlehnung an lebenswichtige Körperfunktionen, Bedürfnisse und Antriebe entstehen" und dabei „die spezifische gesellschaftliche Realität (beachten), auf die sich die Triebe richten" (MITSCHERLICH & MUCK 1969, S. 110), geht die Psychoanalyse durchaus davon aus, daß sich im Sozialisationsprozeß das (durch *Triebe* determinierte) Individuum und die (in Gestalt von Verhaltensvorschriften, Normen, Rollenerwartungen etc. an das Individuum herantretende) Gesellschaft auseinandersetzen. Zur Information über psychoanalytische Sozialisationstheorien sei auf das Werk Siegmund FREUDS und die unübersehbar große Zahl von Schriften seiner Anhänger verwiesen. Hier soll nur kurz an einem Beispiel, nämlich der Sozialisation *aggressiven* Verhaltens, ein kurzer Eindruck psychoanalytischen Denkens vermittelt werden.

Aggressives Verhalten (im konkreten Fall z. B. aggressives Autofahren, etwa der Versuch, das Fahrzeug eines anderen Verkehrsteilnehmers von der Straße abzudrängen) wäre nach FREUD (wir folgen MITSCHERLICH & MUCK 1969) vor allem das Ergebnis eines angeborenen Triebes, des Aggressions- bzw. Destruktionstriebes. Im Sozialisationsprozeß bietet die Gesellschaft dem Individuum eine Reihe sehr unterschiedlicher Ziele an, auf die es seinen „Aggressionstrieb" lenken darf. Teilweise werden Ziele angeboten, an denen man diesen Trieb „abreagieren" darf, z. B. würde Kampfsport oder Leistungskonkurrenz hierzu gerechnet werden können. Teilweise muß das Individuum aber auch, um das Ziel dieses Triebes zu erreichen, diesen in andere Arten von Aktivität „sublimieren"; was ursprünglich „Aggression" war, schlägt sich nun z. B. in einem Kunstwerk oder wissenschaftlicher Betriebsamkeit nieder. Es sei noch erwähnt, daß eine größere Anzahl von Psychoanalytikern weniger die direkte, ständige Wirkung eines Destruktionstriebes, als vielmehr die Notwendigkeit von Triebversagungen (Frustration) für das Auftreten aggressiven Verhaltens verantwortlich machen. Die Tatsache, daß ein Autofahrer einem schneller fahrenden Fahrzeug die Spur nicht unverzüglich freimacht, wäre dann eine notwendige oder entscheidende Bedingung für das aggressive Fahrverhalten – frustriert würde hier das Bedürfnis des Autofahrers, sein Ziel schnell zu erreichen, lustvoll-schnell autozufahren etc. (Zur Auseinandersetzung mit psychoanalytischen Erklärungen aggressiven Verhaltens von psychologischer Seite vgl. SCHMIDT-MUMMENDEY 1975).

Lerntheoretische Erklärungen des Sozialisationsprozesses gehen grundsätzlich davon aus, daß die Verhaltensmöglichkeiten eines jungen Menschen weitaus größer als die eines Erwachsenen sind. Im Verlauf des

Sozialisationsprozesses werden viele Reaktionsmöglichkeiten, die der sozialen Umgebung unerwünscht sind, gelöscht, während sozial akzeptable Verhaltensweisen bestärkt und neu dazugelernt werden. Lernen sozial annehmbaren Verhaltens wird dabei entsprechend den weiter oben in diesem Kapitel dargestellten Modellen interpretiert. (Im vorliegenden Rahmen können allerdings nur die einfachsten Lernprinzipien erwähnt werden; für eine umfassende Diskussion wird auf das Handbuch der Sozialisationstheorie von GOSLIN 1969 verwiesen.)

Z. B. ließe sich mit Hilfe des Modells des *klassischen Konditionierens* die Entstehung von Bindungen zwischen Kind und Mutter erklären: Immer wenn dem Kind Nahrung gegeben wird, ist die Mutter zugegen, so daß „Mutter" allmählich einen ähnlichen Wert in bezug auf die Zufriedenheit des Kindes erhält wie alle die positiven Umstände (z. B. Nahrung), mit denen sie assoziiert ist. Der „neutrale Reiz" Mutter ist zum „konditionierten Reiz" geworden. Aufbauend auf dieser „primären" Konditionierung lassen sich verschiedene „sekundäre" Konditionierungsvorgänge interpretieren; z. B. können nun die von der positiv bewerteten Mutter vertretenen Meinungen, die das Kind übernimmt, als sekundär konditioniert aufgefaßt werden, da solche anfangs belanglosen Meinungen gehäuft von der positiven Person „Mutter" geäußert werden.

Beispiel für die Wirksamkeit eines *operanten Konditionierungsvorgangs* wäre etwa die Formung des „Nachhause-Kommen"-Verhaltens von Kindern durch ihre Eltern. Eltern können z. B. das Kind immer dann belohnen, wenn es pünktlich um 20 Uhr nach Hause kommt. Überschreitet es die Zeit, könnten sie zur Strafe beim nächsten Mal eine Zeitgrenze von 18 Uhr setzen. Sind keine weiteren entscheidenden Einflüsse wirksam, so müßte das Verhalten „pünktlich zurückkommen" mit der Zeit zunehmen und sich stabilisieren. Sozialisationseinflüsse, die sich hierzu störend ins Spiel setzen, wären z. B. Verstärkungen durch die Gruppe der Gleichaltrigen, durch die vielleicht gerade ein Wegbleiben über 20 Uhr hinaus mit erhöhter Anerkennung in der Gruppe belohnt würde.

Ein großer Einfluß auf Sozialisationsprozesse wird heute allgemein dem *Beobachtungslernen* oder *Modellernen* zugeschrieben. Im Verlaufe der Sozialisation werden demnach soziale Verhaltensweisen im großen Umfang durch *Nachahmung* beobachteten Verhaltens anderer Personen erworben. Diese durch viele Experimente an Kindern gewonnene Erkenntnis (vgl. BANDURA 1965, 1971) scheint es besser zu ermöglichen, komplexe Verhaltensprozesse (wie etwa das Zuspätkommen von Kindern oder das aggressive Autofahrverhalten) theoretisch zu erklären, als wenn jeder dieser sozialen Verhaltensakte aus einer Vielzahl einzelner, elementarer Lernabschnitte zusammengesetzt gedacht werden müßte. Außerdem hat die Theorie des Modellernens den Vorteil, die elementaren Lernarten des klassischen und operanten Konditionierens miteinzubeziehen. Z. B. kann eine soziale Verhaltensweise nach dem Prinzip des klassischen Konditionierens in das Verhaltensrepertoire einer Person aufgenommen werden (*Erwerb*, acquisition), ohne daß sie bereits ausgeführt werden müßte; die *Ausführung* (performance) dieser Verhaltensweise mag dann von Verstärkungskontingenzen abhängen (vgl. zu den Grundbegriffen des Lernens und Modellernens den Abschnitt über Lerntheorien weiter oben in diesem Kapitel).

Als Beispiel diene noch einmal das aggressive Verhalten eines Autofahrers, wie es oben zur Schilderung psychoanalytischer Konzepte herangezogen wurde. *Erworben* wird aggressives Fahrverhalten evtl. durch Beobachtung anderer Autofahrer, die als „Modelle" bzw. Vorbilder dienen. Diese Beobachtung kann einen enthemmenden bzw. fördernden Einfluß auf das tatsächliche *Auftreten* aggressiven Fahrverhaltens haben, wenn z. B. beobachtet wird, daß das Modell für sein Verhalten nicht bestraft (z. B. sofort von Polizei gestoppt) oder belohnt wird (z. B. indem das Modell sich durchsetzt, sein aggressives Vorgehen also erfolgreich war). Die Aufrechterhaltung der somit gelernten und übernommenen Fahrweise kann dann sowohl durch die weiterhin unmittelbar positiven Verhaltenskonsequenzen, d. h. Verstärkungen, als auch durch das Ausbleiben unmittelbarer negativer Folgen für die eigene Person erklärt werden.

Die große Bedeutung des Nachahmens für die menschliche Sozialisation ist bereits seit langem erkannt worden. Zeitweise haben Autoren auch hier einen „Nachahmungstrieb" postuliert. Eine realistische Nutzung des Phänomens für die theoretische Erklärung von Sozialisationswirkungen, z. B. der Sozialisation aggressiven Verhaltens (vgl. BANDURA & WALTERS 1975) oder der Sozialisation durch Massenmedien (vgl. GORANSON 1970) scheint erst den Lerntheorien gelungen zu sein.

4.3.5 Umweltpsychologie

Seit Anfang der siebziger Jahre beginnt sich ein Forschungsbereich in der Psychologie zu etablieren, von dem man bislang noch nicht endgültig sagen kann, ob er sich zu einem relativ abgrenzbaren Gegenstandsbereich innerhalb der Sozialpsychologie entwickelt oder ob Umweltpsychologie weniger eine Beschäftigung mit bestimmten Forschungsgegenständen als vielmehr eine neue Sichtweise ist, die die gesamte psychologische Forschung betrifft. Da die einschlägigen Arbeiten, die unter dem Begriff ‚Umweltpsychologie' zusammengestellt werden, den Prozeß der Beeinflussung von Individuen durch ihre Umgebungen zum Inhalt haben, erscheint im Rahmen dieser Einführung die vorläufige Zuordnung zum Gegenstandsbereich Sozialisation zunächst am sinnvollsten.

Entgegen der Prognose von KAMINSKI (1976) scheint sich nicht die naheliegendste Bedeutung des Begriffs ‚Umweltpsychologie', nämlich die für Beiträge der Psychologie zur Bewältigung von Umweltproblemen zu stehen, durchzusetzen. Eher sieht es so aus, als werde der Bedeutungsbereich von „environmental psychology" auch auf den deutschen Begriff ‚Umweltpsychologie' übertragen. In dem von PROSHANSKY et al. (1970) herausgegebenen Lesebuch mit diesem Titel versuchen die Autoren eine erste vage Begriffsbestimmung, indem sie erklären, daß Umweltpsychologie die Beziehung zwischen physischer Umwelt (physical environment) und menschlichem Verhalten untersucht. Anhand der zusammengestellten Untersuchungen wird deutlich, daß mit Merkmalen der physischen Umwelt Bedingungen gemeint sind wie Raumgröße, Personendichte, Größe und Gestaltungsaspekte von Wohnumgebungen und Spielplätzen, Verkehrslärm und Industriegerüche, materielle Ausstattung von öffentlichen Einrichtungen, wie Schulen, Krankenhäusern etc. Die eher dinglichen Merkmale der Umwelt als Bedingungsfaktoren für Verhalten zu untersuchen, scheint zunächst mit der Aufgabe der Sozialpsychologie, über soziales Verhalten Aufschluß zu geben, im Widerspruch zu stehen. An dieser Stelle fehlt allerdings in keinem der Bücher und Sammelreferate zur Umweltpsychologie die Erkenntnis, daß die rein physische Umwelt mit zunehmender Urbanisierung untrennbar mit menschlichem Denken, Planen und Herstellen verbunden ist und insofern immer auch zugleich menschliche, soziale Umwelt ist.

Die traditionelle Sozialpsychologie erfährt durch die Umweltpsychologie insofern eine Änderung als sie sich damit auch der Aufnahme von „Dingen, ohne die ein großer Teil menschlichen Verhaltens und, vor allem, sozialer Interaktion nicht denkbar wäre" (GRAUMANN 1976, S. 24) zuwendet.

Die Hoffnung aller Kritiker des sozialpsychologischen Laborexperiments liegt darin, daß mit der Erweiterung von situativen Reizen auf Umweltmerkmale die unabhängigen Variablen nicht mehr im Labor herstellbar und manipulierbar sind, sondern in der Wirklichkeit aufgesucht und in ihrer unterschiedlichen Ausprägung mit entsprechenden Umweltskalen oder sonstigen Meßinstrumenten erfaßt werden müssen. Die externe Validität sozialpsychologischer Untersuchungen (bisweilen trifft man auch den Begriff *„ökologische Validität"* an) wäre dann kein Problem mehr.

4.4 Kommunikation und Massenkommunikation

4.4.1 Zum Kommunikationsbegriff

Obwohl oder gerade weil sich viele Einzelwissenschaften mit zwischenmenschlicher Kommunikation beschäftigen (z. B. Publizistik, Linguistik, Soziologie, Psychologie), gibt es kein sehr einheitliches Bild dieses Gegenstandsbereichs. Aber auch innerhalb der Sozialpsychologie wird Kommunikation und insbesondere der Stellenwert dieses Forschungsgebiets unterschiedlich eingeschätzt.

So haben HARTLEY & HARTLEY (1955) in ihrem aus den 40er Jahren stammenden sozialpsychologischen Lehrbuch versucht, soziales Verhalten und damit im Grunde alle Gegenstände der Sozialpsychologie mit Hilfe von Kommunikationsprozessen zu erklären. Andere Lehrbücher der Sozialpsychologie enthalten nicht einmal einen speziellen Abschnitt über Kommunikation oder, was die Sozialpsychologen stets besonders interessiert hat, die Wirkungen von Massenkommunikation.

In der Tat könnte man fast sämtliche von der Sozialpsychologie untersuchten Verhaltensbeziehungen in termini von Kommunikation und Kommunikationsprozessen zu erklären suchen. Z. B. ließen sich die unterschiedlichen Führungsstile in dem Experiment von LIPPITT & WHITE als unterschiedliche Kommunikationsstile definieren, denn schließlich „kommunizieren" die Gruppenleiter mit den von ihnen betreuten Jugendlichen ständig. Alle Experimente zur Änderung von Einstellungen, bei denen z. B. durch gezielte Informationen, besonders glaubwürdige Kommunikatoren und mit verschiedenen Kommunikationsmitteln (z. B. Massenmedien oder persönlicher Einfluß) Veränderungen sozialer Einstellungen herbeigeführt werden sollen, untersuchen im Grunde Kommunikationsprozesse. Und schließlich hat sich immer wieder gezeigt, daß man z. B. über die soziale Struktur von Kleingruppen am besten dadurch Aufschluß erzielen kann, daß man protokolliert, welche Gruppenmitglieder mit welchen anderen Gruppenmitgliedern wann, wie oft und in welcher Weise sprachlich kommunizieren.

Nun wird der Begriff „Kommunikation" häufig gebraucht, ohne daß eine verbindliche Abgrenzung zum Interaktionsbegriff vorliegt. Es scheint tatsächlich schwierig zu sein, im Bereich der Sozialpsychologie zwischen *Interaktion* und *Kommunikation* zu trennen. Im vorgegebenen Rahmen kann keine ausführliche Diskussion über Unterschiede und Überschneidungen zwischen beiden Begriffen geführt werden; insofern wird auf GRAUMANN (1972a) verwiesen. Grob betrachtet läßt sich sagen, daß beide Arten sozialen Verhaltens sich dadurch unterscheiden, daß *Kommunikation* eine Interaktionsform beschreibt, bei der Informationen ausgetauscht werden. Während *Interaktion* nach PIONTKOWSKI (1976) die Beziehung zwischen zwei oder mehreren Personen, ihre Bewertung durch die Interaktionspartner und die Übermittlung spezifischer Beziehungsqualitäten umfaßt, bezieht sich *Kommunikation* stärker auf die Inhalte einer interpersonalen Situation und auf die Vermittlung ihrer *Bedeutung* von einem Interaktionspartner an den anderen. Menschen kommunizieren in der Regel durch *Sprache*, doch gibt es eine ganze Reihe von Möglichkeiten *nonverbaler* Kommunikation (z. B. Mimik, Gestik usw.).

Es dürfte also nicht immer leicht sein, im konkreten Falle zwischen Interaktions- und Kommunikationsprozessen zu trennen. Zwei Studenten, die in einer kleinen Arbeitsgruppe an einem gemeinsamen Referat arbeiten, mögen mal kooperativ, mal kompetitiv miteinander interagieren; fast alle Interaktionen in dieser Zweiergruppe (Dyade), ob sie nun sprachlich (z. B. Diskussionen über Formulierungen) oder nichtsprachlich sind (z. B. wenn einer dem anderen gegenüber durch Unpünktlichkeit oder besondere Pünktlichkeit bewußt mitteilt, für wie wichtig er die Gruppensitzung hält) sind im Grunde Kommunikationen: Die Interaktion zwischen den beiden Gruppenmitgliedern läßt sich nämlich auch als ein Prozeß ständig wechselnder Nachrichtenübermittlung darstellen. Die sozialen Interaktionen zwischen den beiden Personen können z. B. als ein laufendes Wechselspiel zwischen „Sendern" und „Empfängern", bei dem unterschiedliche „Kanäle" genutzt werden, aufgefaßt werden. Hierin scheint in der Tat die Berechtigung begründet zu sein, Kommunikationsforschung als einen selbständigen Teilgegenstand der Sozialpsychologie zu bezeichnen: Soziales Verhalten – und insbesondere sprachliches, verbales Verhalten – wird durch die Verwendung mehr oder weniger einfacher formaler Modelle als Kommunikationsprozeß interpretiert.

4.4.2 Kommunikationsmodelle

Grundlage der meisten in der Sozialpsychologie verwendeten modellhaften Annahmen über den Kommunikationsprozeß ist das Kommunikationsmodell von SHANNON & WEAVER (1949), ein im Grunde unpsychologisches Modell, das im Rahmen von Informationstheorie und Fernmeldetechnik entwickelt wurde (*Abb. 4*).

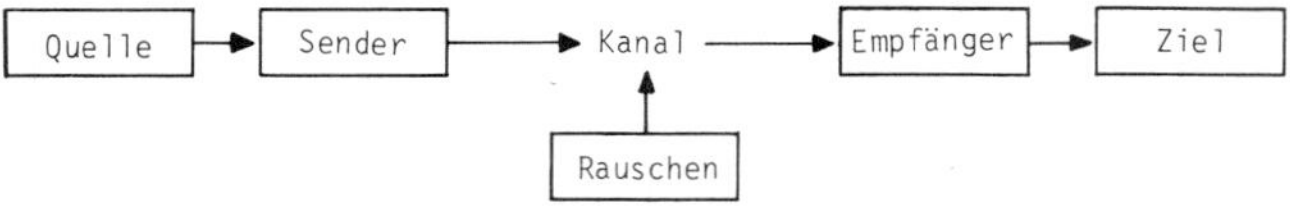

Abb. 4: Kommunikationsmodell von SHANNON & WEAVER

Unpsychologisch ist nicht nur die erwähnte Herkunft dieses Kommunikationsmodells, sondern auch die Tatsache, daß es sich um ein „Einbahnstraßen"-Modell handelt (vgl. BISKY & FRIEDRICH 1971). Die Aktivität geht in diesem Modell ausschließlich vom *Sender* bzw. *Kommunikator* aus, und der *Empfänger* bzw. *Kommunikant* erscheint passiv (d. h., er kann weder zurücksenden noch sich der Kommunikation entziehen etc.). Gemäß diesem Modell müßten zur Erklärung der Interaktion zwischen zwei in einer Arbeitsgruppe miteinander kommunizierenden Studenten eine große Vielzahl solcher Kommunikationsprozesse angenommen werden, bei denen jede Person teils als Sender, teils als Empfänger fungiert. *Kanal* bzw. *Medium* der Kommunikation wäre z. B. die Sprache; als „*Rauschen*" würde (analog etwa dem Rauschen in einer Telefonleitung) alles das bezeichnet, was auf der Stufe des Kommunikationsmediums bzw. Kanals die Qualität oder Genauigkeit der Nachrichtenübermittlung beeinträchtigt. Im übertragenen Sinne läge dies z. B. vor, wenn ein Student A Psychologie- und Student B Soziologie-Student ist und B sich dem A nur teilweise verständlich machen kann, weil er „sozionesisch" spricht.

Das Grundmodell der Kommunikation von SHANNON & WEAVER ist seitdem insbesondere durch die Kybernetik erweitert worden, so daß es der *Wechselwirkung* zwischen Kommunikatoren (Sendern) und Kommunikanten (Empfängern), durch die menschliche Kommunikation gekennzeichnet ist, besser gerecht wird. Gemäß dem kybernetischen Regelkreis-Modell (Rückkoppelungs-Modell) kann der jeweilige Kommunikator sein Kommunikationsverhalten aufgrund ständiger Rückmeldungen von Kommunikanten kontrollieren und steuern. Merkwürdigerweise sind solche komplizierteren Modelle von der Sozialpsychologie nicht in ausreichendem Maße zur Kenntnis genommen worden. Eine der wenigen Ausnahmen stellt das Kommunikationsmodell von OSGOOD (1963) dar.

OSGOODs Grundüberlegung besteht darin, den Menschen als *Kommunikationseinheit* aufzufassen und die Trennung zwischen Quelle und Ziel, sowie Sender und Empfänger in der ursprünglichen Form aufzuheben. Nach OSGOOD ist der Mensch in einer konkreten Kommunikationssituation zugleich Quelle, Ziel, Sender und Empfänger *(vgl. Abb. 5)*.

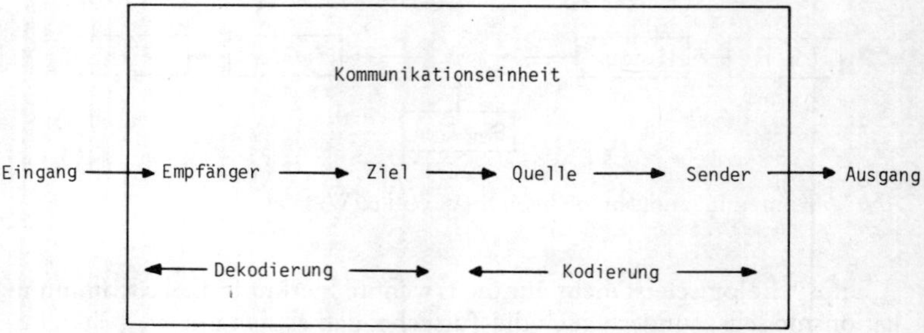

Abb. 5: Kommunikationsmodell von OSGOOD

Kommunikation findet nach diesem Modell statt, wenn mindestens zwei Personen bzw. komplette Kommunikationseinheiten beteiligt und über eine *Nachricht* bzw. *Botschaft* miteinander verbunden sind. *„Dekodierung“* (Entschlüsselung) und *„Kodierung“* (Verschlüsselung) bezeichnen Prozesse, über die die Bedeutungen der Kommunikationsinhalte für das Individuum erfahrbar gemacht werden. Die bei der Kommunikation benutzten Symbole (z. B. sprachliche Symbole) sind lediglich Bedeutungsträger; sie müssen vom Sender kodiert und vom Empfänger dekodiert werden. Wenn z. B. der in einer Kleingruppe arbeitende Student A durch B mit der Frage konfrontiert wird, „Wie schätzt Du das ein?“, so muß er als Empfänger bzw. Ziel dieser Botschaft den genannten Satz erst entziffern (dekodieren); z. B. bedeutet „einschätzen“ in einem kaufmännischen bzw. ökonomischen Zusammenhang „etwas nach seinem Wert bzw. Geldwert einschätzen“. Im vorliegenden Zusammenhang (Person B ist Soziologe und spricht „sozionesisch“) bedeutet aber „einschätzen“ soviel wie „die gesamtgesellschaftliche bzw. politische Bedeutung erkennen“. Kommunikationseinheit A hat nun die von B in seiner Botschaft verwendeten Symbole entziffert und wird bei seiner Antwort (wenn er selbst nun Quelle bzw. Sender wird) versuchen, diese Antwort so zu kodieren, daß sie der Soziologiestudent versteht. (Die Abbildung des vollständigen Modells eines Kommunikationsaktes, ebenso wie eine Aufzählung aller an einer solchen Analyse möglicherweise beteiligten wissenschaftlichen Disziplinen findet sich bei GRAUMANN, 1972a, S. 1167.)

Auch das OSGOODsche Modell menschlicher Kommunikation wird natürlich der zwischenmenschlichen Kommunikation in einer konkreten Alltagssituation nur sehr wenig gerecht. Es beschränkt sich nämlich wie die meisten Kommunikationsmodelle auf die Kommunikation zwischen nur *zwei* Instanzen, während sich in Wirklichkeit vermutlich in einer ganz bestimmten Kommunikationssituation gleichzeitig *mehrere* Instanzen ins Spiel setzen. Man denke nur daran, daß selbst bei einer nur aus zwei Kommunikationseinheiten bestehenden dyadischen Kommunikation jede der beteiligten Personen durch nicht unmittelbar anwesende Instanzen (in unserem Beispiel evtl. die Seminargruppe, deren Teil die Kleingruppe ist, oder der Hochschullehrer als Empfänger des Referats) beeinflußt werden kann.

GRAUMANN weist darüber hinaus auf den Umstand hin, daß das Modell nur *einen* Kanal aufweist, während in Wirklichkeit jeder menschliche Empfänger mindestens über so viele Kommunikationskanäle, wie er Sinne hat, verfügt. Während die Studenten A und B also z. B. miteinander diskutieren, kommunizieren sie zugleich zumindest über das visuelle Sinnessystem und verbal miteinander.

Daß die Anwendung eines sehr einfachen Kommunikationsmodells auf wichtige Teilbereiche der Sozialpsychologie gleichwohl zur besseren Ordnung der Fakten und größeren Übersichtlichkeit über beteiligte Teilprozesse führen kann, zeigt MCGUIRE (1969), wenn er den gesamten Prozeß der *Einstellungsänderung* (vgl. die betreffenden Abschnitte in diesem Kapitel weiter oben) in termini eines einfachen Kommunikationsmodells darstellt. Da es sich bei der Arbeit von McGUIRE um ein größeres Sammelreferat handelt, ist das Vorgehen des Autors wohl eher als ein Ordnungsversuch zu verstehen, als daß der Autor den vielen Theorien über Einstellungsänderung eine neue Kommunikationstheorie hinzufügen wollte. Zur Sichtung und Ordnung der vielfältigen, eine Einstellungsänderung bedingenden Einflüsse scheint sich eine solche, an verschiedenen Stufen eines einfachen Kommunikationsprozesses orientierte Gliederung durchaus zu bewähren.

Die an einer Einstellungsänderung beteiligten Faktoren lassen sich demnach in fünf Gruppen unterscheiden, die weitgehend den schon von SHANNON & WEAVER und HARTLEY & HARTLEY aufgeführten Instanzen entsprechen:

- Merkmale der *Quelle* (Sender, Kommunikator)
- Merkmale der *Nachricht* (Kommuniqué, Botschaft)
- Merkmale des *Kanals* (Kommunikationsmedium)
- Merkmale des *Empfängers* (Kommunikant, Rezipient)
- Merkmale des *Ziels* (hierunter zählt McGUIRE Merkmale wie die Lang- oder Kurzfristigkeit des Einstellungsänderungs-Effekts oder die direkt beeinflussende vs. immunisierende Absicht der Beeinflussung).

Sieht man einmal von der nicht ganz schlüssigen letzten Kategorie ab, so handelt es sich also stets um die gleichen, bereits von der vielzitierten LASSWELL-Formal her bekannten Kommunikationsaspekte bzw. -instanzen: „*Wer* sagt *was* in *welchem Medium* zu *wem* mit *welchem Effekt?*" Zur Beschreibung von Faktoren bzw. Merkmalen, die alle bei der Änderung von Einstellungen beteiligt sind, werden also einfach die Merkmale der Quelle („wer?"), der Nachricht („was?"), des Kanals („Welches Medium?") und des Empfängers („wem?") als *unabhängige Variablen* (Prädiktoren, Wirkgrößen; vgl. *Kapitel 5*) aufgefaßt, die einen (einstellungsändernden) Einfluß auf die *abhängige Variable* bzw. das Kriterium „Einstellung" haben sollen; die Einstellungsänderung ist dann der „Effekt".

Versuchen wir uns diese Denkweise an einem Beispiel zu veranschaulichen: Nehmen wir an, die Regierung wollte einen Großteil der Autofahrer, die noch keine Sicherheitsgurte gewohnheitsmäßig anlegt, mit den Mitteln sozialer Beeinflussung, in diesem Fall verbaler Überredung bzw. Überzeugung dazu bringen, stets Sicherheitsgurte anzulegen. Sie geht dabei von der Annahme aus, daß die erwünschte *Verhaltensänderung* langfristig nur eintreten kann, wenn es gelingt, die negativen *Einstellungen* der Zielgruppe gegenüber Sicherheitsgurten zu verändern. Man könnte sich vorstellen, daß die Beeinflußbarkeit der Einstellungen der angesprochenen Personen gemäß dem hier herangezogenen einfachen Kommunikationsmodell beispielsweise von folgenden Faktoren abhängt:

- *Kommunikatoreigenschaften:* In sozialpsychologischen Experimenten hat sich immer wieder gezeigt, daß Merkmale wie Glaubwürdigkeit, Attraktivität und soziale Macht bzw. Einfluß der Quelle eine wichtige Rolle spielen; die Regierung täte also gut daran, ihre Sicherheitsgurt-Empfehlung von einem kompetenten, glaubwürdigen Wissenschaftler (bevorzugt werden Kommunikatoren mit akademischen Titeln) vortragen zu lassen, sie könnte auch eine besonders attraktive Person (z. B. einen allgemein prominenten oder einen prominenten und beliebten Wissenschaftler) einspannen, usw.
- *Eigenschaften der Botschaft:* Empirische und experimentelle Untersuchungen haben immer gezeigt, daß die Art und Weise, in der eine beeinflussende Nachricht gebracht wird, von großer Bedeutung ist. Herausgegriffen seien die Aspekte „Grad der Furchteinflößung" und „Plazierung der kritischen Information". Da furchteinflößende Argumentationen in der Regel eine Reihe von Widerständen bei den beeinflußten Personen in Gang setzen, könnte die Regierung stärker mit rational wirkenden Statistiken und vernünftig klingenden Slogans als mit Schock-Fotos von Unfällen oder Verletzungen solcher Autofahrer arbeiten, die keinen Gurt anlegen. Sofern es in der Botschaft besonders wichtige bzw. kritische Argumente gibt, könnte es sich empfehlen, diese eher am Anfang oder Ende der Nachricht als in der Mitte der Botschaft zu plazieren.
- *Kanalvariablen:* Je nach Art der Botschaft scheint es nicht gleichgültig zu sein, welchen Kommunikationsmediums sich eine beeinflussende Person bedient. Wenn die Regierung die Wahl hat, so könnten z. B. audio-visuelle Medien (Fernsehen, Kino) wirksamer sein als gedruckte Anzeigen in Zeitungen.
- *Empfängervariablen:* Es gibt sehr viele Hypothesen darüber, welche Menschen beeinflußbarer sind als andere. Einiges spricht dafür, daß höhere allgemeine Intelligenz und ein stabiles Selbstwertgefühl die Chancen von Beeinflussungen verringern. Die Regierung könnte dies berücksichtigen und z. B. Merkmale der Intelligenz der Zielgruppe und ihre Selbsteinschätzung (z. B. die Selbsteinschätzung als Autofahrer) mit in Betracht ziehen.

Hier soll keinesfalls der Eindruck erweckt werden, als erlaubten die empirischen Ergebnisse der Sozialpsychologie und ihrer Gruppierung nach Art der LASSWELL-Formel bestimmte allgemeine Rezepte für eine wirksame Einstellungsbeeinflussung. Selbst wenn es eindeutig gesicherte Ergebnisse über die Wirkweise jedes einzelnen der z. B. von McGUIRE aufgezählten Faktoren gäbe, – dies ist nicht der Fall – so müßten bereits bei einer solchen „Einbahnstraßen"-Betrachtung zumindest die möglichen vielfältigen *Wechselwirkungen* zwischen den einzelnen Faktoren berücksichtigt werden. Z. B. könnte es sein, daß Änderungen der Einstellung zum Sicherheitsgurt nur durch ganz spezifische Kombinationen der aufgeführten Wirkgrößen zustande kommen, nicht aber durch Herstellung gewisser anderer Kombinationen oder eine einfache Summierung der für sich gesehen wirksamsten Arten von Quelle, Botschaft, Medium usw.

Die Gliederung der an einem Einstellungsänderungsprozeß, aufgefaßt als Kommunikationsprozeß, beteiligten Faktoren erscheint nützlich, wenn es wie bei McGUIRE (1969) darum geht, eine Unzahl empirischer Befunde übersichtlich zu ordnen. Sie ist jedoch viel zu formal und allgemein, um in einer ganz bestimmten, konkreten Beeinflussungssituation bereits eine brauchbare Vorhersage sozialen Verhaltens zu erlauben. McGuire hat versucht, durch eine Aufzählung unterschiedlicher Beeinflussungssituationen (Suggestions-, Konformitäts-, Gruppendiskussions-, Indoktrinations-Situation usw.) verschiedene *Situations*-Typen zu klassifizieren, in denen vermutlich jeweils besondere Wirkungsverhältnisse vorliegen. Klassifikationen dieser Art können allerdings nur ein Anfang sein. Beim gegenwärtigen Stand der Kommunikationspsychologie scheinen sich Kommunikationsmodelle wohl eher zur Beschreibung und Hypothesenbildung als bereits zur Erklärung und Vorhersage sozialen Verhaltens zu eignen.

4.4.3 Verschiedene Formen von Kommunikation

Läßt man die Art des Kommunikationsmediums (z. B. sprachlich vs. nichtsprachlich) und den konkreten Inhalt einer Kommunikation (z. B. Abfassung eines Referats, Einstellung zu Sicherheitsgurten) einmal außer acht, so lassen sich verschiedene Grundformen menschlicher Kommunikation beschreiben. Eine solche formale Analyse von Kommunikationsprozessen hat Graumann (1972) vorgenommen, seiner Darstellung sei hier gefolgt.

Es lassen sich unterscheiden:

- Unvermittelte und vermittelte Kommunikation
- Einstufige und mehrstufige Kommunikation
- Intrapersonale und interpersonale Kommunikation
- Einseitige, zweiseitige und mehrseitige Kommunikation
- Einkanalige und mehrkanalige Kommunikation
- Formelle und informelle Kommunikation
- Fokussierte und nicht-fokussierte Kommunikation
- Kommunikation und Metakommunikation.

Kommunikation wird dann als *unvermittelt* angesehen, wenn keine technischen Hilfsmittel (wie z. B. das Telefon) benutzt werden. Treffen sich zwei Bekannte auf der Straße und führen ein Gespräch, so gilt dies als unvermittelte Kommunikation. Den Briefverkehr, den sie vielleicht kurz danach aufnehmen, würde man dagegen als *vermittelte* Kommunikation bezeichnen.

Typischer Fall einer *einstufigen* Kommunikation ist eine dyadische Gesprächssituation z. B. bei den beiden soeben erwähnten Bekannten. Würden diese Personen z. B. über einen Anwalt miteinander kommunizieren, so wäre die Kommunikation bereits zweistufig; benutzt jeder von beiden einen Anwalt, die Kommunikationen des jeweils anderen Anwalts weiterleiten, so kann die Kommunikation bereits drei- also mehrstufig sein. Eine Kommunikation gilt also als *mehrstufig*, wenn eine Nachricht nacheinander mehrere Personen oder Instanzen erreicht. Von *interpersonaler* Kommunikation spricht man, wenn mindestens zwei Kommunikationspartner vorhanden sind. Als *intrapersonale* Kommunikation gilt die Kommunikation mit sich selbst. So kann jemand mit sich selbst sprechen, als handele es sich um zwei verschiedene Personen, er kann sich selbst eine Verhaltensanweisung erteilen usw.

Als *einseitig* gilt eine Kommunikation dann, wenn der Empfänger keine Replikationsmöglichkeit besitzt, z. B. im Falle der Massenmedien, auf deren Botschaften man zumindest direkt nicht anworten kann. Einseitige Kommunikationen lassen sich allerdings in vielen anderen Situationen beobachten, z. B. bei Vorlesungen alten Stils, wo z. B. nur Reaktionen der Empfänger über Beifall oder Nicht-Beifall möglich sind oder wo sie – wie in einer Predigt – völlig unerwünscht sind. In Gruppen von Personen kommt es dagegen zu zwei- oder mehrseitiger Kommunikation, z. B. zu regelrechten Kommunikationsnetzen.

Einkanalige Kommunikationen gibt es in Wirklichkeit selten; in den meisten Fällen wirken mehrere Reize (z. B. akustisch und optisch übermittelte Botschaften) auf den Empfänger. Beim Flirt-Verhalten zweier Personen z. B. können optische (Aussehen), akustische (Sprache, Stimme), taktile (Körperberührungen), olfaktorische (Körpergeruch, Parfüm), thermale (Körperwärme) und gustatorische Reize (Geschmacksempfindungen beim Kuß) zusammentreffen.

Zwischenmenschliche Kommunikation kann stärker *formellen* Charakter (z. B. nach bestimmten gesellschaftlichen Regeln verlaufend) oder stärker *informellen* Charakter besitzen; z. B. kann sich eine Gesprächssituation derart ändern, daß ein formelles Gespräch in ein informelles (persönlicheres, privates) überwechselt. Rollenverhalten und Rollenvorschriften bestimmen zu einem Großteil, wann Kommunikation eher formell, wann eher informell zu verlaufen hat.

Die Unterscheidung von *fokussierter* und *nicht-fokussierter* Kommunikation bezieht sich auf eine Analyse des Kommunikationsgeschehens, wie sie von GOFFMAN (1963) vorgenommen wurde. Auch GOFFMAN würde die These von WATZLAWIK et al. (1969, S. 53) unterschreiben: „Man kann nicht nicht kommunizieren." Auch ein Beisammensein zweier Personen, in dem kein Wort miteinander gesprochen wird („Kopräsenz"), hat demnach Kommunikationscharakter, nur bedient sich *nicht-fokussierte* Interaktion in erster Linie nichtsprachlicher Zeichen („Körperidiome"). Eine thematische bzw. thematisierende Kommunikation zwischen kopräsenten Personen wird dagegen als *fokussierte* Interaktion bezeichnet; sie läuft bewußt und an von den Gesprächspartnern gesetzten Regeln orientiert ab.

Mit *Metakommunikation* schließlich könnte man Kommunikationen über Kommunikationen bezeichnen (so wie Metasprache das Sprechen über Sprache darstellt). Gemeint ist bei WATZLAWIK et al., die diesen

Begriff verwenden, aber nicht die wissenschaftliche Kommunikation über Kommunikationsprobleme, sondern die Tatsache, daß jede Mitteilung von einem Sender an einen Empfänger einen Hinweis darauf enthält, wie der Sender sie vom Empfänger verstanden haben möchte. Jeder Mensch kommuniziert in diesem Sinne also nicht nur Nachrichten, sondern er kommuniziert gleichzeitig Interpretationen dieser Nachrichten, d. h. er „metakommuniziert“.

4.4.4 Verbale und nonverbale Kommunikation

Es wurde bereits darauf hingewiesen, daß zwischenmenschliche Kommunikation nicht nur sprachlicher Art ist. Allein eine annähernd vollständige sozialpsychologische Analyse *sprachlicher* Kommunikation müßte mehrere Bände füllen; wie zutreffend dies erscheint, davon mag der kurze Überblick bei GRAUMANN (1972, S. 1197ff.) einen Eindruck vermitteln. Eine „Psychologie der Sprache“ legte u. a. HÖRMANN (1967) vor.

In letzter Zeit zeigt sich im Bereich der Psychologie wieder ein zunehmendes Interesse an nicht-sprachlicher, *nonverbaler* Kommunikation. Darunter sind alle Arten von Informationsvermittlungen zwischen Personen gefaßt, deren Bedeutungen nicht durch Sprache übertragen werden. (Über solche „außersprachlichen“ Aspekte von Interaktionsverhalten vgl. SCHERER, 1970.) Die unter dem modernen Begriff „nonverbale Kommunikation“ abgehandelten Interaktionsformen wie Blickkontakt, Körperkontakt usw. erinnern an die zentralen Forschungsgebiete der heute kaum noch gelehrten sog. Ausdruckspsychologie (vgl. dazu Band 5 des „Handbuch der Psychologie“, KIRCHHOFF 1972). So handelt es sich bei den neuerdings von ARGYLE (1975) aufgeführten unterschiedlichen „Körpersignalen“ (Gesichtsausdruck, Gesten, Haltung, räumliches Verhalten, Kleidung und Äußeres usw.) um eben jene Variablen, die eine frühere Generation teils empirisch, teils nicht-empirisch ausdrucks-psychologisch untersuchte.

4.4.5 Massenkommunikation als Spezialfall von Kommunikation

Abschließend soll auf die Besonderheiten von Massenkommunikationsprozessen hingewiesen werden. Auch mit Massenkommunikationsforschung beschäftigen sich außer Psychologen bzw. Sozialpsychologen viele andere Einzeldisziplinen. Obgleich Massenkommunikation eine große Zahl sozialpsychologischer Arbeiten ständig auf sich zieht (in den „*Annual Reviews of Psychology*“ – vgl. *Kapitel 6* – gehört das Thema „Massenkommunikation“ zu den drei wichtigsten sozialpsychologischen Gegenstandsbereichen), soll hier nur relativ kurz darauf eingegangen werden. Der Grund liegt einfach darin, daß fast alles, was in den bisherigen Ausführungen zum Thema „Kommunikation“ gesagt wurde, für die psychologische

Beschäftigung mit Massenkommunikation gilt, wenn man als Kanalvariable bzw. *Medien* die sog. Massenkommunikationsmittel einsetzt. Die Formel „Wer sagt was über welches Medium zu wem mit welchem Effekt?" beherrscht bis heute auch die Massenkommunikationsforschung. Domäne der Sozialpsychologie ist dabei bis heute die *Wirkungsforschung* geblieben.

Für Massenkommunikation als Spezialfall eines Kommunikationsprozesses gelten, grob gesagt, folgende Besonderheiten:

- Sie verläuft in der Regel einseitig, d. h. es findet kein Positionswechsel von Kommunikator und Rezipient statt
- Sie wird über ein technisches Kommunikationsmittel übertragen
- Sie verläuft indirekt, d. h. Kommunikator und Rezipient stehen nicht in direktem Kontakt
- Sie ist prinzipiell für jeden zugänglich, vorausgesetzt, er besitzt die technischen Möglichkeiten zum Empfang der Botschaft
- Die Rezipienten von Massenkommunikation gehören in ihrer Funktion als Rezipienten keinen überdauernden sozialen Gebilden an (MALETZKE 1963).

Die vielen empirischen Untersuchungen zu Wirkungen verschiedener Medien, wie Bücher, Zeitungen, Flugblätter, Filme, Radio- und Fernsehprogramme weisen seit den Anfängen der Massenkommunikationsforschung Ende der 20er Jahre keinen geregelten Zusammenhang untereinander auf. Untersucht wurden relativ unsystematisch gerade interessierende Fragen, wie z. B. die Wirkung von Zeitungskommentaren und Radioagitation auf das Verhalten bei politischen Wahlen, die Wirkung von Propagandafilmen auf Einstellungen und Verhalten von US-Soldaten im Zweiten Weltkrieg, usw. Das Interesse an Medienwirkungsforschung ist immer ein ausgesprochen praktisches gewesen; die potentiellen Verwerter von Massenkommunikationsforschung – insbesondere Regierungen und Werbeunternehmen – geben jährlich astronomische Summen für gezielte, praktische Wirkungsforschung aus (vgl. das Sammelreferat von WEISS 1969).

KLAPPER gab 1960 einen Überblick über die bis dahin vorliegenden Ergebnisse der Medienwirkungsforschung. Die von ihm diskutierten Wirkungsbedingungen beherrschen bis heute die einschlägige Fachliteratur und die wesentlichen von KLAPPER aufgestellten Thesen scheinen bis heute unwidersprochen zu sein. Danach wirkt Massenkommunikation vor allem selten direkt, unmittelbar, sondern durch sog. *vermittelnde Faktoren* (mediating factors). Solche Wirkgrößen sind z. B. die Gruppenzugehörigkeit des Rezipienten, sein Selektionsverhalten, die Glaubwürdigkeit des Kommunikators u. v. a. m.

Praktisch bedeutet dies, daß noch so intensive Appelle bzw. Agitationen in ihrer Wirkung auf Verhalten und Einstellungen des einzelnen Menschen durch eine große Anzahl weiterer Faktoren „gebrochen" werden. Ein typisches Beispiel dafür ist der sog. „Zwei-Stufen-Fluß der Kommunikation", d. h. Medieninhalte wirken auf den Einzelnen häufig über den Umweg über sog. Meinungsführer *(opinion leader)*, d. h. Personen, die insgesamt Massenmedien stärker konsumieren als ihre Mitmenschen und auf bestimmten Gebieten, für die sie spezialisiert sind, große *persönliche* Überzeugungswirkung entfalten. Gemäß der These vom „Two-Step-Flow of Communication" würde eine Waschmittelkampagne z. B. hauptsächlich erst dadurch wirksam werden, daß bestimmte, als Experten anerkannte Hausfrauen die von ihnen massenmedial aufgenommenen Informationen persönlich an andere Hausfrauen weitervermitteln. (Näheres zu diesem Problembereich findet sich bei KATZ & LAZARSFELD 1962.)

Als weiteres Beispiel für einen der vielen bei KLAPPER (1960) schon referierten vermittelnden Faktoren der Medienwirkung sei die sog. *Selbstselektion* (selective exposure) erwähnt. Rezipienten von Massenkommunikation haben durchaus die Möglichkeit, zwischen verschiedenen angebotenen Massenkommunikationsinhalten zu wählen. Der Selbstselektions-Effekt, der einer wirksamen Massenkommunikationsbeeinflussung entgegensteht, besteht darin, daß Rezipienten häufig nur solche Massenkommunikationen konsumieren, die mit den von ihnen bereits bevorzugten Einstellungen oder ausgeführten Verhaltensweisen übereinstimmen. Informationen, die ihren Einstellungen oder Verhaltensweisen entgegenstehen, setzen sie sich mit Vorliebe gar nicht aus. Bekannte Beispiele hierfür sind die Bevorzugung der Rezeption von Werbung für diejenige Automarke, die man bereits fährt, oder das Vermeidungsverhalten von starken Rauchern gegenüber Informationskampagnen, die auf den Zusammenhang zwischen Rauchen und Krebs hinweisen (zum Thema Selbstselektion vgl. FREEDMAN & SEARS 1965). Das vielleicht wichtigste Resümee, das aufgrund von Untersuchungen über die Wirkung entsprechender vermittelnder Faktoren auf Einstellungs- und Verhaltensänderungen von Rezipienten gezogen wird, gipfelt in der These, daß sich mit Massenkommunikationen eher bereits vorhandene Einstellungen oder gewohnte Verhaltensweisen *verstärken* als *verändern* lassen. Diese These – so plausibel sie auch aufgrund einer Vielzahl empirischer und experimenteller Untersuchungen erscheint – kann doch nicht ohne weiteres als für die *Praxis* wirksam angesehen werden. Dagegen sprechen viele in der Praxis ohne Zweifel wirksamen Informations- und Agitationskampagnen, dagegen sprechen auch die erwähnten Unsummen von Dollars und DM, die bei Beeinflussung durch Massenkommunikation immer wieder ausgegeben werden.

Viel zu wenig untersucht sind z. B. *echte, langanhaltende Wirkungen*, wie sie beispielsweise durch jahrelange „Bombardierungen" mit bestimmten Medieninhalten zustandekommen könnten; demgegenüber konnten in den bisherigen Labor- und Felduntersuchungen meist immer nur kürzere Phasen von Massenkommunikation und -rezeption erforscht werden. Im übrigen sahen natürlich auch KLAPPER und andere Berichterstatter große

Chancen für effektive Massenkommunikation dann, wenn vermittelnde Faktoren wie z. B. die erwähnten weitgehend ausgeschaltet werden können. Somit dürfte es zum Programm einer modernen, praktisch-verwertungsbezogenen Medienkampagne gehören, gerade diese vermittelnden Faktoren zu berücksichtigen – sei es im Sinne ihrer gezielten Nutzung, sei es im Sinne ihrer weitgehenden Ausschaltung.

Bevorzugtes Objekt sozialpsychologischer Medienwirkungsforschung waren *Einstellungsänderungen*, seltener Veränderungen offenen *Verhaltens*. Gründe dafür sind in der weiter oben in diesem Kapitel bereits angeführten Vermutung zu suchen, soziale Einstellungen seien eine wichtige Ursache für soziales Verhalten. Allerdings ist nicht nur diese Annahme problematisch (vgl. SCHMIDT u. a. 1975), sondern es ist auch vielfach fraglich, ob in der sozialpsychologischen Medienwirkungsforschung wirklich Einstellungen und Einstellungsänderungen erfaßt bzw. gemessen wurden. Vielfach handelt es sich nämlich um nichts anderes als um *Meinungserfassungen* bzw. -befragungen auf dem alleruntersten methodischen Niveau. Wurde dagegen offenes *Verhalten* bzw. seine Veränderung erfaßt, so wurde auch dieses Verhalten häufig sehr unzureichend gemessen, z. B. wiederum durch Befragungen von Personen über ihr Verhalten, d. h. in Wirklichkeit *indirekt.* Diese methodischen Unzulänglichkeiten mögen einer unter vielen Gründen dafür sein, daß Wirkungsforschung und Wirkungswirklichkeit nicht immer übereinstimmen. Neben *Einstellungs-* und *Verhaltensänderung* haben sich Sozialpsychologen auch immer wieder der Wirkung von Informations- bzw. Erziehungskampagnen gewidmet, bei denen es primär um die Vermittlung von *Wissen* bzw. *Sachinformationen* geht. (Als Beispiel sei die Forschung zum Einsatz des Fernsehens im *Unterricht* genannt; vgl. LUMSDAINE & MAY 1965.) Informations- bzw. Wissenserweiterung gilt häufig auch als „Abfallprodukt" von Massenkommunikationsbeeinflussung, die Einstellungs- oder Verhaltensänderung zum Ziel hatte; manche Rezipienten erweitern aufgrund von Beeinflussungskampagnen ihr Wissen, ändern aber weder Einstellung noch Verhalten.

Die Tatsache, daß Massenkommunikationsforschung weitgehend von politischen und kommerziellen *Verwertungsinteressen* beherrscht wird, ist inzwischen Gegenstand vieler kritischer Veröffentlichungen geworden. (Genannt seien u. a. DRÖGE 1972 und Autorenkollektiv Wissenschaftspsychologie 1975. Eine intensive kritische Beschäftigung mit Massenkommunikationsforschung bringen auch BISKY & FRIEDRICH 1972.) Gegenüber Kritik an der grundsätzlichen gesellschaftlichen Funktion von Massenkommunikationsforschung tritt Kritik an den *Methoden* der Forschung im engeren Sinne und insbesondere den verwendeten *Versuchsplänen* (vgl. *Kapitel 5*) häufig zurück. Unter solchen methodischen Gesichtspunkten handelt es sich bei sozialpsychologischer Wirkungsforschung um ein äußerst interessantes Gebiet, da hier Vorzüge und Probleme von Wiederholungsmessungen, ggfs. sogar Längsschnittstudien zu erörtern sind.

4.5 Gruppe

4.5.1 Zum Begriff der Gruppe

Vergegenwärtigen wir uns die Definition von Sozialpsychologie als „Wissenschaft vom sozialen Verhalten und Erleben" (vgl. *Kap. 1*), so wird deutlich, daß die Gruppe eigentlich nicht Gegenstand sozialpsychologischer Untersuchungen sein kann. Eine Gruppe verhält sich nicht, da sie keinen Körper hat, und sie erlebt nicht, da sie kein Bewußtsein hat. Dennoch hat das Thema „Gruppe" die Sozialpsychologie spätestens seit LEWIN (vgl. seine folgenreiche Untersuchung autokratisch, demokratisch und laissez-faire geführter Gruppen) sehr intensiv beschäftigt. Besonders neuere Entwicklungen innerhalb der Sozialpsychologie (vgl. HIEBSCH & VORWERG 1972) betonen die zentrale Stellung der Gruppe als Vermittlungsinstanz für gesellschaftliche Normen und Werte.

Die Gruppe hat kein empirisches Korrelat, man kann lediglich aus dem Verhalten einzelner Individuen auf das Vorhandensein einer Gruppe schließen. Wechselseitige soziale Beeinflussung durch Personen, die sich als Verhaltensänderungen beobachten lassen, können ein Indikator für eine Gruppe sein. Personen, die einen verhaltensändernden Einfluß aufeinander ausüben, lassen sich zunächst einmal hinsichtlich ihres wechselseitigen Einflusses in ihren Beziehungen zueinander beschreiben. In den meisten Fällen stehen diese Personen darüber hinaus noch in weiteren Beziehungen zueinander, z. B. mögen sie sich unterschiedlich gern, reden unterschiedlich lange miteinander, verteilen ihre soziale Anerkennung in bestimmter Weise innerhalb der Gruppe etc.

Begreift man Gruppe als gedankliche Konstruktion („hypothetisches Konstrukt"), mit der man die *wechselseitige Beeinflussung von Personen und deren Beziehungen untereinander* in den Blick zu nehmen versucht, so wird einerseits deutlich, daß sich die sozialpsychologische Gruppenforschung inzwischen auffällig von den LEBONschen Annahmen eines kollektiven Gewissens oder einer sich irrational verhaltenden Masse entfernt hat (vgl. HOFSTÄTTER 1971). Andererseits zeigt sich mit einer solchen Umschreibung von Gruppe, daß gerade mit dieser Sichtweise praktisch brauchbare Erkenntnisse über soziales Verhalten zu erwarten sind und man erkennt, warum gerade der Gruppenforschung innerhalb der Sozialpsychologie eine besondere Bedeutung zugeschrieben wird.

4.5.2 Mitgliedschafts- und Bezugsgruppen

Wechselseitige soziale Beeinflussung findet nicht nur im direkten Kontakt zwischen Personen statt, sondern ist ebenso ohne die unmittelbare Anwesenheit anderer Personen möglich. ALLPORT (1924) fand z. B., daß Gruppeneffekte bei Personen, die wußten, daß in einem anderen Raum Personen mit der Lösung derselben Aufgabe beschäftigt waren, in demselben Maße auftraten wie bei unmittelbarer Anwesenheit von Personen in demselben Raum.

Andererseits kennt man Situationen, in denen selbst bei unmittelbarem Körperkontakt, wie z. B. in überfüllten Straßenbahnen oder im „Fußgängerparadies" kurz vor Weihnachten keinerlei Verhaltensbeeinflussung stattfindet. Allein die räumliche und zeitliche Nähe ist also nicht ausschlaggebend für eine Gruppe, da diese Bedingungen allein nicht ausreichen, damit wechselseitige soziale Beeinflussung stattfindet.

Auch die Zusammenfassung von Personen zu „Gruppen" nach bestimmten Ähnlichkeitsmerkmalen, wie es in den amtlichen Statistiken oder auch bei Meinungsumfragen geschieht, ist kein Indikator dafür, daß sich diese Personen in ihrem Verhalten gegenseitig beeinflussen.

Nehmen wir als Beispiel die Gruppe der Studenten. Hierzu gehören alle Personen, die zu einem gegebenen Zeitpunkt an irgendeiner Hochschule immatrikuliert sind. Der Umfang dieser Gruppe kann natürlich als reine *Mitgliedschaftsgruppe* relativ groß sein, wobei die Gruppe höchstens so viele Mitglieder zählt wie die Anzahl sämtlicher Studenten. Namentlich gehören also sehr viele Personen zu dieser Gruppe. Nicht jeder Student orientiert sich jedoch an den Einstellungen, Normen und Verhaltensweisen von Studenten. Für solche Studenten, die sich in ihren eigenen Wertvorstellungen und Verhaltensweisen auf studentische Normen beziehen, ist die studentische Mitgliedschaftsgruppe gleichzeitig Bezugsgruppe. Der entscheidende Unterschied zwischen Mitgliedschafts- und Bezugsgruppen besteht darin, daß bei Bezugsgruppen soziale Beeinflussung stattfindet, während es in Mitgliedschaftsgruppen nicht in jedem Fall zu gegenseitiger Beeinflussung der Mitglieder kommt. Andererseits kann jemand Bezugsgruppen haben, deren Mitglied er nicht ist, wie z. B. ein Student, der sich an der arbeitenden Bevölkerung orientiert.

Es besteht inzwischen Einigkeit unter Sozialpsychologen, daß soziale Beeinflussung dann auftritt, wenn die beteiligten Personen in irgendeiner Weise psychisch involviert (CARTWRIGHT & ZANDER 1968) sind. Psychisch involviert ist eine Person dann, wenn

- die anderen Personen wahrgenommen werden
- die Person sich als Mitglied definiert oder die Mitgliedschaft anstrebt
- die Person die anderen hinsichtlich der eigenen Emotionen und Kognitionen für wichtig hält (KIESLER & KIESLER 1970, S. 27).

Gruppen in dem hier gemeinten Sinn sind also nicht Menschenmengen, die zufällig am selben Ort zur selben Zeit zusammen sind (z. B. Menschen in der Fußgängerzone) oder statistische Klassen von Individuen, die hinsichtlich eines bestimmten Merkmals Ähnlichkeit aufweisen, sondern bestimmte Personen, die man zunächst einmal in bestimmter Weise wahrnimmt, zu denen man sich selbst dazurechnet und deren Verhalten und Erleben für sich selbst relevant ist. Für den Studienanfänger ist die Gruppe der Studenten in der Regel eine Bezugsgruppe sowohl für sein Verhalten als auch für seine Einstellungen. Diese Bezugsgruppe hat *normativen Einfluß* auf sein Verhalten, indem beispielsweise „Nachts-Durcharbeiten" und „Morgens-Lange-Schlafen" positiv bewertet werden. Sie hat weiterhin *Orientierungsfunktion* für ihre Angehörigen. Wird ein neues Hochschulzulassungsverfahren angekündigt, so wird der Studienanfänger den Äußerungen seiner Mitstudenten größeres Gewicht beimessen als denen der Hochschullehrer oder seiner Eltern. Um zu einer eigenen Einschätzung der geplanten Maßnahmen zu gelangen, orientiert er sich an den Meinungen und Argumenten der studentischen Bezugsgruppe.

Die *Normen* der Bezugsgruppe dienen als Bewertungs- und Vergleichsmaßstäbe für Erkenntnisse, Gefühle und Verhalten. Vor allem die Einstellungen und Werthaltungen der Personen, die im Verhältnis zu anderen Gruppenmitgliedern hohes Prestige und Macht haben (z. B. Fachschaftsvorsitzender oder Vertreter des ASTA), nehmen normativen Charakter an. Die Normen kontrollieren das Verhalten um so stärker je größer die Attraktivität der Bezugsgruppe ist. Solange also z. B. „Student-Sein" noch soziale Anerkennung verschafft, wird die normative Kontrolle der studentischen Bezugsgruppe aufrechterhalten.

Verhalten sich Personen entsprechend den geltenden Normen, so bezeichnet man ihr Verhalten als *konform*. Das Konformitätsverhalten wächst mit ansteigender Übernahme der Normen und Werte der Bezugsgruppe. Je stärker die Normen und Werte als eigene Verhaltensmaßstäbe erlebt werden, desto konformer wird man sich verhalten.

Mitgliedschafts- und Bezugsgruppe müssen nicht wie in unserem Beispiel identisch sein. Ist der Studienanfänger beispielsweise berufstätig und daneben an der Fernuniversität eingeschrieben, so behält er möglicherweise seine frühe Bezugsgruppe (seine Arbeitskollegen) bei und studentische Verhaltensgewohnheiten werden für ihn kaum normativen Charakter für sein Arbeitsverhalten haben.

Siegel & Siegel (1957) haben in einer berühmt gewordenen Untersuchung den Zusammenhang zwischen Mitgliedschafts- und Bezugsgruppen näher untersucht.

Entgegen der anfänglichen Umschreibung einer Gruppe war bisher nicht so sehr von wechselseitiger Beeinflussung und den Beziehungen von Personen untereinander die Rede, sondern mit dem Bezugsgruppenkonzept wurden Bedingungen genannt, die für soziale Beeinflussung und konformes Verhalten eines Individuums von Bedeutung sind. Beobachtungseinheit war bisher das Individuum, und nicht die Gruppe als Beziehungs- und Interaktionsgeflecht mehrerer Individuen. Erst die Untersuchung von Gruppenprozessen und -strukturen in sogenannten *Kleingruppen* gibt jedoch Aufschluß darüber, wie Normen entstehen, welche Funktion sie haben und was die einzelnen Gruppenmitglieder veranlaßt, ihr Verhalten danach auszurichten.

Die Erforschung von interaktiven Beziehungen in kleineren Gruppen (meist unter 12 Personen) wird nicht nur aus forschungsökonomischen Gründen (überschaubarere Untersuchungsobjekte, bessere Kontrollmöglichkeit) bevorzugt. DAVIS (1969) führt als weiteren ebenso bedeutsamen Grund an, daß sich innerhalb kleinerer Gruppen sehr viel mehr „soziales Leben" abspielt als in größeren Gruppen und daß große, bereits etablierte Gruppen spezielle Problemlösungen in kleinere Gruppen delegieren (z. B. Expertenausschüsse des Deutschen Bundestages).

Besonders die Erkenntnis, daß die Effektivität von Gruppen hinsichtlich bestimmter Leistungskriterien unter gewissen Bedingungen der von Einzelindividuen überlegen ist, hat das Interesse an der Gruppenforschung gefördert. HIEBSCH und VORWERG (1972) formulieren von daher als Ziel der sozialpsychologischen Untersuchung von Gruppen die Bereitstellung von Wissen über die Optimierung von Kooperationsprozessen, soweit der Verhaltensaspekt betroffen ist.

Der weitaus überwiegende Teil der Ergebnisse der Gruppenforschung wurde an sogenannten Problemlösungsgruppen gewonnen. Unter weitgehend idealen Bedingungen einer Kooperation wurden Prozesse der Informationsverteilung und der Reaktionen der Beteiligten bei der Lösung einer intellektuellen oder psychomotorischen Aufgabe analysiert. Es muß jedoch in Rechnung gestellt werden, daß die Mitglieder einer Gruppe außerhalb des Labors in den meisten Fällen nicht allein durch Kooperation (wie sie im Labor durch die Versuchsanweisung induziert wird) motiviert sind, sondern durch eine Mischform von Kooperation und Wettbewerb.

4.5.3 Gruppenbildung und Zusammenhalt der Gruppe

Das naheliegendste Abgrenzungskriterium einer problemlösungsorientierten Gruppe gegenüber einer mehr oder weniger zufälligen Ansammlung von Personen, daß eine solche Gruppe gleichzeitig von den oben dargestellten Mitgliedschafts- und Bezugsgruppen als umfassendere Konzepte unterscheidet, ist das der *unmittelbaren sozialen Interaktion.* Aus einer zufälligen Ansammlung von Studenten vor dem Brett mit den Ankündigungen der Veranstaltungen des beginnenden Semesters kann die Entstehung einer Gruppe beispielsweise damit beginnen, daß einer fragt, ob noch jemand

Interesse an einer bestimmten Veranstaltung hat. Die ablehnende oder zustimmende Reaktion der anderen ist möglicherweise der Beginn einer intensiven Interaktion. Sind unter den Umstehenden einige dabei, die in diesem Lehrgebiet einen Schein erwerben wollen, so ist ein weiteres Kriterium für eine Gruppe – die Festlegung auf ein *gemeinsames Ziel* – gegeben. Gemeinsame zielgerichtete Aktivitäten mehrerer Personen sind nicht ohne Einigung auf bestimmte Verhaltensregeln, z. B. die Festlegung und Einhaltung von Terminen und einen Minimalkonsens hinsichtlich bestimmter Einstellungen, z. B. gegenüber Gruppenarbeit möglich.

Die Entstehung von Gruppen und die Bedingungen für den Zusammenhalt von Gruppen werden je nach „wissenschaftlicher Bezugsgruppe" der Autoren stärker mit Hilfe kognitiver oder verstärkungsorientierter Ansätze erklärt. Die Annahme von Bedürfnissen (wie z. B. das Gesellungsbedürfnis bei SCHACHTER 1959) als Grundlage für die Gruppenbildung ist weitgehend überholt, da die einfache Konstatierung eines zugrundeliegenden Bedürfnisses für die Erklärung und Vorhersage von Verhalten keine weiterführenden Aufschlüsse enthält. Kognitive Faktoren, wie das Erkennen gemeinsamer Interessen, Einstellungen und Ziele sind als Bedingungen für die Entstehung von Gruppen dagegen zusammen mit der Annahme von Verstärkung durch die Feststellung von Gemeinsamkeiten und antizipierter Verstärkung des primären und sekundären Belohnungswerts der Gruppentätigkeit eher erklärungshaltige Annahmen.

Solange das Verhalten der Gruppenmitglieder gegenseitig verstärkend ist, sei es aufgrund der Stärkung des „Wir-Gefühls", der Erhöhung des Selbstwertgefühls oder der Zufriedenheit über die Erreichung gemeinsamer Ziele, ist der Zusammenhalt der Gruppe gewährleistet. Die Summe aller Kräfte, die auf den Verbleib in der Gruppe einwirken, wird als *Kohäsion* der Gruppe bezeichnet. Dieser Begriff stammt ursprünglich von LEWIN, der den Kohäsionsgrad einer Gruppe aufgrund feldtheoretischer Annahmen (vgl. *Kap. 3*), als Funktion der gegenseitigen *Anziehung der Gruppenmitglieder* und der den einzelnen Mitgliedern außerhalb der Gruppenaktivitäten ansonsten noch zur Verfügung stehenden Verhaltensalternativen definierte.

Nach verstärkungstheoretischen Auffassungen (z. B. THIBAUT & KELLEY) bestehen die Grundlagen der Gruppenkohäsion in den *belohnenden Interaktionen* der Gruppenmitglieder. Primärer Belohnungswert der Gruppentätigkeit besteht z. B. in der Lösung der gemeinsamen Aufgabe. Darüber hinaus hat die Aktivität innerhalb einer Gruppe in den meisten Fällen auch sekundären Belohnungswert, d. h. verstärkende Auswirkungen für das aktive Mitglied, die darin bestehen, daß es durch die Tätigkeit soziale Anerkennung, einen bestimmten Status innerhalb der Gruppe und Einflußmöglichkeiten (Macht) auf die anderen Gruppenmitglieder gewinnt.

4.5.4 Gruppenstrukturen

Ein Zusammenschluß mehrerer Personen, die über eine bestimmte Zeit hinweg die Möglichkeit zu fortgesetzter Interaktion haben und mit ihren Aktivitäten gemeinsame Ziele anstreben, zeigt im Laufe der Zeit bestimmte Verhaltensstrukturen. Die Personen organisieren sich auf der Grundlage ihrer gemeinsamen Ziele und Aktivitäten. Die Strukturen einer Gruppe werden in der Regel nach Kommunikations-, Rollen-, Status- und Machtstrukturen unterschieden. Grundsätzlich lassen sich jedoch Gruppenstrukturen hinsichtlich jedes beliebigen Merkmals denken.

Die *Kommunikationsstrukturen* innerhalb einer Gruppe sind z. B. bei der effektiven Lösung eines Problems von Bedeutung. Bestimmte Strukturen des Informationsflusses hemmen das Finden einer richtigen Lösung, während es durch andere erleichtert werden kann. In Abhängigkeit von der Art der zu lösenden Aufgabe sind bei einigen Aufgabentypen hierarchische Strukturen erfolgreicher (wenn der Lösungsweg beispielsweise bekannt ist und es weitgehend darauf ankommt, die Aufgaben sinnvoll zu verteilen) während bei anderen Aufgaben dezentralisierte Strukturen zu besseren Leistungen führen (z. B. bei neuartigen Problemen, wenn der Einfallsreichtum jedes einzelnen erforderlich ist).

Rollenstrukturen entstehen infolge der Spezialisierung der Gruppenmitglieder bei der Lösung eines Problems. In Untersuchungen von Problemlösungsgruppen wurde festgestellt, daß man die Rolle des Führers, des Vermittlers bei emotionalen Spannungen und des Ideenlieferanten für die Problemlösung unterscheiden kann. Die Zuweisung der Führungsrolle kann z. B. nach dem Kriterium geschehen, wer die meisten Sympathien auf sich vereinigt. Zumeist ist der *Führer* gleichzeitig der aktivste, derjenige mit den meisten Ideen für die Lösung der Aufgabe, derjenige, der die meiste Aufmerksamkeit auf sich lenkt etc. Grundsätzlich können von allen Gruppenmitgliedern Führungsaktivitäten gezeigt werden. Es gibt kein allgemein gültiges Muster von Führungseigenschaften, das zum Führungsverhalten prädestiniert. Die Zuweisung der Führungsrolle ist vielmehr abhängig von den situativen Erfordernissen, d. h. der jeweiligen Gruppenzusammensetzung, ihrer Ziele und Arbeitsmethoden.

Status- und Machstrukturen innerhalb einer Gruppe können sehr eng mit Beliebtheitsstrukturen zusammenhängen. Die Interaktionen der Gruppenmitglieder führen zu bestimmten Beziehungen untereinander, die nach unterschiedlichen Aspekten bewertet werden können. Z. B. können die Interaktionspartner danach eingeschätzt werden, wie sie sich als Kooperationspartner verhalten, wie sympathisch sie sich sind oder was man ansonsten voneinander hält. Die verfestigten Bewertungen interindividueller Beziehungen bilden ein Muster von relativ feststehenden Urteilen voneinander. Mit soziometrischen Verfahren (vgl. *Kap. 5*) lassen sich vor allem solche Dimensionen der Beziehung wie Freundschafts- und Beliebtheitsstrukturen erfassen.

4.5.5 Gruppenleistung

Wie schon erwähnt, hat die mögliche Überlegenheit von Gruppenleistungen gegenüber Einzelleistungen das Interesse an der Gruppenforschung besonders gefördert.

Inzwischen hat sich jedoch die Erkenntnis durchgesetzt, daß nicht in jedem Fall Gruppenarbeit effektiver ist. Auch hinsichtlich der Motivation der Gruppenmitglieder zeigt sich nicht unter allen Bedingungen eine fördernde Auswirkung der Gruppe.

Zunächst erkannte man, daß nicht alle Leistungssteigerungen innerhalb von Gruppen auf „echte" Gruppeneffekte zurückzuführen sind. Eine verbesserte Leistung unter Gruppenbedingungen kann möglicherweise auf die Tatsache zurückgeführt werden, daß mehrere Personen mit ihrer größeren Kapazität eine Aufgabe schneller bewältigen, indem sie sich die Arbeit teilen. Ein weiterer *Pseudo-Gruppeneffekt* besteht darin, daß bei mehreren Personen die Wahrscheinlichkeit größer wird, daß die Lösung eines Problems gefunden wird. Die Überlegenheit von Gruppen bei der Schätzung von Längen ist möglicherweise nicht das Resultat gemeinsamer Anstrengungen, sondern läßt sich mit einem statistischen Ausgleich von Fehlern bei größerer Anzahl von abgegebenen Urteilen erklären – eine Treffsicherheit, die von einer Einzelperson bei genügend großer Anzahl von Durchgängen ebenfalls erreicht werden könnte. Bei Problemen mit mehrstufigen Lösungsschritten kann die Lösung innerhalb einer Gruppe dadurch eher gefunden werden, daß jeder einzelne auf den gelösten Schritten des Vorgängers aufbauen kann.

Echte Gruppeneffekte liegen etwa in Einflüssen der Gruppe auf das Verhalten der Mitglieder, die sich direkt aus der Tatsache der Interaktion untereinander ergeben, wie z. B. eine Verbesserung der Leistungen einzelner Mitglieder aufgrund des Wettbewerbs mit anderen oder durch die günstigen Auswirkungen eines besonderen emotionalen Klimas innerhalb der Gruppe.

Da die Auswirkungen von Gruppen nur über das Verhalten von Einzelindividuen zu erfassen sind (siehe oben) und Merkmale von Gruppen aus der Erfassung von Verhalten erschlossen werden müssen, sind die Schwierigkeiten bei der Feststellung echter Gruppeneffekte leicht einsehbar.

Literaturempfehlungen

Zu 4.1

STADLER, M., SEEGER, F. & RAEITHEL, A. 1975. Psychologie der Wahrnehmung. München: Juventa.

LILLI, W. 1975. Soziale Akzentuierung. Stuttgart: Kohlhammer.

Zu 4.2

SCHMIDT, H. D., BRUNNER, E. J. & SCHMIDT-MUMMENDEY, A. 1975. Soziale Einstellungen. München: Juventa.

TRIANDIS, H. C. 1975. Einstellungen und Einstellungsänderungen. Weinheim.

MUMMENDEY, H. D. (Hg.) 1979. Einstellung und Verhalten. Psychologische Untersuchungen in natürlicher Umgebung. Bern/Stuttgart/Wien: Huber.

Zu 4.3

GRAUMANN, C. F. (Hrsg.) 1972. Handbuch der Psychologie. Band 7: Sozialpsychologie. 2. Halbband: Forschungsbereiche *III. Teil: Sozialisation*, Göttingen: Verlag für Psychologie, 661–1106.

Zu 4.4.1 bis 4.4.4

GRAUMANN, C. F. 1972. Interaktion und Kommunikation. In: GRAUMANN, C. F. (Hrsg.) Handbuch der Psychologie. Band 7: Sozialpsychologie. 2. Halbband: Forschungsbereiche. Göttingen: Verlag für Psychologie, 1109–1262.

Zu 4.4.5

DRÖGE, F., WEISSENBORN, R. & HAFT, A. 1969. Wirkungen der Massenkommunikation. Münster: Regensberg.

BISKY, L. & FRIEDRICH, W. 1971. Massenkommunikation und Jugend. Berlin: Deutscher Verlag der Wissenschaften.

Zu 4.5

SCHNEIDER, H. D. 1975. Kleingruppenforschung. Stuttgart: Teubner.

HOFSTÄTTER, P. 1971. Gruppendynamik. Reinbek: Rowohlt.

Kapitel 5: Methoden der Sozialpsychologie

5.1 Allgemeines zur Methode

5.1.1 Methode als Werkzeug im Forschungsprozeß

Die sozialpsychologische Forschung dient wie alle Forschung der Erweiterung und Präzisierung von Erkenntnissen; Forschung ist somit immer ein Prozeß der Erkenntnisgewinnung, der ausgeht von einem Problem und schließlich zur Erkenntnis oder Veränderung der Wirklichkeit bzw. der Problemsituation führt (Vetter, 1973). Die „Methode" ließe sich in diesem Zusammenhang als ein System von Regeln charakterisieren, das Handlungsanweisungen für den Forscher liefert, von bestimmten, gegebenen Ausgangsbedingungen (Problemdefinition) ausgehend zu einem Ziel zu gelangen, das immer in irgendeiner Weise zu einer Veränderung entweder der Wirklichkeit oder einer Theorie führt.

Wissenschaft geht infolgedessen immer von einem gegebenen Problemgegenstand und einer Problemdefinition aus, mit dem Ziel einer Lösung dieses Problems. Hierzu ist es erforderlich, daß der Forscher eine Abfolge komplexer Schritte durchläuft, die nicht beliebig austauschbar sind.

Jede Wissenschaft besitzt eine Vielzahl von *spezifischen Methoden* zur Erkenntnisgewinnung, wobei diese in ihrem Allgemeinheitsgrad jeweils unterschieden werden könnten. Materialistisch orientierte Wissenschaftler haben ihre *allgemeinste* Methode in der dialektisch-materialistischen, stärker positivistisch orientierte Wissenschaftler definieren als allgemeinste Methode die der „Erfahrung" (vgl. Popper, 1971). Je allgemeiner die Methode, desto verbindlicher ist sie für alle Gebiete der wissenschaftlichen Forschung; so gilt die empirische Methode sowohl für die naturwissenschaftlichen als auch für die sozialwissenschaftlichen Disziplinen.

Jede Wissenschaftsdisziplin geht nach solchen allgemeinen Methoden vor, hat in ihrem Methodenrepertoire jedoch auch *spezielle Methoden*, die nur für wenige oder gar nur für die eine bestimmte Disziplin anwendbar sind. So haben spezielle empirische Methoden sowohl in dialektisch-materialistisch wie in positivistisch orientierter Sozialpsychologie ihren Platz. So hat ferner die klassische experimentelle Methode, auf die noch weiter eingegangen wird, für die Naturwissenschaften (aus denen heraus sie auch entwickelt wurde) uneingeschränkte Geltung, während sie in der Psychologie z. B. nicht überall zur Anwendung kommt.

5.1.2 Allgemeines zu den speziellen Methoden

Die Sozialpsychologie entwickelte sich im Laufe der letzten Jahrzehnte mehr und mehr zu einer experimentellen Wissenschaft. Neben der experimentellen nehmen andere empirische Methoden einen breiten Raum in der sozialpsychologischen Forschung ein, z. B. Befragungs- und Beobachtungsmethoden, Einstellungsskalen, inhaltsanalytische und soziometrische Methoden, nichtreaktive Verfahren etc.

In folgenden soll nur noch auf *experimentelle und andere empirische Methoden* der Sozialpsychologie – die zum Teil auch in den Sozialwissenschaften im allgemeinen zur Anwendung kommen – eingegangen werden, da sie die weitaus dominierenden sind. Diese Trennung in experimentelle und andere empirische Methoden erfolgt aus didaktischen Gründen. Dabei darf nicht übersehen werden, daß für beide bestimmte Voraussetzungen in gleicher Weise gelten und das Experiment letztlich ebenfalls eine empirische Methode darstellt, an die jedoch strengere Maßstäbe angelegt werden. Umstritten ist dabei, inwieweit die experimentelle Methode durch die zahlreichen Restriktionen, auf die noch eingegangen werden wird, nicht eine qualitativ neue Stufe erreicht, zumal auch historisch gesehen die Entwicklung des Experiments sehr viel stärker mit den Naturwissenschaften assoziiert ist, während die anderen empirischen Methoden für eine Reihe von empirisch arbeitenden Sozialwissenschaften typisch sind.

5.1.3 Einige gemeinsame Probleme empirischer Methoden

Im vorliegenden Kapitel werden also „spezielle“ Methoden, wie sie die gegenwärtige Sozialpsychologie kennzeichnen, kurz beschrieben. Alle empirischen Methoden, die experimentellen und die nicht experimentellen, beruhen im weitesten Sinne auf „Beobachtungen“ bzw. Erfahrungen. Dies bringt eine Reihe allgemeiner Probleme mit sich.

So werden die zu machenden Beobachtungen bzw. Erfahrungen stets in Form von Daten gesammelt, wobei es sich zumeist um *quantitative* Daten handelt, d. h., es werden *Messungen* sozialpsychologisch relevanter Merkmale vorgenommen. Messen bedeutet allgemein, Gegenständen Zahlen so zuzuordnen, daß bestimmte Relationen zwischen den Zahlen analoge Relationen zwischen den Objekten widerspiegeln. Praktisch bedeutet das, *Skalen* zu konstruieren (oder bereits vorhandene zu verwenden) und diese Maßstäbe an das zu erfassende Verhalten anzulegen. Die Diskussion um Vorzüge und Nachteile des Messens in der Psychologie kann hier nicht geführt werden; über Meßmethoden und Skalierung berichtet z. B. Sixtl (1967).

In welcher Form sozialpsychologische Daten auch immer gesammelt werden: Sie müssen so *objektiv* und *zuverlässig* wie möglich erfaßt werden. Insbesondere müssen die gemessenen Merkmale *präzise* bzw. genau erfaßt werden. Die angewendeten Skalen sollen die zu erfassenden Merkmale beispielsweise, sofern es sich um stabile Merkmale handelt, zu verschiedenen Zeitpunkten in gleicher Weise erfassen. Der Sammelbegriff für „fehlerfreie Messung“, „Zuverlässigkeit“, „Genauigkeit“, „Präzision“, „Stabilität“ einer empirischen Methode heißt *Reliabilität.* Nur wenn eine Methode zur reliablen Erhebung von Daten führt, lohnt sich die an sich wichtigste Frage, die Frage danach nämlich, *was* mit der betreffenden Methode eigentlich erfaßt wird.

Die Frage, was ein Verfahren eigentlich erfaßt, ob es das mißt, was es messen soll oder zu messen vorgibt, ist die Frage nach der *Validität* (Synonyme sind hier „Gültigkeit“, „Tauglichkeit“ usw.). Dieses entscheidende Gütekriterium einer empirischen Methode bezieht sich also auf die *Interpretation* bzw. die Bedeutung der erhobenen Daten. Es kann z. B. sein, daß man in einem Experiment ein Verhalten oder in einer Inhaltsanalyse eine politische Tendenz reliabel erfaßt hat, daß es sich aber aus verschiedenen Gründen gar nicht genau um dasjenige handelt, was man erfassen wollte und nun fälschlich interpretiert und weiterverwendet. Mehrere verschiedene Arten von Validität sind – in Anlehnung an die psychologische Diagnostik – herausgearbeitet worden. Im Zusammenhang mit experimentellen Versuchsplänen wird weiter zwischen „interner“ und „externer“ Validität unterschieden (vgl. weiter unten). Im vorliegenden Rahmen kann auch auf Validitätsprobleme nicht näher eingegangen werden. Informationen über die klassischen psychologischen Gütekriterien, z. B. Reliabilität und Validität, wie sie für die Tests entwickelt wurden und auf empirische Methoden allgemein übertragbar sind, gibt LIENERT (1969).

Der letzte hier erwähnte, allen empirischen Methoden gemeinsame Problemkomplex betrifft *Stichprobenprobleme.* Es liegt auf der Hand, daß man bei sozialpsychologischen – wie bei allen anderen Arten von empirischen – Untersuchungen immer nur bestimmte Ausschnitte aus der Realität erfassen kann. Welche Art von Daten man auch immer erfaßt – man erfaßt immer nur Stichproben von gemessenen Merkmalen (Variablen), seien dies nun Stichproben von Personen, Verhaltensweisen der Personen, Verhaltensweisen zu bestimmten Zeitpunkten usw. Alle diese Arten von Stichproben sind Ausschnitte aus *Grundgesamtheiten* (Populationen) von Daten. Sollen an Stichproben gewonnene Daten die Verhältnisse, die in den hypothetischen Grundgesamtheiten vorliegen, korrekt widerspiegeln, so daß aufgrund der empirischen Untersuchung Aussagen über diese Grundgesamtheiten, d. h. Aussagen mit Allgemeinheitsanspruch möglich sind, so muß die Ziehung dieser Stichproben (d. h. die Auswahl der zu untersuchenden Merkmale, Personen, Verhaltensausschnitte etc.) wiederum bestimmten Kriterien genügen. Auf Techniken zur Gewährleistung solcher *Repräsentativität* von Stichproben soll hier nicht näher eingegangen werden. Erwähnt sei nur, daß die üblicherweise referierten Verfahren der

Ziehung von Personenstichproben (Zufallsstichproben, stratifizierte Stichproben etc.) nur einen kleinen Teil dieses Problems betreffen. Meßgenauigkeit (Reliabilität) und Interpretation bzw. Bedeutung von Messungen (Validität) sind jedoch wiederum hochgradig von der Bewältigung der Stichprobenprobleme abhängig.

5.2 Das Experiment

5.2.1 Kriterien des Experiments

Der Begriff „Experiment", wie er in der Wissenschaft verwendet wird, umfaßt drei wesentliche Bemerkungen (vgl. ZIMMERMANN, 1972):
- Wissenschaftliche Vorgehensweise
- Verfahren der Beweisführung
- Bezeichnung für Versuchsanordnungen mit einem Element der Künstlichkeit.

Die Entwicklung des Experiments und seine Beschränkung auf diese Merkmale ist nur historisch zu verstehen, jedoch kann hierauf nicht näher eingegangen werden (vgl. *Kapitel 1 und 2*). Mit der Entwicklung der Naturwissenschaften, die ihrerseits mit der Entwicklung der Produktionsverhältnisse eng verbunden ist, trat die Frage der *Herstellbarkeit kontrollierbarer Bedingungen* zunehmend in den Vordergrund wissenschaftlicher Arbeit; neben die Erkenntnistätigkeit der Naturwissenschaft rückte die Technologie, die im wesentlichen durch das Merkmal der Reproduzierbarkeit gekennzeichnet ist. „Aus dem Naturzusammenhang wurden partikulare Zusammenhänge präpariert, aus festen Prinzipien durchschaubare Abläufe reproduzierbar konstruiert" (BULTHAUP, 1974, S. 46).

Um solche Abläufe auf der Grundlage einfacher Prinzipien zu rekonstruieren, erschien es notwendig, sich näher mit der Frage der Kausalität, mit der Frage nach Ursache und Wirkung zu beschäftigen. Die Beschränkung auf durchschaubare Abläufe ermöglichte es, Situationen in ihre jeweiligen Bestandteile aufzugliedern und deren Beziehungen untereinander zu untersuchen. Die willkürliche Wegnahme und Zufügung wechselnder Bestandteile in unterschiedlichen quantitativen Ausmaßen (Manipulation) gestatteten eine exakte Überprüfung (Kontrolle) und Aussagen darüber, in welcher Konstellation die Herstellung entsprechend den Anforderungen optimal zu gestalten ist.

Mit diesen kurzen Erörterungen sind die wesentlichen Merkmale bzw. Kriterien des Experiments näher bestimmt: *Willkürlichkeit, Wiederholbarkeit* und *Variierbarkeit* (WUNDT):

(a) *Willkürlichkeit*
„Der Beobachter muß womöglich in der Lage sein, den Eintritt des zu beobachtenden Vorganges selbst bestimmen zu können."

(b) *Wiederholbarkeit*

„Jede Beobachtung muß zum Zweck der Sicherung der Ergebnisse unter den gleichen Umständen mehrmals wiederholt werden können."

(c) *Kontrollierbarkeit, Variierbarkeit*

„Die Bedingungen, unter denen die Erscheinung eintritt, müssen durch Variationen der begleitenden Umstände ermittelt und, wenn sie ermittelt sind, ... planmäßig verändert werden, indem man sie teils in einzelnen Versuchen ganz ausschaltet, teils in ihrer Stärke oder Qualität abstuft."

WUNDT nannte noch ein viertes Kriterium für ein psychologisches Experiment:

(d) *Protokollierung, Registrierung*

„Der Beobachter muß, soweit möglich, im Zustand gespannter Aufmerksamkeit die Erscheinungen auffassen und in ihrem Verlauf verfolgen."

„Willkürlichkeit" bedeutet nichts anderes, als daß ein Experiment zu einem vom Versuchsleiter festgesetzten Zeitpunkt anberaumt werden kann. So ermöglichte es z. B. die Versuchsplanung in dem zu Beginn dieser Einführung erwähnten gruppendynamischen Experiment von LIPPITT & WHITE den Versuchsleitern, die Bastelgruppen zu bestimmten Zeitpunkten und an bestimmten Orten den experimentellen Bedingungen zu unterwerfen.

„Wiederholbarkeit" bedeutet, daß der Versuch in möglichst exakt der gleichen Weise zu verschiedenen Zeitpunkten wiederholt werden kann. So müßte im Falle von LIPPITT & WHITE gewährleistet sein, daß die Versuchsbedingungen auch zu einem anderen Zeitpunkt hergestellt und somit der Versuch wiederholt werden kann.

„Kontrollierbarkeit" bzw. *„Variierbarkeit"* bedeutet, daß möglichst viele wichtige Merkmale der experimentellen Situation konstant gehalten werden können, so daß diejenigen, auf die es ankommt, in „isolierter" Weise variiert und in ihrer Auswirkung beobachtet werden können. Störende Begleitumstände müssen eliminiert oder sonstwie kontrolliert werden können (vgl. weiter unten). Die äußeren Umstände der LIPPITT & WHITEschen Versuchssituation mußten also bis auf das Verhalten der Führer bzw. Leiter der Gruppen konstant gehalten werden, damit der Einfluß verschiedener, variierter Führerverhaltensweisen erforscht werden konnte.

Die Forderung nach gespannter Aufmerksamkeit des Beobachters galt bei WUNDT sowohl für Selbst- wie für Fremdbeobachtung. Die genaue Registrierung oder Protokollierung aller experimentellen Abläufe, sei sie allein auf menschliche Beobachtung gegründet oder durch Geräte (z. B. Film, Tonband etc.) unterstützt, ist eine wichtige Vorbedingung für die Wiederholbarkeit von Experimenten.

5.2.2 Labor- und Feldexperimente

Der Begriff „Experiment“ ist eng assoziiert mit dem Begriff „Labor“ (daneben gibt es noch Feld- und „natürliche“ Experimente). Das *Feldexperiment* ist dadurch charakterisiert, daß es in einer normalen Alltags-Situation abläuft und der Versuchsleiter die Manipulation einer unabhängigen Variablen veranlaßt, ohne daß die Versuchsperson dies als Manipulation auffaßt. Im „natürlichen Experiment“ greift der Forscher nicht in ablaufende Prozesse ein, sondern wartet die erforderlichen Konstellationen in der Natur ab. Das „natürliche Experiment“ ist also strenggenommen gerade *kein* Experiment: Es kann nicht *willkürlich* anberaumt werden, ist prinzipiell nicht *wiederholbar*, und *Kontrolle* bzw. *Variation* wird vom „Versuchsleiter“ sozusagen nachträglich ausgeübt. Zur Unterscheidung von Labor-, Feld- und „natürlichem“ Experiment in der Sozialpsychologie vgl. McDavid & Harari (1968, S. 406ff.).

5.2.3 Unabhängige und abhängige Variablen

Experimente werden unter künstlichen Bedingungen hergestellt, das heißt, die zu untersuchenden Sachverhalte werden aus ihrer normalen Umgebung herausgelöst und unter Bedingungen untersucht, die allen unnötigen Ballast (die störenden Begleitumstände) einer Situation abstreifen und letztlich die abstrakten Variablen freilegen. Dabei ist es für das Experiment charakteristisch und zur Erkenntnis der Zusammenhänge der verschiedenen Variablen auch wichtig, möglichst die Fragestellung auf den Zusammenhang weniger Aspekte zweier Variablenklassen zu reduzieren. Diese Variablen werden als *unabhängige* und *abhängige Variablen* bezeichnet.

Die unabhängige Variable (UV) wird vom Versuchsleiter (Vl) willkürlich manipuliert. Die abhängige Variable (AV) wird hinsichtlich ihrer Veränderung infolge der Manipulation der UV beobachtet, wobei angenommen wird, daß diese Veränderung allein auf die Manipulation der UV zurückzuführen ist.

5.2.4 Kontrolle und Kontrolltechniken

Diese in der Definition der AV beinhaltete Annahme macht einen weiteren Bestandteil des Experiments sichtbar: die *Kontrolle.* Mit ihrer Hilfe soll der Einfluß anderer Variablen (außer der UV) auf die AV ausgeschaltet und somit eine eindeutige Aussage hinsichtlich der Variation der AV als Folge der Manipulation der UV möglich werden. Als typische Kontrolltechniken sind in der experimentellen Forschung bekannt:

- *Konstanthaltung* (Konstanthalten aller in die experimentelle Situation eingehenden Variablen – sofern sie nicht UV oder AV sind –, in einem

Kommunikationsexperiment etwa die Sitzordnung, die Reihenfolge der Artikulation usw.);

- *Elimination* (mögliche Einflußvariablen, die den Effekt der UV beeinträchtigen, werden ausgeschieden. Im Zusammenhang mit einem Kommunikationsexperiment wäre etwa zu überprüfen, ob der Einfluß von Lärm die Ergebnisse beeinträchtigt und dann zu eliminieren ist);
- *Randomisierung* (Aufteilung „at random", d.h. nach Zufall; die Versuchspersonen werden nach Zufall den Experimental- und Kontrollgruppen zugeordnet. Auf diese Weise soll eine Gleichverteilung der nicht kontrollierbaren Störvariablen erreicht werden);
- *Parallelisierung* (matching) (die festgestellten Störfaktoren, die in einer experimentellen Situation nicht ohne weiteres auszuschalten sind, werden auf beide Gruppen parallel verteilt. Beispiel: Versuchspersonen mit gleich hohen Intelligenzquotienten werden jeweils zur Hälfte der Experimental- und Kontrollgruppe zugeteilt; im Unterschied zur Randomisierung wird bei der Parallelisierung die Kenntnis der Störvariablen bereits vorausgesetzt).

5.2.5 Hypothese

Das Experiment ist ein hypothesentestendes Verfahren. Die Auswahl einzelner Variablen erfolgt nicht zufällig, sondern geschieht immer schon im Rahmen einer bestimmten *Theorie* über das zu untersuchende Phänomen. Diese Theorie gestattet es, vorausschauende Aussagen über den Zusammenhang von UV und AV zu machen. Solche vorausschauenden Aussagen, solche Behauptungen eines Bedingungszusammenhanges bezeichnet man auch als *Hypothesen.*

Eine Hypothese im Rahmen eines Experiments ist im Gegensatz zu Annahmen im Bereich des täglichen Lebens „ein wissenschaftlicher Versuch, eine begründete Vermutung bzw. wahrscheinliche Annahme zur Erklärung des Zustandekommens, der Zusammenhänge u. ä. einer Erscheinung der Wirklichkeit, kurz: zur Lösung einer wissenschaftlichen Problemstellung" (Vetter, 1973, S. 64). Sie stellt also ein vorweggenommenes Ergebnis dar, das zu Beginn eines Experiments deutlich formuliert wird, damit es ebenso eindeutig überprüft werden kann.

Der Begriff der Hypothese soll anhand eines *Beispiels* näher bestimmt werden. Wie bereits geschildert, geht die Lerntheorie davon aus, daß spezifische menschliche Verhaltensweisen aufgrund der auf den einzelnen Verhaltensakt zeitlich unmittelbar folgenden Belohnung oder Bestrafung (Verstärkung) zustandekommen. Dieses lerntheoretische Modell ist auch in die Einstellungsforschung übertragen worden. Einige Theorien zur Einstellungsgenese behaupten, daß die unmittelbare Folge eines positiven Verstärkers („gut", „hm" oder sonst ein Adjektiv mit positiver Bedeutung) auf eine verbale Aussage zu einem bestimmten Gegenstand (z. B. Gastarbeiter) zu einer positiven Einstellung der Versuchsperson gegenüber diesen und ähnlichen Bevölkerungsgruppen (Generalisation) führt.

Daraus lassen sich für eine experimentelle Situation, in der eine Experimentalgruppe nach jeder positiven Aussage eine Verstärkung enthält und auf die Aussage der Kontrollgruppe vom Versuchsleiter nicht reagiert wird, folgende Hypothesen ableiten:

- Zwischen den beiden Gruppen bestehen nach erfolgter Durchführung keine Unterschiede im Einstellungsverhalten (Nullhypothese H_0).
- Zwischen beiden Gruppen bestehen wesentliche (signifikante) Unterschiede (Alternativhypothese H_1).

Eine aus dieser Theorie folgende typische Experimentalanordnung könnte wie folgt aussehen: Zwei Gruppen von Versuchspersonen erhalten eine Liste von Aussagen über Gastarbeiter. Jede dieser Aussagen wird vom Versuchsleiter vorgelesen, und die Versuchspersonen werden gebeten, sich zu dieser Aussage zu äußern. Erfolgt diese Äußerung in positivem Sinne, so wird die Versuchsperson der Experimentalgruppe belohnt (z. B. mit einem Lob), die der Kontrollgruppe nicht. Mit zunehmender Anzahl der Aussagen werden die Antworten der Experimentalgruppe zunehmend positiver, die der Kontrollgruppe bleiben auf dem gleichen Ausgangsniveau, das vorher gemessen wurde und für beide Gruppen gleich hoch war.

Ist das Experiment beendet, muß der Forscher die *Hypothesen entscheiden*, d. h. er muß mit geeigneten Verfahren ermitteln, ob die H_0 oder die H_1 richtig ist, bzw. ob die H_0 oder die H_1 beibehalten/verworfen wird. Dies erreicht er dadurch, daß er explizit über die H_0 entscheidet (und somit implizit auch über die H_1). Die Beibehaltung von H_0 hieße, daß die Theorie nicht geeignet ist, den tatsächlichen Ablauf des Prozesses richtig zu beschreiben oder aber daß Störvariablen aufgetreten sind, die die Wirkung der unabhängigen Variablen beeinträchtigt haben; die Verwerfung von H_0 hieße, daß die Theorie zunächst richtig ist und beibehalten werden kann (vgl. POPPER, 1971; HOLZKAMP, 1972).

In der Psychologie zielt man gewöhnlich auf die *Zurückweisung von Nullhypothesen* (Falsifikation) ab bzw. auf den Nachweis verläßlicher (signifikanter) Unterschiede. Bei dem Versuch, die H_0 mit statistischen Verfahren zu falsifizieren, gibt es zwei *Fehlerquellen*:

- Man kann die H_0 verwerfen, obwohl sie im Grunde richtig ist, und sich für die H_1 entscheiden (Fehler 1. Art);
- man kann die H_0 beibehalten, obwohl sie falsch ist, und H_1 verwerfen (Fehler 2. Art).

Im Experiment „wird überprüft, ob der in der Experimentalgruppe wirkende ‚Kausalfaktor' die hypothetisch angenommene Wirkung erzielt oder nicht. Da der ‚Kausalfaktor' in der den gleichen Bedingungen unterworfenen Kontrollgruppe nicht wirkt, werden signifikante Unterschiede zwischen beiden Gruppen als Beweis genommen, daß dem entsprechenden ‚Kausalfaktor' (unabhängige Variable) die hypothetisch angenommene Wirkung (abhängige Variable) zuzuschreiben ist. Treten zwischen Experimental- und Kontrollgruppe keine signifikanten Unterschiede auf, so ist die Hypothese falsifiziert. Es kann eventuell eine weitere Bedingungsvariation vorgenommen werden, um zu überprüfen, welche anderen Bedingungen oder Faktoren die Wirkung verursachen" (FRIEDRICH, 1972, S. 181).

5.3 Die Validität des Experiments

5.3.1 Validität und Präzision

Das Verhältnis von UV und AV ist nicht in allen Experimenten eindeutig zu bestimmen. Grundsätzlich gilt, daß eine Bestätigung einer Kausalannahme im Sinne der Hypothese nicht als endgültig hingenommen werden darf, sondern als nächster Schritt muß die Konstanz dieser Beziehungen nachgewiesen werden. Implizit heißt das, daß das vorliegende Ergebnis nicht unbedingt Folge derjenigen Kausalbeziehung ist, die explizit untersucht werden sollte, sondern aufgrund der Einflüsse von Störvariablen zustande gekommen sein könnte. Solche experimentellen Fehler können systematisch oder zufällig sein, d. h. sie betreffen entweder die *Validität* (Gültigkeit) oder die *Präzision* (Reliabilität) eines Experiments.

Die Ergebnisse eines Experiments sind dann *intern gültig* (valide), wenn genau das gemessen wurde, was zu messen beabsichtigt war, nämlich der Einfluß von UV auf AV.

Aus dem Vorangegangenen ist klar geworden, daß die Methode des Experiments den Grad der *Genauigkeit* des Erfassens von bestimmten Relationen zwischen unabhängigen und abhängigen Variablen steigert, indem sie diese Variablen aus dem Gesamtzusammenhang herauslöst. Mit dieser Reduzierung treten nun jedoch neue Probleme auf, da nicht mehr gewährleistet ist, daß die Ergebnisse unmittelbar *auf die Alltagssituation übertragbar* sind. Im Experiment liegt folglich ein *Konflikt zwischen Reliabilität und Validität* vor.

5.3.2 Interne Validität eines Experiments

Interne systematische Fehler liegen vor, „wenn die Versuchspersonen, die unter verschiedenen experimentellen Bedingungen beobachtet wurden, sich zusätzlich auch noch hinsichtlich anderer Variablen unterscheiden" (BREDENKAMP 1969, S. 338). Je geringer solche „internen systematischen Fehler" sind, desto größer ist die „*interne Validität*" eines Experiments. CAMPBELL & STANLEY (1963) haben Faktoren, die die *interne Validität* beeinflussen, für den Fall von Experimenten mit wiederholten Messungen beschrieben. Da Versuchspläne mit mehrfacher Messung der AV (z. B. Vorher-Nachher-Messungen, um die Wirkung eines Films oder einer sonstigen Beeinflussung zu erfassen) in der Sozialpsychologie häufig angewendet werden, seien die von CAMPBELL & STANLEY aufgeführten Fehlerquellen hier genannt:

- Zeiteinflüsse (history) – zwischenzeitliches Geschehen von Beobachtung zu Beobachtung
- Biologisch-psychologische Veränderungen im Untersuchungsobjekt (maturation) – reine Zeitvariable, z. B. Versuchsperson bekommt Hunger während des Experiments.
- Meßeffekte (testing) – Einwirkungen der Beobachtungen auf Meßergebnisse, z. B. Hawthorne-Effekt; hierunter versteht man den Effekt, daß allein das Bewußtsein, beobachtet zu werden, auf seiten der Vpn zu Verhaltensänderungen führt.
- Hilfsmittel (instrument decay) – Veränderung der verwendeten experimentellen Hilfsmittel, der Meßinstrumente während des Versuchs.
- Statistische Regression (statistical regression); sie wirkt sich aus, wo Versuchspersonen wegen ihrer extrem hohen Punktwerte im Vortest ausgesucht wurden (Extremgruppenmethode) und sich dementsprechend der Variationsbereich verkleinert.
- Auswahlverzerrungen (selection) – wenn Versuchspersonen zu unterschiedlich, d. h. nicht nach bestimmten Verfahren parallelisiert worden sind.
- Ausfälle unter den Versuchspersonen während des Experiments (mortality) – z. B. durch Krankheit oder einfaches Fernbleiben.
- Wechselwirkungen zwischen verschiedenen hier aufgeführten Faktoren der internen Validität.

5.3.3 Externe Validität eines Experiments

Die externe Validität wird definiert als das Ausmaß, „in dem sich die experimentell gewonnenen Ergebnisse auf Populationen außerhalb des Labors generalisieren lassen" (ZIMMERMANN 1972, S. 79), d. h. inwieweit z. B. ein Ergebnis eines Lernexperiments auch auf die primäre Sozialisation in der Familie übertragen werden kann. Interne Validität ist eine notwendige, aber keine hinreichende Bedingung für die externe Validität.

Einflußgrößen auf die externe Validität sind nach CAMPBELL & STANLEY (vgl. auch *Abb. 6*):

- Reaktiver oder Wechselwirkungs-Effekt von Messungen (interaction of testing and treatment) – wenn z. B. Versuchspersonen im Vortest für die erfolgte experimentelle Behandlung sensibilisiert wurden, z. B. in Einstellungsexperimenten.

	Ursachen für mangelnde Gültigkeit: innere								Ursachen für mangelnde Gültigkeit: äußere			
	zwischenzeitliches Geschehen	Reifung	Testen	Hilfsmittel	Regression	Auswahl von Vpn	Einbuße von Vpn	Wechselwirkung zwischen Auswahl und Reifung usw.	Wechselwirkung zwischen Testen und X	Wechselwirkung zwischen Auswahl und X	Effekte der experimentellen Situation	Beeinträchtigung durch mehrere X
Vorexperimentelle Anordnungen												
1) Einmalige Untersuchung X O	–	–				–	–			–		
2) Vor- und Nachuntersuchung an einer Gruppe O X O	–	–	–	–	?	+	+	–	–	–	?	
3) Vergleich vorgegebener Gruppen X O O	+	?	+	+	+	–	–	–		–		
Echte experimentelle Anordnungen												
4) Kontrollgruppenanordnung mit Vor- und Nachuntersuchung R O X O R O O	+	+	+	+	+	+	+	+	–	?	?	
5) Viergruppenplan von SOLOMON R O X O R O O R X O R O	+	+	+	+	+	+	+	+	+	?	?	
6) Kontrollgruppenanordnung mit nur einer Nachuntersuchung R X O R O	+	+	+	+	+	+	+	+	+	?	?	

- Wechselwirkung zwischen Auswahl der Vpn und unabhängiger Variable (interaction of selection and treatment) – z. B. bei freiwilliger Meldung von Versuchspersonen zu Aggressionsexperimenten.
- Reaktiver Effekt der experimentellen Situation (reactive effects of experimental arrangements) – um so stärker, wenn Experimente unter reinen Laborbedingungen stattfinden.
- Beeinträchtigung durch nachfolgende experimentelle Behandlung derselben Versuchsperson (multiple-treatment-interference) – wenn Versuchspersonen mehreren Behandlungen ausgesetzt sind.

Die Einflüsse solcher Störfaktoren sind in unterschiedlichen experimentellen Anordnungen verschieden. Ein Schaubild (*Abb. 6*) kann dies kurz verdeutlichen. (Eine genauere und ausführlichere Darstellung bietet beispielsweise der Anhang in ZIMMERMANN, 1973).

5.3.4 *Vorexperimentelle und echte experimentelle Versuchspläne*

Die aufgeführten Versuchspläne (Experimental Designs) fallen in zwei Gruppen, in die sogenannten *vorexperimentellen* und die *echten experimentellen Designs.* Wie aus den Symbolen in *Abb. 6* hervorgeht, ist lediglich bei der letzteren Gruppe die für die externe Validität notwendige Bedingung der internen Validität gegeben.

Am bekanntesten sind das One-group-pretest/posttest design (2.) und das Solomon-four-group-design (5.). Ein typisches Beispiel für ersteres wäre etwa ein Experiment zur Einstellungsänderung durch eigene Aktivität, z. B.: (Pretest:) Versuchspersonen werden auf ihre Einstellung gegenüber Gewerkschaften hin überprüft (O). (Treatment:) Anschließend erfolgt eine positive Agitation mit dem Ziel, Geld für gesetzeswidrig entlassene Betriebsratsmitglieder zu sammeln (X). (Posttest:) Daran anschließend wird erneut die Einstellung gemessen (O). Dieses Design, welches in der Sozialpsychologie häufig angewandt wird, birgt viele Mängel hinsichtlich beider Validitätsarten in sich. Besonders bemängelt wird allgemein die kurze Aufeinanderfolge beider Beobachtungsphasen; der forschungsökonomische Aufwand ist jedoch gering.

Abb. 6: Mögliche Ursachen für mangelnde Validität von 6 experimentellen Versuchsplänen, mit denen der Einfluß einer experimentellen Behandlung X (treatment) auf ein gemessenes bzw. beobachtetes Verhalten O untersucht werden kann. R bedeutet Zufallsaufteilung der Vpn auf die Versuchsgruppen (Randomisierung). Minus-, Plus- und ?-Zeichen sollen angeben, in welchem Maße die oben aufgeführten möglichen Quellen der Invalidität des Experiments bei den betreffenden Versuchsplänen beseitigt bzw. kontrolliert sind.
(nach CAMPBELL & STANLEY 1963; Eindeutschung von E. SCHWARZ).

Das Solomon-four-group-design erfordert den Aufwand einer vorangehenden Randomisierung (d. h. die gleichmäßige Zufallsaufteilung von Versuchspersonen) von vier Personengruppen, d. h. eine große Anzahl von Versuchspersonen und aufwendige statistische Auswertungsmethoden. Dieser Versuchsplan wird erst dann angewandt, wenn komplizierte Interaktionseffekte untersucht werden sollen. Obiges Beispiel ließe sich entsprechend auf das Solomon-four-group-design übertragen. In diesem Falle müßten vier nach Zufall gebildete Personengruppen untersucht werden: Gruppe 1 entspräche der oben genannten Gruppe (O X O); Gruppe 2 würde zweimal einer Einstellungsmessung unterzogen, ohne daß in der Zwischenzeit eine Agitation stattfände (O – O); Gruppe 3 würde lediglich einer Agitation mit anschließender Einstellungsmessung unterworfen (X O); Gruppe 4 würde schließlich lediglich der Einstellungsmessung (O) ausgesetzt. Dadurch sind alle möglichen Kombinationen von Vortest und Treatment gegeben.:

Gruppe 1: Vortest ja, Treatment ja
Gruppe 2: Vortest ja, Treatment nein
Gruppe 3: Vortest nein, Treatment ja
Gruppe 4: Vortest nein, Treatment nein.

Auf diese Weise können die möglichen Auswirkungen der Vortest-Messung (erste Einstellungsmessung) und der Behandlung (Agitation) auf die Einstellungsmessung kontrolliert werden.

5.3.5 Quasi-experimentelle Versuchspläne

Neben den vor- und echten experimentellen Designs sind noch die *quasi-experimentellen Designs* zu erwähnen, die vor allem dadurch charakterisiert sind, daß eines oder mehrere Kriterien des echten Experiments nicht erfüllt sind:

- Die Manipulation mindestens einer UV;
- die zufällige Auswahl und Zuweisung der Versuchspersonen auf die Experimental- und Kontrollgruppen;
- die zufällige Verteilung der experimentellen Behandlung auf die Gruppen (vgl. ZIMMERMANN, 1972).

Viele Experimente aus dem Bereich der Sozialpsychologie – genannt sei z. B. die Medienwirkungsforschung – erreichen nur das „quasi-experimentelle" Niveau. Entsprechende experimentelle Versuchspläne kommen vor allem bei Untersuchungen in Frage, die im Grenzbereich zwischen Labor- und Feldexperiment liegen.

5.3.6 Versuchsleiter- und Versuchspersonen-Effekte

Die interne Validität eines psychologisches Experiments wird wahrscheinlich in erheblichem Umfang dadurch verringert, daß es dabei in der Regel zu sozialen Interaktionen zwischen Versuchsleiter und Versuchsperson kommt. Selbst dann, wenn der Versuchsleiter (Vl) nur simuliert bzw. durch ein Gerät ersetzt wird, entstehen doch auf seiten der Versuchsperson (Vp) *Erwartungen* über Sinn und Ziel des Experiments, so daß sie unter Umständen stärker auf diese Erwartungen und Vorstellungen (also eigene Kognitionen) reagiert als auf die sorgfältig kontrollierten Reize.

In besonderem Maße gelten diese Vorbehalte für sozialpsychologische Experimente, da hier oft noch „sozialer" und lebensnäher experimentiert wird als in anderen psychologischen Disziplinen (vgl. hierzu *Kapitel 1*). Die pauschale oder auch differenzierte Kritik am sozialpsychologischen Experiment, aber auch sorgfältige empirische (und experimentelle!) Forschung auf dem Gebiet der *Sozialpsychologie des Experiments* hat in den vergangenen 10 Jahren mit einer Fülle von Veröffentlichungen ihren Höhepunkt erreicht und vermutlich schon wieder überschritten (vgl. ROSENTHAL & ROSNOW 1969; MERTENS 1975). Hingewiesen sei vor allem auf

- die Arbeiten von ROSENTHAL und seinen Mitarbeitern zu *Vl-Effekten* (z. B. ROSENTHAL 1966)
- die Arbeiten zu „Anforderungsmerkmalen" *(demand characteristics)* der experimentellen Situation von ORNE, PAGE und anderen (z. B. ORNE 1962, PAGE 1973)
- die Untersuchungen über Persönlichkeitsmerkmale *freiwillig* an Experimenten teilnehmender Vpn (z. B. ORA 1965).

Läßt man der Einfachheit halber die große Zahl von Fehlerquellen, die durch eine *Wechselwirkung zwischen Vl und Vp* zustandekommen, beiseite und betrachtet nur einige der bislang aufgewiesenen Einflußgrößen, welche die interne Validität des Experiments verringern können, getrennt nach Vl und Vp, so ergibt sich bereits eine stattliche Anzahl das Experiment invalidierender Faktoren:

Versuchsleiter-Effekte:

- Die Erwartungen des Vl über den Ausgang des Experiments beeinflussen das Ergebnis des Experiments im Sinne dieser Erwartung
- Die Einsicht in die eigenen Erwartungen kann aber auch dazu führen, daß das Ergebnis entgegen der Vl-Erwartung ausfällt
- Vl, die zu Beginn der Datenerhebung „gute" (oder „schlechte") Daten erheben, neigen dazu, in der Folge noch „bessere" (oder noch „schlechtere") Daten zu erhalten.
- Vl verstärken oft unabsichtlich und unbemerkt bestimmte Verhaltensweisen oder Antworten ihrer Vpn und führen so Reaktionsänderungen herbei; auch Betonungen, Tonfall etc. spielen eine Rolle

- Merkmale des Vl, die Vl-Effekte erhöhen, sind z. B. Geschlecht (hier: weiblich), Bedürfnis nach Anerkennung, Stärke des mimischen/gestischen Ausdrucks, Wärme und Freundlichkeit und nicht zuletzt die mögliche persönliche Bekanntheit zwischen Vl und Vp.

Versuchspersonen-Effekte:
- Erfahrungen mit Experimenten und Einstellungen gegenüber Experimenten
- Argwohn gegen Täuschung (es ist ein übliches experimentelles Prinzip, unerwünschte Einflüsse des Bewußtseins der Vp durch vorübergehende Täuschung der Vp über das Ziel des Versuchs zu überwinden)
- Interpretation von „Anforderungsmerkmalen" (demand characteristics), d. h. die Wahrnehmung von Zweck und Bedeutung des Experiments durch die Vp
- Besorgtheit der Vp um ihre Bewertung durch den Vl, z. B. das Bemühen, intelligent, angepaßt etc. zu wirken (evaluation apprehension)
- Reaktionstendenzen der „sozialen Erwünschtheit" (social desirability), d. h. die Tendenz, als erwünscht angesehenes Verhalten zu zeigen
- Negativistische Reaktionstendenzen, d. h. die Tendenz, abweichendes Verhalten zu demonstrieren
- Freiwilligkeit/Unfreiwilligkeit der Teilnahme am Experiment: Freiwillig teilnehmende Vpn weisen häufig spezifische Merkmale auf wie Bedürfnis nach sozialer Anerkennung, spezifische (z. B. finanzielle, wissenschaftliche) Motive, höherer Intelligenz-, Bildungs- und Beschäftigungsgrad, geringerer Autoritarismus sowie eine Vielzahl spezieller Eigenschaften, deren Zusammenhang mit den genannten Merkmalen teils plausibel (z. B. Bevorzugung von Genußmitteln wie Zigaretten, Kaffee), teils nicht plausibel erscheint (z. B. ältestes Kind in einer Geschwisterreihe zu sein).

Eine Reihe von Möglichkeiten, experimentellen Artefakten, wie sie durch den Tatbestand des psychologischen und insbesondere sozialpsychologischen Experiments als einer sozialen Situation zustandekommen, entgegenzuarbeiten, läßt sich bereits theoretisch diskutieren – dazu dürfte in jedem Falle ausreichende experimentelle Erfahrung und Praxis auf seiten des Experimentators und des Vl zu fordern sein; nicht alle Kritiker, aber auch nicht alle experimentellen Praktiker genügen diesen Anforderungen. Z. B. reagieren bekanntlich Personen, deren Entscheidungs- und Verhaltensspielraum (wie in den meisten Experimenten) *eingeengt* wird, mit Widerständen gegen Beeinflussung, und sie werden Versuche zur Wiederherstellung ihrer „Freiheit" unternehmen, sofern sie die (vorübergehende) Freiheitseinengung nicht als Norm akzeptieren. Dieses Phänomen wird als *„psychologische Reaktanz"* bezeichnet (Brehm 1966). Um psychologische Reaktanz zu vermeiden, könnte der Experimentator der Versuchsperson

z. B. die ihr vorübergehend auferlegten Einschränkungen sinnvoll erscheinen lassen, so daß sie sie akzeptieren kann.
Einige Ansätze, der Übermacht von Vl- und Vp-Effekten und verwandten Einflußgrößen entgegenzuarbeiten, ohne die methodischen Vorzüge des Experiments in jedem Falle zugunsten von Feldforschung oder nicht-empirischen Verfahrensweisen aufzugeben, ließen sich stichwortartig wie folgt benennen:

- Kontrolle von Vl-Effekten durch systematische Variation von Versuchsleitern
- Kontrolle von Vl-Effekten durch Doppelblindversuche, d. h. Versuchspläne, in denen weder Vp noch Vl wissen, welcher Gruppe oder Bedingung eines Versuchs eine konkrete Vp zugeordnet wurde, also Trennung der Rollen des Experimentators und Versuchsleiters
- Kontrolle von Vp-Effekten durch Anwendung von Varianten des Rollenspiels (z. B. sollen Vpn im Experiment so handeln, wie Personen mit ganz bestimmten, vorgegebenen Merkmalen)
- Kontrolle von Vp-Effekten durch andere Möglichkeiten, die Vpn optimal zu motivieren.

In jedem sorgfältig geplanten Experiment wird es möglich sein, einige Einflüsse, die auf das Konto der „Sozialpsychologie des Experiments" gehen, mit den experimental-psychologischen Mitteln der Kontrolle bzw. Variation etc. gering zu halten. Daneben müßte nach Lösungen gesucht werden, die im Experiment untersuchte Fragestellung schrittweise in nichtexperimentellen Situationen, insbesondere solchen Situationen zu erforschen, auf die experimentell gewonnene Ergebnisse letztlich übertragen werden sollen.

5.3.7 Kritik der experimentellen Situation

Ursachen für Vl- und Vpn-Effekte werden vor allem der Unnatürlichkeit der experimentellen Situation zugeschrieben, in der nicht der wirkliche Mensch, sondern der reagierende Organismus gefragt ist. Auch HOLZKAMPS Kritik an psychologischen Experimenten besteht im Hinweis auf die *Künstlichkeit* der Situation, in der das Individuum, das Objekt experimenteller Forschung ist, aus seinem Lebenszusammenhang herausgerissen sei. HOLZKAMP (1972) umschreibt dies mit den Begriffen der *Labilisierung, Parzellierung* und *Reduzierung:*

„Die eingeführten experimentellen Ausgangsbedingungen müssen so weit zerlegt und isoliert werden, daß jeweils nur die in der übergeordneten Hypothese definierte Variable, nicht aber andere, mit dieser Variablen zusammenhängende Momente den möglichen experimentellen Effekt bedingen . . . (*Parzellierung* der Ausgangsbedingungen).

Weiter muß der Experimentator . . . bemüht sein, den Effekt von Störbedingungen ... möglichst weitgehend auszuschalten oder zum mindesten zu neutralisieren. Das bedeutet, daß in der experimentellen Realität das komplexe Bedingungsgefüge, das normalerweise die Selbst- und Weltsicht der Versuchsperson und ihre Reaktionen beeinflußt, so weit wie möglich zu reduzieren ist ... (*Reduzierung* des Gesamtbedingungsgefüges).

Der psychologisch Forschende (wendet) häufig noch einen anderen methodischen Kunstgriff an. Gemeint ist die Labilisierung der Reizsituation, in die die Vp gestellt ist. Das soll heißen, daß der Vp oft möglichst weitgehend alle Informationen, die ihr Wahrnehmungsfeld stabilisieren könnten, vorenthalten werden" (S. 20f.) (*Labilisierung* der Reizsituation).

Auch ARGYLE (1972) geht gegen das Laborexperiment in diesem Sinne an, wenn er betont, daß die konstruierte Laborsituation in jeder Weise der Außenwelt des Menschen unnatürlich sei und er sich in dieser Situation entsprechend den hier geltenden Gesetzmäßigkeiten verhält. Damit ist zweierlei ausgesagt: Zum einen dürfte dementsprechend eine Generalisierung der Ergebnisse nicht statthaft sein; die dem Verhalten in der experimentellen Situation zugrundeliegenden Gesetzmäßigkeiten sind (nicht irrelevante, sondern) andere als die in der natürlichen Umgebung. Somit wird das bereits oben behandelte Problem der *externen Validität* oder *Generalisierbarkeit* von Experimenten zum Kernpunkt der Experimentalkritik. Sowohl der wissenschaftlich arbeitende Sozialpsychologe, der nicht im praxisirrelevanten Elfenbeinturm forschen und experimentieren will, als auch der Praktiker (z. B. Lehrer, Therapeut, Jurist), der experimentell gewonnene Erkenntnisse der Sozialpsychologie verwerten will, wird daher zwangsläufig Überlegungen zum Verhältnis von Experiment und außerexperimenteller Wirklichkeit anstellen müssen.

5.3.8 Zum Verhältnis von sozialpsychologischem Experiment, Felduntersuchung und Anwendung in der Praxis

Nach allem, was heute über die Leistungsfähigkeit sozialpsychologischer Experimente bekannt ist und in den voraufgegangenen Abschnitten kurz skizziert worden ist, verbietet sich eine unmittelbare Übertragung der meisten im sozialpsychologischen Labor gewonnenen Befunde auf die außerexperimentelle Realität. Gleichzeitig verbieten es die unumstrittenen Vorzüge experimenteller Methodik gegenüber anderen empirischen und – wovon hier nicht die Rede ist – nicht-empirischen Vorgehensweisen, auf experimentelle Sozialpsychologie zu verzichten. Was vielmehr unbedingt notwendig erscheint, sind Überlegungen, wie man experimentelle Ergebnisse für die Anwendung in der Praxis zusammen mit anderen Erkenntnisquellen nutzen kann.

Ein wesentlicher Schritt in dieser Richtung liegt sicherlich in der verstärkten Planung und Ausführung von Feldexperimenten (vgl. *Abschnitt 5.2.2* in diesem Kapitel). Experimente in natürlicher Umgebung sind jedoch noch eine Seltenheit und stoßen im übrigen vielfach auf die gleichen grundsätzlichen Schwierigkeiten wie Laborexperimente. (Eine Sammlung sozialpsychologischer Feldexperimente liegt in den Bänden von BICKMAN & HENCHY 1972 und SWINGLE 1973 vor.) Um die vielen fundierten Einwände gegen die experimentalpsychologische Situation, gegen Vl-, Vpn- und Vl-Vpn-Wechselwirkungseffekte auszuräumen, genügt es nicht, die externe Validität des Experiments durch Verlagerung in eine weniger künstliche Umgebung zu erhöhen. Auch in Feldexperimenten müßten Zusammenhänge zwischen allen möglichen einander bedingenden Variablen bis auf einige wenige untersuchbare parzelliert werden.

Will man die uns zur Verfügung stehenden empirischen Forschungsmethoden beibehalten (und sie nicht zugunsten andersartiger methodischer Ansätze, über deren Leistungsfähigkeit wenig bekannt ist, ablösen), so muß verstärkt versucht werden, *die Anwendbarkeit experimenteller Befunde in der Praxis zu überprüfen.* Diese Überprüfung könnte – sofern sie sich empirischer Methoden bedient – beispielsweise durch empirische Erhebungen (z. B. die statistische Analyse von Beobachtungen, Befragungen und weiterem Datenmaterial) in bestimmten Praxisfeldern geleistet werden. SCHULZE (1973) hat versucht, den Zusammenhang zwischen dem Laborexperiment (das seinerseits erst nach Vorklärung eines Terrains durch Feldstudien einsetzt) und empirischer Überprüfung in der Praxis in einem Schaubild zu verdeutlichen (*Abb. 7*).

Unter Verwendung von Überlegungen M. VORWERGS versucht der Autor darzustellen, welche Stellung das (Labor-)Experiment in dem Ablaufplan eines Untersuchungsprogramms einnehmen könnte. Der Plan in *Abb. 7* zeigt dabei „einen endlosen Prozeß relativer Annäherung an die absolute Wahrheit“ (1973, S. 42), da die Kette „Überprüfung einer aus einer psychologischen Fragestellung abgeleiteten Hypothese im *Experiment*“ (1) bis „Überprüfung und Anwendung eines aus bestätigten Hypothesen abgeleiteten Gesetzes in der *Praxis*“ (2) jeweils ganz oder teilweise neu durchlaufen werden kann. (In *Abb. 7* bedeutet „j“ „ja“, „n“ „nein“.) Die hypothesentestende Methode „Experiment“ wird demnach

- gezielt aufgrund einer nichtexperimentellen Voruntersuchung (z. B. Feldstudie) zur Überprüfung einer wichtigen Teilfragestellung eingesetzt,
- gezielt auf die Praxistauglichkeit ihrer Ergebnisse durch eine nichtexperimentelle empirische Untersuchung (z. B. empirische Erhebung oder natürliches Experiment) überprüft, und
- erst dann zur Anwendung in der Praxis freigegeben.

Wahrheitskriterium für die Gültigkeit einer experimentell gewonnenen Aussage ist mithin die Bestätigung dieser Aussage in der *Praxis.* Dadurch

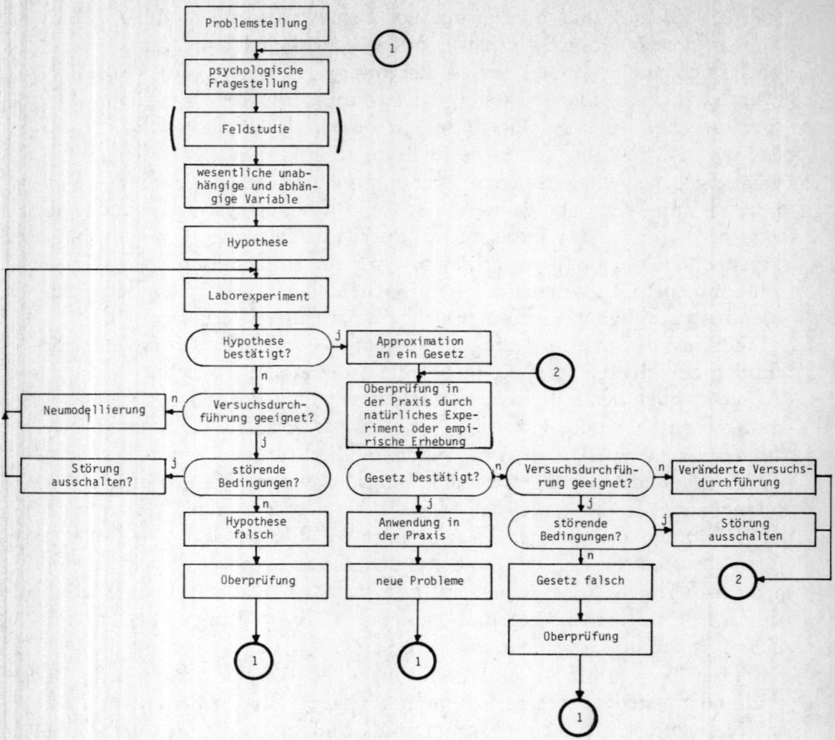

Abb. 7: Aufbauplan eines Untersuchungsprogramms (nach SCHULZE 1973)

sind nun aber selbstverständlich keineswegs alle Probleme beseitigt, denn es könnten Fragen entstehen wie „Was ist Praxis?" oder „Wie stelle ich womöglich besser, d. h. zuverlässiger und gültiger als durch empirische Erhebungen fest, daß in der Praxis eine bestimmte Aussage gilt?" Diese Fragen können uns hier nicht weiter beschäftigen. Unumstritten scheint, daß empirische Untersuchungen in einem Praxisfeld (von Feldexperimenten bis hin zu Alltagsbeobachtungen) *praxisnäher* als Laborexperimente sind. Somit sollte stets (etwa im Sinne von *Abb. 7*) überlegt werden, wie experimentell gewonnene Befunde in außerexperimentellen Umgebungen überprüft werden könnten.

5.4 Andere empirische Methoden

Im folgenden sollen einige empirische Verfahrensweisen dargestellt werden, die in der Sozialpsychologie, aber teilweise auch in anderen Sozialwissenschaften zur Anwendung kommen. Dabei soll auf folgende Methoden kurz eingegangen werden:
- Befragungsmethode (Interview)
- Einstellungsmessung
- Beobachtungsmethode
- Nichtreaktive Meßverfahren
- Soziometrische Verfahren
- Inhaltsanalyse.

5.4.1 Befragungsmethode

Die Befragungsmethode dürfte das am häufigsten verwendete Instrument empirischer Sozialforschung sein. Um so eindringlicher sollte deshalb davor gewarnt werden, mit dieser Methode nachlässig umzugehen.

Die Befragungsmethode wird von vielen Forschern von vornherein abgelehnt, ohne sich über die Möglichkeiten und Grenzen dieser Methode Rechenschaft zu geben. Ihre reflektierte Anwendung kann wissenschaftlich wertvolle Ergebnisse liefern, wenn diese Möglichkeiten und Grenzen in Rechnung gestellt werden. Der Vorwurf, die Befragung liefere nur subjektive und somit unwissenschaftliche Daten, ist kurzsichtig, denn verbale Äußerungen und offenes, aktuelles Verhalten haben nicht nur eine gemeinsame objektive Grundlage in neurophysiologischen Prozessen, sondern sie sind beide auch an Subjekte gebunden, unterliegen beide der situativen Determination und können beide den jeweiligen Bewußtseinsstand des Individuums wiedergeben.

Das Interview kann grundsätzlich als Kommunikationsprozeß aufgefaßt werden, der spezielle Merkmale aufweist:
- Vorwiegend einseitige Kommunikation, die vom Interviewer gesteuert wird; der Interviewte erhält während des gesamten Befragungsprozesses keine Rückmeldung.
- Inhalte und Verhaltensmöglichkeiten sind in der Instruktion und im Interviewleitfaden festgelegt.
- Die interviewte Person kommt nicht spontan zum Interview, sondern wird um ihre Teilnahme gebeten.
- Das Interview wird im Idealfall unter standardisierten Bedingungen durchgeführt.
- Interviews behandeln oft mehrere Themen, daher häufiger Themenwechsel.
- Interviews provozieren oft fiktive Antworten (z. B. „Stellen Sie sich vor, Sie träfen in einer Bar einen Gastarbeiter!").

- Die Antworten bleiben meist konsequenzenlos, es gibt grundsätzlich keine Sanktionierung; das Interview findet im Grunde in einer Situation statt, die als Freiraum bezeichnet werden könnte.

Diese Konzipierung des Interviews als Kommunikationsprozeß ermöglicht es, das Interview nach wissenschaftlichen Kriterien zu untersuchen und zu gestalten, d. h. es ist möglich, die jeweils entscheidenden Variablen herauszuarbeiten (z. B. Interviewer-, Prozeß- und Rezipientenvariablen) und mögliche Störquellen zu eliminieren. Diese Einschätzung läßt sich bei einem sogenannten *strukturierten* Interview (Frageformulierung und Abfolge sind festgelegt) sicherlich eher behaupten als bei einem *unstrukturierten* Interview (Fragestellung offen).

Einzelheiten der Interviewmethode können hier nicht behandelt werden; dazu empfiehlt sich die Lektüre eines der zahlreichen Methodenbücher (z. B. FRIEDRICH & HENNIG 1975; FRIEDRICHS, 1973; HARTMANN, 1972).

Vorteile des Interviews liegen in der Breite der zu gewinnenden Informationen, in der geringeren Einschränkung bei der Beantwortung der Fragen und in der guten Möglichkeit, Zufallsstichproben von Personen, die zu einer Befragung bereit sind, zu ziehen.

Daneben weist das Interview aber auch eine Vielzahl von *Fehlern* auf, die jedoch zumindest teilweise zu beseitigen sind. Die wichtigsten Fehlerquellen sind:

- Frageformulierung
- Frageanordnung
- Verhalten des Interviewers in der Interviewsituation (z. B. entstehen Verzerrungen, wenn der Interviewer im Gespräch seine Einstellungen bekanntgibt, wenn er das Verhalten des Interviewten kritisiert oder lobt)
- mögliche Ausfälle in der Stichprobe.

Außerdem ist die Reliabilität des Interviews sehr gering (hierunter versteht man die Übereinstimmung der Ergebnisse von einer Befragung zur nächsten), ebenso die Interpretationsobjektivität (hierunter versteht man die Übereinstimmung zwischen verschiedenen Interviewern). Die Validität eines Interviews läßt sich meist erst nach dem Interview anhand einzelner Außenkriterien feststellen (Z. B.: Im Interview wird die Einstellung gegenüber Gastarbeitern erfragt, ein Außenkriterium zur Überprüfung der Validität einzelner Fragen wäre dann etwa die Häufigkeit des Kontakts mit Gastarbeitern, der Besuch einzelner Gaststätten, in denen Gastarbeiter verkehren, die Befürwortung der Aufnahme von Gastarbeitern in die Gewerkschaften etc.).

Ein immer wieder auftauchendes Problem liegt in der Übereinstimmung der verbalen Aussagen mit dem tatsächlichen Handeln. Dabei geht es im Grunde um drei Aspekte: „1. Versteht der Befragte das gleiche unter den Fragen/den Antwortvorgaben wie der Forscher? 2. Sagt der Befragte, was er denkt? 3. Handelt der Befragte so, wie er sagt?" (FRIEDRICHS, 1973, S. 224). Gerade das erste Problem bereitet große Schwierigkeiten, da nur selten überprüft werden kann, ob einzelne Begriffe oder Formulierungen von den Befragten mit den gleichen Vorstellungen verbunden sind wie beim Forscher. Die unterschiedlichen Denkweisen von Wissenschaftlern (z. B. Psychologen) und Befragten (z. B. Arbeitern) führen oftmals dazu, daß einzelne Phänomene von beiden Gruppen unterschiedlich gewichtet und mit unterschiedlichem Stellenwert versehen werden. So kann es in Fragen immer wieder geschehen, daß vom Forscher Zusammenhänge konstruiert werden, die vom Interviewten nicht gesehen werden. Da die Interviewsituation jedoch eine ist, in der Herrschaft ausgeübt wird (vgl. BERGER 1974), kann die befragte Person dazu neigen, die Frage dennoch – meist im Sinne des Interviewers – zu beantworten.

Neben mündlichen Interviews sind schriftliche möglich, bei denen alle diejenigen Fehlerquellen fortfallen, die aus der direkten Interaktion zwischen Interviewer und Interviewten herrühren, jedoch kommen dann andere zum Tragen. So geht bei schriftlicher Befragung wahrscheinlich ein Großteil der Spontaneität verloren, die der Befragte im direkten, mündlichen Interview zeigen kann. Der Befragte hat mehr Zeit zum Überlegen, so daß er z. B. Antworten stärker „schönfärben" kann, als dies bei unmittelbarer Interaktion mit dem Interviewer möglich ist. Weitere Personen können ihn bei der Beantwortung beeinflussen, usw. usw.

5.4.2 Einstellungsmessung

In der Sozialpsychologie, die ja eine stärker experimentelle Ausrichtung als andere Sozialwissenschaften aufweist, werden die meisten Gegenstände, die üblicherweise in Interviews bzw. Befragungstechniken erforscht werden, mit Meßmethoden erhoben, die weitgehend nach den Prinzipien von Experiment und Test konstruiert sind. Dies bedeutet insbesondere:

- Nicht offene, sondern festgelegte (strukturierte) Darbietung von Fragen oder Meinungsgegenständen
- Nicht offene, sondern festgelegte Antwortmöglichkeiten (Antworten mit zwei oder mehreren Antwortkategorien, z. B. „Stimmt" oder „Stimmt nicht")
- Keine inhaltliche Auswertung und Interpretation einzelner Antworten auf einzelne dargebotene Fragen oder Feststellungen, sondern Gewinnung einer Maßzahl (Score) auf einer Skala, die sich aus den einzelnen Fragen oder Feststellungen konstituieren läßt
- Nachweis der Erfüllung der für psychologische Tests gültigen Gütekriterien, denen solche Skalen genügen müssen (z. B. Ökonomie, Nützlichkeit, Objektivität, Reliabilität, Validität).

Solche Verfahren sind in der Sozialpsychologie vor allem im Bereich der Einstellungsforschung entwickelt worden. Da es hier ebenso wie in den meisten Fällen, in denen Befragungen bzw. Interviews verwendet werden, um die Feststellung des Grades der Zustimmung oder Ablehnung zu einem sozialen Gegenstand geht, heißen diese Verfahren *Einstellungsskalen.* Sonderfälle solcher Meßmittel sind, da sie sich äußerlich kaum von den von Interviewern verwendeten Fragebögen unterscheiden, *Einstellungsfragebögen.* Sie dürfen jedoch nicht mit bloßen Interviewfragebögen verwechselt werden, da es sich bei ihnen um testähnliche Instrumente handelt (ebenso wie bei den in der Differentiellen Psychologie angewendeten Persönlichkeitsfragebögen).

Mit Einstellungsskalen werden bevorzugt *eindimensionale* soziale Gegenstände (besser: als eindimensional angesehene Objekte) gemessen. So könnte man z. B. eine „autoritäre" Einstellung (vgl. ADORNO et al. 1950) als eindimensional, d. h. entlang einer einzigen Meßdimension variierend auffassen und mit einer „Autoritarismus"-Skala zu erfassen versuchen. Ließe sich zeigen, daß das Merkmal „Autoritarismus" in mehrere voneinander unabhängige Merkmale bzw. Faktoren zerfällt (z. B. Konservatismus, Vorurteile gegen Minderheiten etc.), so müßte es entweder mit mehreren verschiedenen eindimensionalen Meßmitteln erfaßt, oder es müßte von vornherein mit einer Methode der *Multidimensionalen Skalierung* (MDS) erfaßt werden (vgl. hierzu AHRENS 1975). MDS-Methoden gehen ebenso wie die klassischen Skalierungsmethoden (vgl. hierzu EDWARDS 1957) von bestimmten Einstellungsobjekten in sprachlicher Form wie z. B. Feststellungen, Begriffen etc. aus. Durch Vergleiche dieser Meinungsobjekte in allen möglichen Kombinationen untereinander (durch Paarvergleiche, Tripelvergleiche u. ä.) gelangt man zu einer Skalierung der Ähnlichkeit bzw. Distanz dieser Objekte. Sie lassen sich ähnlich wie bei faktorenanalytischen Techniken in einem mehrdimensionalen Raum bzw. Skalensystem abbilden. Auf diese Weise wird es möglich, für bestimmte Gruppen oder Einzelpersonen sowohl die Zahl der zur Beschreibung der Antworten der Personen notwendigen Dimensionen als auch die Position der Personen auf diesen Dimensionen zu bestimmen.

Wegen der Aufwendigkeit von MDS-Verfahren sowohl für den Untersucher als auch für den Untersuchten dominieren in der Praxis nach wie vor eindimensionale Einstellungsmessungen, vor allem auf der Grundlage der folgenden Methoden:
- Methode des Paarvergleichs nach THURSTONE
- Methode der gleicherscheinenden und der sukzessiven Intervalle nach THURSTONE
- Methode der summierten Schätzungen nach LIKERT
- Skalogramm-Analyse nach GUTTMAN (zugleich ein Verfahren zur Prüfung der Eindimensionalität von Einstellungen)

- Skalendiskriminationstechnik nach EDWARDS (eine Kombination aus den Skalierungsverfahren von THURSTONE, LIKERT und GUTTMAN)
- Einstellungsmessung mit Persönlichkeitsfragebogen, d. h. testmäßige Erfassung von Einstellungen.

(Zu den klassischen Verfahren der Einstellungsmessung vgl. SCHMIDT, BRUNNER & SCHMIDT-MUMMENDEY 1975, ferner DAWES 1977).

Mittlerweile gibt es eine sehr große Zahl von Einstellungsskalen und -fragebögen, die sich auf eine große Anzahl verschiedener Objekte beziehen. Die Bedeutung dieser Meßmittel für Forschung und Praxis ist nicht unumstritten. So lassen sich gegen Einstellungsmessungen Kritikpunkte vielfältiger Art anbringen, von denen einige kurz erwähnt sein sollen:

- Einstellungs-Meßmethoden sind häufig sorgfältiger konstruiert als die psychologischen Merkmale, die sie erfassen sollen, definiert sind. So werden soziale Einstellungen oft zwangsläufig operational definiert, d. h. die Meßmethode und nicht eine psychologische Theorie bestimmt, was eigentlich gemessen wird.
- Einstellungsmessungen sind anfällig gegen *Reaktionstendenzen* bei den Versuchspersonen, d. h. die Untersuchten antworten in einer situationsspezifischen oder skalenspezifischen Weise, wodurch die Messung der Einstellung verzerrt wird. Als solche Reaktionstendenzen wurden z. B. die Jasagetendenz, die Tendenz der Sozialen Erwünschtheit, die Tendenz zur Abweichung, die Tendenz zu mittleren oder aber extremen Antworten u. ä. vielfach untersucht. Die Kontrolle aller solcher Meßfehler zugleich dürfte unmöglich sein.
- Einstellungsmessungen können immer nur bei begrenzt umschriebenen Personen und Personengruppen, für die sie konstruiert worden sind, in gültiger Weise interpretiert werden. Zu unterschiedlich ist der Sozialisationshintergrund verschiedener Gruppen in einer Gesellschaft, als daß ein an einer repräsentativen Stichprobe geeichtes Instrument dieser Art brauchbare Aussagen über Einstellungsstruktur und Einstellungen spezifischer Personen(gruppen) zu spezifischen sozialen Objekten zuließe.

5.4.3 Beobachtungsmethoden

Mittels der Beobachtungsmethoden werden „wahrnehmbare Merkmale personaler oder sozialer Ereignisse und Entwicklungen erfaßt" (PINTHER 1975, S. 497). Gegenstand dieser Methoden ist also das praktische, aktuelle, offene Verhalten von Personen in den verschiedensten Situationen.

Abzugrenzen ist der sozialpsychologische Begriff der Beobachtung von einem allgemeineren Begriff der Beobachtung, etwa wenn die Rede davon ist, Empirie sei gleich Beobachtung. Hier wäre „Beobachtung" allgemeinster Ausdruck für Erheben oder Messen, im Gegensatz zu theoretischen

Untersuchungen. Unter Beobachtung im engeren Sinne der (Sozial-)Psychologie wird also *Verhaltensbeobachtung*, eventuell auch noch der Sonderfall der Selbstbeobachtung verstanden.

Grundsätzlich ist ferner zwischen *freier, unsystematischer* und *kontrollierter, systematischer* Beobachtung zu unterscheiden. Erstere entspricht weitgehend der jedermann geläufigen Alltagsbeobachtung, letztere ist dagegen die Regel bei wissenschaftlichen Untersuchungen im Bereich der Sozialpsychologie.

Beobachtung kann *offen* geschehen, d. h. ohne Tarnungsbemühen gegenüber den Personen, die das zu beobachtende Verhalten zeigen. Häufig wird jedoch *verdeckt* beobachtet, z. B. hinter speziellen Beobachtungsfenstern oder unter Zuhilfenahme weiterer Tarnungsmethoden. Verdeckte Beobachtung gilt als objektiver und könnte auch unter die nichtreaktiven Verfahren (vgl. weiter unten) eingestuft werden.

Menschliches Verhalten, insbesondere das die Sozialpsychologie interessierende Interaktionsverhalten, kann sowohl mit *teilnehmender* wie mit *nichtteilnehmender Beobachtung* erfaßt werden. Manche Beobachtungsobjekte (z. B. Interaktionen in Kleingruppen außerhalb des Labors) erfordern einen teilnehmenden Beobachter, d. h. der Beobachter muß Mitglied der Kleingruppe sein. Dies beeinträchtigt sicherlich einen der größten Vorteile der Verhaltensbeobachtung, die relative Objektivität (etwa im Vergleich zu Befragungsmethoden), erweitert jedoch die Reichweite zu beobachtender Verhaltensweisen erheblich.

Zur Kategorisierung und Quantifizierung von Beobachtungen sozialen Verhaltens sind verschiedene Verfahren entwickelt und beschrieben worden (vgl. McDavid & Harari 1968, sowie v. Cranach & Frenz 1969). Es handelt sich dabei um speziell angeordnete Verhaltenskategorien (z. B. Vp bestärkt den Partner/lehnt den Partner ab/stimmt einer Sache zu/lehnt eine Sache ab usw. usw.), deren Zutreffen oder Nichtzutreffen der Beobachter abhaken kann. Häufig wird jedoch nicht einfach das Auftreten/Nichtauftreten einer Kategorie vermerkt, sondern der Beobachter soll direkte *quantitative* Beurteilungen (Schätzungen bzw. *Ratings*) des beobachteten Verhaltens einer bestimmten Kategorie auf Beurteilungsskalen (Schätzskalen, Rating-Skalen) geben. Der Beobachter (Rater) wird damit zum „subjektiven" Meßinstrument: Er teilt z. B. dem Verhalten verschiedener beobachteter Personen Rangplätze zu (Ranking), oder er hakt das Ausmaß bzw. die Intensität einer bestimmten Verhaltensweise auf einer vorgezeichneten graphischen Skala ab (graphisches Rating), oder er vergibt – etwa wie ein Lehrer – Punkte oder Noten (numerisches Rating). (Zur Anwendung von Rating-Skalen vgl. Hennig 1975).

Die *Vorzüge* von Beobachtungsverfahren lassen sich wie folgt zusammenfassen:

– Beobachtet werden unmittelbare Verhaltensakte oder -produkte; die

Gefahr des Vergessens oder die der nachträglichen Fehldeutung ist gering, die Objektivität größer.

- Die Diskrepanz zwischen verbalem und tatsächlichem Verhalten ist aufgehoben, wenn man das tatsächliche, offene Verhalten beobachten kann.
- Der Intensitätsgrad der Verhaltensweisen ist präziser zu erfassen als bei subjektiver Einschätzung auf Einstellungsskalen durch die Betroffenen selbst (Fremdbeurteilung scheint oft exakter zu sein als Selbstbeurteilung).
- Der Beobachtete braucht über sich selbst keine Aussagen zu machen; Fehler, die auf das Konto des Interviewten gehen, fallen hier fort;
- die Möglichkeit der mehrdimensionalen Erfassung des Verhaltens bietet bessere Möglichkeiten der Interpretation sozialen Verhaltens.

Nachteile der Beobachtung sind:

- Aktuelle oder habituelle Gestimmtheiten des Beobachters könnten seine Beurteilungen verzerren.
- Erwartungen des Forschers beeinflussen seine Beobachtertätigkeit.
- Gleiches beobachtetes Verhalten kann unterschiedlich motiviert sein, dies kann durch reine Quantifizierung nicht erfaßt werden.
- Beobachtung erfordert einen hohen Aufwand an Zeit und Beobachtern.
- Aus dem Verhältnis von Beobachter und Beobachtetem resultieren typische Fehler, die die Objektivität und Reliabilität der Untersuchung einschränken.

Als häufigste *Fehler,* die mit der Verhaltensbeobachtung (ebenso wie beispielsweise mit der Interviewtechnik) verbunden sind, hat man immer wieder beschrieben:

- *Halo-Effekt,* der bewirkt, daß der Beobachter eine Person in spezieller Weise beurteilt, wenn er einmal aus seiner Sicht dominante Merkmale bei dieser Person entdeckt hat; z. B. wird ein „fleißiger" Schüler auch als intelligent, gut angepaßt und ehrlich beurteilt (die Beurteilung „fleißig" überstrahlt somit andere Beurteilungsmerkmale und beeinflußt sie im Sinne des dominanten Merkmals „fleißig"; sie fallen daher zu „gut" bzw. positiv aus).
- *Milde* (oder Strenge-)*Effekt,* der sich in der Tendenz zeigt, Personen allgemein zu positiv oder zu negativ zu beurteilen.
- Fehler der *Zentralen Tendenz,* der darin besteht, auf extreme Urteile zugunsten mittlerer, neutraler Urteile zu verzichten.
- *logischer Fehler,* der dann auftritt, wenn der Beobachter auf eine wie auch immer geartete Logik statt auf seine Beobachtung zurückgreift; (z. B. müssen nach einer gewissen Alltagslogik „faule" Schüler gleichzeitig „dumm" sein, nach einer gewissen Lehrer-Logik aber z. B. entweder „faul" oder „dumm").
- *Kontaktfehler,* der auftritt, wenn der Beobachter es vermeidet,

Merkmale zu beobachten, die er entweder nur für sich selbst in Anspruch nehmen will oder aber anderen nicht zufügen möchte (Tendenz zur übertriebenen Selbstbestätigung).

Fehler dieser und ähnlicher Art spielen bei allen psychologischen Verfahren eine Rolle, in denen Beurteilungen vorgenommen werden. Eine große Zahl von Veröffentlichungen beschäftigt sich mit ihrer Kontrolle. Grundsätzlich lassen sich die meisten dieser Fehler a) durch Beobachter-Training, b) durch nachträgliche statistische Korrekturtechniken verringern.

5.4.4 Nichtreaktive Meßverfahren

Bei den meisten hier erwähnten Methoden besteht stets die Gefahr, daß die vorgenommene Messung das, was gemessen werden soll, *verändert.* Je unnatürlicher bzw. ungewohnter für die beteiligten Personen der Vorgang der Messung bzw. Erfassung der interessierenden Variablen ist, je stärker eine Person auf eine Situation zu reagieren hat, die aus ihrer normalen Umgebung herausfällt, desto „reaktiver" ist die betreffende Messung. Insbesondere Messungen, die den (Versuchs-)Personen als solche bewußt sind, können als reaktive Messungen gelten (WEBB, CAMPBELL u. a., 1975).

Da insofern bereits *Feldexperimente* vermutlich zu weniger reaktiven Messungen als Laborexperimente führen dürften, zählen manche Autoren (z. B. BUNGARD & LÜCK, 1974) sie bereits zu den eher nonreaktiven Verfahren. (Zur wachsenden Bedeutung des Feldexperiments in der Sozialpsychologie vgl. auch 5.2.2 und 5.3.8).

Vollständig nonreaktiv sind selbstverständlich sozialpsychologische Messungen aufgrund der Auswertung von *Statistiken* etc. (sofern nicht die Erhebung solcher Statistiken selbst reaktiven Charakter hat), der nachträglichen Auswertung fremder Untersuchungen und Erhebungen (*Sekundäranalysen*; hier ergibt sich das gleiche Problem), von *Inhaltsanalysen* (vgl. weiter unten) sowie von *Spuren* (Abnutzungen von Büchern etc.). Auch bestimmte Formen der *Verhaltensbeobachtung und -beurteilung* sind – sofern Einflüsse des Beobachters und Beurteilers auf den Meßvorgang überhaupt ausschließbar sind – als nichtreaktive Methoden zu werten.

Neben nichtreaktive Methoden im erwähnten Sinne lassen sich auch *historische Methoden* stellen, d. h. die Analyse von *Archivbeständen* etc., ferner die Auswertung laufender Registraturen, Karteien etc. Solche Quellen können außer für den Soziologen und Politologen auch für den Sozialpsychologen von Bedeutung sein – man denke nur an mögliche gruppenpsychologische Analysen der Protokolle von Sitzungen, Verhandlungen etc. (vgl. ALBRECHT 1975).

Das meistzitierte nichtreaktive Verfahren ist die *Technik der verlorenen Briefe* (Lost Letter Technique). Eine Übersicht über Versionen dieses

Verfahrens sowie empirische Ergebnisse mit dieser Methode bieten MERRITT & FOWLER (1948) sowie LÜCK & MANZ (1973). Der Untersucher, der natürlich nicht in Erscheinung tritt, legt beispielsweise mehrere hundert frankierte und adressierte Briefe an belebten Stellen einer Großstadt aus, so daß sie dem Finder als „verloren“ erscheinen. Aus der Rücklaufquote (an den Absender oder Adressaten, je nach Versuchsplan) kann dann – sofern eine Reihe von Regeln befolgt worden ist – beispielsweise auf Einstellungen gegenüber dem Adressaten (oder Absender) geschlossen werden. Z. B. ließe sich die Methode der verlorenen Briefe als nonreaktives Meßmittel sozialer Einstellungen gegenüber Ausländern verschiedener Nationalität verwenden. Der Untersucher müßte dann gleichviel Briefe ohne Absender an Adressaten offensichtlich unterschiedlicher Nationalität „verlieren“. Aus der relativen Anzahl einbehaltener bzw. vernichteter Briefe (bzw. umgekehrt, der Anzahl der bei den geplanten Adressen eingetroffenen Briefe) ließen sich unter bestimmten Bedingungen Schlüsse auf Einstellungen bzw. Vorurteile ziehen, ohne daß die betreffende Stichprobe von Personen befragt oder mit Einstellungsskalen untersucht werden müßte.

Bislang haben sich hauptsächlich zahlungskräftige Interessengruppen wie Institute, die im Auftrage politischer Parteien an Wahlvorhersagen arbeiten, ein solches, *relativ aufwendiges Verfahren* leisten können. Als weiterer Nachteil solcher nichtreaktiver Meßverfahren wäre die Schwierigkeit der Kontrolle von *Stichprobenproblemen* zu erwähnen.

5.4.5 Soziometrische Verfahren

Soziometrische Verfahren sollen die Ergebnisse sozialer Interaktionen von Individuen in Gruppen quantitativ erfassen und darstellen. Dies ist prinzipiell auch mit einer Reihe anderer Methoden möglich. Charakteristisch für „Soziometrie“ ist aber die Darstellung von Gruppenstrukturen bzw. Interaktionsresultaten durch sog. *Soziogramme.*

Klassische sozialpsychologische Konzepte wie Gruppenstruktur, Status von Gruppenmitgliedern, Führer, Clique, Gruppenkohäsion etc. hofft man mit Hilfe von Soziogrammen operationalisieren zu können.

Soziogramme wurden erstmals durch MORENO (1934) erprobt und populär gemacht. Jedes Mitglied einer Gruppe wird durch einen Kreis repräsentiert, und die Art der Beziehung zwischen zwei Individuen wird durch Pfeile (z. B. durchgezogene Linien für positive, gestrichelte Pfeillinien für negative Beziehungen) gekennzeichnet. Die Art der darzustellenden Beziehung zwischen allen Individuen einer Gruppe wird durch *Befragungsmethoden* festgestellt. Im einfachsten Falle läßt man jedes Gruppenmitglied sog. soziometrische Wahlen ausführen: Z. B. soll jedes Individuum angeben, mit welchen anderen Individuen es interagieren möchte (z. B. mit wem es, wenn es die Wahl hätte, zusammen arbeiten, spielen etc. möchte), und mit wem nicht.

Auf diese Weise lassen sich die verschiedensten Gruppenstrukturen anschaulich darstellen:

- Besonders beliebte oder für bestimmte Interaktionen bevorzugte und besonders unbeliebte Personen lassen sich identifizieren
- Spezifische Kommunikationsmuster einer Gruppe (z. B. sternförmig um einen Führer herum, kettenförmig, ausgewogen etc.) können sichtbar werden.
- Beliebtheitswahlen können daraufhin untersucht werden, ob sie einseitig sind oder auf Gegenseitigkeit beruhen, ob sie auf Situationen beschränkt oder allgemein sind, und schließlich wie intensiv sie sind.

Der zuletzt genannte Fall einer Intensitätsmessung der soziometrischen Wahl erfordert bereits ein über bloßes Befragen hinausgehendes Erhebungsverfahren, etwa analog der Einstellungsmessung. Soziogramme besitzen für den Betrachter stets erhebliche „face validity", d. h. scheinbare Aussagekraft, die nur zu oft über den dilettantischen Charakter des zugrundeliegenden Erhebungsverfahrens hinwegtäuscht. Entscheidend für ihre Interpretation sind in jedem Falle Art und Qualität der zugrundeliegenden Erhebungsmethode.

Weiterentwicklungen der soziometrischen Methode sind in der Gewinnung und mathematischen Weiterverarbeitung soziometrischer *Maßzahlen* bzw. *Indices* zu erblicken. Ein soziometrischer Index einfachster Art wäre die absolute Anzahl positiver oder negativer Wahlen, die auf ein Individuum entfallen. Eine weitere Maßzahl wäre dadurch zu erzielen, daß man einfach positive zu negativen Wahlen ins Verhältnis setzt. Eine gute Ausgangsbasis zur besseren Quantifizierung soziometrischer Wahlen ist die Darstellung soziometrischer Beziehungen in *Matrix-Form.* Abgabepersonen (d. h. Individuen, die Wahlen abgeben) und Erhaltpersonen (Individuen, über die Urteile abgegeben werden) bilden dann die beiden Dimensionen einer Matrix. Werden mehrere soziometrische Kriterien erhoben (z. B. außer Beliebtheit auch Tüchtigkeit oder weitere Beurteilungsgesichtspunkte), so läßt sich aus den Dimensionen Abgabepersonen (Beurteiler), Erhaltspersonen (Beurteilte) und Kriterium (beurteilte Eigenschaften) eine dreidimensionale soziometrische Datenmatrix erstellen, aus der eine größere Anzahl von Merkmalen oder Variablen gemessen werden kann, mit denen sich die Struktur einer konkreten Gruppe beschreiben läßt (vgl. DOLLASE 1974).

5.4.6 Inhaltsanalyse

In solchen Fällen, in denen eine unmittelbare Beobachtung des zu untersuchenden Objekts nicht möglich ist, kann dies über die Auswertung von

Daten oder Verhaltensbeschreibungen erfolgen (z. B. Briefwechsel zwischen Politikern, Video-Aufzeichnungen von Diskussionen). Solche Verfahren der Inhaltsanalyse (Content Analysis) sind vollständig nichtreaktiv (s. oben). Dennoch ergeben sich hier grundsätzlich die gleichen Probleme wie bei der direkten Beobachtung: Aus einem Verhaltensfluß müssen selektiv und ganz bestimmte, für die Forschungsfrage relevante Aspekte mittels eines Kodierungs- und Kategorisierungsverfahrens herausanalysiert werden.

Inhaltsanalysen sollen den manifesten Inhalt von Kommunikationsprozessen objektiv und quantitativ erfassen (BERELSON, 1954).

Dabei sollen sie gesetzmäßige Beziehungen zwischen Geschehnissen in Botschaften und Prozessen in Individuen, die die Botschaften produzieren und empfangen, analysieren. Prinzipiell lassen sich zwei Modelle der Inhaltsanalyse unterscheiden: Das *repräsentationale* Modell, demgemäß Worte die inneren Gefühle und Werte des Senders repräsentieren. Das *instrumentelle* Modell legt das Schwergewicht auf den Inhalt der Botschaft unter Berücksichtigung des gegebenen Kontextes (HOLSTI, 1969).

Unterschiedliche Fragestellungen der Inhaltsanalyse lassen sich mit Hilfe der LASSWELL-Formel, mit der der gesamte Kommunikationsprozeß häufig beschrieben wird, klassifizieren: „Who says what, to whom, how, with what effect?" Dabei ergeben sich im wesentlichen drei Forschungsschwerpunkte:

a) Die Analyse des Textes, um Aussagen über die Eigenarten des Textes zu machen.
b) Die Analyse des Textes, um Aussagen über Ursachen und Antezedenten zu machen.
c) Analysen des Textes, um Aussagen über Effekte der Kommunikation zu machen.

Die Inhaltsanalyse, sofern sie also formal am Kommunikationsmodell *„Sender-Botschaft-Empfänger"* orientiert ist, läßt sich beispielhaft für folgende Problemstellungen verwenden:

Zu a):
- Analyse persuasiver Techniken (z. B. nach Merkmalen der „Selektion" und „Auslassung", nach Propagandatricks)
- Analyse von Stilen (z. B. Überprüfung auf substantivischen oder passivischen Stil, auf Redundanzerscheinungen)

Zu b):
- Sicherstellung politischer und militärischer Informationen (die Inhaltsanalyse entstand während des zweiten Weltkrieges und diente zunächst rein militärischen Zwecken, z. B. wurde aus den Differenzen zwischen Radiomeldungen der Deutschen und Italiener auf mangelnde Kooperation geschlossen)
- Analyse psychischer Merkmale des Kommunikators bzw. Senders (z. B.

Analyse von Tagebüchern in der Entwicklungspsychologie, Analyse ideologischer Merkmale in Literatur, Rückschlüsse auf Persönlichkeitsmerkmale)
- Analyse kultureller Merkmale und Veränderungen (z. B. Schulbuchanalyse zur Rolle der Frau und zum Rollenwandel)
- Sicherstellung von Beweisen für gerichtliche (forensische) Zwecke (z. B. Begutachtung von Zurechnungsfähigkeit aufgrund der Analyse verbalen Materials)

Zu c):

Analyse besonders effektiver Text-Anordnungen und -Inhalte (z. B. Erforschung der Lesbarkeit und Verständlichkeit von Texten als Voraussetzung erfolgreicher Beeinflussung).

Bereits aus diesen Beispielen geht hervor, daß die Inhaltsanalyse ein breites Anwendungsfeld aufweist. Dies sollte ein Grund mehr sein, sich über die Voraussetzungen und Probleme dieser Methode näher zu informieren und sie jeweils auf den Aspekt der Verwertung hin zu diskutieren.

Wesentlich für Inhaltsanalysen ist die systematische Transformation der rohen Daten (z. B. Texte) in *Einheiten der Analyse.* Dabei bilden die der Transformation zugrundeliegenden *Regeln* die operationale Brücke zwischen Daten und der Hypothese, die mittels der Inhaltsanalyse überprüft werden soll. Im Zuge dieses *Kodierungsverfahrens* ergeben sich die Fragen nach den Kategorien, den Einheiten und dem Auszählmechanismus.

Kategorien müssen den Zweck der Untersuchung reflektieren, sollen erschöpfend, gegenseitig ausschließend und unabhängig sein und aus einem einzigen Klassifikationsprinzip ableitbar sein (vgl. HOLSTI, 1969).

Einheiten bilden die spezifischen Inhaltssegmente, die den Kategorien zugeordnet werden. Häufigste Einheiten sind Wörter, Themen, Charaktere (z. B. in Filmanalysen).

Auszählung bezieht sich auf die numerische Erfassung eines Inhalts (z. B. Dauer der Sprechzeit in Diskussion, Häufigkeit des Auftretens einer Person, Größe von Schlagzeilen), d. h. also die spezifische Art der Zuordnung von Einheiten zu Kategorien.

Als wichtigste methodische Probleme bei Inhaltsanalysen gelten:
- Stichprobenprobleme (Selektion von Quellen, Dokumenten)
- Kodierungsprobleme (Auswahl von Kategorien und Einheiten)
- Reliabilitätsprobleme (Konsistenz der Messung)
- Validitätsprobleme (Probleme der Gültigkeit von Kategorien).

Literaturempfehlungen

Zu 5.1 FRIEDRICHS, J. 1973.
Methoden empirischer Sozialforschung. Reinbek: Rowohlt.
FRIEDRICH, W. & HENNIG, W. 1975. Der sozialwissenschaftliche Forschungsprozeß. Berlin: Deutscher Verlag der Wissenschaften.

Zu 5.2 SELG, H. 1971.
Einführung in die experimentelle Psychologie. Stuttgart: Kohlhammer, 3. A.
MEILI, R. 1972.
Das psychologische Experiment. In: R. MEILI & H. ROHRACHER (Hrsg.) Lehrbuch der experimentellen Psychologie. Bern-Stuttgart: Huber, 3. A., 1–18.

Zu 5.3.1 bis 5.3.5 BREDENKAMP, J. 1969.
Experiment und Feldexperiment. In: C. F. GRAUMANN Hrsg.) Handbuch der Psychologie, Band 7: Sozialpsychologie. 1. Halbband: Theorien und Methoden. Göttingen: Verlag für Psychologie, 332–374.
ZIMMERMANN, E. 1972.
Das Experiment in den Sozialwissenschaften. Stuttgart: Teubner.

Zu 5.3.6 bis 5.3.8 MERTENS, W. 1975.
Sozialpsychologie des Experiments. Hamburg: Hoffmann u. Campe.

Zu 5.4.1 ANGER, H. 1969.
Befragung und Erhebung. In: C. F. GRAUMANN (Hrsg.) Handbuch der Psychologie, Band 7: Sozialpsychologie, 1. Halbband: Theorien und Methoden. Göttingen: Verlag für Psychologie, 567–617.
FRIEDRICH, W. & HENNIG, W. 1975.
Grundprobleme der Befragung. In: W. FRIEDRICH & HENNIG, W. 1975 (Hrsg.) Der sozialwissenschaftliche Forschungsprozeß. Berlin: Deutscher Verlag der Wissenschaften, 368–420.

Zu 5.4.2 SCHMIDT, H. D., BRUNNER, E. J. & A. SCHMIDT-MUMMENDEY. 1975.
Soziale Einstellungen. München: Juventa.
TRIANDIS, H. C. 1975.
Einstellungen und Einstellungsänderungen. Weinheim: Beltz.

Zu 5.4.3 v. CRANACH, M. & H.-G. FRENZ. 1969.

Systematische Beobachtung. In: C. F. GRAUMANN (Hrsg.) Handbuch der Psychologie, Band 7: Sozialpsychologie, 1. Halbband: Theorien und Methoden. Göttingen: Verlag für Psychologie, 269–331.

PINTHER, A. 1972.
Beobachtung. In: W. FRIEDRICH, W. & HENNIG, W. (Hrsg.) Der sozialwissenschaftliche Forschungsprozeß. Berlin: Deutscher Verlag der Wissenschaften, 497–518.

Zu 5.4.4. WEBB, E. J., CAMPBELL, D. T., SCHWARZ, R. D. & SECHREST, R. 1965.
Nichtreaktive Meßverfahren. Weinheim: Beltz.

BUNGARD, W. & LÜCK, H. E. 1974.
Forschungsartefakte und nicht-reaktive Meßverfahren. Stuttgart: Teubner.

Zu 5.4.5 DOLLASE, R. 1973.
Soziometrische Techniken. Weinheim: Beltz.

HÖHN, E. & SEIDEL, G. 1969.
Soziometrie. In: C. F. GRAUMANN (Hrsg.) Handbuch der Psychologie, Band 7: Sozialpsychologie. 1. Halbband: Theorien und Methoden. Göttingen: Verlag für Psychologie, 375–397.

Zu 5.4.6 BESSLER, H. 1970.
Aussagenanalyse. Bielefeld: Bertelsmann.

Kapitel 6: Hinweise für das Studium der Sozialpsychologie

6.1 Vorbemerkung

Sozialpsychologie ist in der BRD ein Haupt- oder Nebenfach im Rahmen eines psychologischen oder soziologischen Studienganges (Abschluß Diplom-Psychologe oder Diplom-Soziologe); es gibt keinen „Diplom-Sozialpsychologen". Am festesten verankert ist Sozialpsychologie im Psychologiestudium, wo es bis vor kurzem noch zu den eher „angewandten" Fächern des 2. Studienabschnittes gehörte, nach der neuen Rahmenprüfungsordnung für Diplom-Psychologen jedoch Hauptfach im 1. Studienabschnitt und mögliches Schwerpunktfach im 2. Studienabschnitt ist. Es sind also bislang die psychologischen Studiengänge bzw. Institute, die Sozialpsychologen, d. h. Psychologen mit Schwerpunkt Sozialpsychologie produzieren. Andererseits sind es gerade oft nicht-psychologische Studiengänge und Fachbereiche, vor allem *Soziologie* und *Erziehungswissenschaften*, die Sozialpsychologie als für sie oft wichtigstes Teilgebiet der Psychologie anfordern. An den Pädagogischen Hochschulen und Gesamthochschulen hat sich ebenso wie an den anderen Hochschulen gezeigt, daß Studierende der *Pädagogik* wie auch der *Sozialwissenschaften*, die Psychologie als Haupt- oder Nebenfach studieren, zu einer Bevorzugung der Sozialpsychologie neigen. Auch *Mathematiker*, *Juristen* und *Mediziner* sind in sozialpsychologischen Lehrveranstaltungen anzutreffen. Durch die Verankerung der Klinischen Psychologie im Medizinstudium dürfte das Interesse an Sozialpsychologie weiter geweckt werden. Studierende der Jurisprudenz sind auch ohne eine Reform des Jurastudiums oft Gasthörer in Sozialpsychologie.

6.2 Einige Hinweise auf Studiertechniken

Die aus dieser Situation gewöhnlich entstehenden Probleme sind relativ gering, wenn auch oft hartnäckig. So ist z. B. zu einem einigermaßen ernstzunehmenden Studium der Sozialpsychologie das Durcharbeiten *englischsprachiger* Texte unerläßlich. Psychologiestudenten muß dieser Umstand aus ihrer Einsicht in die Lage der gegenwärtigen Psychologie unmittelbar einleuchten. Studierende, die Sozialpsychologie nur als Service-Fach wahrnehmen, lehnen das Studium fremdsprachiger Materialen meist ab oder unterlassen es auf jeden Fall. Die Folgen sind oft ein unübersehbarer Unterschied in der Auffassung und im Informationsniveau von Sozialpsychologie. Ohne hier einer unkritischen Rezeption amerikanischer Fachliteratur das Wort zu reden: Wer nur das konsumiert und verarbeitet, was deutschsprachig ist und das Etikett „Sozialpsychologie" trägt (bekanntlich liegt hier oft Etikettenschwindel vor, denn „Sozialpsychologie" ist zuweilen ein inflationär verwendeter Begriff für die Beschäftigung mit sozialen und psychischen Problemen), liegt sehr schnell neben der Entwicklung und dem Fortschritt dieser Wissenschaft.

Auch Sozialpsychologie lernt man fast ausschließlich durch *Lesen*. Das gilt auch für diejenigen Lernprozesse, die nicht allein durch Literaturstudium zustandekommen (z. B. Interaktionen beobachten lernen, Experimente ausführen und beurteilen lernen); sie müssen ohne Literaturstudium fragwürdig bleiben.

Nun wird während eines Studiums zwar ständig Literaturstudium verlangt, doch so gut wie nie wird angegeben oder gar systematisch erläutert, wie man dabei am besten verfährt. Sieht man einmal von schweren Arbeitsstörungen ab, unter denen viele Studierende leiden (hier ist ein Gang zur kostenlosen Studienberatungsstelle unbedingt zu empfehlen), so stößt man auf eine Menge Unkenntnis bezüglich effektiver Lerntechniken, die nur zu häufig mit scheinpsychologischen Erklärungen verdeckt werden („Ich kann Gelesenes nicht gut behalten, weil ich nicht motiviert bin, weil ich repressiv erzogen worden bin, etc.").

Daher sei hier in aller Kürze auf Literatur verwiesen, in der es um Lesen, Arbeiten in Bibliotheken, Arbeitsberichte-Schreiben, Lernen in Gruppen etc. geht:

Naef, Regula D. 1973. Rationeller Lernen lernen. Weinheim: Beltz-Bibliothek.
Beard, R. 1972. Lehren und Lernen an der Hochschule. Düsseldorf: Schwann.
Smitmans, H. 1972. Studieren – aber wie? Berlin (DDR): Verlag Tribüne.

So enthalten die Vorschläge von Naef Hinweise auf besseres und schnelleres Lesen, besseres Behalten, optimale Lernumgebung, Verbesserung physiologischer und psychischer Voraussetzungen des Studierens sowie Beiträge zum Problem „Kooperation und Konkurrenz". Demjenigen, der sich umfassender für Probleme des Lernens wissenschaftlicher Inhalte interessiert, sei ein Forschungsbericht empfohlen, der Beiträge zu folgenden Themen liefert: Handlungsregulation im Studium, Information und Verhalten im Studium, Pragmatische Kommunikation im Studium, Unterrichtsmethoden und Arbeitsformen im Studium, Sozialisation in akademischen Institutionen:

Breuer, F., W. Keil, D. Kleiber, F. Meier & U. Piontkowski 1975. Psychologie des wissenschaftlichen Lernens. Münster: Aschendorff.

Sofern auch Lehrende einen Blick in die vorliegende Einführung werfen, sei ihnen – insbesondere Nichtpsychologen – eine populär geschriebene Darstellung von hochschuldidaktischen Erkenntnissen empfohlen:

SADER, M., B. CLEMENS-LODDE, H. KEIL-SPECHT & A. WEINGARTEN 1970. Kleine Fibel zum Hochschulunterricht. München: Beck'sche Elementarbücher.

Hier finden sich lesenswerte Betrachtungen zu Kleingruppen- und Teamarbeit, Diskussionstechniken, Prüfungen, Lehrveranstaltungskritik etc.

Fast erübrigt sich die Bemerkung, daß die Verwendung solcher Hinweise auf Studiertechniken wie auf hochschuldidaktische Hilfen in hohem Maße abhängig von den Studieninhalten, dem jeweiligen Fachgebiet und der jeweils vorherrschenden Auffassung von der Funktion des Studiums zu sehen ist. Die hier gegebenen Hinweise und Anmerkungen sind demnach nur sinnvoll, wenn anerkannt wird, daß auch eine noch so zwangslose Form des Studierens nicht ohne eine Phase des soliden Wissenserwerbs auskommt – andernfalls wären sie überflüssig.

Im folgenden sollen für den Bereich „Sozialpsychologie" *Lehrbücher* (einführende und umfassende), *Lesebücher* (Reader), *Handbücher, Fachzeitschriften, Forschungsberichte, Nachschlagewerke* und *Wörterbücher* genannt werden.

6.3 Einführungen in die Sozialpsychologie

In den USA ist eine Vielzahl kleinerer Einführungen in die Sozialpsychologie für den Hochschulgebrauch erschienen, z. B.

LAMBERT, W. & LAMBERT, W. E. 1964. Social Psychology. Englewood Cliffs: Prentice Hall.

Hier wird ein knapper Uberblick über das Gesamtgebiet versucht. Etwas ausführlicher geschieht dies in einer Einführungs-Serie von mehreren, weniger als 1 cm dicken Bändchen:

KIESLER, C. A. (Ed.) 1969. Topics in Social Psychology. Reading, Mass.: Addison-Wesley.

Diese Reihe enthält also mehrere Einzelbändchen wie z. B.

ZIMBARDO, P., EBBESEN, E. B. & MASLACH, 1977. Influencing Attitudes and Changing Behavior.

Eine deutschsprachige Übersetzung einer leicht verständlichen Einführung in die Sozialpsychologie, die sich vor allem an alltagsrelevanten Beispielen der (meist experimentellen) Sozialpsychologie orientiert, ist:

MANN, L. 1972. Sozialpsychologie. Weinheim: Beltz.

Gleichfalls eine Übersetzung aus dem Amerikanischen und ebenfalls relativ preiswert ist der in der von Keil & Sader herausgegebenen Reihe „Grundfragen der Psychologie“ erschienene Band

Berkowitz, L. 1976. Grundriß der Sozialpsychologie. München: Juventa.

Eine Einführung in die Sozialpsychologie auf der Grundlage des dialektischen und historischen Materialismus, die stärker als herkömmliche Darstellungen die Abhängigkeit der Sozialpsychologie von Menschenbild, Gesellschafts- und Persönlichkeitstheorie hervorhebt, außerdem extrem wenig kostet, ist

Hiebsch, H. & Vorwerg, M. 1972. Einführung in die marxistische Sozialpsychologie. Berlin: VEB Deutscher Verlag der Wissenschaften.

Eine u. U. parallele und konfrontierende Lektüre der letztgenannten, leicht verständlichen Einführungsbändchen könnte gerade einem Anfänger einen guten Einblick in Teile des Gegenstandsbereichs Sozialpsychologie sowie in unterschiedliche wissenschaftstheoretische Vorgehensweisen bieten.

Ein eigenständig konzipiertes Einführungsbuch, das bestimmte Schwerpunktsetzungen vornimmt und vermutlich eher den schon etwas Fortgeschrittenen ansprechen wird, ist

Bergius, R. 1976. Sozialpsychologie. Hamburg: Hoffmann & Campe.

Mehr und mehr erscheinen demgegenüber weniger anspruchsvolle kleinere Einführungstexte, überwiegend Vorlesungstexte aus der Ausbildung von Pädagogen und Soziologen mit Nebenfach Sozialpsychologie. Viele Einführungen dieser Art verweilen bei Kritiken an der Sozialpsychologie und kommen kaum zu ihrem Gegenstand. Jedem Anfänger, der weiter in sozialpsychologische Fragen Einblick nehmen will, wird jedoch empfohlen, wenigstens eines der im folgenden Abschnitt empfohlenen Lehrbücher gründlich und ggf. weitere nach Schwerpunkten zu lesen.

6.4 Lehrbücher der Sozialpsychologie

Die klassischen Lehrbücher der Sozialpsychologie, d. h. die relativ umfassenden Einführungen, stammen bislang fast ausschließlich aus den USA. Hier sind es wiederum die großen Verlagsgesellschaften, deren Bücher die weiteste Verbreitung gefunden haben. Genannt seien:

McDavid, J. W. & H. Harari 1968. Social Psychology. Individuals, Groups, Societies. New York: Harper & Row.

Secord, P. F. & C. W. Backman 1964, 2. A. 1974. Social Psychology. New York: McGraw-Hill. Deutsche Ausgabe: Sozialpsychologie. Frankfurt: Fachbuchhandlung für Psychologie 1976.

Brown, R. 1965. Social Psychology. New York: The Free Press.

KAUFMANN, H. 1973. Social Psychology. The Study of Human Interaction. New York: Holt, Rinehart & Winston.

Diese Liste könnte allerdings ohne weiteres erheblich verlängert werden. Die wichtigsten, das Gebiet der herkömmlichen Sozialpsychologie umfassenden Gegenstandsbereiche wurden bereits in den Kapiteln 1 und 3 dieser Einführung erwähnt.

Erst seit kurzem zeichnet sich eine kräftige Tendenz in der BRD ab, klassische Lehrbücher ins Deutsche zu übersetzen oder – vereinzelt – deutschsprachige Lehrbücher in offensichtlicher und sicherlich notwendiger Anlehnung an die amerikanischen zu verfassen. Als *Übersetzung* sei erwähnt:

LINDGREN, H. C. 1973. Einführung in die Sozialpsychologie. Weinheim: Beltz.

Ein neu verfaßtes, allerdings weder sehr gehaltvolles noch preiswertes deutsches Lehrbuch der Sozialpsychologie ist:

MUELLER, E. F. & A. THOMAS 1974. Einführung in die Sozialpsychologie. Göttingen: Verlag für Psychologie.

Das derzeit ausführlichste und umfassendste deutschsprachige Lehrbuch der Sozialpsychologie hebt sich hiervon niveaumäßig klar ab. Von seiner Didaktik her ist es dem Anfänger nur schwerlich zu empfehlen, eher dem Fortgeschrittenen:

IRLE, M. 1975. Lehrbuch der Sozialpsychologie. Göttingen: Verlag für Psychologie.

Das nach unserer Ansicht gelungenste deutschsprachige Lehrbuch der Sozialpsychologie (vorbildlich, was Wissenschaftlichkeit, Umfang, Handlichkeit und Didaktik anbelangt) liegt ebenfalls erst seit 1975 vor:

HERKNER, W. 1975. Einführung in die Sozialpsychologie. Bern-Stuttgart-Wien: Huber.

In diesem Lehrbuch wird neben den dominierenden kognitiven auch den lernpsychologischen Interpretationen sozialen Verhaltens Rechnung getragen.

Versuche, Sozialpsychologie aus der Sicht der funktionalen Verhaltensanalyse B. F. SKINNERS zu begründen, sind:

MCGINNIES, E. 1970. Social Behavior: A Functional Analysis. Boston: Houghton Mifflin.

ULRICH, R. & MOUNTJOY, P. 1972. The experimental analysis of social behavior. New York: Appleton Century Crofts.

Diese Lehrbücher seien – zumindest als Einstieg – allen denjenigen empfohlen, die von der Möglichkeit einer konsequent behavioristisch-lerntheoretischen Analyse sozialen Verhaltens überzeugbar sind.

Kein „Lehrbuch“ im eigentlichen Sinne, aber der „Klassiker“ der Darstellung unterschiedlicher theoretischer Strömungen oder „Schulen“ innerhalb der Sozialpsychologie bis 1965 wurde ins Deutsche übersetzt und könnte für manchen Leser einem mit Details vollgestopften Lehrbuch der Sozialpsychologie vorzuziehen sein:

DEUTSCH, M. & R. M. KRAUSS 1976. Theorien der Sozialpsychologie. Frankfurt/M.: Fachbuchhandlung für Psychologie.

6.5 Lesebücher (Reader)

Reader sind kommentierte, meist mit Vor- und Nachwort versehene Sammlungen von wichtigen, meist klassisch zu nennenden Originalarbeiten, also zumeist sozialpsychologischen Veröffentlichungen aus Fachzeitschriften. Für manchen Herausgeber (Hrsg., Ed.) eines Readers ist dies eine willkommene Gelegenheit, Buchautor zu werden, für die Studierenden bieten Reader aber eine hervorragende Möglichkeit, Originalliteratur ohne zeitraubendes Bibliotheksstöbern oder Bemühen der Fernleihe zu lesen. Es gibt bislang nur wenige gute deutschsprachige Reader auf dem Gebiet der Sozialpsychologie; genannt seien:

MOSCOVICI, S. (Hrsg.) 1975. Forschungsgebiete der Sozialpsychologie 1 u. 2. Eine Einführung für das Hochschulstudium. (Übersetzung von „Introduction à la psychologie sociale“, Paris 1973) Frankfurt a. Main: Fischer-Athenäum.

IRLE, M. (Hrsg.) 1969. Texte aus der experimentellen Sozialpsychologie, Neuwied: Luchterhand.

IRLE, M. (Hrsg.) 1978 Kursus der Sozialpsychologie. Neuwied: Luchterhand (bisher dreibändig, mit Demonstrations-Experimenten).

Als klassische Sozialpsychologie-Reader, die aufeinander aufbauen (der erste bringt mehr ältere, der zweite neuere Arbeiten), wären zu empfehlen:

PROSHANSKY, H. & B. SEIDENBERG (Eds.) 1965. Basic Studies in Social Psychology. New York: Holt, Rinehart & Winston.

STEINER, I. D. & M. FISHBEIN (Eds.) 1965. Current Studies in Social Psychology. New York: Holt, Rinehart & Winston.

Außerdem gibt es Reader, die auf ein bestimmtes Lehrbuch abgestimmt sind, d. h. einige Lehrbuchautoren geben eine zum Lehrbuch gehörende Textsammlung heraus, z. B.

BACKMAN, C. W. & P. F. SECORD (Eds.) 1966. Problems in Social Psychology. New York: McGraw-Hill. (Vgl. Lehrbuch SECORD & BACKMAN)

oder

KAUFMANN, H. & L. Z. SOLOMON (Eds.) 1973. Readings in Social Psychology. New York: Holt, Rinehart & Winston. (Vgl. Lehrbuch KAUFMANN)

6.6 Handbücher

Handbücher sind relativ umfangreiche Kompendien für ein bestimmtes Fachgebiet, in denen zumeist verschiedene, vom Herausgeber als derzeit kompetent angesehene Autoren Überblicke über den jeweiligen Stand der Forschung zu geben versuchen. Dies geschieht meist in Form von *Sammelreferaten*, d. h. Übersichtsreferaten, die eine große Zahl von Originalarbeiten berücksichtigen und verarbeiten müssen. Auf diese Weise bleiben Handbuch-Inhalte meist unanschaulich; für ausführliche Beispiele etc. bleibt kein Platz. Das Interessanteste für den Studienanfänger ist daher bei Handbüchern oft die oberflächliche Überblicks-Information. Um sie zu vertiefen, sollten die in den umfangreichen Literaturverzeichnissen solcher Sammelreferate aufgeführten Einzelarbeiten und Monographien herangezogen werden.

Seit Ende der 60er Jahre gibt es im Rahmen der von THOMAE herausgegebenen Handbücher der Psychologie (dicke blaue Leinenbände) zwei Halbbände über Sozialpsychologie:

GRAUMANN, C. F. (Hrsg.) 1969. Handbuch der Psychologie, Band 7: Sozialpsychologie. 1. Halbband: Theorien und Methoden. Göttingen: Verlag für Psychologie.

GRAUMANN, C. F. (Hrsg.) 1972. Handbuch der Psychologie. Band 7: Sozialpsychologie. 2. Halbband: Forschungsbereiche. Göttingen: Verlag für Psychologie.

Diese Handbücher sind ein brauchbares Arbeitsmittel, wenn sie auch nach Qualität und Quantität hinter LINDZEY & ARONSON (s. unten) zurückstehen müssen. Ärgerlich ist, daß das Erscheinen insbesondere des 2. Halbbandes, der die Inhalte bzw. Gegenstandsbereiche der Sozialpsychologie behandelt, durch einige Handbuchautoren bis zu fünf Jahren verschleppt wurde; einige seiner Kapitel stammen aus 1967, erschienen aber erst 1972.

Das zweifellos kompetenteste und umfassendste Handbuch der Sozialpsychologie ist:

LINDZEY, G. & E. ARONSON (Eds.) 1968/69. The Handbook of Social Psychology. 2nd. Ed. Reading, Mass.: Addison-Wesley.

Es ist Nachfolger des 1954 erschienenen zweibändigen „Handbook of Social Psychology" von LINDZEY und liegt *in 5 Bänden* (Gesamtpreis je nach Dollar-Kurs ca. DM 250,–) mit folgenden Schwerpunkten vor:

Vol. 1: *Historische Einführung, Systematische Positionen*
(S-R-Theorie, Mathematische Modelle; Freudianische Psychologie; Kognitive Theorien; Feldtheorie; Rollentheorie; Organisationen)

Vol. 2: *Forschungsmethoden*
(Experiment; Datenanalyse und Statistik; Einstellungsmessung; Simulationsstudien; Beobachtungsmethoden; Messung sozialer Wahlen; Interviewmethoden; Inhaltsanalyse; Kulturvergleich; Forschung an Tieren)

Vol. 3: *Das Individuum im sozialen Kontext*
(Psychophysiologische Ansätze; Soziale Motivation; Einstellungen und Einstellungsänderung; Soziale Wahrnehmung; Personwahrnehmung; Sozialisation; Persönlichkeit und soziale Interaktion; Psycholinguistik; Lachen, Humor und Spiel; Ästhetik)

Vol. 4: *Gruppenpsychologie und Interaktion*
(Gruppenproblemlösen; Gruppenstruktur: Attraktion, Koalitionen, Macht, Führerverhalten; Sozialstruktur und Verhalten; Vergleichende Kulturpsychologie, Nationalcharakter; Kollektives Verhalten; Sozialpsychologie der Tiere)

Vol. 5: *Angewandte Sozialpsychologie*
(Vorurteile und ethnische Beziehungen; Wirkung von Massenmedien-Kommunikation; Industrielle Sozialpsychologie; Psychologie und Wirtschaft; Politisches Verhalten; Sozialpsychologie der Erziehung; Internationale Beziehungen; Psychologie der Religion; Sozialpsychologie und Mental Health).

Wenn auch Anfänger und Nebenfachstudierende der Sozialpsychologie vermutlich am Schwierigkeitsgrad, vielleicht auch an der Fremdsprache dieses Handbuchs scheitern können: Für jede anzufertigende Einzelarbeit auf dem Gebiet der Sozialpsychologie – sei sie empirisch oder nichtempirisch, sei sie kritisch oder affirmativ, schriftlich oder nicht-schriftlich, Einzel- oder Gruppenarbeit – empfiehlt sich ein Blättern im Handbuch, um den Stellenwert des zu behandelnden Gegenstandes im Kontext der Sozialpsychologie angemessen beurteilen zu können.

6.7 Fachzeitschriften

Forschungsergebnisse, wissenschaftliche „Entdeckungen", Kontroversen etc. werden zumeist – wenn auch stets bereits stark verspätet – in Fachzeitschriften abgedruckt. Die bisher erwähnten Lehr-, Hand- und Lesebücher stellen demgegenüber meist nur Sekundärliteratur dar. Nur wer einige Fachzeitschriften regelmäßig liest, kann rechtzeitig erkennen, was im Positiven wie im Negativen neu und aktuell ist.

Seit 1970 erscheint in der BRD die

„Zeitschrift für Sozialpsychologie" (Hrsg. H. Feger; C. F. Graumann; K. Holzkamp; M. Irle) Bern-Stuttgart-Wien: Huber (jährl. 4 Hefte; Preis pro Band DM 80,–; Studenten 40,–).

Dabei handelt es sich um eine gute Fachzeitschrift mit international vergleichbarem Niveau. Ihre Aufteilung in Theorie-, Empirie- und Diskussions-Teil stellt eine handliche, pragmatische Lösung dar.

Als wichtige englischsprachige Fachzeitschriften seien genannt:

Journal of social psychology (J. Soc. Psychol.) (früher: Journal of Abnormal and Social Psychology);
Journal of personality and social psychology (J. Pers. Soc. Psychol.);
Journal of experimental social psychology (J. Exp. Soc. Psychol.);
European journal of social psychology (Europ. J. Soc. Psychol.).

Wichtige sozialpsychologisch relevante Sammelreferate und Berichte über neuere theoretische Ansätze erscheinen auch in den psychologischen Zeitschriften

Psychological review (Psychol. Rev.);
Psychological bulletin (Psychol. Bull.)

Entsprechend einer gewissen Überschneidung des Fachgebiets Sozialpsychologie mit der Soziologie erscheinen manche sozialpsychologischen Arbeiten in soziologischen Fachzeitschriften. Sie sollen hier nicht alle aufgeführt werden; erwähnt seien nur die deutschsprachigen

Kölner Zeitschrift für Soziologie und Sozialpsychologie (KZfSS);
Zeitschrift für Soziologie (ZfS).

Eine ausgezeichnete, wenn auch etwas unregelmäßig erscheinende Zeitschrift, die ausschließlich Überblicksreferate über wichtige Theorien und Anwendungsgebiete der Sozialpsychologie gibt, stellt die von Berkowitz herausgegebene Reihe

Advances in experimental social psychology (L. Berkowitz, Ed.; New York: Academic Press)

dar. Von 1964 bis 1977 sind zehn Bände erschienen. Gemäß der bereits im 1. Kapitel dieser Einführung aufgezeigten Verzahnung der Sozialpsychologie mit den anderen psychologischen Teildisziplinen wird man einen vollständigen Überblick über sozialpsychologische Forschungsarbeiten erst gewinnen können, wenn man alle wichtigen Fachzeitschriften (also auch pädagogisch-psychologische, allgemein-psychologische, gemischte Zeitschriften) durchsieht. Da dies auch Prof(i)s nicht möglich sein dürfte, stellt sich von selbst wieder die Frage nach in Handbüchern vorzulegenden Überblicksreferaten und handlichen Nachschlagewerken.

6.8 Forschungsberichte

Eine immer größer werdende Zahl originaler psychologischer Forschungsarbeiten wird unmittelbar nach ihrer Fertigstellung in Form von Forschungsberichten bzw. Institutsberichten, d. h. von den Wissenschaftlern und ihren Institutionen selbst hergestellten und verbreiteten Heften publiziert. Diese einen „grauen Markt" bildenden Forschungspapiere erreichen Kollegen und sonstige Interessenten, also auch Studierende in der

Regel wesentlich schneller als jede andere Form der Veröffentlichung. Hier bietet sich aber auch für den Studierenden die Möglichkeit, unmittelbaren Einblick in laufende empirische Projekte etc. zu nehmen und womöglich mit den Verfassern über ihre Arbeiten zu diskutieren. Als Beispiel seien die

Bielefelder Arbeiten zur Sozialpsychologie, Psychologische Forschungsberichte, herausgegeben von H. D. Mummendey, Universität Bielefeld, Postfach 8640, 4800 Bielefeld 1 (bis 4/79 insgesamt 48 Hefte)

oder die

Berichte aus dem Psychologischen Institut der Universität Bonn, herausgegeben vom Psychol. Institut der Universität Bonn, Abt. Methodik, An der Schloßkirche, 5300 Bonn 1 (bis Ende 1978 insgesamt 22 Hefte)

erwähnt. Weitere Reihen von Forschungsberichten werden u. a. auch von den Sonderforschungsbereichen (SFB) an den Universitäten Erlangen-Nürnberg, Konstanz und Mannheim herausgegeben. Gewöhnlich wird ein Teil der in solchen Berichten erfaßten theoretischen oder methodischen Abhandlungen oder empirischen Projektberichte später – z. B. in Fachzeitschriften – gedruckt, doch kann dies, geht man vom gegenwärtigen Normalfall aus, mehrere Jahre dauern.

6.9 Nachschlagewerke

Als umfassendstes Nachschlagewerk psychologischer (und auch sozialpsychologischer) Publikationen dienen die von der American Psychological Association herausgegebenen

Psychological abstracts,

eine Zeitschrift, die in jeder brauchbaren Hochschul-Bibliothek vorhanden ist. Die bereits über mehrere Jahrzehnte zurückreichenden, jährlich erscheinenden Bände enthalten Kurzzusammenfassungen (Abstracts) und Literaturangaben fast aller in psychologischen Fachzeitschriften oder in Buchform erscheinenden Arbeiten. Wichtigste Hilfe zum Auffinden einzelner Arbeiten oder ganzer Gegenstandsbereiche sind ein ausführliches Namens- und Sachstichwort-Register. Da alle seit 1967 in den Psychological abstracts gespeicherten Informationen in maschinenlesbarer Form vorliegen, ist es möglich, einen „Search“ zu beantragen, d. h. gemäß bestimmten, vorgegebenen Stichworten Abstracts heraussuchen und ausdrucken zu lassen. Anträge können gestellt werden an:

Zentralstelle für Psychologie Information und Dokumentation an der Universität Trier, Schneidershof, Postfach 3825, 5500 Trier.

Die Computersuche nach Fachliteratur ist so gut und so schlecht wie Präzision und Trennschärfe der vorgegebenen Stichwörter. Da sie nicht kostenlos ist und z. Zt. noch längere Zeit in Anspruch nimmt, empfiehlt sie sich nur bei größeren und längeren Forschungsarbeiten. Die Trierer Zentralstelle verfügt auch über eine Sammlung der Forschungsberichte des „grauen Marktes“ (vgl. 6.8).

Ein weiteres informatives Nachschlagewerk stellen die

CURRENT CONTENTS

dar, die mehrmals monatlich erscheinen. Hierin findet der Leser die Inhaltsverzeichnisse von Zeitschriften, Verzeichnisse von Bucherscheinungen zu spezifischen Fragestellungen (z. B. zum Stichwort „genetische Manipulation“ oder „Einstellung und Verhalten“), Kurzdarstellungen von Büchern und Übersichten über Neuerscheinungen auf dem Buchmarkt. Für den sozialpsychologisch orientierten Leser sind die Hefte für die „Social and behavioral sciences“ zu empfehlen (hierunter werden Psychologie, Sozialmedizin, Soziologie, Ökonomie, Pädagogik etc. verstanden).

Als Nachschlagewerk könnte auch die jährlich erscheinende Reihe

ANNUAL REVIEW OF PSYCHOLOGY (Annu. Rev. Psychol.)

bezeichnet werden (bis 1979 sind 30 Bände erschienen). Hier werden in periodisch wiederkehrenden Sammelreferaten Teilgebiete der Psychologie, z. B. Hauptgebiete der Sozialpsychologie besprochen, indem die zuletzt erschienenen Arbeiten nicht wie in den Psychological Abstracts unverbunden, sondern im Zusammenhang dargestellt und kommentiert werden. Auch diese Reihe enthält ausführliche Namens- und Sachregister. Die zuletzt referierten Teilbereiche der Sozialpsychologie waren z. B. „Einstellungen und Meinungen“, „Experimentelle Psycholinguistik“ „Organisationsentwicklung“, „Kleingruppen“, „Soziale und kulturelle Einflüsse aus Psychopathologie“, „Wirkung von Massenmedien“, „Interpersonale Attraktion“, „Umweltpsychologie“ etc.

6.10 Wörterbücher und Lexika

Es gibt bislang kein spezielles sozialpsychologisches Lexikon. Die wichtigsten sozialpsychologischen Begriffe bzw. Stichwörter finden sich in guten psychologischen, soziologischen und weiteren Wörterbüchern. (In gewisser Weise können aber auch die Stichwortregister von Hand- und Lehrbüchern als Wörterbuchersatz herangezogen werden.) Im folgenden sollen einige psychologische Lexika erwähnt werden; zufrieden dürfte wohl niemand mit irgendeinem dieser Werke sein.

Als kompetentestes Psychologielexikon darf trotz seines Alters immer noch gelten:

English, H. B. & A. C. English 1958. A. Comprehensive Dictionary of Psychological and Psychoanalytical Terms. London: Longmans.

Brauchbar ist ebenfalls:

Wolman, B. B. (Ed.) 1973. Dictionary of Behavioral Science. London: Macmillan. (Deutsch: Stuttgart, Klett 1974).

Ein gutes deutschsprachiges Lexikon ist:

Dorsch, F. 1976 (9 A.). Psychologisches Wörterbuch. Bern–Stuttgart–Wien: Huber.

Leider sind auch diese Werke nicht allzu sehr auf Sozialpsychologie spezialisiert. Das beste sozialpsychologische Wörterbuch wäre demnach vielleicht eines der genannten Lehr- oder Handbücher in Verbindung mit einem guten Englisch-Deutsch-Lexikon, z. B.

Cassell's german & english dictionary 1957. London: Cassell.

Ein dreibändiges *dreisprachiges* Wörterbuch der Psychologie (Band 1: Englisch/Französisch/Deutsch; Band 2: Französisch/Deutsch/Englisch; Band 3: Deutsch/Englisch/Französisch) ist:

Duijker, H. C. J. (Hrsg) 1975. Trilingual Psychological Dictionary/Dreisprachiges Psychologisches Wörterbuch/Dictionnaire de Psychologie en trois langues. Bern: Huber.

Das umfangreichste deutschsprachige Psychologie-Lexikon, das zumindest den Vorzug der einigermaßen sorgfältigen Abfassung der meisten Hauptstichwörter aufweist, ist das

Lexikon der Psychologie (Herder-Lexikon) 1971. (Hrsg. Arnold, Eysenck, Meili). Freiburg: Herder.

Leider erscheint die Auswahl der sozialpsychologischen Haupt- und Nebenstichwörter völlig unsystematisch. Dies gilt aber auch noch für die folgenden, kleineren Wörterbücher und Lexika:

dtv-Wörterbuch zur Psychologie 1968. (von J. Drever & W. D. Fröhlich) München: Deutscher Taschenbuch-Verlag.

Fischer-Lexikon Psychologie 1957. (Hrsg. P. Hofstätter) Frankfurt a. M.: Fischer Taschenbuch Verlag.

Michel, C., Novak, F. 1975. Kleines psychologisches Wörterbuch. Freiburg: Herderbücherei.

Dietrich, G. & H. Walter 1970. Grundbegriffe der psychologischen Fachsprache. München: Ehrenwirth.

Eher ein kleines Handbuch als ein Wörterbuch, dafür aber zum größten Teil sehr kompetent verfaßt, ist das

Handbuch psychologischer Grundbegriffe. 1977. (Hg. Th. Herrmann, P. R. Hofstätter, H. P. Huber, F. E. Weinert). München: Kösel.

Leider liegt in Bezug auf *Sozialpsychologie* nirgendwo eine annähernd repräsentative, einigermaßen vollständige Sammlung der wissenschaftlichen Grundbegriffe vor. Die sozialpsychologische Wörterbuchlage darf insgesamt als schlecht bezeichnet werden. Der Studierende sollte den Büchermarkt beobachten: Vielleicht erscheint eines Tages einmal auch ein sozialpsychologisches Wörterbuch oder Lexikon in deutscher Sprache.

Literatur

ADORNO, T. W., FRENKEL-BRUNSWIK, E., LEVINSON, D. J. & SANFORD, R. N. 1950. The authoritarian personality. New York.

ADORNO, T. W. u. a. 1972. Der Positivismusstreit in der deutschen Soziologie. Neuwied.

AHRENS, H. J. 1974. Multidimensionale Skalierung. Weinheim.

ALLPORT, F. H. 1924. Social psychology. New York.

ALLPORT, G. W. 1969. The historical background of social psychology. In: LINDZEY, G. & ARONSON, E. (Eds.): The handbook of social psychology. Vol 1, 1–80. Reading Mass.

AIKEN, E. G. 1965. Interaction process analysis changes accompanying operant conditioning of verbal frequency in small groups. *Perceptual and Motor Skills,* 21, 52–54.

AJZEN, I. & FISHBEIN, M. 1977. Attitude-behavior relations: A theoretical analysis and review of empirical research. Psychological Bulletin, 84, 888–918.

ALBRECHT, G. 1975. Nicht-reaktive Messung und Anwendung historischer Methoden. In: KOOLWIJK, J. v. & WIEKEN-MAYSER, M. (Hrsg.): Techniken der empirischen Sozialforschung. 2. Band. München. S. 9–81.

ANDERSON, N. H. 1965. Averaging versus adding as a stimulus-combination rule impression formation. *Journal of Experimental Psychology, 70,* 394–400.

ANDERSON, N. H. & HOVLAND, C. I. (Ed.): The representation of order effects in communication research. In: HOVLAND, C. I. (Ed.): The order or presentation in persuasion. New Haven.

ANGER, H. 1969. Befragung und Erhebung. In: GRAUMANN, C. F. (Hrsg.) (1969) S. 567–17.

ARGYLE, M. 1975. Bodily communication. London.

ARGYLE, 1972. Soziale Interaktion. Köln. Englische Ausgabe: London 1969.

ASCH, S. E. 1952. Effects of group pressures upon the modification and distortion of judgements. In: NEWCOMB, T. M. & HARTLEY, E. L. (Eds.): Readings in social psychology. New York.

AUTORENGRUPPE BIELEFELDER SOZIOLOGEN. 1973. Alltagswissen, Interaktion und gesellschaftliche Wirklichkeit. 2 Bde. Hamburg.

AUTORENKOLLEKTIV WISSENSCHAFTSPSYCHOLOGIE. 1975. Materialistische Wissenschaft und Psychologie. Köln.

BACKMAN, C. W. & SECORD, P. F. (Eds.) 1966. Problems in social psychology. New York.

BANDURA, A. 1962. Social learning through imitation. In: JONES, M. R. *Nebraska Symposium on Motivation.* Lincoln. 211–269.

BANDURA, A. 1965. Vicarious processes: a case of no-trial learning. In: BERKOWITZ, L. (Ed.): *Advances in Experimental social Psychology, Vol. 2,* 3–55.

BANDURA, A. 1971. Analysis of modeling processes. In: BANDURA, A. (Ed.) Psychological modeling. Conflicting theories. Chicago/New York. S. 1–62.

BANDURA, A., GRUSEC, J. E. & MENLOVE, F. L. 1966. Observational learning as a function of symbolization and incentive set. *Child Development, 37,* 499–506.

BANDURA, A., ROSS, D. & ROSS, A. 1963. A comparative test of the status envy, social power, and secondary reinforcement theories of identificatory learning. *Journal of Abnormal and Social Psychology, 67,* 527–534.

BANDURA, A. & WALTERS, R. H. 1975. Der Erwerb aggressiver Verhaltensweisen durch soziales Lernen. In: SCHMIDT-MUMMENDEY & SCHMIDT (Hrsg.) (1975), S. 126–148.

BECKER, J., EULER, R. & MIELKE, R. 1976. Kontextuelle Verhaltensreorganisaiton nach induzierten Verhaltensänderungen. *Zeitschrift für Klinische Psychologie, 5,* 79–91.

BEM, D. J. 1967. Self-perception: An alternative interpretation of cognitive dissonance phenomena. *Psychological review,* 74, 183–200.

BEM, D. J. 1972. Self-perception theory. In: BERKOWITZ, L. (Ed.): *Advances in Experimental Social Psychology.* Vol 6, 1–62.

BEM, D. J. 1970. Beliefs, attitudes, and human affairs. Monterey. Deutsche Ausgabe: Meinungen, Einstellungen, Vorurteile. Zürich 1974.

BENEDICT, R. 1955. Urformen der Kultur. Hamburg.

BENNINGHAUS, H. 1973. Soziale Einstellungen und soziales Verhalten. In: ALBRECHT, G., DAHEIM, H. & SACK, F. (Eds.): Soziologie. Opladen.

BENNINGHAUS, H. 1975: Ergebnisse und Perspektiven der Einstellung-Verhaltens-Forschung. Meisenheim.

BERELSON, B. 1954. Content analysis. In: LINDZEY, G. (Ed.) Handbook of social psychology. Vol I. Reading, Mass., 488–522.

BERGER, H. 1974. Untersuchungsmethode und soziale Wirklichkeit. Frankfurt.

BERGIUS, R. 1976. Sozialpsychologie. Hamburg.

BERKOWITZ, L. 1976. Grundriß der Sozialpsychologie. München.

BESSLER, H. 1970. Aussagenanalyse. Bielefeld.

BICKMAN, L. & HENCHY, T. 1972. Beyond the laboratory. Field research in social psychology. New York.

BIERBRAUER, G. 1976. Attitüden: Latente Strukturen oder Interaktionskonzepte? *Zeitschrift für Soziologie,* 5, 4–16.

BISKY, L. & FRIEDRICH, W. 1971. Massenkommunikation und Jugend. Berlin.

BOESCH, E. E. & ECKENSBERGER, L. H. 1969. Methodische Probleme des interkulturellen Vergleichs. In: GRAUMANN (Hrsg.) (1969), S. 515–566.

BORNEWASSER, M. 1979. Einstellung und Verhalten bei Erzieherinnen im Kindergarten. In: MUMMENDEY, H. D. (Hg.) Einstellung und Verhalten. Psychologische Untersuchungen in natürlicher Umgebung. Bern/Stuttgart/Wien: Huber.

BREDENKAMP, J. 1969. Experiment und Feldexperiment. In: GRAUMANN (Hrsg.) (1969), S. 322–374.

BREHM, J. W. 1966. A. theory of psychologicasl reactance. New York.

BREUER, F., KEIL, W., KLEIBER, D., MEIER, F. & PIONTKOWSKI, U. 1975. Psychologie des wissenschaftlichen Lernens. Münster.

BROWN, R. 1965. Social Psychology. New York.

BRUNER, J. S. & GOODMAN, C. D. 1947. Value and need as organizing factors in perception. *Journal of Abnormal and Social Psychology, 42,* 33–44.

BRUNSWIK, E. 1956: Perception and the representative design of psychological experiments. Berkeley.

BULTHAUP, P. 1974. Zur gesellschaftlichen Funktion der Naturwissenschaften. Frankfurt am Main.

BUNGARD, W. & LÜCK, H. E. 1974. Forschungsartefakte und nichtreaktive Meßverfahren. Stuttgart.

Byrne, D. 1964. Repression-sensitization as a dimension of personality. In: Maher, B. A. (Ed.): Progress in experimental personality research. New York. 169–220.

Campbell, D. T. & Stanley, J. C. 1963. Experimental and quasi-experimental designs for research. In: Gage, N. L. (Ed.): Handbook of research on teaching. Chicago.

Cartwright, D. & Zander, A. (Eds.) 1968. Group dynamics. New York. 3. Aufl.

Chapanis, N. P. & Chapanis, A. 1964. Cognitive dissonance: five years later. *Psychological Bulletin 61*, 1–22.

Chomsky, N. 1974. Aus Staatsraison. Frankfurt.

Cicourel, A. V. 1974. Methode und Messung in der Soziologie. Frankfurt.

Cloetta, B., Dann, H. D. Helmreich, R., Müller-Fohrbrodt, G. & Peifer, H. 1973. Berufsrelevante Einstellungen als Ziele der Lehrerausbildung. *Zeitschrift für Pädagogik, 19,* 919–941.

Collins, B. E. & Raven, B. H. 1969. Group structure: Attraction, coalitions, communication, and power. In: Lindzey, G. & Aronson, E. (Eds.): The Handbook of Social Psychology. Vol 4, Reading, Mass. 102–204.

Cranach, M. v. 1965. Meinungsänderung durch eigens Handeln. *Psychologische Forschung,* 28, 89–152.

Cranach, M. v. & Frenz, H. G. 1969. Systematische Beobachtung. In: Graumann (Hrsg.) (1969), S. 269–331.

Cranach, M. v., & Konau, E. 1970. Die Elemente der Interaktion als unerkanntes Kerngebiet der Sozialpsychologie. Wissenschaftsfortschritt und Problemzuwachs. *Zeitschrift für Sozialpsychologie, 1,* 377–383.

Davis, J. H. 1969. Group performance. Reading.

Dawes, R. M. 1977. Grundlagen der Einstellungsmessung. Weinheim.

Deutsch, M. & Krauss, R. M. 1965. Theories in social psychology. New York. Deutsche Ausgabe: Theorien der Sozialpsychologie, 1976. Frankfurt.

Deutscher, I. 1973. What we say/what we do. Sentiments and acts. Glenview, Ill.

Dollard, J., Doob, L., Miler, N., Mowrer, O. & Sears, R. 1939. Frustration and aggression. New Haven.

Dollase, R., 1973. Soziometrische Techniken. Weinheim.

Dröge, F. 1972. Wissen ohne Bewußtsein – Materialien zur Medienanalyse. Frankfurt am Main.

Dröge, F., Weissenborn, R. & Haft, A. 1969. Wirkungen der Massenkommunikation. Münster.

Edwards, A., L. 1957. Techniques of attitude scale construction. New York.

Ferster, C. B. & Skinner, B. F. 1957. Schedules of reinforcement. New York.

Festinger, L. 1950. Informal social communication. *Psychological Review, 57,* 271–282.

Festinger, L. 1957. A theory of cognitive dissonance. Stanford. Deutsche Ausgabe: Die Theorie der kognitiven Dissonanz, 1978. Bern/Stuttgart/Wien.

Festinger, L. 1964. Conflict, decision, and dissonance. Stanford.

Festinger, L. & Carlsmitz, J. M. 1959. Cognitive consequences of forced compliance. *Journal of Abnormal and Social Psychology. 58,* 203–210.

Fishbein, M. & Ajzen, I. 1975. Belief, attitude, intention, and behavior. Reading, Mass.

Freedman, J. L. & Sears, D. O. 1965. Selective exposure. In: Berkowitz, L. (Ed.) *Advances in Experimental Social Psychology, Vol 2,* 58–97.
Frey, D. (Hrsg.) 1978. Kognitive Theorien der Sozialpsychologie. Bern/Stuttgart/Wien.
Freud, S. 1940. Vorlesungen zur Einführung in die Psychoanalyse. Gesammelte Werke, 11. Band. London.
Frey, H. P. 1972. Verhalten und Einstellung. *Soziale Welt, 23,* 257–268.
Friedrich, W. 1972. Methoden der marxistisch-leninistischen Sozialforschung. Berlin.
Friedrich, W. & Hennig, W. 1975. Der sozialwissenschaftliche Forschungsprozeß. Berlin.
Friedrich, W. & Hennig, W. 1975. Grundprobleme der Befragung. In: Friedrich, W. & Hennig, W. (1975), S. 368–420.
Friedrichs, J. 1973. Methoden empirischer Sozialforschung. Reinbek.
Gadenne, V. 1978: Ableitung und Prüfung psychologischer Theorien. *Zeitschrift für Sozialpsychologie, 9,* 66–77.
Gergen, K. J. 1973. Social psychology as history. *Journal of Personality and Social Psychology, 26,* 309–320.
Gerst, M. S. 1971. Symbolic coding processes in observational learning. *Journal of Personality and Social Psychology, 19,* 7–17.
Goffman, E. 1963. Behavior in public places. New York.
Goldiamond, I. 1972. Justified and unjustified alarm over behavioral control. In: Ulrich, R. & Mountjoy, P. (1972).
Goranson, E. 1970. Media violence and aggressive behavior: A review of experimental research. In: Berkowitz, L. (Ed.): *Advances in Experimental Social Psychology, Vol. 5,* 2–31.
Goslin, D. A. (Ed.) 1969. Handbook of socialization theory and research. Chicago.
Graumann, C. F. 1960. Eigenschaften als Problem der Persönlichkeitsforschung. In: Lersch, Ph. & Thomae, H. (Hrsg.): Handbuch der Psychologie. Bd. 4 Persönlichkeitsforschung und Persönlichkeitstheorie. Göttingen, 87–154.
Graumann, C. F. (Hrsg.) 1969. Handbuch der Psychologie, Bd. 7, Sozialpsychologie; 1. Halbband: Theorien und Methoden. Göttingen.
Graumann, C. F. 1969 a. Sozialpsychologie: Ort, Gegenstand, Aufgabe. In: Graumann, C. F. (Hrsg.) (1969) 3–80.
Graumann, C. F. (Hrsg.) 1972. Handbuch der Psychologie, Bd. 7, Sozialpsychologie; 2. Halbband: Forschungsbereiche. Göttingen.
Graumann, C. F. 1972 a. Interaktion und Kommunikation. In: Graumann, (Hrsg.) (1972), 1109–1262.
Graumann, C. F. 1976. Die ökologische Fragestellung – 50 Jahre nach Hellpachs „Psychologie der Umwelt". In: Kaminski, G. (Hg.) Umweltpsychologie. Stuttgart, 21–25.
Graumann, C. F. (Hrsg.) 1978: Ökologische Perspektiven in der Psychologie. Bern/Stuttgart/Wien.
Green, B. F. 1954. Attitude measurement. In: Lindzey, G. (Ed.): Handbook of social psychology. New York, 335–369.
Groeben, N. 1975. Vom behavioralen zum epistemologischen Subjektmodell: Paradigmenwechsel in der Psychologie? Diskussionspapier, Heidelberg.

Groeben, N. & Westmeyer, H. 1975. Kriterien psychologischer Forschung. München.

Groskurth, P. & Volpert, W. 1975. Lohnarbeitspsychologie. Frankfurt.

Guskin, A. E. & Guskin, S. L. 1973. Sozialpsychologie in Schule und Unterricht. Ulm.

Guthrie, E. R. 1935. The psychology of learning. New York.

Haag, F., Krüger, H., Schwärzel, W. & Wildt, J. 1972. Aktionsforschung: Forschungsstrategien, Forschungsfelder und Forschungspläne. München.

Harary, F., Norman, R. Z. & Cartwright, D. 1965. Structural models: An introduction to the theory of directed graphs. New York.

Harré, R. & Secord, P. F. 1972. The explanation of social behaviour. Oxford.

Hartley. E. L. & Hartley, R. E. 1955. Die Grundlagen der Sozialpsychologie. Berlin.

Hartmann, H. 1972. Empirische Sozialforschung. München.

Heider, F. 1944. Social perception and phenomenal causality. *Psychological Review, 51,* 358–374.

Heider, F. 1958. The psychology of interpersonal relations. New York.

Hempel, C. G. 1974. Philosophie der Naturwissenschaften. München.

Hennig, W. 1975. Schätzskalen. In: Friedrich, W. & Hennig, W. (Hrsg.) (1975) S. 345–367.

Herkner, W. 1975. Einführung in die Sozialpsychologie. Bern/Stuttgart/Wien.

Herrmann, T. 1971. Über einige Einwände gegen die nomothetische Psychologie. *Zeitschrift für Sozialpsychologie, 2,* 123–149.

Herrmann, Th. 1969. Lehrbuch der empirischen Persönlichkeitsforschung. Göttingen.

Herrmann, T. 1977: Die Psychologie und ihre Forschungsprogramme. Göttingen.

Hiebsch, H. 1966. Sozialpsychologische Grundlagen der Persönlichkeitsformung. Berlin.

Hiebsch, H. & Sprung, L. (Hrsg.) 1973. Aufgaben, Perspektiven und methodologische Grundlagen der marxistischen Psychologie in der DDR. Berlin.

Hiebsch, H. & Vorweg, M. 1972. Einführung in die marxistische Sozialpsychologie. Berlin.

Hilgard, E. R. & Bower, G. H. 1973. Theorien des Lernens. 2 Bde. Stuttgart.

Höhn, E. & Seidel, G. 1969. Soziometrie. In: Graumann, C. F. (Hrsg.) (1969) S. 375–397.

Hörmann, H. 1967. Psychologie der Sprache. Berlin.

Hofstätter, P. R. 1967. Einführung in die Sozialpsychologie. Stuttgart.

Hofstätter, P. R. 1971. Gruppendynamik. Hamburg.

Holzkamp, K. 1972. Kritische Psychologie. Vorbereitende Arbeiten. Frankfurt am Main.

Holzkamp, K. 1973. Sinnliche Erkenntnis – historischer Ursprung und gesellschaftliche Funktion der Wahrnehmung. Frankfurt.

Holzkamp, K. 1977: Die Überwindung der wissenschaftlichen Beliebigkeit psychologischer Theorien durch die kritische Psychologie. Teil 1 und 2. *Zeitschrift für Sozialpsychologie, 8,* 1–22, 78–97.

Holsti, O. R. 1969. Content analysis. In: Lindzey & Aronson (Eds.) (1968/69) Vol. II, S. 596–692.

Homans, G. C. 1972 a. Elementarformen sozialen Verhaltens. Opladen.

HOMANS, G. C. 1972b. Grundlegende soziale Prozesse. In: HOMANS, G. C. (Hrsg.) Grundfragen soziologischer Theorie. Opladen.

HOVLAND, C. I., JANIS, I. L. & KELLEY, H. H. 1953. Communication and persuasion. New Haven.

HOVLAND, C. I., LUMSDAINE, A. A. & SHEFFIELD, F. D. 1949. Experiments on mass communication. New York.

IRLE, M. (Hrsg.) 1969. Texte aus der experimentellen Sozialpsychologie. Neuwied.

IRLE, M. 1975. Lehrbuch der Sozialpsychologie. Göttingen.

IRLE, M. (Hg.) 1978. Kursus der Sozialpsychologie. 3 Bände. Neuwied.

ITTELSON, W. H.; PROSHANSKY, H. M.; RIVLIN, L. G. & WINKEL, G. H. 1977: Einführung in die Umweltpsychologie. Stuttgart.

JONES, E. E. & DAVIS, K. E. 1965. From acts to dispositions: The attribution process in person perception. In: BERKOWITZ, L. (Ed.) *Advances in Experimental Social Psychology, Vol. 2,* New York. 219–266.

JONES, E. E. & GERARD, H. B. 1967. Foundations of social psychology. New York.

JONES, E. E., KANOUSE, D. E., NISBETT, R. E., VALINS, S. & WEINER, B. 1971. Attribution: Perceiving the causes of behavior. Morristown, N. J.: General Learning Press.

JORDON, N. 1953. Behavioral forces that are a function of attitudes and of cognitive organization. *Human Relations, 6,* 273–287.

KAMINSKI, G. 1976. Einführung und Vorschau. In: KAMINSKI, G. (Hg.) Umweltpsychologie. Stuttgart, 10–19.

KANFER, F. H. & PHILIPS, J. S. 1975. Lerntheoretische Grundlagen der Verhaltenstherapie. München.

KARDINER, A. 1939. the individual and his society. New York.

KATZ, E. & LAZARSFELD, P. F. 1962. Persönlicher Einfluß und Meinungsbildung. München.

KAUFMANN, H. 1973. Social psychology. The study of human interaction. New york.

KAUFMANN, H. & SOLOMON, L. Z. (Eds.) 1973. Readings in social psychology. New York.

KELLEY, H. H. 1967. Atribution theory in social psychology. In: LEVINE, D. (Ed.) *Nebraska Symposium on Motivation.* Lincoln. 192–238.

KELLEY, H. H. 1973. the process of causal attribution. *The American Psychologist, 28,* 107–128.

KIESLER, Ch. A. & KIESLER, S. B. 1970. Conformity. Reading. 2. Aufl.

KIRCHHOFF, R. 1972. Handbuch der Psychologie, Band 5: Ausdruckspsychologie. Göttingen.

KLAPPER, J. 1960. The effects of mass communication. Glencoe, Ill.

KRECH, D. & CRUTCHFIELD, R. S. 1974. Grundlagen der Psychologie. Weinheim.

KRECH, D., CRUTCHFIELD, R. S. & BALLACHEY, E. L. 1962. Individual in society. New York.

KRUSE, L. 1978: Ökologische Fragestellungen in der Sozialpsychologie. In C. F. GRAUMANN (Hrsg.) Ökologische Perspektiven in der Psychologie. Bern/Stuttgart/Wien.

KUHN, T. S. 1973. Die Struktur wissenschaftlicher Revolutionen. Frankfurt.

LAMBERT, W. W., SOLOMON, R. L. & WATSON, P. D. 1949. Reinforcement and extinction as factors in size estimation. *Journal of Experimental Psychology, 39,* 637–641.

LAMBERT, W. W. & LAMBERT, W. E. 1964. Social psychology. Englewood Cliffs, N. J.

LEHR, U. 1969. Die Frau im Beruf. Eine psychologische Analyse der weiblichen Berufsrolle. Frankfurt am Main.

LEHR, U. 1972. Das Problem der Sozialisation geschlechtsspezifischer Verhaltensweisen. In: GRAUMANN, (Hrsg.) (1972), 886–954.

LEWIN, K. 1951. defining the field at a given time. In: MARX, M. H. (Ed.) Psychological theory. New York. 527–542.

LEWIN, K. 1963. Feldtheorie in den Sozialwissenschaften. Bern.

LIENERT, G. A. 1969. Testaufbau und Testanalyse. 3. Aufl. Weinheim.

LILLI, W. 1975. Soziale Akzentuierung. Stuttgart.

LILLI, W. & LEHNER, F. 1971. Stereotype Wahrnehmung. *Zeitschrift für Sozialpsychologie 2,* 285–294.

LILLI, W. & LEHNER, F. 1972. Akzentuierung und klassifikatorische Wahrnehmung. *Zeitschrift für experimentelle und angewandte Psychologie, 19,* 109–121.

LINDGREN, H. C. 1973. Einführung in die Sozialpsychologie. Weinheim.

LINDZEY, G. & ARONSON, E. (Eds.) 1968/69. Handbook of social psychology. 5 Vols. Reading, Mass.

LIPPITT, R. & WHITE, R. 1947. An experimental study of leadership and group life. In: NEWCOMB, T. & HARTLEY, E. (Eds.) Readings in social psychology. New York.

LUCHINS, A. S. 1957. Experimental attempts to minimize the impact of first impressions. In: HOVLAND, C. I. (Ed.) the order of presentation in persuasion. New Haven.

LÜCK, H. E. & MANZ, W. 1973. Die Technik der verlorenen Briefe – ein neues Instrument verhaltensbezogener Einstellungsmessung? *Zeitschrift für Soziologie, 2,* 352–365.

LUMSDAINE, A. A. & MAY, M. A. 1965. Mass communication and educational media. *Annual Review of Psychology, 16,* 475–534.

MAHONEY, M.-J. 1974. Cognitive and behavior modification. Cambridge, Mass.

MARX, K. 1972. Das Kapitel, Bd. 1. Berlin (DDR)

MASTERS, W. H. & JOHNSON, V. E. 1966. Human sexual response. Boston.

MALETZKE, G. 1972. Massenkommunikation. In: GRAUMANN (Hrsg.) (1972), 1511–1536.

MANN., L. 1972. Sozialpsychologie. Weinheim.

MCDAVID, I. W. & HARARI, H. 1968. Social psychology: Individuals, groups, societies. New York.

MCGINNIES, E. 1970. Social behavior: A functional analysis. Boston.

MCGUIRE, 1969. the nature of attitudes and attitude change. In: LINDZEY, G. & ARONSON, E. (Eds.): Handbook of social psychology, Vol. III, Reading, Mass., 136–314.

MCGUIRE, W. J. 1973. The yin and yang of progress in social psychology: Seven koan. *Journal of Personality and Social Psychology, 26,* 446–456.

MEAD, G. H. 1934. Mind, self and society. From the standpoint of a social behaviorist. Chicago. Deutsche Ausgabe: Geist, Identität und Gesellschaft. Aus der Sicht des Sozialbehaviorismus. Frankfurt 1968.

MEAD, M. 1970. Jugend und Sexualität in primitiven Gesellschaften. 3 Bde. München.

MEILI, R. 1972. Das psychologische Experiment. In: MEILI, R. & ROHRBACHER, H. (Hrsg.): Lehrbuch der experimentellen Psychologie. Bern. 1–18.

MEINEFELD, W. 1977. Einstellung und soziales Handeln. Reinbek.

MERRITT, C. B. & FOWLER, R. G. 1948. The pecuniary honesty of the public at large. *Journal of Abnormal and Social Psychology, 43,* 90–93.

MERTENS, W. 1975. Sozialpsychologie des Experiments. Das Experiment als soziale Interaktion. Hamburg.

MERTENS, W. & FUCHS, G. 1978: Krise der Sozialpsychologie? München.

METZGER, W. 1975. Gestalttheorie und Gruppendynamik. *Gruppendynamik 6,* 311–331.

MIELKE, R. 1979. Einstellung und Verhalten bei Lehrern. In: MUMMENDEY, H. D. (Hg.) Einstellung und Verhalten. Psychologische Untersuchungen in natürlicher Umgebung. Bern/Stuttgart/Wien: Huber.

MILLER, N. E. & DOLLARD, J. 1941. Social learning and imitation. New Haven.

MILLER, G. A., GALANTER, E. & PRIBRAM, K. 1973. Strategien des Handelns. Pläne und Strukturen des Verhaltens. Stuttgart.

MITSCHERLICH, A. & MUCK, M. 1969. Der psychoanalytische Ansatz in der Sozialpsychologie. In: GRAUMANN (1969), 108–132.

MITTELSTRASS, J. (Hrsg.) 1975. Methodologische Probleme einer normativ-kritischen Gesellschaftstheorie. Frankfurt.

MORENO, J. L. 1934. Who shall survive? Washington.

MOSCOVICI, S. 1972. Society and theory in social psychology. In: ISRAEL, J. & TAJFEL, H.: The context of social psychology. A critical assessment. London, 17–68.

MOSCOVICI, S. (Hrsg.). Forschungsgebiete der Sozialpsychologie. 2 Bände. Frankfurt.

MOWRER, O. H. 1960. Learning theory and the symbolic processes. New York.

MUELLER, E. F. & THOMAS, A. 1974. Einführung in die Sozialpsychologie. Göttingen.

MUMMENDEY, H. D. 1977. Einstellungen (sets) bei der Erforschung der Beziehung zwischen Einstellungen (attitudes) und offenem Verhalten. *Bielefelder Arbeiten zur Sozialpsychologie* Nr. 17 (März 1977).

MUMMENDEY, H. D. (Hg.) 1979. Einstellung und Verhalten. Psychologische Untersuchungen in natürlicher Umgebung. Bern/Stuttgart/Wien: Huber.

NEWCOMB, T. 1953. An spproach to the study of communicative acts. *Psychological Review, 60,* 393–494.

NUTTIN, J. M. (jr.) 1966. Attitude change after rewarded dissonant and consonant „forced compliance". *International Journal of Psychology, 1,* 39–57.

NUTTIN, J. M. (jr.) 1975. The illusion of attitude change. London.

ORA, J. P. 1965. Characteristics of the volunteer für psychological investigations. Technical report No. 27, Office of Naval Research 149 (03).

ORNE, M. T. 1962. On the social psychology of the psychological experiment: With particular reference to demand characteristics and their implications. *American Psychologist, 17,* 776–783.

OSGOOD, C. E., SUCI, G. A. & TANNENBAUM, P. H. 1957. The measurement of meaning. Urbana.

Osgood, C. E. & Tannenbaum, P. H. 1955. The principle of congruity in the prediction of attitude change. *Psychological Review, 62,* 42–55.
Osgood, C. E. 1963. Psycholinguistics. In: Koch, S. (Ed.) Psychology: A study of a science. Vol. VI, New York, 244–316.
Page, M. M. 1973. Effects of demand cues and evaluation apprehension in an attitude change experiment. *Journal of Social Psychology, 89,* 55–62.
Piontowski, U. 1976. Psychologie der Interaktion. München.
Pinther, A. 1975. Beobachtung. In: Friedrich, W. & Hennig, W. (Hrsg.) (1975), 497–518.
Plon, M. 1970. A propos d'une controverse sur les effets d'une menace en situation de négociation. *Bulletin de Psychologie, 23,* 268–282.
Popper, K. 1971. Logik der Forschung. Tübingen.
Proshansky, H. M., Ittelson, W. H. & Rivlin, L. G. (Eds.) 1970. Environmental psychology: Man and his physical settings. New York.
Proshansky, H. & Seidenberg, B. (Eds.) 1965. Basic studies in social psychology. New York.
Rosenberg, M. J. 1960. An analysis of affective-cognitive consistency. In: Hovland, C. J. & Rosenberg, M. J. (Eds.) Attitude organization and change. New Haven. 15–64.
Rosenthal, R. 1966. Experimenter effects in behavioral research. New York.
Rosenthal, R. & Rosnow, R. L. (Eds.) 1969. Artifact in behavioral research. New York.
Sader, M. 1969. Rollentheorie. In: Graumann (Hrsg.) (1969), 204–231.
Schachter, S. 1959. The psychology of affiliation. Stanford.
Schachter, S. & Singer, J. E. 1962. Cognitive, social, and physiological determinants of emotional state. *Psychological Review. 69,* 379–399.
Scheerer, M. 1974. Cognitive theory. In: Lindzey, G. (Ed.) Handbook of social psychology. Vol. 1 Reading. 91–142.
Scherer, K. R. 1970. Non-verbale Kommunikation. Hamburg.
Scherer, K. R. 1974. Rezension von: Jones, E. E. et al. Attribution: Perceiving the causes of behavior. Morristown. *Zeitschrift für Sozialpsychologie, 5,* 324–332.
Schlenker, H. B. 1974. social psychology and sciences. *Journal of Personality and Social Psychology, 29,* 1–15.
Schmidt, H. D., Brunner, E. J. & Schmidt-Mummendey, A. 1975. Soziale Einstellungen. München.
Schmidt, H. D., Schmerl, C., Krameyer, A., Steinbach, D., Wagner, A. & Schmidt-Mummendey, A. 1973. Frauenfeindlichkeit, Sozialpsychologische Aspekte der Misogynie. München.
Schmidt-Mummendey, A. 1975. Bedingungen aggressiven Verhaltens. 2. Aufl. Bern/Stuttgart/Wien.
Schmidt-Mummendey, A. & Schmidt, H. D. (Hrsg.) 1975. Aggressives Verhalten. Neue Ergebnisse der psychologischen Forschung. 3. Aufl. München.
Schneider, H. D. 1975. Kleingruppenforschung. Stuttgart.
Schulze, P. 1973. Zur Übertragbarkeit laborexperimenteller Befunde auf natürliche Situationen. In: Hiebsch & Sprung (Hrsg.) (1973), 39–43.
Secord, P. F. & Backman, C. W. 1964. 2. Aufl. 1974. Social psychology. New York. Deutsche Ausgabe: Sozialpsychologie. Frankfurt (1976).

SEGALL, M. H. CAMPBELL, D. T. & HERSKOVITS, M. J. 1966. The influence of culture on visual perception. Indianapolis.
SELG, H. 1971. Einführung in die experimentelle Psychologie. Stuttgart.
SHANNON, C. E. & WEAVER, W. 1949. The mathematical theory of communication. Urvana. Ill.
SHAW, M. E. & COSTANZO, P. R. 1970. Theories of social psychology. New York.
SHERIF, M. 1936. The psychology of social norms. New York.
SHERIF, M. & HOVLAND, C. 1961. Social judgement. New Haven.
SIEGEL, A. E. & SIEGEL, S. 1957. Reference groups, membership groups, and attitude change. *Journal of Abnormal and Social Psychology, 55,* 36}–364.
SIX, B. 1975. Die Relation von Einstellung und Verhalten. *Zeitschrift für Sozialpsychologie, 6,* 270–296.
SIXTL, F. 1967. Meßmethoden der Psychologie. Weinheim.
SKINNER, B. F. 1953. Science and human behavior. New York.
SKINNER, B. F. 1957. Verbal behavior. New York.
SKINNER, B. F. 1966. Operant behavior. In: HONIG, W. K. (Ed.): Operant behavior: Areas of research and application. New York.
SKINNER, B. F. 1972. Beyond freedom and dignity. New York.
SMITH, M. B., BRUNER, J. S. & WHITE, R. W. 1956. Opinions and Personality. New Haven.
SPENCE, K. W. 1948. The postulates and methods of ‚behaviorism', *Psychological Review, 55,* 67–78.
STAATS, A. W. 1975. Social behaviorism. Homewood, Ill.
STAEUBLE, I. 1972. Politischer Ursprung und politische Funktionen der pragmatistischen Sozialpsychologie. In: NOLTE, H. & STAEUBLE, I. (Hrsg.): Zur Kritik der Sozialpsychologie. München.
STADLER, M., SEEGER, F. & RAEITHEL, A. 1975. Psychologie der Wahrnehmung. München.
STEINER, I. D. & FISHBEIN, M. (Eds.) 1965. Current studies in social psychology. New York.
SWINGLE, P. G. (Ed.) 1973. Social psychology in natural settings. Chicago.
TAJFEL, H. 1963. Stereotypes. *Race, 5,* 3–14.
TAJFEL, H. 1972. Experiments in a vacuum. In: ISRAEL, J. & TAJFEL, H. (Eds.): The context of social psychology. A critical assessment. London, 69–122.
TAUSCH, R. & TAUSCH, A. 1973. Erziehungspsychologie. Göttingen.
THOMAE, H. 1972. Kulturelle Systeme als Sozialisationsvariablen. In: GRAUMANN (Hrsg.) (1972), 715–747.
THOMAE, H. 1972a. Soziale Schichten als sozialisationsvariablen. In: GRAUMANN (Hrsg.) (1972), 748–777.
THOMAE, H. 1972b. Familie und Sozialisation. In: GRAUMANN (Hrsg.) (1972), 778–823.
THOMAE, H. & FEGER, H. 1969, 2. Aufl. 1970. Hauptströmungen der neueren Psychologie. Einführung in die Psychologie, Band 7. Bern/Stuttgart/Wien.
TOLMAN, E. C. 1932. Purposive behavior in animals and men. Zitiert nach: GRAUMANN, C. F. 1965. Subjektiver Behaviorismus? *Archiv für die gesamte Psychologie, 117,* 340–251.
TRIANDIS, H. C. 1970. Einstellungen und Einstellungsänderungen. Weinheim.
ULICH, D. & MERTENS, W. 1973. Urteile über Schüler. Weinheim.

ULRICH, R. 1967. Behavior control and public concern. *Psychological record, 17,* 229–234.

ULRICH, R. & MOUNTJOY, P. 1972. The experimental analysis of social behavior. New York.

VETTER, B. 1973. Problem, Hypothese und der Prozeß der Auswertung empirischer Daten. In: HIEBISCH, H. & SPRUNG, L. (Hrsg.) (1973) 63–66.

VORWERG, M. 1974. Zur Stellung der Sozialpsychologie im System der wissenschaften. *Probleme und Ergebnisse der Psychologie, 48,* 21–30.

WALSTER, E., BERSCHEID, E. & WALSTER, G. W. 1973. New directions in equity research. *Journal of Personality and Social Psychology, 25,* 151–176.

WALSTER, E.; WALSTER, G. W. & BERSCHEID, E. 1978: Equity. Theory and research. Boston.

WARNER, L. G. & DEFLEUR, M. L. 1969. Attitude as an interactional concept. *American Sociological Review,* 34, 153–169.

WATSON, J. B. 1919. Psychology from the standpoint of a behaviorist. Philadelphia.

WATSON, J. B. 1968. Behaviorismus. Köln.

WATZLAWIK, P., BEAVIN, I. H. & JACKSON, D. D. 1969. Menschliche Kommunikation: Formen, Störungen, Parodoxien. Bern.

WEBB, E. J., CAMPBELL, D. T., SCHWARTZ, R. D. & SECHREST, R. 1975. Nichtreaktive Meßverfahren. Weinheim.

WESTMEYER, H. 1973. Kritik der psychologischen Unvernunft. Probleme der Psychologie als Wissenschaft. Stuttgart.

WICKER, A. W. 1969, Attitudes versus actions: The relationship of verbal and overt behavioral responses to attidue objects. *Journal of Social Issues, 25,* 41–78.

WILLEMS, E. P. 1973: Behavioral ecology and experimental analysis: Courtship is not enough. In J. R. NESSELROADE & H. W. REESE (Eds.) Life-span developmental psychology. Methodological issues. New York/London. 195–217.

WRIGHT, G. H. v. 1974. Erklären und Verstehen. Frankfurt am Main.

ZAJONC, R. B. 1960. The concepts of balance, congruity, and dissonance. *Public Opinion Quarterly, 24,* 280–296.

ZAJONC, R. B. 1968. Cognitive theories in social psychology. In: LINDZEY, G. & ARONSON, E. (Eds.): The handbook of social psychology. Vol. 1. 320–411.

ZAJONC, R. B. & BURNSTEIN, E. 1965. The learning of balanced and unbalanced social structures. *Journal of Personality, 33,* 153–163.

ZIMBARDO, P., EBBESEN, E. B. & MASLACH, L. 1977. Influencing attitudes and changing behavior. Reading. Mass., 2nd ed.

ZIMMERMANN, E. 1972. Das Experiment in den Sozialwissenschaften. Stuttgart.

Autorenregister

Sachwortregister